한 권으로 끝내는

인사급여실무

| **김태철** 저 |

창 민 사

한 권으로 끝내는 **인사급여실무**를 내면서

임금은 근로자에게는 생계와 관련된 주된 부분이며 삶의 질을 높이고 기업으로부터 인정받고 있다는 사회적인 위상을 표시하는 것이고, 기업 측면에서는 제품이나 서비스 원가에 반영되어 가격경쟁력에 영향을 미치고 인력을 유인 및 유지하고 생산성 향상 등을 위하여 관리해야 하는 대상입니다. 그러한 이유로 임금은 근로조건 중에서 근로시간과 더불어 가장 중요한 요소라고 할 것입니다. 임금과 관련하여 실무에서는 통상임금의 판단, 주휴일 수당 · 연차유급휴가수당 · 시간외수당 등 법정수당의 산정, 포괄산정임금제(또는 고정임금제)의 적법성, 금품청산 등이 중요 사안입니다.

이 책은 저자가 20여 년간 공인노무사로 일하면서 임금과 관련한 자문과 상담, 컨설팅, 사건처리, 강의 등을 통해서 고민하고 해결한 내용을 실무상 중요 사안별로 정리한 것입니다. 이 책은 제1장 임금의 이해, 제2장 임금산정을 위한 근로시간의 이해, 제3장 통상임금, 제4장 평균임금, 제5장 최저임금, 제6장 임금체계의 설계, 제7장 임금의 계산, 제8장 임금의 지급, 제9장 임금의 보호, 제10장 퇴직급여로 구성되어 있고 이론과 실무내용을 함께 기술하여 인사업무 및 임금관련 업무를 담당하는 실무자들이 쉽게 활용할 수 있도록 정리하였습니다.

이 책의 특징은 주제에 해당하는 법률을 본문이나 각주에 표시하여 별도의 수고로움 없이 관련 법조문을 확인할 수 있고, 이론과 관련한 법원의 판례 및 고용노동부의 행정해석 · 고시 · 지침을 제시하여 이론적 근거를 명확히 하고 실무상 적용례를 확인할 수 있고, 마지막으로 본문내용을 표로 요약하여 쉽고 간편하게 한눈에 확인할 수 있도록 하였습니다.

이 책이 나올 수 있도록 출판의 기회를 주신 창민사의 윤동구 대표님과 표지디자인과 본문 편집을 위해 애써주신 관계자분에게 감사드립니다. 그리고 노무법인 송민 안산지점의 구성원들에게 진심으로 감사의 마음을 전하고 싶습니다.

마지막으로 응원과 격려로 저자를 항상 지지해 주는 사랑하는 가족들에게 고마운 마음을 전합니다.

이 책자를 활용하여 노사 간에 갈등과 분쟁을 예방하고 실무에 도움이 될 수 있기를 소망합니다.

2025. 8.

공인노무사 김태철

차 례

제3장 통상임금

제5장 최저임금

제6장 임금체계의 설계

제7장 임금의 계산

제9장 임금의 보호

■ 법률 약어 표기 ■

이 책자에 언급된 법률은 법제처 국가법령정보센터의 약어 표현에 따라 다음과 같이 표기한다.

- 「가사근로자의 고용개선 등에 관한 법률」 → 가사근로자법
- 「건설근로자의 고용개선 등에 관한 법률」 → 건설근로자법
- 「기간제 및 단시간근로자 보호 등에 관한 법률」 → 기간제법
- 「근로기준법」 → 근기법
- 「근로자퇴직급여 보장법」 → 퇴직급여법
- 「고용보험법」 → 고보법
- 「고용보험 및 산업재해보상보험법의 보험료징수 등에 관한 법률」 → 고용산재보험료징수법
- 「고용상 연령차별금지 및 고령자 고용촉진에 관한 법률」 → 고령자고용법
- 「남녀고용평등과 일·가정 양립 지원에 관한 법률」 → 남녀고용평등법
- 「산업재해보상보험법」 → 산재보험법
- 「산업안전보건법」 → 산안법
- 「외국인근로자의 고용 등에 관한 법률」 → 외국인고용법
- 「임금채권보장법」 → 임채법
- 「장애인고용촉진 및 직업재활법」 → 장애인고용법
- 「장애인차별금지 및 권리구제에 관한 법률」 → 장애인권리구제법
- 「중대재해 처벌 등에 관한 법률」 → 중대재해처벌법
- 「최저임금법」 → 최임법
- 「채용절차의 공정화에 관한 법률」 → 채용절차법
- 「파견근로자 보호 등에 관한 법률」 → 파견법

■ 법률, 판례 및 행정해석 검색 경로 ■

법률, 판례 및 행정해석은 다음에서 확인할 수 있다.

■ 법률검색

- 법제처(www.moleg.go.kr): 무료

■ 판례검색

- 국가법령 정보센터(www.law.go.kr): 무료
- 케이스 노트(www.casenote.kr): 무료(일부 유료)
- 빅케이스(bigcase.ai): 무료(판례 요청은 유료)
- 엘박스(lbox.kr): 유료

■ 행정해석 검색

- 고용노동부(www.moel.go.kr) → 정보공개 → 행정해석: 무료
- 이레이버(www.elabor.co.kr): 유료
- 노동ok(www.nodong.kr) → 자료실: 무료

제1장

임금의 이해

제1절 임금관리의 중요성

제2절 임금의 개념 및 종류

제3절 임금의 판단 기준

제1절 임금관리의 중요성

1. 임금의 기능과 중요성

근로자가 기업의 목표달성에 공헌한 가치에 대하여 능력이나 성과에 따라 지급하는 임금이나 복리후생 등을 보상이라고 하며, 그러한 보상 중에서 가장 핵심적인 요소가 임금이다. 근로자에게 임금은 생계와 관련된 주된 부분이며 삶의 질을 높이고 기업으로부터 인정받고 있다는 사회적인 위상을 표시하는 것이다. 기업 측면에서 임금은 제품이나 서비스 원가에 반영되어 가격경쟁력에 영향을 미치고, 인력을 유인 및 유지하고 생산성 향상 등을 위하여 관리해야 하는 대상이다. 따라서 임금은 근로자와 기업 모두에게 중요한 의미가 있고, 근로자 개인과 기업에 미치는 영향이 크기 때문에 임금관리는 인사관리 활동 분야 중에서 중심적 영역을 차지하고 있다.

2. 임금관리의 방향

1) 적법성 확보

1990년대 초반부터 기업들은 글로벌 경제시대를 맞이하여 기존의 연공급[1] 임금체계를 성과급 중심의 연봉제[2]로 전환하기 시작하였고, 현재 연봉제는 임금보상에 대한 시대적 흐름이 되었다. 연봉제는 근로자들의 동기부여와 조직성과 향상을 목적으로 체계적인 설계를 거쳐서 도입하고 시행되어야 하여야 하지만, 일부 기업에서는 임금관리의 편리성 등 효율성을 목적으로 도입하기도 한다. 임금관리의 편리성을 위하여 퇴직급여를 연봉에 포함하여 매월 지급하면 퇴직급여 지급의 적법성에 대한 분쟁이 발생하거나 과도한 연봉삭감으로 인한 갈등이 소송으

1) 연공급은 근로자의 근속연수가 증가할수록 숙련도가 상승한다는 가정하에서 개인별 근속연수를 기준으로 임금이 결정되는 임금체계이다. 연공급은 근로자가 담당하는 직무를 기준으로 기본급이 결정되는 직무급과 다르게 직무 내용과 상관없는 인적요소(근속연수, 학력, 연령 등)를 기준으로 임금이 결정된다.

2) 연봉제는 시간급 · 일급 · 주급 · 월급 등 임금의 결정단위 또는 형태의 문제이고 노동법에는 별도의 규정이 없으므로 운용방법에는 특별한 제한을 받지 않는다. 통상적으로 연봉제는 임금의 전부 또는 상당 부분을 근로자의 능력 · 실적 및 공헌도 등을 평가하여 연단위로 결정하는 제도이다(고용노동부, 「연봉제 관련 노동관계법령의 적용기준」, 2007.11.22., 임금근로시간정책팀-3444).

로 이어지는 경우도 발생할 수 있다. 따라서 임금관리는 먼저 합법성이 확보되지 않으면 편리성과 효율성을 기대할 수 없으므로 노동법[3]에 규정되어 있는 임금과 관련된 다양한 규정들을 세밀히 검토하여 적법성 확보에 주의를 기울여야 한다.

- *2013.10.26. 입사한 근로자에 대하여 퇴직금을 연봉액에 포함한 후, 그 연봉액의 12분의 1에 해당하는 금액을 매월 급여로 지급한 경우에 있어 퇴직금 지급의 효력과 관련하여,* 「근로자퇴직급여보장법」 제4조 및 제8조에 따라 사용자는 4주간을 평균하여 1주간의 소정근로시간이 15시간 이상이고 1년 이상 계속하여 근로한 경우, 계속근로기간 1년에 대하여 30일분 이상의 평균임금으로 산정된 퇴직금을 동법 제9조에 따라 근로자가 퇴직한 날로부터 14일 이내에 지급하여야 합니다. 다만, 재직기간 중 근로자가 동법 시행령 제3조(퇴직금의 중간정산 사유)에서 정한 사유로 중간정산을 요구하는 경우에, 사용자는 해당 근로자의 계속근로기간에 대한 퇴직금을 미리 정산하여 지급할 수 있습니다. 따라서, 퇴직금은 위 요건에 따른 중간정산을 제외하고는 근로자가 퇴직한 이후에 지급하여야 하므로, 노사 당사자 약정으로 매월 급여에 포함하여 지급하였다고 하더라도, 이는 동법을 위반하여 효력이 없다 할 것입니다. 또한, 연봉계약 체결 당시 해당 근로자의 1년간 근로제공의 대가로 정한 임금 총액과 예상 퇴직금을 명확히 구분하여 연봉액을 정하였고, 이에 대하여 당해 근로자도 충분히 인지한 상태에서 매월 퇴직금 명목으로 분할 지급된 경우에 해당한다면, 달리 볼 사정이 없는 한, 이는 「근로기준법」 제2조 제1항 제5호에 따른 근로의 대가로 지급된 임금이 아니라 사용자가 법률상 원인 없이 근로자에게 퇴직금 명목으로 지급한 금품에 해당한다 할 것이므로, 근로자는 수령한 퇴직금 명목의 금원에 대하여 사용자에게 반환하고, 사용자는 평균임금 산정 시 동 금품을 제외하여 퇴직금을 산정 · 지급하여야 할 것입니다(관련 행정해석 근로복지과-2694, 2014.7.18.)(고용노동부 2015.7.6., 퇴직연금복지과-2156).
- 근로계약서상 '을의 임금은 연봉액 4,500만원(퇴직금 포함)/월급여 346만 1530원(4,500만원÷13)으로 한다'라고 규정하고, 매년 연봉액에 포함된 퇴직금 해당 금액을 DC형 계좌에 매월 납부(임금총액의 1/12을 상회하는 금액)하고 있는데 이것이 적법한지와 관련하여, 「근로자퇴직급여보장법」 제20조에 따라 DC형퇴직연금제도를 설정한 사용자는 가입자(근로자)의 연간 임금총액의 1/12 이상에 해당하는 부담금을 가입자의 DC계좌에 납입하여 사외적립하여야 합니다. 귀하의 질의 내용에 비추어 볼 때, 연간 임금총액의 1/12을 상회하는 금액을 납입하였는바, 「근로자퇴직급여보장법」 위반사항은 없는 것으로 판단됩니다(고용노동부 2021.6.2., 퇴직연금복지과-2558).

---

3) 노동법은 하나의 개별적인 법률 명칭이 아니라 근로자와 사용자 사이의 근로관계를 규율하고 노동행정의 원활한 수행을 위한 목적으로 제정된 법규를 통틀어 이르는 용어이다. 노동법의 예로는 근로기준법, 최저임금법, 근로자퇴직급여보장법, 남녀고용 평등과 일 · 가정 양립지원에 관한 법률, 기간제 및 단시간근로자 보호 등에 관한 법률, 임금채권보장법, 산업재해보상보험법 등이 있다.

2) 적정한 임금수준 유지

기업이 원가절감을 이유로 경쟁업체보다 낮은 임금수준을 유지할 경우 근로자의 사기저하로 생산성이 낮아져서 오히려 인건비가 상승하는 결과가 초래될 수 있고, 임금배분이 공정하지 못하여 근로자가 일하는 만큼의 인정과 보상을 받지 못한다고 느낀다면 기업에서 필요로 하는 근로자가 다른 기업으로 유출되는 결과로 이어질 가능성이 있다. 따라서 기업은 임금관리에 있어서 적정한 임금수준을 유지하면서 배분의 공정성을 도모해야 하며 이를 위해서는 성과를 임금에 연동시키는 제도를 도입하고 시행하여야 한다.

3. 임금 관련 보호 법규

1) 헌법상 보호

「대한민국 헌법」

제11조 ① 모든 국민은 법 앞에 평등하다. 누구든지 성별 · 종교 또는 사회적 신분에 의하여 정치적 · 경제적 · 사회적 · 문화적 생활의 모든 영역에 있어서 차별을 받지 아니한다.

제32조 ① 모든 국민은 근로의 권리를 가진다. 국가는 사회적 · 경제적 방법으로 근로자의 고용의 증진과 적정임금의 보장에 노력하여야 하며, 법률이 정하는 바에 의하여 최저임금제를 시행하여야 한다.

② 모든 국민은 근로의 의무를 진다. 국가는 근로의 의무의 내용과 조건을 민주주의원칙에 따라 법률로 정한다.

③ 근로조건의 기준은 인간의 존엄성을 보장하도록 법률로 정한다.

④ 여자의 근로는 특별한 보호를 받으며, 고용 · 임금 및 근로조건에 있어서 부당한 차별을 받지 아니한다.

임금은 근로자의 생존을 위한 중요한 수단이면서 법에서 보호하고 있는 다양한 근로조건 중에서 가장 중요하고 필수적인 대상이다. 헌법은 제11조 평등의 원칙을 기본으로 하여 제32조에서는 국가에게 적정임금 보장의 노력 의무와 법률이 정한 바에 따른 최저임금제 시행 의무를 부담시키고 있고, 인간의 존엄성 보장을 위하여 임금을 포함한 근로조건을 법률로 정하도록 규정하고 있다.

2) 노동법상 보호

근로기준법(이하 '근기법'이라 함) 등 노동법상 임금과 관련한 보호 규정은 다음과 같이 정리할 수 있다.

〈노동법상 임금 관련 보호 규정〉

구 분	내 용
근로기준법	제6조: 성별, 국적, 신앙, 사회적 신분으로 근로조건 차별금지(균등한 처우) 제17조 제1항: 근로계약 체결시 임금 명시 제21조: 전차금이나 전채채권과 임금의 상계 금지 제36조: 금품청산 제37조: 미지급 임금 및 퇴직급여에 대한 지연이자 제38조: 임금채권의 우선변제 및 최우선변제 제43조: 임금지급의 4대 원칙 제43조의2: 임금체불 사업주 명단공개 제43조의3: 임금등 체불자료의 제공 제44조: 도급사업에 대한 임금 지급 제44조의2: 건설업에서의 임금 지급 연대책임 제44조의3: 건설업의 공사도급에 있어서의 임금에 관한 특례 제45조: 임금의 비상시 지급 제46조: 휴업수당 제47조: 도급근로자에 대한 일정액 임금 보장 제48조: 임금대장 작성 및 임금명세서 교부 제49조: 임금채권의 시효(3년) 제56조: 연장 · 야간 및 휴일 근로에 대한 가산임금(통상임금의 50% 이상) 제68조: 미성년자의 독자적 임금청구권 제93조 제2호: 임금사항의 취업규칙 필요적 기재 제94조: 임금관련 취업규칙 불이익 변경시 동의 필요 제95조: 감급 규정의 제한
최저임금법	제6조: 최저임금액 이상의 임금 지급
기간제 및 단시간근로자 보호 등에 관한 법률	제6조: 단시간근로자의 초과근로에 대한 가산임금 제8조, 제9조: 기간제 및 단시간근로자임을 이유로 임금 등 차별적처우의 금지 및 시정신청

구 분	내 용
근로자 퇴직급여 보장법	제7조: 퇴직연금제도의 급여를 받을 권리의 양도 및 담보제공 금지 제8조: 계속근로기간 1년에 대해 30일분 이상의 평균임금으로 퇴직금 보장 제9조: 퇴직 후 14일 이내 퇴직금 지급(당사자 합의로 지급기일 연장 가능) 제10조: 퇴직금의 시효(3년) 제12조: 퇴직급여 채권의 우선변제 및 최우선변제 제15조: 확정급여형 수준은 계속근로기간 1년에 대해 30일분 이상의 평균임금 제20조: 확정기여형 부담금은 연간 임금총액의 12분의 1 이상
남녀고용 평등과 일·가정 양립 지원에 관한 법률	제8조: 동일가치 노동에 대한 동일임금 보장
파견근로자 보호 등에 관한 법률	제21조: 파견근로자임을 이유로 임금 등 차별적처우의 금지 및 시정신청 제34조: 사용사업주의 임금지급 연대책임
임금채권보장법	제7조: 체불임금의 국가 지급(대지급금 제도)

제2절 임금의 개념 및 종류

1. 임금의 개념

1) 근로기준법

> **「근로기준법」(약칭: 근기법)**
> **제2조【정의】** ① 이 법에서 사용하는 용어의 뜻은 다음과 같다.
> 5. "임금"이란 사용자가 근로의 대가로 근로자에게 임금, 봉급, 그 밖에 어떠한 명칭으로든지 지급하는 모든 금품을 말한다.

근기법은 임금을 사용자가 근로의 대가로 근로자에게 임금, 봉급, 그 밖에 어떠한 명칭으로든지 지급하는 모든 금품으로 정의하고 있다. 따라서 임금은 근로자와 사용자가 체결한 근로계약에 따라, 사용자에게 지급의무가 있고, 근로의 대가로, 명칭이나 형식에 무관하게 지급하는 모든 금품이라고 할 수 있다.

2) 판례 및 행정해석

판례와 행정해석은 임금의 개념을 '사용자가 근로의 대가로 근로자에게 지급하는 금품으로서, 근로자에게 계속적 · 정기적으로 지급되고 단체협약[4] · 취업규칙[5] · 급여규정 · 근로계약 · 노동관행 등에 의해 사용자에게 그 지급의무가 지워져 있는 것'으로 판단하고 있다.[6] 또한 임금의 개념 중 가장 핵심적 요소라 할 수 있는 어떤 금품이 근로의 대상으로 지급된 것인지에 대해서는 '금품지급의무의 발생이 근로제공과 직접적으로 관련되거나 그것과 밀접하게 관련된 것으로 볼 수 있어야 하고, 이러한 관련 없이 그 지급의무의 발생이 개별 근로자의 특수하고 우연한 사정에 의하여 좌우되는 경우에는 그 금품의 지급이 단체협약 · 취업규칙 · 근로계약 등이나 사용자의 방침 등에 의하여 이루어진 것이라 하더라도 그러한 금품은 근로의 대상으로 지급된 것으로 볼 수 없다'라고 하고 있다.[7]

- *사용자가 근로자에게 지급하는 금품이 평균임금 산정의 기초가 되는 임금총액에 포함될 수 있는 임금에 해당하려면 먼저 그 금품이 근로의 대상으로 지급되는 것이어야 하므로 비록 그 금품이 계속적 · 정기적으로 지급된 것이라 하더라도 그것이 근로의 대상으로 지급된 것으로 볼 수 없다면 임금에 해당한다고 할 수 없는데, 여기서 어떤 금품이 근로의 대상으로 지급된 것이냐를 판단함에 있어서는 그 금품지급의무의 발생이 근로제공과 직접적으로 관련되거나 그것과 밀접하게 관련된 것으로 볼 수 있어야 하고, 이러한 관련 없이 그 지급의무의 발생이 개별 근로자의 특수하고 우연한 사정에 의하여 좌우되는 경우에는 그 금품의 지급이 단체협약 · 취업규칙 · 근로계약 등이나 사용자의 방침 등에 의하여 이루어진 것이라 하더라도 그러한 금품은 근로의 대상으로 지급된 것으로 볼 수 없다(대법원 1995.5.12. 선고 94다55934 판결).*
- *어떤 금품이 근로의 대상으로 지급된 임금인지를 판단함에 있어서는 그 금품지급의무의 발생이 근로제공과 직접적으로 관련되거나 그것과 밀접하게 관련된 것으로 볼 수 있어야 할 것이며, 단순히 생활보조적 · 복리후생적으로 지급되는 금품이거나 실비변상으로 지급되는 금품인 경우 또는 개별 근로자의 특수하고 우연한 사정에 의하여 좌우되는 경우에는 근로의 대가로 지급된 임금으로 볼*

---

4) 단체협약은 「노동조합 및 노동관계조정법」 제2조 제4호(노동조합의 정의)에 따라 설립된 노동조합과 사용자(또는 사용자단체)가 임금 · 근로시간 등 근로자의 대우에 관한 사항과 노사관계의 권리 · 의무에 관한 사항에 대하여 단체교섭 과정을 거쳐 합의한 사항을 서면으로 작성하여 체결한 협정을 말한다.

5) 취업규칙은 명칭과 무관하게 사용자가 사업장의 질서유지 및 효율적 업무수행을 위하여 필요한 복무규율과 근로자 전체에 적용될 근로조건을 정한 기준으로, 근로기준법 제93조에 따라 상시근로자 10인 이상 사업장의 사용자가 작성하여 고용노동부에 신고할 의무가 있다.

6) 대법원 2013.4.11. 선고 2012다48077 판결; 대법원 1999.9.3. 선고 98다34393 판결; 고용노동부 2020.5.8., 근로기준정책과 1908 등 다수.

7) 대법원 1995.5.12. 선고 94다55934 판결; 고용노동부 2006.10.9., 임금근로시간정책팀-2961 등 다수.

수 없을 것임(고용노동부 2006.10.9. 임금근로시간정책팀-2961).

- *근로기준법상 임금이란 명칭에 관계없이 사용자가 근로의 대가로 근로자에게 지급하는 일체의 금품으로서 근로자에게 계속적 · 정기적으로 지급되고, 그 지급에 관하여 단체협약, 취업규칙, 근로계약 등에 의하여 사용자에게 지급의무가 있는 것을 말합니다(대법원 1999.9.3. 선고 98다34393 판결 등). 한편, 국가 또는 지방자치단체 등이 예산 또는 기금으로 근로자 인건비 등 운영비를 지원하고, 사업장에서 동 금액을 근로자에게 지급하는 경우 해당 금품이 임금에 해당하는지 여부는 해당 금품이 근로자의 근로제공에 대한 대가로서 사용자에게 지급의무가 있는지에 따라 판단하여야 합니다(예산 등으로 지원하는 금품의 임금 여부에 관한 해석 지침, 2014.12. 참조). 즉, 사용자가 국가 등에서 받은 지원금을 자체 재원 등과 혼합하여 임금 등 인건비에 충당하는 것으로 볼 수 있는 경우에는 임금에 해당할 것이나, 지원금의 지급조건이 근로자를 기준으로 정해지고 그 지급 여부나 지급금액 등을 사용자가 임의로 변경할 수 없는 경우에는 사용자가 근로자에게 해당 지원금을 전달한 것일 뿐이므로 임금으로 볼 수 없습니다. 귀 질의만으로는 구체적 사실관계를 알 수 없어 명확한 답변이 곤란하나, 위 대법원 판례, 행정해석에 따른 임금성 판단기준에 비추어 볼 때, 귀 질의의 처우개선비 등이 지원금의 지급조건이 지자체 등에서 정한 기준에 따라 정해지고 그 지급 여부나 지급액 등을 사용자가 임의로 변경할 수 없는 경우라면, 달리 판단할 사정이 없는 한 사용자가 근로자에게 해당 지원금을 전달한 것에 불과하다고 판단되므로 사용자에게 지급의무가 있는 근로기준법상의 임금에 해당된다고 보기 어려울 것입니다(고용노동부 2020.5.8. 근로기준정책과-1908).*

3) 임금과 구별되는 개념

(1) 보 수

「고용보험 및 산업재해보상보험의 보험료징수 등에 관한 법률」(약칭: 고용산재보험료징수법)

제2조【정의】 이 법에서 사용하는 용어의 뜻은 다음과 같다.

3. “보수”란「소득세법」 제20조에 따른 근로소득에서 대통령령으로 정하는 금품을 뺀 금액을 말한다. 다만, 제13조 제1항 제1호에 따른 고용보험료를 징수하는 경우에는 근로자가 휴직이나 그 밖에 이와 비슷한 상태에 있는 기간 중에 사업주 외의 자로부터 지급받는 금품 중 고용노동부장관이 정하여 고시하는 금품[8]은 보수로 본다.

「국민건강보험법」

제70조【보수월액】 ① 제69조 제4항 제1호에 따른 직장가입자의 보수월액은 직장가입자가 지급받

8) 고용노동부장관이 정하여 고시하는 금품은 “고용보험료 산정범위에 속하는 금품(고용노동부고시 제2022-116호, 2022.12.29.)”으로 「노동조합 및 노동관계조정법」 제24조(근로시간 면제 등)에 따라 단체협약으로 정하거나 사용자의

는 보수를 기준으로 하여 산정한다.
② 휴직이나 그 밖의 사유로 보수의 전부 또는 일부가 지급되지 아니하는 가입자(이하 "휴직자등"이라 한다)의 보수월액보험료는 해당 사유가 생기기 전 달의 보수월액을 기준으로 산정한다.
③ 제1항에 따른 보수는 근로자등이 근로를 제공하고 사용자 · 국가 또는 지방자치단체로부터 지급받는 금품(실비변상적인 성격을 갖는 금품은 제외한다)으로서 대통령령으로 정하는 것을 말한다. 이 경우 보수 관련 자료가 없거나 불명확한 경우 등 대통령령으로 정하는 사유에 해당하면 보건복지부장관이 정하여 고시하는 금액을 보수로 본다.

고용산재보험료징수법상 보수는 소득세법 제20조에 따른 근로소득에서 소득세법 제12조에 따른 비과세소득을 뺀 금액을 말하고, 고용보험 및 산업재해보상보험의 보험관계의 성립 · 소멸과 보험료의 납부 · 징수 등에 활용된다. 한편 국민건강보험법상 보수는 근로자가 근로를 제공하고 사용자 · 국가 또는 지방자치단체로부터 지급받는 금품으로(실비변상적인 성격을 갖는 금품은 제외), 근로의 대가로 받은 봉급 · 급료 · 보수 · 세비 · 임금 · 상여 · 수당 · 그 밖에 이와 유사한 성질의 금품으로(퇴직금, 현상금, 번역료 및 원고료, 소득세법에 따른 비과세소득은 제외) 직장가입자의 건강보험료 산정에 활용된다.

※ 「민법」상 보수는 근로계약과 유사하게 노무자(근로자)가 상대방(사용자)에게 노무제공을 약정하고 이에 상대방이 노무자에게 금품 지급을 약정하는 고용계약(민법 제655조, 제656조)에 따른 대가를 말함.

(2) 소 득

「국민연금법」

제3조【정의 등】 ① 이 법에서 사용하는 용어의 뜻은 다음과 같다.
3. "소득"이란 일정한 기간 근로를 제공하여 얻은 수입에서 대통령령으로 정하는 비과세소득을 제외한 금액 또는 사업 및 자산을 운영하여 얻는 수입에서 필요경비를 제외한 금액을 말한다.

국민연금법상 소득은 일정한 기간 근로를 제공하여 얻은 수입에서 일부 과세소득을 제외한 금액 또는 사업 및 자산을 운영하여 얻은 수입에서 필요경비를 제외한 금액으로, 직장가입자의 연금보험료 산정에 활용된다.

동의를 받아 근로계약에 따른 소정의 근로를 제공하지 아니하고 노동조합의 업무에 종사하는 자가 노동조합으로부터 급여의 명목으로 지급받는 금품'이다.

※ 「소득세법」에 따른 소득은 종합소득(이자 · 배당 · 사업 · 근로 · 연금 · 기타소득), 퇴직소득 및 양도소득으로 구분됨. 사용자가 근로자에게 지급하는 금품은 과세를 기준으로 근로소득(지급형태나 명칭을 불문하고 성질상 근로의 제공과 대가관계에 있는 일체의 경제적 이익과 근로를 전제로 그와 밀접히 관련되어 근로조건의 내용을 이루고 있는 급여, 소득세법 제20조[9)]), 퇴직소득(퇴직함으로써 받는 소득으로서 퇴직일시금과 취업규칙 · 퇴직급여규정 · 노사합의서 등에 의해 지급되는 퇴직수당, 퇴직위로금, 기타 이와 유사한 성질의 급여, 소득세법 제22조[10)]), 기타소득(근로소득이나 퇴직소득 이외의 소득으로 상금, 포상금 등 일시적 · 우발적으로 생긴 소득, 소득세법 제21조[11)])으로 구분할 수 있음.

- *구 소득세법(2016.12.20. 법률 제14389호로 개정되기 전의 것) 제20조 제1항에서 정한 '근로소득'은 지급형태나 명칭을 불문하고 성질상 근로의 제공과 대가관계에 있는 일체의 경제적 이익을 포함할 뿐만 아니라, 직접적인 근로의 대가 외에도 근로를 전제로 그와 밀접히 관련되어 근로조건의 내용을 이루고 있는 급여도 포함된다(대법원 2018.9.13. 선고 2017두56575 판결).*
- *해고무효확인소송의 계속중 사용자가 근로자에게 일정 금액을 지급하되 근로자는 그 나머지 청구를 포기하기로 하는 내용의 소송상 화해가 이루어졌다면 이러한 화해금의 성질은 근로자가 해고무효확인청구를 포기하는 대신 받기로 한 분쟁해결금으로 보아야 하고 비록 그 화해금액을 산정함에 있어 근로자의 임금 등을 기초로 삼았다 하더라도 이를 임금 또는 퇴직금 등으로 볼 수는 없으며, 유추해석이나 확장해석을 불허하는 조세법규의 엄격한 해석상 이를 소득세법 제25조 제1항 제9호 소정의 계약의 위약 또는 해약으로 인하여 받는 위약금과 배상금이라고 보기 어려울 뿐더러 이에*

---

9) 제20조 **【근로소득】** ① 근로소득은 해당 과세기간에 발생한 다음 각 호의 소득으로 한다.
1. 근로를 제공함으로써 받는 봉급 · 급료 · 보수 · 세비 · 임금 · 상여 · 수당과 이와 유사한 성질의 급여
2. 법인의 주주총회 · 사원총회 또는 이에 준하는 의결기관의 결의에 따라 상여로 받는 소득
3. 「법인세법」에 따라 상여로 처분된 금액
4. 퇴직함으로써 받는 소득으로서 퇴직소득에 속하지 아니하는 소득
5. 종업원등 또는 대학의 교직원이 지급받는 직무발명보상금(제21조 제1항 제22호의2에 따른 직무발명보상금은 제외한다)
6. 사업자나 법인이 생산 · 공급하는 재화 또는 용역을 그 사업자나 법인(「독점규제 및 공정거래에 관한 법률」에 따른 계열회사를 포함한다)의 사업장에 종사하는 임원등에게 대통령령으로 정하는 바에 따라 시가보다 낮은 가격으로 제공하거나 구입할 수 있도록 지원함으로써 해당 임원등이 얻는 이익

② 근로소득금액은 제1항 각호의 소득의 금액의 합계액(비과세소득의 금액은 제외하며, 이하 "총급여액"이라 한다)에서 제47조에 따른 근로소득공제를 적용한 금액으로 한다.
③ 근로소득의 범위에 관하여 필요한 사항은 대통령령으로 정한다.

10) 제22조 **【퇴직소득】** ① 퇴직소득은 해당 과세기간에 발생한 다음 각호의 소득으로 한다.
1. 공적연금 관련법에 따라 받는 일시금
2. 사용자 부담금을 기초로 하여 현실적인 퇴직을 원인으로 지급받는 소득
3. 그 밖에 제1호 및 제2호와 유사한 소득으로서 대통령령으로 정하는 소득

11) 제21조 **【기타소득】** ① 기타소득은 이자소득 · 배당소득 · 사업소득 · 근로소득 · 연금소득 · 퇴직소득 및 양도소득 외의 소득으로서 다음 각호에서 규정하는 것으로 한다.
1. 상금, 현상금, 포상금, 보로금 또는 이에 준하는 금품
2. 복권, 경품권, 그 밖의 추첨권에 당첨되어 받는 금품
3~26. 생략

관한 소득세법시행령 제49조 제3항의 규정취지에 비추어 위 법조 소정의 계약은 재산권에 관한 계약을 의미하고 근로계약은 이를 포함하지 않는 것으로 보아야 하는 것이므로, 결국 위 화해금은 분쟁해결금으로서 소득세법상 과세대상이 되는 근로소득, 퇴직소득, 기타소득 중의 어느 것에도 해당되지 아니한다(대법원 1991.6.14. 선고 90다11813 판결).

2. 임금의 종류

임금은 사용자가 근로의 대가로 근로자에게 임금, 봉급, 그 밖에 어떠한 명칭으로든지 지급하는 일체의 금품(근기법 제2조 제1항 제5호)으로 노동법 전반에 활용되는 총체적인 개념이다. 노동법상 임금의 종류는 평균임금, 통상임금, 최저임금, 가산임금으로 구분할 수 있고, 그러한 각각의 임금들은 노동법 전반에 활용되는 총체적인 임금의 개념과 달리 각각의 개념과 목적에 따라 다르게 사용되고 있다.

〈임금의 종류와 활용〉

종 류	의 미	근 거	활용되는 곳
평균임금	평균임금을 산정하여야 할 사유가 발생한 날 이전의 3개월 동안에 근로자에게 지급된 임금의 총액을 그 기간의 총일수로 나눈 금액 → 현실적으로 지급받는 임금의 종류가 아니며, 특정한 급여 산출의 기초가 되는 사후적·평가적 개념	근기법 제2조 제1항 제6호	퇴직금 및 확정급여형(DB) 퇴직연금, 휴업수당, 연차유급휴가수당, 재해보상금, 감급의 제한, 고용보험법상 구직급여 등
통상임금	근로자에게 정기적·일률적으로 소정근로 또는 총근로에 대하여 지급하기로 정한 시간급 금액·일급 금액·주급 금액·월급 금액 또는 도급 금액 → 시간급 임금 산정의 기초임금이며, 사전적·도구적 개념	근기법 시행령 제6조 제1항	해고예고수당, 연장·야간 및 휴일 근로에 대한 가산임금, 연차유급휴가수당, 출산전후휴가급여, 육아휴직급여 등
최저임금	근로자의 생존권을 보장하기 위해 지급해야 할 최소한의 시간급 임금	최저임금법 제1조, 제8조	고용노동부가 매년 고시하는 시간급 최저임금과 비교하여 최저임금 위반 여부 확인
가산임금	시간외근로(연장·야간·휴일 근로)에 대하여 가산율(50% 또는 100%)을 적용하여 지급하는 임금 → 실제로 임금의 종류는 아니며, 시간외근로에 대하여 추가적인 보상을 하는 기준이 되는 임금임	근기법 제56조	연장근로·야간근로·휴일근로에 대하여 통상임금의 50%(8시간 초과 휴일근로는 100%) 이상을 가산하여 지급

제3절 임금의 판단 기준

1. 임금의 요건

1) 개 요

근로자는 사용자와 근로계약[12]을 체결하여 사용종속관계[13]에서 사용자의 지휘 · 감독을 받으며 임금을 목적으로 근로를 제공한다. 따라서 근로계약에 따라 지급하는 금품이 임금에 해당하려면 사용자가 근로자에게 지급하는지, 명칭과 무관하게 성질이 무엇인지, 근로의 대가로 지급되는지를 확인하여야 한다.

2) 사용자가 근로자에게 지급하는 금품

사용자는 근로자에게 근로계약에 따른 근로를 제공받고 그 대가로 금품을 지급하게 된

---

12) '근로계약'은 근로자가 사용자에게 근로를 제공하고 사용자는 이에 대하여 임금을 지급하는 것을 목적으로 체결된 계약이다(근기법 제2조 제1항 제4호).

13) 사용종속관계는 근로자가 사용자에게 고용되어 근로를 제공하면서 사용자의 지휘 · 명령을 받아 사용자가 원하는 일을 하는 것이고, 근로자 여부를 판단하는 중요한 요소가 된다. 판례상(대법원 2006.1.7. 선고 2004다29735 판결 등 다수) 사용종속관계를 판단하는 기준 및 요소는 다음과 같다.

판단기준	판단요소
업무수행 내용과 방법	① 업무내용이 사용자에 의해 정하여지는지, ② 사용자에 의해 근무의 시간 · 장소가 지정되고 구속받는지, ③ 취업규칙 또는 인사규정 등의 적용을 받는지, ④ 업무수행과정에서 사용자로부터 상당한 지휘 · 감독을 받는지,
독자적인 사업자성	⑤ 근로제공관계의 계속성, ⑥ 사용자에 대한 전속성의 유무와 그 정도, ⑦ 노무제공자가 스스로 비품 · 원자재나 작업도구 등을 소유하거나, 제3자를 고용하여 업무를 대행케 하는 등 독립하여 자신의 계산으로 사업을 영위할 수 있는지, ⑧ 노무제공을 통한 이윤창출과 손실초래 등 위험을 스스로 안고 있는지,
보수의 성격과 내용	⑨ 보수의 성격이 근로자체의 대상적 성격인지, ⑩ 기본급이나 고정급이 정하여져 있는지, ⑪근로소득세 원천징수 등 보수에 관한 사항,
다른 사정	⑫ 사회보장제도에 관한 법령 등 다른 법령에서 근로자 지위를 인정받는지, ⑬ 당사자의 경제 · 사회적 조건 등

다.[14] 따라서 사용자가 근로자에게 지급하는 금품이 임금에 해당하려면 단체협약 · 취업규칙 · 근로계약 등에 따라 사용자에게 지급의무가 있어야 한다. 사용자에게 지급의무가 있다는 것은 지급 여부를 사용자가 임의로 결정할 수 없다는 것이고, 지급의무의 근거는 단체협약 · 취업규칙 · 근로계약 등에 따른 것이든 사용자의 방침이나 관행에 따라 계속적으로 이루어져 노사간에 지급이 당연한 것으로 여겨질 정도의 신뢰가 형성된 경우처럼 관행에 의한 것이든 무방하다.[15]

- *회사의 임원이라고 하더라도 그 지위 또는 명칭이 형식적 · 명목적인 것이고 실제로는 매일 출근하여 업무집행권을 갖는 대표이사나 사용자의 지휘 · 감독 아래 일정한 근로를 제공하면서 그 대가로 보수를 받는 관계에 있다거나 또는 회사로부터 위임받은 사무를 처리하는 외에 대표이사 등의 지휘 · 감독 아래 일정한 노무를 담당하고 그 대가로 일정한 보수를 지급받아 왔다면 그러한 임원은 근로기준법상의 근로자에 해당한다(대법원 2020.6.4. 선고 2019다297496 판결).*
- *회사의 업무집행권을 가진 이사 등 임원은 회사로부터 일정한 사무처리의 위임을 받고 있는 것이므로, 사업자의 지휘감독아래 일정한 근로를 제공하고 소정의 임금을 지급받는 고용관계에 있는 것이 아니며 따라서 일정한 보수를 받는 경우에도 이를 근로기준법 소정의 임금이라고 할 수 없다(대법원 1988.6.14. 선고 87다카2268 판결).*
- *사용자에게 근로의 대상성이 있는 금품에 대하여 그 지급의무가 있다는 것은 그 지급 여부를 사용자가 임의적으로 결정할 수 없다는 것을 의미하는 것이고, 그 지급의무의 발생근거는 단체협약이나 취업규칙 · 급여규정 · 근로계약에 의한 것이든 그 금품의 지급이 사용자의 방침이나 관행에 따라 계속적으로 이루어져 노사간에 그 지급이 당연한 것으로 여겨질 정도의 관례가 형성된 경우처럼 노동관행에 의한 것이든 무방하다(대법원 2002.5.31. 선고 2000다18127 판결).*

3) 명칭이 아닌 성질을 기준으로 판단

사용자가 근로자에게 지급하는 금품은 그 명칭이 매우 다양하여 근로의 대가인지가 불명확한 경우가 많지만, 계속적 · 정기적으로 지급되고 그 지급에 관하여 근로계약 등에 의하여 사용자에게 지급의무가 있다면 그 명칭과 무관하게 임금에 해당한다. 따라서 어떠한 금품이 임금에 해당하는지는 그 명칭만으로 판단할 수 없고 단체협약 · 취업규칙 · 근로계약 등의 내

14) '사용자'는 사업주 또는 사업경영담당자, 그 밖에 근로자에 관한 사항에 대하여 사업주를 위하여 행위하는 자를 말하고, '근로자'는 직업의 종류와 관계없이 임금을 목적으로 사업이나 사업장에 근로를 제공하는 사람을 말한다(근기법 제2조 제1항 제1호 및 제2호).

15) 대법원 2002.5.31. 선고 2000다18127 판결.

용이나 지급관행 등을 종합적으로 고려하여 그 금품의 성질을 기준으로 판단하여야 한다.

- 사용자가 근로의 대가로 근로자에게 지급하는 일체의 금원으로서, 근로자에게 계속적 · 정기적으로 지급되고 그 지급에 관하여 단체협약 · 취업규칙 · 급여규정 · 근로계약 · 노동관행 등에 의하여 사용자에게 지급의무가 지워져 있다면 그 명칭 여하를 불문하고 모두 임금에 포함된다(대법원 2006.12.8. 선고 2006다48229 판결).
- '가족수당'이 일정한 요건에 해당하는 근로자에게 일률적으로 지급되어 왔다면, 이는 임의적, 은혜적인 급여가 아니라 근로에 대한 대가의 성질을 가지는 것으로서 임금에 해당하고, '차량유지비'의 경우 그것이 차량 보유를 조건으로 지급되었거나 직원들 개인 소유의 차량을 업무용으로 사용하는데 필요한 비용을 보조하기 위해 지급된 것이라면 실비변상적인 것으로서 근로의 대상으로 지급된 것으로 볼 수 없으나 전 직원에 대하여 또는 일정한 직급을 기준으로 일률적으로 지급되었다면 근로의 대상으로 지급된 것으로 볼 수 있다(대법원 2002.5.31. 선고 2000다18127 판결).
- 임금이란 사용자가 근로의 대상으로 근로자에게 임금 · 봉급 기타 어떠한 명칭으로든지 지급하는 일체의 금품을 말하는 것인바, 카지노 영업장의 고객이 자의에 의하여 직접 카지노 영업직 사원들에게 지급한 봉사료를 근로자들이 자율적으로 분배한 것은 사용자로부터 지급받은 근로의 대상이라고 할 수 없으므로 그 성질상 근로기준법이 정한 임금의 범위에 포함되지 않는다(대법원 1990.1.26. 선고 98다46198 판결).
- 피고가 소속 의사의 실적을 판단하는 기준으로 삼은 진료와 특진, 협진 등의 업무는 매달 이를 수행하는 횟수에 차이는 있을지언정 그 자체는 의사 고유의 업무로서 병원을 운영하는 피고에게 제공된 근로의 일부이므로, 그에 대한 포상비는 근로의 대가로 지급된 것으로 보아야 할 것인 점 등을 종합해 보면, 원고들에게 지급된 위와 같은 '진료포상비'는 모두 근로기준법상 평균임금 산정의 기초가 되는 임금총액에 포함되는 것으로 봐야 된다(대법원 2011.3.10. 선고 2010다77514 판결).
- 사용자가 선택적 복지제도를 시행하면서 직원 전용 온라인 쇼핑사이트에서 물품을 구매하는 방식 등으로 사용할 수 있는 '복지포인트'를 단체협약, 취업규칙 등에 근거하여 근로자들에게 계속적 · 정기적으로 배정한 경우라고 하더라도, 이러한 복지포인트는 근로기준법에서 말하는 임금에 해당하지 않고, 그 결과 통상임금에도 해당하지 않는다(대법원 2021.8.26. 선고 2017다269145 판결).
- 사용자가 근로의 대가로 근로자에게 지급하는 일체의 금원으로서, 근로자에게 계속적 · 정기적으로 지급되고 그 지급에 관하여 단체협약, 취업규칙, 급여규정, 근로계약, 노동관행 등에 의하여 사용자에게 지급의무가 지워져 있다면 그 명칭 여하를 불문하고 모두 이에 포함되며(대법원 1999.9.3. 선고 98다34393 판결, 대법원 2006.12.8. 선고 2006다48229 판결 등 참조), 반드시 통상임금으로 국한되는 것은 아니다. 피고 회사의 단체협약 제45조는 조합원이 1년간 개근할 경우 연말에 금 1돈(3.75g)을, 정근(지각 3회 이하)할 경우 연말에 금 반돈을 교부하여 표창하도록 규정하고 있다는 것인바, 이를 위 법리에 비추어 살펴보면 위와 같은 표창 역시 특별한 사정이 없는 한 원고들이 계속 근로하였을 경우에 받을 수 있는 임금에 포함된다고 보아야 한다(대법원 2012.2.9. 선고 2011다20034 판결).

4) 근로의 대가로 지급되는 금품

근로의 대가는 근로자가 사용자의 지휘 · 명령에 따른 사용종속관계에서 제공되는 근로에 대한 보상으로서, 지급의무의 발생이 근로제공과 직접적으로 관련되거나 밀접하게 관련되어야 하고, 지급사유와 지급요건 및 지급방법 등 제반 사실관계를 종합적으로 고려하여 근로의 대가성 여부를 판단하여야 한다. 다만, 지급의무의 발생이 개별 근로자의 특수하고 우연한 사정에 의하여 좌우되는 경우에는 그 지급이 단체협약 · 취업규칙 · 근로계약 등이나 사용자의 방침 등에 의하여 이루어진 것이라 하더라도 그러한 금품은 근로의 대가로 지급된 것이 아니다.[16)]

- *사용자가 근로자에게 지급하는 금품이 임금에 해당하려면 먼저 그 금품이 근로의 대상으로 지급되는 것이어야 하므로 비록 그 금품이 계속적 · 정기적으로 지급된 것이라 하더라도 그것이 근로의 대상으로 지급된 것으로 볼 수 없다면 임금에 해당한다고 할 수 없다. 여기서 어떤 금품이 근로의 대상으로 지급된 것이냐를 판단함에 있어서는 그 금품지급의무의 발생이 근로제공과 직접적으로 관련되거나 그것과 밀접하게 관련된 것으로 볼 수 있어야 한다(대법원 2019.8.22. 선고 2016다48785 전원합의체[7)] 판결).*
- *어떤 금품이 근로의 대상으로 지급된 것이냐를 판단함에 있어서는, 그 금품지급의무의 발생이 근로제공과 직접적으로 관련되거나 그것과 밀접하게 관련된 것으로 볼 수 있어야 하고, 이러한 관련 없이 그 지급의무의 발생이 개별 근로자의 특수하고 우연한 사정에 의하여 좌우되는 경우에는 그 금품의 지급이 단체협약 · 취업규칙 · 근로계약 등이나 사용자의 방침 등에 의하여 이루어진 것이라 하더라도 그러한 금품은 근로의 대상으로 지급된 것으로 볼 수 없다(대법원 1995.5.12. 선고 94다55934 판결).*

2. 수당별 임금 여부 판단

1) 상여금

상여금의 사전적 의미는 '상으로 돈이나 물건 따위를 주는 것, 관청이나 회사에서 직원에

16) 대법원 2004.5.14., 선고 2001다76328 판결.

17) 대법원은 14인의 대법관(대법원장 1인 및 대법관 13인)으로 구성되며(「법원조직법」 제4조), 대법원의 심판권은 대법관 전원(14인)으로 구성된 '전원합의체'와 대법관 3인 이상으로 구성된 '부(部)'에서 행사한다. 전원합의체의 의결(대법원장이 재판장이 됨)은 대법관 전원의 3분의 2 이상의 출석과 출석인원 과반수의 찬성으로 이루어진다. 대법원에 상고(上告) 되는 사건은 주로 부에서 심판하지만, ①부(部)에서 의견이 일치되지 못한 경우, ②명령 또는 규칙이 헌법 또는 법률에 위반된다고 인정하는 경우, ③종전에 대법원에서 판시한 헌법 · 법률 · 명령 또는 규칙의 해석내용에 관한 의견을 변경할 필요가 있다고 인정하는 경우, ④부(部)에서 재판함이 적당하지 않다고 인정하는 경우에는 전원합의체에서 재판이 이루어진다(「법원조직법」 제7조 제1항).

게 정기 급여와는 별도로 업적이나 공헌도에 따라 주는 돈'으로 은혜적이거나 포상적인 성질의 금품으로, 노동법에 따라 지급이 강제된 법정임금은 아니다. 그러나 상여금이 근로자의 근무성적이나 실적과 관계없이 취업규칙 등에 따라 일정 비율 또는 총액을 정하고 특정한 시기에 고정적으로 지급하는 등 사전에 지급조건 · 지급액 · 지급시기 · 지급대상자 등이 명확하게 확정되었다면 임금에 해당한다.

- 상여금이 단체협약, 취업규칙, 그 밖에 근로계약에 미리 지급되는 조건 등이 명시되어 있거나, 관례로 계속 지급하여 온 사실이 인정되는 경우에는 근로제공의 대가로 인정되어 임금으로 보아야 할 것이고, 평균임금을 산정하여야 할 사유가 발생한 때에는 이전 12개월 중에 지급받은 상여금 전액을 그 기간 동안 근로한 개월 수로 분할 계산하여 평균임금 산정기초에 산입하여야 한다(고용노동부 2014.3.27., 근로복지과-1152).
- 상여금이 임금후불적 성질의 것인지 또는 은혜적, 포상적 성질의 것인지는 획일적으로 분류할 수 없는 것이기는 하나, 상여금 명목의 금원이 근로자들에게 불확정적이고 일시적으로 지급되는 것이 아니라 계속적 · 정기적으로 지급되고 그 지급액이 확정되어 있다면 근로자에 대한 근로의 대상으로 지급되는 임금의 성질을 가지는 것으로서 평균임금 산정의 기초가 되는 임금 총액에 포함될 수 있다고 해석하여야 할 것이다(대법원 1982. 10. 26. 선고 82다카342 판결, 1982. 11. 23. 선고 81다카1275 판결, 1998. 1. 20. 선고 97다18936 판결, 2002. 6. 11. 선고 2001다16722 판결 등 참조). 소외 회사가 지급하는 상여금은 계속적 · 정기적으로 지급되는 것으로서 그 지급액도 위 상여금지급규정 등에 의하여 미리 확정되어 있다고 볼 것이므로, 원고가 92년도 1/4분기 및 2/4분기의 상여금으로 지급받은 위 각 금원은 근로의 대상에 해당되는 임금으로서 평균임금 산정의 기초가 되는 임금 총액에 포함되어야 할 것이다(대법원 2002.10.25. 선고 2000두9717 판결).
- 상여금이 계속적 · 정기적으로 지급되고 그 지급액이 확정되어 있다면 이는 근로의 대가로 지급되는 임금의 성질을 가지나 그 지급사유의 발생이 불확정이고 일시적으로 지급되는 것은 임금이라고 볼 수 없으며, 또한 그 상여금이 퇴직금 산정의 기초가 되는 평균임금에 산입될 수 있는지의 여부는 특별한 사정이 없는 한 퇴직 당시를 기준으로 판단하여야 한다(대법원 2006.6.11. 선고 2001다16722 판결).
- 우리나라 대부분의 기업에서는 정기상여금은 그 자체로 통상임금에 해당하지 아니한다는 전제 아래에서, 임금협상 시 노사가 정기상여금을 통상임금에서 제외하기로 합의하는 실무가 장기간 계속되어 왔고, 이러한 노사합의는 일반화되어 이미 관행으로 정착된 것으로 보이는데, 이러한 관행이 정착하게 된 데에는, 상여금의 연원이 은혜적 · 포상적인 이윤배분이나 성과급에서 비롯된 점, 상여금이 근로의 대가로서 정기적 · 일률적으로 지급되는 경우가 많다고는 하지만 여전히 성과급, 공로보상 또는 계속근로 장려 차원에서 지급되는 경우도 있고 그 지급형태나 지급조건 등이 다양하여 그 성질이 명확하지 아니한 경우도 있는 점, 고용노동부의 '통상임금 산정지침'이 일관되게 정

기상여금을 통상임금에서 제외하여 온 점, 대법원 판례상으로도 2012.3.29. 대법원 2010다91046 판결이 선고되기 전에는 정기상여금이 통상임금에 해당할 수 있음을 명시적으로 인정한 대법원판결은 없었던 점 등이 그 주요 원인이 되어 노사 양측 모두 정기상여금은 통상임금에서 제외되는 것이라고 의심 없이 받아들여 왔기 때문인 것으로 보인다(대법원 2013.12.18. 선고 2012다89399 전원합의체 판결).

2) 성과급

성과급(경영평가성과급, 개인 및 집단성과급 등)은 기업의 경영성과 내지 근로자 개인 또는 부서별 업무성과에 따라 지급하는 것으로, 노동법에 따라 지급이 강제된 임금은 아니다. 이러한 성과급은 지급조건이나 시점 등에 대한 근거가 취업규칙 등에 정하여져 있다고 하더라도 지급조건의 충족 여부는 성과에 따라 달라지는 것으로서 해당 근로자의 근로제공 자체의 대상이라고 볼 수 없으므로 원칙적으로 임금으로 보기는 어렵다.[18] 그러나 성과급이 사업의 주된 목적이나 활동과 밀접하게 연동되어 근로제공이 직접적으로 성과로 연결되거나(근로의 대가성), 지급기준 · 시기 · 금액 등 지급조건이 사전에 정해져 있어 의무화되거나(지급의무성), 계속적 · 정기적으로 지급되면 임금으로 볼 수 있다.[19]

- *성과급에 대해서는 노동관계법에 다로 규정되어 있지 아니하나, 만일 회사의 단체협약 · 취업규칙 등에 지급조건, 금액, 지급시기를 미리 정하여 지급하거나 전 근로자에게 관례적으로 지급하여 사회통념상 근로자가 당연히 지급 받을 수 있다는 기대를 갖게 되는 경우에는 임금성이 인정된다고 할 수 있으나, 지급조건, 금액, 지급시기가 단체협약 · 취업규칙 등에 정하여져 있다고 하더라도 개인의 실적에 따라 결정되는 경우나 단체협약 · 취업규칙 등에 지급조건, 금액, 지급시기 등에 관하여 아무런 규정도 없이 사용자의 재량에 의해 매년 그 지급시기 및 지급액을 달리하거나 지급되지 아니하는 경우에는 근로자의 근로제공 자체의 대가라고 볼 수 없고, 사용자에게 그 지급의무가 확정되는 임금성을 갖는다고 보기 어려울 것입니다(대법원 2004. 5. 14. 선고 2001다76328 판결,*

18) 성과급은 일반적으로 원자재 가격 · 업황 · 환율 등 기업 외부 요인에 따라 변동성이 있어 근로제공과 직접적인 관련성이 부족하고 지급이 확정되지 않아 사용자의 지급의무와 계속성이 부족하여 임금성이 부정되고 있다(대법원 2004.5.14. 선고 2001다76328 판결; 대법원 2006.2.23. 선고 2005다54029 판결; 대법원 2006.5.26. 선고 2003다54322 판결; 대법 2015.2.26. 선고 2014다227546 판결; 고용노동부 2011.11.10. 근로개선정책과-4400 등).

19) 대법원 2018.10.12. 선고 2015두36157 판결; 대법원 2018.12.13. 선고 2018다231536 판결; 고용노동부 2019.5.3., 근로기준정책과-2712 등.

임금정책과-588, 2005. 2. 5 등 참조). 귀 질의의 내용만으로는 구체적인 사실관계가 불분명하여 명확한 회신은 드리기 어려우나, 귀 질의상 '추가 성과급'이 취업규칙 등에 그 지급기준 등이 명시되어 있으나 그 지급의무가 회사의 판매목표 달성 여부(판매목표 90% 이상시 지급)에 따라 발생한 경우라면 근로자의 근로제공 자체의 대가라고 볼 수 없어 근로기준법상 임금으로 보기 어려울 것으로 사료됩니다(고용노동부 2011.11.10., 근로개선정책과-4400).

- 격려금과 성과금은 매년 경영 성과에 따라 그 지급 여부나 지급 기준 등이 정해져 지급되는 돈으로 그 지급사유의 발생이 불확정적이라고 볼 수 있어 계속적 · 정기적으로 지급되는 금품이라고 보기 어려우므로 일실수입 산정의 기초가 되는 급여소득에 포함되지 않는다고 봄이 타당하다(대법원 2015.2.26. 선고 2014다227546 판결).
- 근로자 개인의 실적에 따라 결정되는 성과급은 지급조건과 지급시기가 단체협약 등에 정하여져 있다고 하더라도 지급조건의 충족 여부는 근로자 개인의 실적에 따라 달라지는 것으로서 근로자의 근로제공 자체의 대상이라고 볼 수 없으므로 임금에 해당된다고 할 수 없다(대법원 2004.5.14. 선고 2001다76328 판결).
- 평균임금 산정의 기초가 되는 임금은 사용자가 근로의 대가로 근로자에게 지급하는 금품으로서, 근로자에게 계속적 · 정기적으로 지급되고 단체협약, 취업규칙, 급여규정, 근로계약, 노동관행 등에 의하여 사용자에게 그 지급의무가 지워져 있는 것을 말한다. '경영평가성과급'이 계속적 · 정기적으로 지급되고 지급대상, 지급조건 등이 확정되어 있어 사용자에게 지급의무가 있다면, 이는 근로의 대가로 지급되는 임금의 성질을 가지므로 평균임금 산정의 기초가 되는 임금에 포함된다고 보아야 한다. 경영실적 평가결과에 따라 그 지급 여부나 지급률이 달라질 수 있다고 하더라도 그러한 이유만으로 경영평가성과급이 근로의 대가로 지급된 것이 아니라고 볼 수 없다(대법원 2018.10.12. 선고 2015두36157 판결).
- 인센티브의 경우 정해진 지급기준과 지급시기에 따라 정기적 · 계속적으로 지급되고, 영업사원들의 영업활동 및 스텝직원들의 지원 · 관리 업무는 회사에 대하여 제공하는 근로의 일부로서 근로의 대가로 지급되는 것으로 볼 수 있으며, 지급기준 등의 요건에 맞는 실적을 달성할 경우 회사로서는 인센티브의 지급을 거절할 수 없을 것이므로 개별 근로자의 특수하고 우연한 사정에 의하여 좌우된다거나 은혜적 급부로도 보기 어려운바, 임금에 해당된다고 판단됨(고용노동부 2019.5.3., 근로기준정책과-2712).
- 회사가 특별생산격려금을 지급하게 된 경위가 노동쟁의의 조정 결과 생산격려금을 지급하기로 합의가 된 데 따른 것이고, 당시 조정안에서 위 생산격려금은 전년도의 경영성과를 감안한 특별상여금으로서 1회에 한하기로 약정하였다고 하더라도 이후 회사의 경영실적의 변동이나 근로자들의 업무성적과 관계없이 근로자들에게 정기적 · 계속적 · 일률적으로 특별생산격려금을 지급하여 왔다면 이는 근로계약이나 노동관행 등에 의하여 사용자에게 그 지급의무가 지워져 있는 것으로서 평균임금 산정의 기초가 되는 임금에 해당한다(대법원 2001.10.23. 선고 2001다53950 판결).

3) 복리후생적 금품

학비보조금, 교통비 지원, 개인연금보험료지원, 식사제공 등 단순한 복리후생적 금품은 사용자가 배려차원에서 지원하는 것으로 임금에 해당하지 않는다. 다만, 복리후생적 금품이라도 계속적 · 정기적 · 일률적으로 지급되고, 단체협약 · 취업규칙 · 근로계약 등에서 사용자에게 지급의무가 있는 경우에는 근로의 대가인 임금에 해당할 수 있다.

- *근로기준법상의 임금은 사용자가 근로의 대상으로 근로자에게 지급하는 일체 금품을 말하는 것인바, '개인연금보험료'는 사용자에게 그 일부의 부담 의무가 지워져 있다 할지라도 단지 근로자의 복리후생을 위하여 사용자가 지원하는 것으로 보아야 할 것이므로 근로의 대상인 임금으로 볼 수 없는 것으로 판단된다(고용노동부 1994.7.20., 임금 68207-442).*
- *지급의무의 발생이 단순히 생활보조적 · 복리후생적으로 지급되는 금품이거나 실비변상으로 지급되는 금품인 경우 또는 개별근로자의 특수하고 우연한 사정에 의하여 좌우되는 경우에는 근로의 대상으로 지급된 임금으로 볼 수 없을 것입니다(고용노동부 2006.6.26., 임금근로시간정책팀-1498).*
- *근로기준법상의 임금이라 함은 근로의 대상으로 근로자에게 지급하는 일체의 금품을 말하는 것인바, 학비보조금, 승차권, 보조금 등이 단체협약 또는 취업규칙에서 근로조건의 하나로서 전근로자에게 일률적으로 지급하도록 명시되어 있거나, 관례로서 지급되는 경우에는 동법상의 임금에 해당되는 것이나, 전근로자에게 지급하지 아니하고 2년 이상 근속한 사원의 자녀에게 지급하는 학자금, 통근버스를 이용하지 못하는 사원에게 지급하는 시내버스승차권, 자취하는 사원에게 지급하는 보조금 등은 전근로자에게 일률적으로 일정액을 지급하는 것으로 볼 수 없고, 복리후생적으로 지급하는 것으로 보아야 할 것이므로 동법상의 임금에 해당되지 않는 것으로 판단됨(고용노동부 1993.7.22., 임금 68207-453).*
- *귀 질의는 사업장의 취업규칙 등의 관련근거 등이 첨부되어 있지 않는 등 구체적인 사실관계를 알 수 없어 정확한 답변을 하기 곤란하나, 건설회사의 본사 근로자에게는 식대 5만원과 유류대 15만원을, 현장 근로자에게는 식대 10만원과 유류대 30만원을 각각 정기적으로 지급한 경우라면 이는 복리후생비라 할지라도 전근로자에게 정기적 · 일률적으로 지급한 경우에 해당되므로 근로기준법상의 임금으로 봄이 상당하다고 사료됨(고용노동부 2008.1.25. 임금근로시간정책팀-261).*
- *복지포인트의 전제가 되는 선택적 복지제도는 임금 상승이나 보전을 위한 것이 아닌 근로자의 욕구를 반영한 새로운 기업복지체계에 해당하는 비임금성 복지제도이므로 복지포인트를 단체협약, 취업규칙 등에 근거하여 근로자들에게 계속적 · 정기적으로 배정한 경우라고 하더라도 근로기준법상 임금에 해당하지 않는다(대법원 2019.8.22. 선고 2016다48785 참조/고용노동부 2020.7.28., 근로기준정책과-3051).*

4) 은혜적 · 호의적 금품

어떤 금품이 단체협약 · 취업규칙 · 근로계약 등에 따라 사용자에게 지급의무가 있더라도 결혼축의금, 조의금, 격려금, 위로금 등과 같이 개별 근로자의 특수하고 우연한 사정에 따라 은혜적 · 호의적으로 지급되는 경우에는 근로의 대가로 지급되는 임금으로 볼 수 없다. 다만, 은혜적 · 호의적 금품이라도 사용자가 지급기준 등을 정하여 지급하는 것이 관행화되어 있어 근로의 대가성이 충족되면 임금으로 인정될 수 있다.

- *취업규칙이나 근로계약에 근로조건 등을 미리 명시함이 없이 노사합의 등의 방법을 통해 일정목표를 정해 놓고, 이 목표에 도달할 경우 일정액 또는 일정비율의 성과금 또는 격려금 등을 일정한 시기에 지급하기로 한 경우라면, 이는 협상결과에 따라 지급조건과 금액을 달리 할 수도 있고, 지급하지 않을 수도 있는 일시적 · 변동적 또는 불확정적으로 발생된 것이고, 그때의 상황에 따라 일정목표 달성을 위한 격려차원에서 사용자의 재량에 의해 은혜적 · 호의적으로 지급된 것으로 보아야 할 것이므로 이 경우의 금품에 대해서는 근로기준법 제18조(현행 제2조)에 의한 임금성을 가지는 것으로는 해석할 수 없을 것임. 귀 질의의 경우 구체적인 사실관계를 확인할 수 없어 답변하기 어려우나, 취업규칙이나 근로계약에 특별보로금 또는 초과업적상여금의 지급조건, 금액, 지급시기를 미리 명시함이 없이 "특별연체감출운동" 전개 및 "판매촉진프로그램 추진운동"의 성과에 따라 경영협의회의 결의를 거쳐 지급하는 경우라면, 이는 일시적 상황 또는 일정목표 달성에 기인하여 은혜적 · 호의적 성격으로 지급되는 것이므로 임금의 성격을 갖는 것으로는 볼 수 없다고 사료됨(고용노동부 2000.7.25., 임금 68207-272).*
- *임금이란 사용자가 근로의 대상으로 근로자에게 지급하는 일체의 금품을 뜻하는 것으로서 지급하는 금품의 근로의 대상이 아니고 단순한 의례적 · 호의적인 의미에서 지급되는 경우에는 그 금품을 임금이라 하기 어렵다 할 것이나, 그 지급되는 금품의 성격이 근로의 대상인지 또는 의례적 · 호의적인데 불과한 것인지 여부는 일반적으로 그 지급이 명시적이든 묵시적이든 근로계약의 내용으로 의무적으로 지급하는 것인지 여부에 따라 결정되어야 할 것인 바 막연히 주식보조비는 그 지급의 성격에 비추어 은혜적으로 지급되는 것이라 하여 임금이 아니라고 단정한 것은 잘못이다(대법원 1976.1.27. 선고 74다1580 판결).*

5) 실비변상적 금품

작업복 및 작업물품 구입비, 출장비, 일 · 숙직수당, 판공비, 교통비 등 근로자가 특수한 근무조건이나 환경에서 직무를 수행함으로써 추가로 발생하는 비용을 변상하기 위하여 지급되는 실비변상적 금품은 근로의 대가로 지급되는 임금이라고 볼 수 없다. 다만, 실비변상적 금품이더라도 모든 근로자에게 일정액을 계속적 · 정기적으로 지급하였다면 임금에 해당할 수 있다.

- 임금이라 함은 사용자가 '근로의 대상'으로 근로자에게 임금, 봉급, 기타 여하한 명칭으로든지 지급하는 일체의 금품을 말하는 것이므로, 근로자가 특수한 근무조건이나 환경에서 직무를 수행하게 됨으로 말미암아 추가로 소요되는 비용을 변상하기 위하여 지급되는 이른바 '실비변상적 급여'는 근로의 대상으로 지급되는 것이라고 볼수 없기 때문에 임금에 포함될 수 없다(대법원 1992.11.9. 선고 90다카4683 판결).
- 귀 질의의 경우 해외 파견근로자에게 지급하는 해외체재비를 임금으로 볼 수 있는지를 문의한바, 동 '해외체재비'의 성격이 명확하지는 않으나 동 금품이 근로자가 해외근무라는 특수한 근무환경에서 직무를 수행하게 됨에 따라 추가로 소요되는 비용을 변상하기 위하여 지급하는 실비 변상적인 금품이라면 근로기준법 제18조(현행 제2조 제1항 제5호) 규정에 의한 임금으로 보기는 어려울 것으로 사료됨(고용노동부 2006.6.26., 임금근로시간정책팀-1498).
- '직급보조비'의 성격이 기관의 운영을 위하여 직제에 의한 특정직급(직위)에 해당하는 자에게 정책으로 매월 지급하는 경비로서, 특정직급(직위)을 담당함에 따라 소요되는 내부직원의 격려, 기관 간 섭외, 기타 직무관련 소규모 지출 등 업무 수행에 따른 비용을 충당하기 위해 사용되는 경비라면 실비변상으로 지급되는 금품 또는 이에 준하는 성격의 금품으로 보아 근로의 대가인 임금으로 보기는 어려울 것으로 사료됨. 다만, 직급보조비의 지급의무 발생이 근로제공과 직접적으로 관련되거나 근로제공과 밀접하게 관련된 것으로 볼 수 있는 등 업무수행에 따른 비용을 충당하기 위해 사용되는 경비가 아닌 경우라면 근로의 대상인 임금으로 볼 수 있을 것으로 사료됨(고용노동부 2011.1.31., 근로기준과-517).
- 일반적으로 '보안장비구입비'는 근로의 대가로서 지급되는 임금과는 달리 생산수단 구입을 위한 실비변상적인 것이므로 통상임금 산정기초에 포함시킬 수 없는 것이라고 사료됨(고용노동부 1981.12.22. 근기 1455-37763).
- 대학교원에게 지급하던 연구수당 및 학생지도수당이 어떤 실적에 따른 실비변상의 것이 아니라 일반적으로 일정액을 정기적 · 계속적으로 지급하여 온 것이라면 이는 근로의 대가인 급여로 봄이 상당하다(대법원 1977.9.28. 선고 77다300 판결).
- 귀 질의상의 연구수당은 「국가연구개발혁신법」 및 과학기술정보 통신부 고시 「국가연구개발사업 연구개발비 사용기준」등에 근거하여 연구 기관의 장이 국책연구과제에 참여한 연구원에게 그 기여도를 평가하여 차등 지급하는 장려금 성격의 금품으로 판단됨. 연구수당 지급과 관련한 단체협약 · 취업규칙 등에 기여도를 평가하는 기준과 이에 따라 연구수당을 지급하는 조건, 지급액, 지급시기 등을 미리 정하여 지급하거나, 근로자들에게 관례적으로 지급하여 사회통념상 근로자가 당연히 지급받을 수 있다는 기대를 갖게 되어 노동관행으로 인정되는 경우라면 그 지급이 계속적 · 정기적으로 이루어져 사용자에게 지급의무가 확정된 임금에 해당될 것으로 사료됨. 다만, 사용자의

재량에 따라'연구수당'의 지급 여부 및 지급률이 결정되는 등 지급조건이 불확정적인 경우라면 이는 개별 근로자에 대한 근로의 대가와 무관하게 지급하는 금품으로서 「근로기준법」상 임금에 해당하지 않을 것으로 판단됨(고용노동부 2022.5.25. 근로기준정책과-1683).

6) 그 밖의 금품

사용자가 특정한 사유로 인하여 지급하는 해고예고수당, 귀향여비, 재해보상금, 휴업수당, 임금상당액, 출산전후휴가급여(고용보험 지원 차액분), 근로자가 부담해야 할 사회보험료 및 근로소득세를 사용자가 대신 부담하는 경우 등은 현실적인 근로제공 없이 손해보상의 성격을 갖거나 생활권 보장이나 지원을 위한 것이므로 임금에 해당하지 않는다.[20)]

- *근로기준법상의 임금은 사용자가 근로의 대상으로 근로자에게 임금, 봉급 기타 여하한 명칭으로 지급하는 일체의 금품을 말하므로, 부당해고 기간에 대하여 사용자가 지급한 임금상당액은 근로의 대상으로 지급되는 것이 아니라 사용자의 귀책사유로 근로자가 노무를 제공하지 못한 데 따른 민법상의 손해배상금 성격이므로 근로기준법상의 임금이 아님(고용노동부 1997.7.11., 실업 68430-183).*
- *일반적으로 사용자가 근로자에게 지급하는 임금 중 법령에 근거하여 그 일부를 공제하여 원천징수하는 경우에는 원칙적으로 공제 전 금액까지 평균임금에 산입되는 임금으로 봄이 타당하다고 할 것임. 다만, 근로자와 사용자간에 근로계약을 체결함에 있어 일정금액으로 근로계약을 명백히 체결하고 근로자에게 의무가 부여된 사회보험료 및 각종세금 납부 등을 사용자가 부담하기로 한 경우에는 동 금품을 근로의 대가로서 지급되는 임금으로 보기 어려우므로 평균임금의 산정에 포함하기는 어려울 것으로 사료됨(고용노동부 2007.1.9., 임금근로시간정책팀-120).*

20) '해고예고수당'은 해고일 기준 30일 전에 해고예고를 하지 않을 경우에 통상임금의 30일분 이상으로 지급하는 금품이고(근기법 제26조), '귀향여비'는 근로조건이 사실과 달라서 근로계약을 해제하는 경우에 근로자가 취업을 목적으로 거주지를 변경하는 경우에 지급하는 금품이고(근기법 제19조), '재해보상금' 업무상의 산업재해에 대하여 지급하는 금품이고(근기법 또는 산업재해보상보험법), '휴업수당'은 사용자의 귀책사유로 근로를 제공하지 못할 경우에 평균임금의 70% 이상으로 지급하는 금품이고(근기법 제46조), '임금상당액'은 해고와 관련한 다툼에서 부당해고를 판정되면 해고기간 동안 근로를 제공하였더라면 받을 수 있었던 임금 상당액에 해당하는 금품(근기법 제30조), '출산전후휴가급여'는 출산전후휴가 기간에 대하여 정상 근로시 받을 수 있었던 임금에서 고용보험이 지원하는 금액을 제외하고 사용자가 지급해야 하는 금품(근기법 제74조)이다.

〈금품의 구분에 따른 임금 여부 판단〉[21]

금품의 구분	금품 예시	임금 여부
근로의 질과 양에 관계되는 수당	기술수당, 자격 · 면허수당, 특수작업수당, 직책수당, 직무수당, 출납수당, 항공수당, 생산장려수당, 능률수당, 성과급 성격으로 매월 지급되는 영업수당, 매월 총판매액의 일정율을 지급하는 판매장려금 · 판매수당 등	○
근로여건 및 환경과 관계되는 수당	벽지수당, 위험수당, 한냉지 근무수당 등	○
은혜적 · 호의적 금품	경조금, 위문금, 회사창립일 등에 지급되는 금품	×
복리후생적 금품	기업의 복지시설물 이용, 현물급식의 제공, 사회보험에 대한 보조금, 학자금, 가족수당 등	×
실비변상적 금품	장비 · 제복 · 작업복 구입비, 작업용품대금, 출장비, 여비, 판공비, 기밀비, 정보비 등	×
기타 금품	해고예고수당, 귀향여비, 임금상당액, 휴업수당, 재해보상금 등	×

21) 고용노동부, 『소규모사업장 남낭사를 위한 12가지 인사관리 실무기법』, 2010, 110쪽.

제2장

임금산정을 위한 근로시간의 이해

제1절 근로시간의 개념 및 판단

제2절 근로시간의 구분

제3절 유연근로제도

제1절 근로시간의 개념 및 판단

1. 근로시간의 개념

1) 개 요

근로시간은 노동법의 대원칙인 무노동 무임금 원칙[1]에 따라 임금산정의 대상에 해당하는 시간을 말한다. 근기법 등 노동법에는 근로시간의 정의를 규정하고 있지 않지만, 판례 및 행정해석은 근로시간을 '근로자가 사용자의 지휘 · 감독을 받으면서 근로계약에 따른 근로를 제공하는 시간으로 노동력을 사용자의 처분 아래에 둔 실구속시간'으로 해석하고 있다.[2] 즉 근로시간은 사용자가 근로자의 노동력을 경제적 목적 등에 활용하느냐와 무관하게 사용자의 지휘 · 감독하에서 처분이 가능한 상태로 유지하고 있는 시간이면 충분하고 실제로 사용자가 그 시간에 근로자의 노동력을 사용해야만 하는 것은 아니며, 실제의 작업시간은 물론 대기시간[3]도 포함된다.

※ 근기법은 근로시간과 관련하여 '소정근로시간'은 근로계약의 서면명시 사항(제17조 제1항 제2호)으로, '업무의 시작과 종료시각'은 취업규칙의 필요적 기재사항(제93조 제1호)으로 규정하고 있음.

- *<u>근로기준법상의 근로시간이란 근로자가 사용자의 지휘 · 감독 아래 근로계약상의 근로를 제공하는 시간을 말한다.</u> 근로자가 작업시간 도중에 현실로 작업에 종사하지 않은 대기시간이나 휴식 · 수면시간 등이라 하더라도 그것이 <u>휴게시간으로서 근로자에게 자유로운 이용이 보장된 것이 아니고, 실질적으로 사용자의 지휘 · 감독 아래 놓여 있는 시간이라면 근로시간에 해당한다</u>(대법원 2017.12.13. 선고 2016다243078 판결).*
- *근로기준법 제50조 제1항은 1주간의 근로시간은 휴게시간을 제외하고 40시간을 초과할 수 없고,*

1) '무노동 무임금 원칙'은 근로하지 않은 기간에 상응하는 임금은 지급하지 않는다는 원칙으로 근로계약의 본질로부터 도출되는 것이다(고용노동부 1998.11.25., 협력 68140-440). 따라서 지각, 조퇴, 외출, 결근, 휴일 및 휴가 등으로 실제로 근로를 하지 않은 시간은 근로시간에 포함되지 않는다.

2) 대법원 2019.7.25. 선고 2018도16228 판결; 대법원 2018.6.28. 선고 2013다28926 판결; 대법원 2017.12.5. 선고 2014다74254 판결; 대법원 2006.11.23. 선고 2006다41990 판결; 고용노동부 "근로시간제도의 이해", 2021.08.; 고용노동부 "근로기준법상 근로시간 규정의 주요 내용", 2021.03. 등 다수.

3) 근기법 제53조 제3항은 "근로시간을 산정하는 경우 작업을 위하여 근로자가 사용자의 지휘 · 감독 아래에 있는 대기시간 등은 근로시간으로 본다"라고 규정하고 있다.

제53조 제2항은 당사자 간에 합의하면 1주간에 12시간을 초과하지 않는 범위에서 근로시간을 연장할 수 있다고 규정하고 있다. 근로시간이란 근로자가 사용자의 지휘 · 감독을 받으면서 근로계약에 따른 근로를 제공하는 시간을 말하는데, 위 규정은 근로자들의 과중한 근무시간을 제한하고자 하는 규정이므로 위 규정이 말하는 근로시간은 실근로시간을 의미한다(대법원 2019.7.25. 선고 2018도16228 판결).

2) 근로시간 해당 여부의 판단

근로시간 해당 여부는 특정 업종이나 업무의 종류에 따라 일률적으로 판단할 것이 아니다. 즉 단체협약 · 취업규칙 · 근로계약 등의 내용, 사용자의 지시 여부, 업무의 수행이나 참여 의무 정도, 수행이나 참여를 거부한 경우에 불이익 여부, 시간 및 장소의 제한 정도 등 구체적 사실관계를 따져 사례별로 판단하여야 한다.[4)]

근로계약에서 정한 휴식시간이나 수면시간이 근로시간에 속하는지 휴게시간에 속하는지는 특정 업종이나 업무의 종류에 따라 일률적으로 판단할 것이 아니다. 이는 근로계약의 내용이나 취업규칙과 단체협약의 규정, 근로자가 제공하는 업무의 내용과 구체적 업무 방식, 휴게 중인 근로자에 대한 사용자의 간섭이나 감독 여부, 자유롭게 이용할 수 있는 휴게 장소의 구비 여부, 그 밖에 근로자의 실질적 휴식을 방해하거나 사용자의 지휘 · 감독을 인정할 만한 사정이 있는지와 그 정도 등 여러 사정을 종합하여 개별 사안에 따라 구체적으로 판단하여야 한다(대법원 2017.12.5. 선고 2014다74254 판결).

2. 유형별 근로시간의 판단

1) 실제 근로에 부수되는 시간

소정근로시간[5)] 외에 근로자의 활동이 실근로 제공에 부수되는 경우에는 실제 업무와 관련성, 강제되는 정도 등에 따라 판단한다. 따라서 작업개시 전후의 시간이더라도 보호장비 착용 및 환복시간, 작업도구 및 기계의 준비 · 점검 · 정비 · 교체시간, 보안교육 · 작업지시시간, 작업 전 회의시간, 교대작업을 위한 업무의 인수 · 인계 시간, 해외출장 중에 소비된 시간 등은

4) 대법원 2021.7.21. 선고 2021다225845 판결.

5) 소정근로시간은 법정근로시간(통상근로자는 1주 40시간 및 1일 8시간, 연소근로자는 1주 35시간 및 1일 7시간, 유해 · 위험작업 근로자는 1주 34시간 및 1일 6시간)의 범위에서 근로자와 사용자 사이에 정한 근로시간이다(근기법 제2조 제1항 제8호).

근로시간에 포함될 수 있다.

- 원칙적으로 귀 질의 "가", "다"항의「대기시간 및 식사시간」은 사용자의 지배관리에서 벗어나 근로자가 자유롭게 이용할 수 있다면 휴게시간에 해당하며, 귀 질의 "나"항의 작업준비시간(차량점검, 요금통 설치, 연료충전 등)은 근로시간에 해당된다고 사료됨(고용노동부 2002.12.12., 근기 68207-3345).
- 이 사건에서 취업회의 내용인 갱내 근무자에 대한 보안교육이나 작업지시 및 작업조의 편성은 갱내 교대근무를 위하여 필요한 것이고 사용자인 피고의 지휘, 감독하에 행하여지는 것으로서 위와 같은 취업회시간도 실근로시간에 포함시켜야 할 것이다(대법원 1993.11.9. 선고 93다8658 판결).
- 연장근로 1시간을 포함하여 시업 · 종업시각을 정한 경우에도 근로시간 도중에 부분파업으로 인하여 실근로시간이 법정근로시간을 초과하지 않는다면 17:00~18:00 사이의 근로 또는 18:00 이후의 근로에 대하여 동법 제55조(현행 제56조)에 의한 연장근로 가산임금을 지급할 의무는 없다고 사료됨. 다만, 당사자가 실근로시간이 법정근로시간을 초과했는지 여부를 불문하고 17:00 이후의 근로에 대해서는 연장근로수당을 지급하다는 특약이 있는 경우에는 그에 따르면 될 것임(고용노동부 2002.8.21., 근기 68207-2776).
- 근로기준법상 근로시간이라 함은 근로자가 사용자의 지휘 · 감독하에 근로계약상의 근로를 제공하는 시간을 말하는 것인 바, 실제 근로에 부수되는 작업시간(버스운전 근로자가 차량운행 이외 버스요금통의 반납과 재설치에 소요되는 시간)이 근로시간에 해당하는지 여부는 사실관계에 따라 판단되어지는 것이 원칙임. 다만, 버스요금통의 반납과 재설치에 관한 사항이 사용자의 지휘 · 명령하에 행해지고 있다면 이에 소요되는 시간은 근로시간으로 보는 것이 타당함(고용노동부 1996.7.1., 근기 68207-875).
- 원고가 해외출장(출 · 입국 절차, 비행대기 및 비행, 현지 이동 및 업무 등 포함) 중 소비한 시간은 근로시간으로 보아야 한다. 원고가 2013.1.~2015.2.까지 해외출장 업무로 소정 근로시간(평일 08:30~17:30)을 초과하여 연장, 야간, 휴일 근로한 사실을 인정할 수 있다(수원지방법원 2016.11.24. 선고 2016가단505758 판결. 항소가 없어 확정됨).

2) 휴게시간

「근로기준법」

제54조【휴게】 ① 사용자는 근로시간이 4시간인 경우에는 30분 이상, 8시간인 경우에는 1시간 이상의 휴게시간을 근로시간 도중에 주어야 한다.
② 휴게시간은 근로자가 자유롭게 이용할 수 있다.

휴게시간은 근로자가 근로시간 도중에 사용자의 지휘 · 감독으로부터 벗어나 자유롭게 이용할 수 있는 시간이다. 따라서 휴게시간은 근로시간에 포함되지 않는 것이 원칙이고, 임금산정을 위한 근로시간에 포함되지 않는다. 다만, 휴게시간이더라도 실제 휴식을 할 수 없는 상태에서 대기하거나 근로를 제공한다면 근로시간에 포함되고 그에 따른 임금도 지급하여야 한다.

> - 근로기준법상의 '휴게시간'이란 근로자가 근로시간의 도중에 사용자의 지휘명령으로부터 완전히 해방되고 또한 자유로운 이용이 보장된 시간을 의미하므로, 만일 시외버스 운전사의 대기시간이 근로기준법 소정의 휴게시간에 해당한다면 그 운행시간은 기준근로시간을 초과하지 않으나, 그렇지 않고 위 대기시간이 근로시간에 해당한다면 기준근로시간을 초과하게 되는 경우 이러한 기준근로시간을 초과하는 운행시간의 배차지시는 법령에 위반한 것으로서 정당한 작업지시라고 볼 수 없을 것이다(대법원 1992.4.14. 선고 91다20548 판결).
> - '휴게시간'은 작업의 시작으로부터 종료시까지로 제한된 시간 중의 일부이므로, 휴게시간 중이라고 하더라도 다음 작업의 계속을 위하여 사용자의 지휘 · 감독 등 일정 수준의 제약을 받는 것은 부득이하다고 할 것이다. 즉 근로자에게 그 종사하는 업무의 특성에 따라 자유로운 휴게시간을 부여하면서도 업무의 연속성을 유지하고 업무와 관련한 긴급상황에 효율적으로 대응할 수 있도록 하는 등 최소한의 질서유지를 위하여 휴게시간의 이용에 관한 제한이 이루어질수 있다고 할 것인바, 이 경우 근로자로 하여금 사용자의 지휘 · 감독을 벗어나 휴게시간을 자유롭게 이용할 수 있도록 하되 그 장소를 사업장 안으로 제한하거나 휴게시간에 사업장 밖에 나갈 수 있도록 하되, 이를 사전에 마련된 객관적 기준에 합치되는 경우에만 허가하는 등의 제한은 휴게시간의 이용 장소와 방법에 관한 합리적인 제한이라고 보아야 할 것이다(법제처 2016.8.19. 법제처 16-0239).

3) 대기시간

> **「근로기준법」**
>
> **제50조【근로시간】** ③ 제1항 및 제2항에 따라 근로시간을 산정하는 경우 작업을 위하여 근로자가 사용자의 지휘 · 감독 아래에 있는 대기시간 등은 근로시간으로 본다.

대기시간은 근로자가 실제 근로를 하지는 않지만, 사용자의 지휘 · 감독 아래에서 일정한 장소 내에서 단시간 내에 근로에 임할 것을 예상하면서 항상 주의하고 긴장하면서 기다리는 시간을 의미한다. 따라서 근로자가 작업시간 도중에 현실적으로 작업에 종사하지 않는 대기시간이 근로자에게 자유로운 이용이 보장된 것이 아니라 사용자의 지휘 · 감독 아래에 놓여 있는 시간이라면 이는 당연히 근로시간에 포함된다.[6)]

※ 대기시간의 예로는 자동차 운전사나 숙박시설 · 음식점 접객원이 고객을 기다리는 대기시간, 작업도중

6) 대법원 2017.12.13. 선고 2016다243078 판결.

에 정전 · 기계고장 · 원재료부족 등으로 인한 대기시간, 의사나 간호사가 환자를 기다리는 대기시간 등이 있음.

- 원고들이 버스운행을 마친 후 다음 운행 전까지 대기하는 시간에는 근로시간에 해당하지 않는 시간이 포함되어 있다고 보아야 하므로, 이 사건 대기시간 전부가 근로시간에 해당한다고 볼 수는 없다. ① 피고가 소속된 G조합과 원고들이 소속된 H노동조합은 임금협정을 체결하면서 1일 근로시간을 기본근로 8시간에 연장근로 1시간을 더한 9시간으로 합의하였는데, 이는 당시 1일 단위 평균 버스운행시간 8시간 외에 이 사건 대기시간 중 일부가 근로시간에 해당할 수 있다는 점을 고려한 것으로 보인다. ② 원고들은 이 사건 대기시간 동안 청소, 검차 및 세차 등의 업무를 수행하기도 하였으므로 이 사건 대기시간 전부가 근로시간에 해당한다고 주장하나, 원고들이 임금협정을 통해 근로시간에 이미 반영된 시간을 초과하여 위와 같은 업무를 하였는지, 설령 그렇다고 하더라도 어느 정도 시간 동안 위와 같은 업무를 하였는지 단정하기 어렵다. ③ 피고가 이 사건 대기시간 내내 원고들에게 업무에 관한 지시를 하는 등 구체적으로 원고들을 지휘 · 감독하였다고 볼 만한 자료가 없고, 오히려 원고들은 이 사건 대기시간 동안 식사를 하거나 이용이 자유로운 별도의 공간에서 커피를 마시거나 텔레비전을 시청하는 등의 방법으로 휴식을 취하였으며, 종래 피고 소속 버스운전기사들은 이 사건 대기시간을 휴게시간이라고 불러 왔다. ④ 도로 사정 등으로 배차시각을 변경하여야 하는 예외적인 경우가 아닌 한 피고가 소속 버스운전기사들의 대기시간 활용에 대하여 간섭하거나 감독할 업무상 필요성은 크지 않았다. ⑤ 이 사건 대기시간이 다소 불규칙하기는 하였으나 다음 운행버스의 출발시각이 배차표에 미리 정해져 있었으므로, 버스운전기사들이 이를 휴식을 위한 시간으로 활용하는 데 큰 어려움이 없었을 것으로 보인다(대법원 2021.8.12. 선고 2019다266485 판결).
- 「근로기준법」 제50조 제3항의 규정에 따라 근로시간을 산정함에 있어 작업을 위하여 근로자가 사용자의 지휘 · 감독 아래에 있는 대기시간 등은 근로시간으로 보고 있음. 귀 질의의 내용만으로는 구체적인 사실관계를 정확히 알 수 없어 명확한 회신은 드리기 어려우나, 귀 질의와 같이 대기시간과 운행시간의 구분이 명확하고, 대기시간 중에는 근로자가 사용자의 지휘 · 감독을 받지 않고 자유롭게 이용할 수 있는 경우라면 그 시간은 근로시간이 아닌 휴게시간으로 보아야 할 것으로 사료됨(고용노동부 2013.5.8. 근로개선정책과-2760).
- 근로자가 작업시간 도중에 실제로 작업에 종사하지 않는 휴식시간이나 대기시간이라 하더라도 근로자의 자유로운 이용이 보장되지 않고 실질적으로 사용자의 지휘 · 감독을 받는 시간은 근로시간에 포함된다고 보아야 한다. 근로계약에서 정한 휴식시간이나 대기시간이 근로시간에 속하는지 휴게시간에 속하는지는 특정 업종이나 업무의 종류에 따라 일률적으로 판단할 것이 아니다. 이는 근로계약의 내용이나 해당 사업장에 적용되는 취업규칙과 단체협약의 규정, 근로자가 제공하는 업무 내용과 해당 사업장의 구체적 업무방식, 휴게 중인 근로자에 대한 사용자의 간섭이나 감독 여부, 자유롭게 이용할 수 있는 휴게장소의 구비 여부, 그 밖에 근로자의 실질적 휴식이 방해되었다거나 사용자의 지휘 · 감독을 인정할 만한 사정이 있는지와 그 정도 등 여러 사정을 종합하여 개별사안

에 따라 구체적으로 판단하여야 한다(대법원 2018.6.28. 선고 2013다28926 판결).

4) 교육시간

교육시간이 소정근로시간을 불문하고 사용자의 지휘 · 감독이나 단체협약 · 취업규칙 · 근로계약 등에 따라 의무적으로 이루어지고 그러한 의무를 근로자가 거부할 수 없거나, 거부한 경우에 다양한 불이익이 수반된다면 근로시간에 해당한다. 다만, 근로자가 개인적인 목적(어학, 자격증취득, 취미활동 등)으로 교육을 받는 것은 근로시간에 포함되지 않는다.

- *근로자가 직무와 관련된 법령 또는 단체협약 · 취업규칙 등의 규정이나 사용자의 지시에 따라 소정근로시간 외에 교육을 받는 경우, 그러한 교육시간이 근로시간에 해당하는지 여부는 관련 법령 또는 단체협약 · 취업규칙 등의 내용과 취지, 해당 교육의 목적 및 근로제공과의 관련성, 교육의 주체가 누구인지, 사용자에게 이를 용인하여야 할 법령상 의무가 있는지 여부, 근로자의 귀책사유로 말미암아 교육을 하게 되었는지 여부, 근로자가 교육을 이수하지 않을 때에 받을 불이익의 존부와 그 정도 등 여러 사정을 종합적으로 고려하여 판단하여야 한다. 여객자동차 운수사업법 제25조제1항 및 같은 법 시행규칙 제58조제1항제2호에 따라 운수종사자는 운전업무를 시작하기 전에 '보수교육'을 받아야 하고, 운송사업자도 운수종사자가 위와 같은 보수교육을 받는 데 필요한 조치를 하여야 함은 물론 그 보수교육을 받지 아니한 운수종사자를 운전업무에 종사하게 하여서는 아니 된다. 이처럼 '보수교육'은 근로자인 운전종사자와 사용자인 운송사업자 모두에게 부과된 법령상 의무로서, 운전종사자의 적법한 근로제공 및 운송사업자의 운전업무에 종사할 근로자 채용 · 결정에 관한 필수적인 전제조건이기도 하여 근로제공과의 밀접한 관련성이 인정되는 점, 운송사업자가 운수종사자의 교육에 필요한 조치를 하지 아니한 경우에는 면허 · 허가 · 인가 · 등록의 취소 또는 6개월 이내의 기간을 정하여 사업의 전부 또는 일부에 대한 정지 · 노선폐지 · 감차 등의 사업계획 변경명령 등을 받게 되는 상당한 정도의 불이익이 규정되어 있는 점(여객자동차법 제85조제1항제23호), 피고의 취업규칙에서 '직원은 직무와 관련 법률에서 정한 교육을 의무적으로 이수하여야 한다.'고 정하였고(제62조), 피고가 체결한 2016년 단체협약도 '조합원은 교통관계법에서 정한 교육과 훈련은 반드시 이수해야 한다.'고 정한 점(제62조) 등을 종합하면, 비록 그 교육의 주체가 사용자가 아닐지라도 여객자동차법 제25조제1항에 근거를 둔 운수종사자에 대한 보수교육시간은 근로시간에 포함된다고 봄이 타당하다(대법원 2022.2.12. 선고 2022다203798 판결).*
- *교육시간이 사용자의 지시 · 명령에 의해 강제되거나 또는 사용자의 책임하에 작업안전 작업능률 등 생산성 향상을 위하여 근로자에게 의무적으로 소집, 실시하는 교육은 근로시간으로 볼 수 있다고 사료됨. 다만, 귀 질의 합숙교육이 사용자의 지시 · 명령에 의해 강제되는 경우에도 정상적인 근무와 달리 근로자들의 장기간 업무공백에 따른 업무 복귀시 적응훈련 및 업무능력에 향상, 근로*

자의 자기개발 등 복합적인 목적으로 실시하는 경우에는 정상근로와는 동일하게 볼 수 없으므로 근로기준법 제55조(현행 제56조)에 의한 연장근로수당 지급의무가 당연히 발생한다고 보기는 어렵다고 사료됨(고용노동부 2002.2.24., 근기 68207-214).

- *교육 · 훈련시간이 근로시간에 포함되기 위해서는 사용자가 근로시간 중에 '작업안전', '생산성향상' 등 직무와 관련한 교육 · 훈련을 실시하거나, 근무시간 종료후 또는 휴일에 근로자를 소집하여 의무적으로 교육 · 훈련을 실시하여야 함. 이에 비추어 보건대 귀문에서의 '전기시설운전교육'이 정유 생산공장의 전기안전사고를 미연에 방지하고 기타 작업 수행상의 응급대처능력을 향상시키기 위한 것이라면 동 교육은 직무관련교육임이 분명하고, 비록 근로자들이 동 교육에 자율적으로 참여하고는 있으나 소정 근무시간 중에 교육이 행해질 경우에는 이를 근로시간으로 인정함이 타당하다고 사료됨(고용노동부 1998.7.13., 근기 68207-1482).*
- *사업장에서 주최하는 극기훈련시간(토요일 12시부터 일요일 오전 10시까지)이 근로시간인지 여부에 대하여는 취업규칙이나 단체협약에 명시된 규정이 있다면 이에 따라야 할 것이나 별단의 규정이 없다면 훈련의 강제성 여부, 비용부담, 불참자에 대한 제재여부 등 구체적인 기준에 따라 판단되어야 함(고용노동부 1987.3.25., 근기 01254-4824).*
- *'화합의 시간' 참가 및 '학습 프로그램 평가' 수행이 사용자의 지시에 의해 이루어지고, 이에 참가하지 않았을 경우 일정한 불이익이 가해지는 경우에는 근로시간으로 볼 수 있음. 또한, 동 교육이 근로시간으로 인정되고 소정근로시간 이후 이루어진 경우에는 연장근로수당을 지급하여야 할 것임(고용노동부 2012.8.28., 근로개선정책과-4354).*
- *근로자에 대하여 업무와 관련이 있고 생산성 향상과 관련되는 전근로자에 대한 의무적 교육은 근로시간으로 볼 수 있으나, 업무와 관련이 없는 개인의 교양 취미 등의 교육이나 국가의 홍보사항의 교육은 근로시간으로 볼 수 없음(고용노동부 1988.3.18., 근기 01254-4100).*

5) 일 · 숙직 업무

일 · 숙직 업무는 본래 담당업무와 별개로 사업장 시설의 정기적 감시, 긴급문서 또는 전화의 수수, 기타 돌발사태 발생에 대비한 준비 등 경미한 내용의 업무를 단속적으로 수행하는 것을 말한다.[7] 일반적으로 일 · 숙직 업무는 근로계약에 부수되는 의무로써 통상적인 근로와 달리 근로시간으로 인정되지 않는 것이 원칙이다. 다만, 일 · 숙직 업무의 내용이 본래의 업무가 연장되거나, 일 · 숙직 업무의 내용이나 질이 통상의 근로와 마찬가지로 평가된다면 근로시간으로 인정된다.

7) 고용노동부, 「일 · 숙직 근로자에 대한 노무관리 지도지침」, 2007.10.25., 임금근로시간정책팀-3230.

- 일반적으로 숙 · 일직이라 함은 정기적 순찰, 전화와 문서의 수수, 기타 비상사태 발생 등에 대비하여 시설 내에서 대기하고 있는 것으로서 그 자체의 노동의 밀도가 낮고 감시 · 단속적 노동인 경우가 대부분이어서 이러한 업무는 관행적으로 정상적인 업무로 취급되지 아니하여 별도의 근로계약을 필요로 하지 아니하며 원래의 계약에 부수되는 의무로 이행되어야 하는 것으로서 정상근무에 준하는 임금을 지급할 필요가 없고, 야간 · 연장 · 휴일 근로수당 등이 지급되어야 하는 것도 아니며, 관례적으로 실비변상적 금품이 지급되고 있다는 등의 특징이 있으나, 이러한 감시 · 단속적인 숙 · 일직이 아니고 숙 · 일직시 그 업무의 내용이 본래의 업무가 연장된 경우는 물론이고 그 내용과 질이 통상의 근로와 마찬가지로 평가되는 경우에는 그러한 초과근무에 대하여는 야간 · 연장 · 휴일 근로수당 등을 지급하여야 한다(대법원 1995.1.20. 선고 93다46254 판결).
- 일반적으로 숙직업무의 내용이 본래의 정상적인 업무가 연장된 경우는 물론이고 그 내용과 질이 통상의 근로와 마찬가지로 평가되는 경우에 그러한 초과근무에 대하여는 야간 · 휴일근로수당 등을 지급하여야 한다(원고들의 1일 금 5,000원씩 당직수당 명목의 돈은 지방공무원수당규정에 없는 법정외 명목의 돈을 받은 것으로 숙직전담업무가 통상업무인 방호원들에게 초과근무수당으로 지급된 돈이라고는 볼 수 없고, 그와 같은 사정 때문에 원고들이 초과근무수당청구권을 상실하는 것도 아니다)(대법원 2000.9.22. 선고 99다7367 판결).
- 당직근무 시간에 처리하는 업무가 주간에 이루어지는 다른 업무와 내용과 질이 다르다고 볼 수 없는 점, 당직근무 시간에 처리하는 업무의 강도가 주간의 것에 비해 적다고 보기는 어려운 점, 식사나 수면시간을 제외한 나머지 당직근로시간에 수면이나 휴식이 보장되었다고 보기는 어려운 점, 당직근무가 미리 정한 4교대제 근무의 일부를 이루고 당직근무시 당직 보고도 2차례씩 이루어지는 등 당직근무가 사용자의 지휘 · 감독으로부터 완전히 벗어난 것이라고 보기도 어려운 점 등을 앞서 본 법리에 비추어 보면, 당직근무 중 식사나 수면시간을 제외한 나머지 시간의 근로는 그 내용과 질에 있어서 통상근무와 마찬가지라고 볼 여지가 크다(대법원 2019.10.17. 선고 2015다213568 판결).

6) 공민권 행사 및 공의 직무

(1) 공민권 행사

「근로기준법」

제10조【공민권 행사의 보장】 사용자는 근로자가 근로시간 중에 선거권, 그 밖의 공민권(公民權) 행사 또는 공(公)의 직무를 집행하기 위하여 필요한 시간을 청구하면 거부하지 못한다. 다만, 그 권리행사나 공(公)의 직무를 수행하는 데에 지장이 없으면 청구한 시간을 변경할 수 있다.

「공직선거법」

제2조【적용범위】 이 법은 대통령선거 · 국회의원선거 · 지방의회의원 및 지방자치단체의 장의 선거

에 적용한다.
제6조【선거권행사의 보장】 ③ 공무원 · 학생 또는 다른 사람에게 고용된 자가 선거인명부를 열람하거나 투표하기 위하여 필요한 시간은 보장되어야 하며, 이를 휴무 또는 휴업으로 보지 아니한다.
제6조의2【다른 자에게 고용된 사람의 투표시간 보장】 ① 다른 자에게 고용된 사람이 사전투표기간 및 선거일에 모두 근무를 하는 경우에는 투표하기 위하여 필요한 시간을 고용주에게 청구할 수 있다.
② 고용주는 제1항에 따른 청구가 있으면 고용된 사람이 투표하기 위하여 필요한 시간을 보장하여 주어야 한다.
③ 고용주는 고용된 사람이 투표하기 위하여 필요한 시간을 청구할 수 있다는 사실을 선거일 전 7일부터 선거일 전 3일까지 인터넷 홈페이지, 사보, 사내게시판 등을 통하여 알려야 한다.

「국민투표법」

제1조【목적】 이 법은 헌법 제72조의 규정에 의한 외교 · 국방 · 통일 기타 국가안위에 관한 중요정책과 헌법 제130조의 규정에 의한 헌법개정안에 대한 국민투표에 관하여 필요한 사항을 규정함을 목적으로 한다.
제4조【투표권행사에 대한 보장】 공무원 · 학생 또는 다른 사람에게 고용된 자가 투표인명부의 열람 또는 투표에 필요한 시간은 휴무 또는 휴업으로 보지 아니한다.② 제1항에 따라 개인형퇴직연금제도를 설정하는 경우에는 다음 각호의 사항은 준수되어야 한다.

공민권은 법령에 근거한 공직의 선거권이나 피선거권,[8)] 국민투표권[9)] 등과 같이 국민으로서 국가 또는 지방자치의 공무에 참가하는 권리를 말하고, 이러한 공민권 행사를 위한 시간은 법률에 특별한 규정이 없는 한 단체협약 · 취업규칙 · 근로계약 또는 당사자 사이의 약정에 따라 근로시간 여부가 결정된다. 「공직선거법」에 따라 근로자가 대통령 · 국회의원 · 지방의회의원 및 지방자치단체장 선거일에 투표하기 위한 시간은 근로시간으로 인정되어 임금이 보장된다.[10)]

---

8) 선거권은 선거(선거권을 가진 사람이 전국 또는 일정한 구역에서 의원 및 대통령, 기타 공직을 맡을 사람을 투표에 의하여 선정하는 행위)에 참가하여 투표할 수 있는 권리이고, 피선거권은 선거에서 당선인(후보자)이 될 수 있는 권리를 말한다. 대통령 및 국회의원 선거권은 만 18세 이상의 대한민국 국민만 행사할 수 있지만, 지방자치단체의 의원 및 장 선거권은 만 18세 이상 대한민국 국적의 해당 지역 주민뿐만 아니라 일정요건을 갖춘 외국인도 행사할 수 있다(공직선거법 제16조).

9) 국민투표권은 대한민국 국적을 가진 만 19세 이상의 국민이 외교 · 국방 · 통일 기타 국가안위에 관한 중요정책 및 헌법개정 같은 국정의 중요한 사항에 대하여 투표할 수 있는 권리를 말한다(국민투표법 제1조).

10) 고용노동부, "지방선거일의 근로에 대한 지도지침", 2006.5.29., 근로기준팀. 선거권 행사에 필요한 시간은 투표행위에 필요한 최소한의 시간뿐만 아니라 왕복시간 등 부수적 시간, 사전준비나 사후정리가 필요한 경우 이를 포함한 충분한 시간을 의미한다. 다만 근로자가 투표행위를 함에 지장이 없는 한 사용자는 청구한 시각을 변경할 수 있으므로(근기법 제10조 단서), 사용자가 근로자로 하여금 소정근로시간 이내에서 뿐만 아니라 소정근로시간 이외의 시간에 투표를 하도록 하더라도 현실적으로 투표가 가능한 경우에는 위반한 것으로 볼 수 없다.

※ 공민권 행사 예시: 투표권 행사, 입후보등록 행위 및 본인의 선거운동, 공직선거법상의 선거 또는 당선과 관련한 소송 등.

- 사용자가 근무자에게 공민권의 행사 또는 공의 직무를 집행하기 위하여 필요한 시간을 부여한 경우, 그 시간에 대응하는 임금을 지급해야 할 것인가 여부는 법률에 특별한 규정이 없는 한 단체협약, 취업규칙 또는 당사자간의 합의에 의하여 결정되는 것임(고용노동부 1980.12.16., 법무 811-33086).
- 근로기준법 제10조에서는 사용자는 근로자가 근로시간 중에 선거권, 그 밖의 공민권 행사 또는 공의 직무를 집행하기 위하여 필요한 시간을 청구하면 거부하지 못하도록 규정하고 있음. 공직선거법 제6조 제3항에서는 공무원 · 학생 또는 다른 사람에게 고용된 자가 선거인명부를 열람하거나 투표하기 위하여 필요한 시간은 보장되어야 하며, 이를 휴무 또는 휴업으로 보지 아니한다고 규정하고 있음. 따라서, 근로자가 근로시간 중에 공민권 행사에 필요한 시간을 청구하면 부여해야 하고, 동 시간은 유급으로 처리하는 것이 타당할 것임. 당초 근로를 제공하지 않는 날의 경우에는 근로시간 중이 아니므로 별도 공민권 행사에 필요한 시간을 부여할 문제가 발생하지 않을 것으로 사료됨(고용노동부 2012.5.9., 근로개선정책과-2571).
- '예비후보자의 선거운동'과 관련하여서는 공직선거법 제60조의2에 따라 예비후보자 등록은 정식 후보자등록과 마찬가지로 피선거권이 있는 자가 할 수 있고, 같은 법 제60조의3에서 예비후보자로 등록한 자에게 선거운동을 할 수 있도록 보장하고 있으므로, 국민일반에게 부여되는 공민으로서의 권리인 피선거권의 보장과 정치신인에게 공정한 경쟁의 기회를 부여한다는 예비후보자제도의 도입취지를 고려할 때 예비후보자의 선거운동에 필요한 시간은 공민권 행사의 범위에 포함된다고 사료됨(고용노동부 2010.10.14., 근로기준과-1296).

(2) 공의 직무

「예비군법」

제10조【직장 보장】 다른 사람을 사용하는 자는 그가 고용한 사람이 예비군대원으로 동원되거나 훈련을 받을 때에는 그 기간을 휴무로 처리하거나 그 동원이나 훈련을 이유로 불리한 처우를 하여서는 아니 된다.

「민방위 기본법」

제27조【직장 보장】 타인을 고용하는 자는 고용하는 자가 민방위 대원으로 동원되거나 교육 또는 훈련을 받은 때에는 그 기간을 휴무로 하거나 이를 이유로 불이익이 되는 처우(處遇)를 하여서는 아니 된다.

공의 직무는 법령에 근거하여 직무 자체가 공적인 성격을 띠는 업무로, 이러한 공의 직무를 집행하기 위한 시간은 법령 또는 단체협약 · 취업규칙 · 근로계약 등에 의하여 근로시간 여부가 결정된다. 근로자가 「예비군법」, 「민방위 기본법」에 따라 근로시간 내에 근로하지 못하고 예비군 및 민방위 훈련을 받는 시간은 근로시간으로 인정된다. 다만, 근로시간 외에 받은 훈련시간은 근로시간으로 인정하지 않는다.

※ 공의 직무 예시: 법령에 따라 설치된 각종 심의회 · 위원회의 업무, 법원 등에 증인으로 출석하는 것, 공직선거에 선거참관인으로 참여하는 것, 공직선거에 당선되어 의원으로 활동하는 것 등.

- '공의 직무'라 함은 법령에 근거하여 직무 자체가 공적인 성격을 띠는 업무 또는 공민으로서 이행할 의무가 규정되어 있는 직무를 의미합니다. 초중등교육법 제31조는 "초등학교 · 중학교 · 고등학교 및 특수학교에 학교운영위원회를 구성 · 운영하여야 한다."라고 규정하고, 법 제32조는 학교운영위원회의 기능(학칙 제 · 개정 등)을 규정하고 있습니다. 따라서 학교운영위원회 위원으로 위촉되어 법 제32조의 기능 수행을 위한 활동에 참석하는 것은 법에 근거한 공적인 직무에 해당한다고 보이므로 근로기준법 제10조의 '공의 직무'로 판단됩니다. 다만, 일부 자치단체에서 조례*(지방자치단체 '조례'는 "법령"에 해당하지 않음(법제처 법령해석총괄과-1163, 2019.3.27.)로 운영하는 학부모회의 경우, 법령에 근거한 공적 직무이거나 공민으로서 이행할 의무로 보기는 어려워 학부모회 활동을 근로기준법상 공의 직무로 보기는 어렵다고 사료됩니다. 더불어 공의 직무를 집행하기 위해 필요한 시간에 대하여 사용자가 임금을 지급할 것인지(공가 처리) 여부는 법령이나 당해 사업장의 단체협약, 취업규칙 또는 근로계약에 의하여 결정되어야 하며, '유급으로 한다.'는 별단의 규정이 없다면 해당 시간에 대하여 사용자가 임금을 지급해야 할 법적 의무는 없습니다(근로기준과-2328, 2004.5.12. 참조 / 고용노동부 2019.4.8, 근로기준정책과-2122).
- 사용자는 근로자가 근로시간내에 향토예비군으로 동원되거나 훈련으로 인하여 근로하지 못한 경우에는 동 시간에 대한 임금을 지급하여야 하나, 병역법에 의한 훈련 또는 근로시간이 아닌 때에 향토예비군훈련을 받은 경우에는 근로의 제공이 아니라 국민으로서 국방의무의 일환으로 복무한 것이므로 별도의 임금지급의무는 없는 것임. 향토예비군법에 의한 훈련을 이유로 휴일, 휴가 및 상여금지급 등 근로조건에 대하여 불리한 처우를 하여서는 아니됨(고용노동부 1986.12.30., 근기 01254-20662).
- 사용자는 향토예비군설치법(현행 예비군법) 제10조에 의거 근로자가 근로시간 내에 향토예비군훈련으로 근로하지 못한 경우에는 통상임금을 지급하여야 하나, 근로시간을 초과하는 훈련시간은 연장근무에 해당되지 않는 것이며, 근로의무가 없는 시간에 받은 훈련시간은 근로제공과 관계가 없으므로 사용자는 임금지급의무가 없음(고용노동부 1987.10.6., 근기 01254-16091).
- 향토예비군설치법(현행 예비군법)에 따라 동원되거나 훈련을 받은 경우 동법 제10조는 "그 기간을 휴무로 하거나 그 동원이나 훈련을 이유로 불이익한 처우를 하여서는 아니된다"고 규정하고 있는 바, 이는 동원이나 훈련의 기간을 당연히 근로한 것으로 인정할 것을 의무화한 것은 아니며, 동원이나 훈련을 위해 근로하지 못한 사업장의 소정근로시간을 휴무로 하는 것을 금하고 있다고 할 것이

므로, 사업장의 주당 소정근로시간이 46시간이고 주중에 40시간의 소정근로시간을 근로하였다면 단체협약이나 취업규칙에 별도의 정함이 없다면 예비군훈련기간이 8시간이라 할지라도 6시간 범위내에서 이를 근무시간으로 인정할 수 있을 것임(고용노동부 1990.10.18., 근기 01254-14527).

7) 기 타

세미나 및 워크샵, 고객응대, 출장, 회식, 체육행사 등이 근로시간에 해당하는지는 사안에 따라 여러 가지 상황을 고려하여 판단하여야 한다. 즉 사용자의 지휘 · 감독이나 최소한의 승인, 참여의 강제성, 불참시 불이익 수반 등을 고려해야 한다.

〈유형별 근로시간의 판단〉[11)]

구 분	근로시간 해당 여부
세미나 및 워크샵	- 사용자의 지휘 · 감독 아래 추진되는 경우 (○) - 단순히 근로자 간의 친목도모 및 단합을 위한 경우 (×)
고객응대 (접대)	업무 수행과 관련이 있는 제3자를 소정근로시간 외에 응대하는 경우(사용자의 지시 또는 최소한 승인 있는 경우에 한함) (○)
출 장	- 장거리 출장지 이동: 지정된 숙소로 이동방법과 시간 등이 사용자의 구속을 받으며, 이동 중 사용자의 지휘 · 명령이 있는 경우 (○) - 동일지역 내 출장지 이동: 출퇴근에 갈음하여 출장지로 직접 출퇴근하는 경우 (×)
회 식	근로자의 기본적인 노무제공과 관계 없이 사업장 내 구성원의 사지 진작, 조직의 결속 및 친목 등을 강화하기 위한 회식시간 (×) ※ 사용자가 참석을 강제하는 언행을 하였더라도 그러한 요소만으로 근로시간으로 인정하기 어려움.
체육행사	- 불참시에 결근처리하여 임금에서 공제 · 징계하는 등의 불이익을 수반하는 경우 (○) - 어느 정도 강제하는 언행이 있다하더라도 불참 그 자체를 이유로 불이익을 수반하지 않는 경우 (×)

제2절 근로시간의 구분

11) 고용노동부, 「근로시간 제도의 이해」(2021.8.); 고용노동부, 「근로시간 해당여부 판단기준 및 사례」(2018.6.11.)에서 근로시간 여부에 대한 구체적인 판례와 행정해석을 확인할 수 있다.

1. 개 요

근로시간은 1주 및 1일에 대한 한도를 정한 ‘법정근로시간’,[12] 법정근로시간의 범위 내에서 근로자와 사용자가 정하는 ‘소정근로시간’, 가산임금의 지급기준이 되는 ‘연장 · 야간 · 휴일 근로시간’으로 구분할 수 있다. 근기법상 근로시간의 운영 체계는 ‘기본 1주 40시간 + 추가 1주 12시간’ 즉, 1주 최대 52시간을 기본으로 규정하고 있다. 이와 별개로 근기법은 평균적으로 주 52시간을 초과하지 않으면서 근로시간을 배분하거나 결정하는 유연근로제, 주 52시간의 예외가 허용되는 특별 연장근로(특별한 사정), 특례 연장근로(5개 업종) 등을 통해 근로시간을 사안에 따라 유연하게 운영할 수 있도록 규정하고 있다.

〈근로시간의 구분 및 내용〉

구 분	근 거	내 용
법정 근로시간	근기법 제50조 및 제69조, 산업안전보건법 제139조	법률(근기법, 산업안전보건법)에 의해 1주 또는 1일을 단위로 정해진 근로시간
소정 근로시간	근기법 제2조 제1항 제8호	법정근로시간의 범위에서 근로자와 사용자 사이에 정한 근로시간 (시간급 통상임금 산정을 위한 기준시간)
연장 근로시간	근기법 제53조, 제56조 제1항	법정근로시간을 초과하는 근로시간 (1주간 12시간을 초과하지 않는 범위 내 가능)
휴일 근로시간	근기법 제56조 제1항 · 제2항, 근로자의 날 제정에 관한 법률	주휴일, 공휴일, 근로자의 날 등 출근의무가 없는 날의 근로시간
야간 근로시간	근기법 제56조 제3항	오후 10시부터 오전 6시 사이의 근로시간

〈근기법상 근로시간의 운영 체계〉[13]

기본 근로시간		
법정근로	+	연장근로
1주 40시간		1주 12시간

주 52시간 이내 운영 (유연근로제)	
근로시간 배분	탄력, 선택
근로시간 결정	간주, 재량

주 52시간 초과 운영 (연장근로 예외)
특별 연장근로(1주 12시간+α)
특례 연장근로(1주 12시간+α)

12) 1주 및 1일의 근로시간의 한도를 설정하는 형태를 ‘법정근로시간’ 외에도 기준근로시간, 법정기준시간 등 다양한 용어로 쓰이고 있다.

13) 고용노동부, ‘근로시간제도의 이해’, 2021.8.

※ 근로시간 관련 규정은 상시근로자 4인 이하 사업장(근기법 제11조 제2항) 및 감시 · 단속 승인 근로자/관리 · 감독 · 기밀업무/농림 · 축산 · 수산업(근기법 제63조)은 적용되지 않음.

2. 법정근로시간

1) 개 념

법정근로시간은 노동법에 따라 근로자 유형별로 1일 및 1주[14)]를 단위로 하여 상한으로 정해진 기준 근로시간으로, 법이 정한 근로시간을 초과하여 근로시킬 수 없다는 절대적 금지 규정은 아니다. 즉 법정근로시간은 일정한 요건에 따라 초과근로가 가능하며 그러한 경우에 가산임금을 지급하는 기준이 되거나 탄력적근로시간제, 선택적근로시간제 등 유연근로제의 운영기준이 되는 근로시간이다.

2) 근로자별 법정근로시간

(1) 통상근로자

- *취업규칙 등에 1일 근로시간에 대한 시업 및 종업시간이 규정되어 있더라도, 1일의 법정기준 근로시간을 초과하여 철야로 근로함으로써 근로가 역일을 달리하여 익일에 미치는 경우에는 이를 1근무로 취급하여 시업시간이 속하는 날의 근로의 연속으로 보아야 하는 것인 바, 휴게시간을 제외한 실근로시간이 8시간을 초과한 경우에는 근로기준법 제46조(현행 제56조)에 의한 연장근로수당을 지급하여야 하고, 연장근로와 야간근로가 중복되는 경우에는 가산임금을 각각 산정하여야 하는 것임(고용노동부 1991.10.5., 근기 01254-14333).*
- *근로기준법 제55조 규정에 따라 사용자는 근로자에게 1주일에 평균 1일 이상의 유급휴일을 주어야 하는바, 여기서 '1주일'이라 함은 특정일을 기준으로 하여 연속한 7일의 기간을 의미하는 것으로 반드시 월력에 의한 일요일부터 토요일까지로 해야 하는 것은 아닙니다(고용노동부 1992.12.15., 근기 01254-223, 고용노동부 2001.5.12., 근기 68207-1540 등 참조/고용노동부 2010.4.30., 근로기준과-918).*

14) '1일'은 통상적으로 0시부터 24시까지를 의미하지만, 근로계약 등으로 업무시작 시각을 정했다면 그 시각으로부터 24시간을 1일로 적용하면 된다. '1주'는 휴일을 포함한 7일(근기법 제2조 제1항 제7호)로 특정일을 기준으로 하여 연속한 7일의 기간을 의미하는 것이므로(반드시 월력에 의한 월요일부터 일요일까지로 해야 하는 것은 아님), 노사가 근로계약 등으로 정할 수 있고 별도로 정하지 않았다면 인사관리 · 근로시간 · 임금산정 등을 위해 사실상 산정단위로 적용하고 있는 기간이 1주일이 된다(고용노동부, "개정 근로기준법 설명자료", 2018.5, 85쪽).

「근로기준법」

제50조【근로시간】 ① 1주간의 근로시간은 휴게시간을 제외하고 40시간을 초과할 수 없다.
② 1일의 근로시간은 휴게시간을 제외하고 8시간을 초과할 수 없다.

제69조【근로시간】 15세 이상 18세 미만인 자의 근로시간은 1일에 7시간, 1주에 35시간을 초과하지 못한다. 다만, 당사자 사이의 합의에 따라 1일에 1시간, 1주에 5시간을 한도로 연장할 수 있다.

「산업안전보건법」(약칭: 산안법)

제139조【유해 · 위험작업에 대한 근로시간 제한 등】 ① 사업주는 유해하거나 위험한 작업으로서 높은 기압에서 하는 작업 등 대통령령으로 정하는 작업에 종사하는 근로자에게는 1일 6시간, 1주 34시간을 초과하여 근로하게 해서는 아니 된다.

통상근로자[15]의 법정근로시간은 1일에 8시간 및 1주에 40시간이고,[16] 연소근로자[17]의 법정근로시간은 1일에 7시간 및 1주에 35시간이다. 「산업안전보건법」(이하 '산안법'이라 함)에 따른 유해위험작업근로자[18]의 법정근로시간은 1일에 6시간 및 1주에 34시간이다.

〈근로자 유형별 법정근로시간〉

근로자 유형	법정근로시간		비 고
	1일 기준	1주 기준	
통상근로자	8시간	40시간	일정한 요건(당사자 간 합의)에서 연장근로 가능
연소근로자	7시간	35시간	
유해위험작업근로자	6시간	34시간	연장근로 절대 금지

15) 통상근로자(또는 일반근로자)는 노동법에 정의규정은 없지만, 단시간근로자에 비교되는 개념으로 1일 8시간 및 1주 40시간을 소정근로시간으로 정한 가장 일반적인 형태의 근로자를 말한다.

16) 일반적으로 '1주 5일제'라는 표현을 많이 하고 있지만, 근기법은 1주 및 1일에 대한 '근로시간'만을 규정하고 있을 뿐이고 근로일수를 규정하고 있지 않으므로 정확하게는 '1주 40시간제'가 옳은 표현이다(고용노동부 2004.11.20., 근로기준과-6270. 근기법 제50조는 1주간의 근로시간을 40시간으로 정하고 있는 바, 1주간의 근로시간의 한도를 정한 것일 뿐이며 주간 소정근로일수를 정한 것은 아니므로, 개별 기업의 노사 당사자는 1일 8시간과 1주 40시간을 초과하지 아니하는 범위 내에서 1주간의 소정근로일수를 5일 또는 6일로 정할 수 있음).

17) 근로기준법 제64조(최저연령과 취직인허증) 제1항은 "15세 미만인 사람(「초 · 중등교육법」에 따른 중학교에 재학 중인 18세 미만인 사람을 포함)은 근로자로 사용하지 못한다" 고 규정하고 있고, 제66조(연소자 증명서)는 "사용자는 18세 미만인 사람에 대하여는 그 연령을 증명하는 가족관계기록사항에 관한 증명서와 친권자 또는 후견인의 동의서를 사업장에 갖추어 두어야 한다" 고 규정하고 있다. 그러한 이유로 15세 이상~18세 미만인 근로자를 노동법에서는 일반적으로 '연소근로자'로 표현하고 있다. 한편, 노동법상 '연소근로자' 와 「민법」상 '미성년자' 는 다른 의미이다. 즉 연소근로자는 근로자로서 근로할 수 있는 나이에 대한 기준이고, 미성년자는 법률행위를 할 수 있는 권리능력(權利能力)에 대한 기준이다. 「민법」 제4조(성년)는 '사람은 19세로 성년에 이르게 된다'고 규정하고 있어 19세 미만인 사람을 '미성년자'라고 부른다.

18) 유해위험작업근로자는 '유해하거나 위험한 작업으로서 잠함(潛函) 또는 잠수작업 등 높은 기압에서 하는 작업을 하는 사람'을 의미한다(산업안전보건법 시행령 제99조 제1항).

3. 소정근로시간

1) 개 념

> **「근로기준법」**
> **제2조【정의】** ① 이 법에서 사용하는 용어의 뜻은 다음과 같다.
> 8. "소정(所定)근로시간"이란 제50조, 제69조 본문 또는 「산업안전보건법」 제139조 제1항에 따른 근로시간의 범위에서 근로자와 사용자 사이에 정한 근로시간을 말한다.

소정근로시간은 근기법 또는 산안법에 따른 법정근로시간의 범위 이내에서 근로자와 사용자 사이에 정한 근로시간을 말한다. 소정근로시간은 통상적으로 취업규칙이나 근로계약 등으로 정한 시업시각부터 종업시각에서 휴게시간을 제외한 근로시간이며, 근기법 제55조에 따른 주휴일과 같이 근로하지 않더라도 유급으로 처리되는 시간은 소정근로시간이 아니다.[19)]

> *소정근로시간이란 근로기준법 제50조, 제69조 또는 산업안전보건법 제46조(현행 제139조 제1항)에 따른 근로시간의 범위에서 근로자와 사용자 사이에 정한 근로시간을 말하고(근로기준법 제2조 제1항 제8호), 통상임금 산정 기준시간 수와는 구별되므로, 주급제 혹은 월급제에서 지급되는 유급휴일에 관한 임금인 주휴수당 관련 근로시간은 고려할 필요가 없다(대법원 2018.6.19. 선고 2014다44673 판결).*

2) 범 위

소정근로시간은 근기법 제2조 제1항 제8호의 정의규정에 따르면 법정근로시간을 초과할 수 없으므로, 근로계약을 체결할 때 소정근로시간은 법정근로시간과 같거나 법정근로시간보다 작게 정하여야 한다. 따라서 노사가 법정근로시간을 초과하여 소정근로시간을 정하더라도 그러한 약정은 근기법 제15조[20)] 규정에 따라 무효가 되고, 소정근로시간은 법정근로시간으로 결정된다.

---

19) 대법원 2007.1.11. 선고 2006다64245 판결. 한편 통상임금의 시간급 금액 산정과 관련하여 근기법 시행령 제6조 제2항 제3호에는 주급으로 정한 통상임금을 시간급 금액으로 산정할 때에는 '1주의 통상임금 산정 기준시간 수(1주의 소정근로시간과 소정근로시간 외에 유급으로 처리되는 시간을 합산한 시간)'로 나누도록 규정하고 있다.

20) **제15조【이 법을 위반한 근로계약】** ① 이 법에서 정하는 기준에 미치지 못하는 근로조건을 정한 근로계약은 그 부분에 한정하여 무효로 한다. ② 제1항에 따라 무효로 된 부분은 이 법에서 정한 기준에 따른다.

4. 연장 · 야간 · 휴일 근로시간

1) 연장근로시간

(1) 개 념

「근로기준법」

제56조【연장 · 야간 및 휴일 근로】 ① 사용자는 연장근로(제53조 · 제59조 및 제69조 단서에 따라 연장된 시간의 근로를 말한다)에 대하여는 통상임금의 100분의 50 이상을 가산하여 근로자에게 지급하여야 한다.

연장근로[21]시간은 법정근로시간을 초과한 시간을 말한다. 따라서 통상근로자가 1주 40시간(연소근로자는 35시간) 또는 1일 8시간(연소근로자는 7시간)을 초과하는 경우 연장근로에 해당하고, 그러한 연장근로에 대하여는 통상임금의 50% 이상의 가산임금을 지급하여야 한다.

근로기준법상 '연장근로'라 함은 같은 법 제50조의 규정에 의한 법정근로시간(1일 8시간, 1주 40시간)을 초과하는 시간을 말하며 '근로시간'은 휴게시간을 제외한 실근로시간을 의미하므로, 취업규칙 등에 단순히 휴게시간을 근로시간으로 인정한다고 규정한 것만으로 같은 법 제56조에 의한 연장근로수당 산정기초가 되는 기준근로시간에 휴게시간이 포함된다고 할 수는 없을 것임(고용노동부 2013.4.09., 근로개선정책과-2215).

(2) 연장근로의 유형[22]

① 합의 연장근로

「근로기준법」

제53조【연장 근로의 제한】 ① 당사자 간에 합의하면 1주간에 12시간을 한도로 제50조의 근

21) 연장근로라는 표현 이외에 근기법은 '시간외근로'(제71조), 기간제 및 단시간근로자 보호 등에 관한 법률(제6조)과 산업안전보건법(제139조)에서는 '초과근로' 라로 표현하고 있고, 실무에서는 연장근로를 OT(Over Time) · 잔업 · 추가근로 등으로 표현하고 있지만, 모두 같은 의미로 해석할 수 있다.

22) 근로기준법상 연장근로의 유형은 다음과 같이 정리할 수 있다.

구 분	근 거	요 건	연장근로시간 한도
합의 연장근로	제53조 제1항, 제2항	당사자 간 합의	1주 12시간
특별 연장근로	제53조 제4항	특별한 사정+고용노동부 인가+근로자 동의	제한 없음
특례 연장근로	제59조	특례산업 + 근로자대표 서면합의	제한 없음 (연속 11시간 휴식 필요)

로시간을 연장할 수 있다.
② 당사자 간에 합의하면 1주간에 12시간을 한도로 제51조 및 제51조의2의 근로시간을 연장할 수 있고, 제52조 제1항 제2호의 정산기간을 평균하여 1주간에 12시간을 초과하지 아니하는 범위에서 제52조 제1항의 근로시간을 연장할 수 있다.

근로자와 사용자가 합의[23)]하면 1주간에 12시간을 한도[24)]로 법정근로시간을 초과하는 연장근로가 가능하며, 해당 연장근로시간에 대해서는 근기법 제56조 따라 통상임금의 50% 이상을 가산해서 지급해야 한다.

※ 통상근로자를 기준으로 법정근로시간(1주 40시간) 및 합의 연장근로(1주 12시간)를 고려하면 1주 최대 근로시간은 52시간임(소정근로 40시간+연장근로 12시간).[25)]

② 특별 연장근로

「근로기준법」

제53조【연장근로의 제한】 ④ 사용자는 특별한 사정이 있으면 고용노동부장관의 인가와 근로자의 동의를 받아 제1항과 제2항의 근로시간을 연장할 수 있다. 다만, 사태가 급박하여 고용노동부장관의 인가를 받을 시간이 없는 경우에는 사후에 지체 없이 승인을 받아야 한다.
⑤ 고용노동부장관은 제4항에 따른 근로시간의 연장이 부적당하다고 인정하면 그 후 연장시간에 상당하는 휴게시간이나 휴일을 줄 것을 명할 수 있다.

---

23) '합의'는 둘 이상의 당사자 사이의 의사가 일치하는 것(둘 이상의 당사자가 서로 협력하여 논의하는 '협의' 와는 다른 개념)이고, 근로자와 사용자 사이의 개별적 합의를 의미한다. 다만, 당사자 간의 합의는 취업규칙이나 단체협약 등에 의한 집단적 합의도 가능하고, 개별 근로자의 의사결정의 자유를 침해하지 않는 범위 안에서 개별적 합의도 인정되고(대법원 1993.12.21. 선고 93누5796 판결), 연장근로를 할 때마다 개별적으로 하기보다는 근로계약을 체결할 때 미리 정할 수도 있다(대법원 2000.6.23. 선고 98다54960 판결).

24) 근로기준법 제53조 제1항은 연장근로시간의 한도를 1주간을 기준으로 설정하고 있을 뿐이고 1일을 기준으로 삼고 있지 아니하므로, 1주간의 연장근로가 12시간을 초과하였는지는 근로시간이 1일 8시간을 초과하였는지를 고려하지 않고 1주간의 근로시간 중 40시간을 초과하는 근로시간을 기준으로 판단하여야 한다(대법원 2023.12.7. 선고 2020도15393 판결).

25) '1주 52시간제'와 관련하여 헌법재판소(2024.02.28. 선고 2019헌마500 결정)는 "사용자와 근로자가 주 52시간 상한제조항으로 인해 계약의 자유와 직업의 자유에 제한을 받지만, 오랜 시간 누적된 장시간 노동의 문제를 해결해야 할 필요성은 더 크고 주 52시간 상한제 도입으로 인해 발생할 수 있는 피해를 완화시키기 위한 다양한 정책이 시행되고 있다. 따라서 주 52시간 상한제조항은 법익의 균형성에 반하지 않는다. 주 52시간 상한제가 비록 사용자와 근로자가 근로시간에 관하여 자유롭게 계약할 수 있는 자유를 제한하고 사용자의 직업의 자유를 제한하지만, 우리나라의 장시간 노동문제를 해결하기 위해 이와 같은 조치가 필요하다고 본 입법자의 판단이 합리적이므로, 이는 과잉금지원칙에 반하여 사용자와 근로자의 계약의 자유와 사용자의 직업의 자유를 침해하지 않는다."로 판시하고 있다.

특별한 사정[26)]이 있는 경우에 고용노동부장관의 인가[27)]와 근로자의 동의를 얻어 1주간에 12시간을 초과(시간제한 없음)한 연장근로가 가능하다. 다만, 사태가 급박하여 고용노동부장관의 인가를 받을 시간이 없는 경우에는 사후에 지체 없이 승인을 받아야 하며, 고용노동부장관은 연장근로가 부적당하다고 판단하면 그 연장시간에 상당하는 휴게시간이나 휴일부여를 명령할 수 있다.

③ 특례 연장근로

「근로기준법」

제59조【근로시간 및 휴게시간의 특례】 ①「통계법」 제22조 제1항에 따라 통계청장이 고시하는 산업에 관한 표준의 중분류 또는 소분류 중 다음 각호의 어느 하나에 해당하는 사업에 대하여 사용자가 근로자대표와 서면으로 합의한 경우에는 제53조 제1항에 따른 주(週) 12시간을 초과하여 연장근로를 하게 하거나 제54조에 따른 휴게시간을 변경할 수 있다.

1. 육상운송 및 파이프라인 운송업. 다만, 「여객자동차 운수사업법」제3조 제1항 제1호에 따른 노선(路線) 여객자동차운송사업은 제외한다.
2. 수상운송업
3. 항공운송업
4. 기타 운송관련 서비스업
5. 보건업

② 제1항의 경우 사용자는 근로일 종료 후 다음 근로일 개시 전까지 근로자에게 연속하여 11시간 이상의 휴식시간을 주어야 한다.

보건업, 수상운송업, 항공운송업 등 5종류의 특례업종에 대해서는 사용자가 근로자대표와

26) '특별한 사정'이란 근로기준법 시행규칙 제9조(특별한 사정이 있는 경우의 근로시간 연장 신청 등)에서 규정한 사유를 말한다. 즉 ①「재난관리법」상의 재난 또는 이에 준하는 사고가 발생하여 이를 수습하거나 재난 등의 발생이 예상되어 이를 예방하기 위해 긴급한 조치가 필요한 경우, ② 사람의 생명을 보호하거나 안전을 확보하기 위해 긴급한 조치가 필요한 경우, ③ 갑작스런 시설 · 설비의 장애 · 고장 등 돌발적인 상황이 발생하여 이를 수습하기 위해 긴급한 조치가 필요한 경우, ④ 통상적인 경우에 비해 업무량이 대폭적으로 증가한 경우로서 이를 단기간 내에 처리하지 않으면 사업에 중대한 지장을 초래하거나 손해가 발생하는 경우, ⑤「소재 · 부품 · 장비산업 경쟁력 강화 및 공급망 안정화를 위한 특별조치법」 제2조 제1호 및 제2호에 따른 소재 · 부품 및 장비의 연구개발 등 연구개발을 하는 경우로서 고용노동부장관이 국가경쟁력 강화 및 국민경제 발전을 위해 필요하다고 인정하는 경우가 해당한다.

27) 특별연장근로와 관련하여 「특별연장근로 인가제도 업무처리 지침」(고용노동부, 2022.10.31.), 「반도체 연구개발 특별연장근로 인가제도 업무처리 지침」(고용노동부, 2025.3.14.), 「특별연장근로 보호조치」(고용노동부 고시 제2021-29호, 2021.4.1.) 및 「근로자 건강보호 조치 등 특별연장근로 인가제도 업무지침」(고용노동부, 2025.5.19.)에서 인가 요건, 인가 사유별 세부 판단기준, 특별연장근로 업무처리 절차, 근로자의 건강보호 조치 등 구체적인 내용을 확인할 수 있다.

서면합의를 하면 1주 12시간을 초과한 연장근로가 가능하다. 다만, 특례업종에 대한 1주 12시간을 초과하는 연장근로가 하더라도 근로일 종료 후 다음 근로일 개시 전까지 연속하여 11시간 이상의 휴식시간이 보장되어야 한다.

(3) 연장근로의 제한

「근로기준법」

제69조【근로시간】 15세 이상 18세 미만인 사람의 근로시간은 1일에 7시간, 1주에 35시간을 초과하지 못한다. 다만, 당사자 사이의 합의에 따라 1일에 1시간, 1주에 5시간을 한도로 연장할 수 있다.

제71조【시간외근로】 사용자는 산후 1년이 지나지 아니한 여성에 대하여는 단체협약이 있는 경우라도 1일에 2시간, 1주에 6시간, 1년에 150시간을 초과하는 시간외근로를 시키지 못한다.

제75조【임산부의 보호】 ⑤ 사용자는 임신 중의 여성 근로자에게 시간외근로를 하게 하여서는 아니되며, 그 근로자의 요구가 있는 경우에는 쉬운 종류의 근로로 전환하여야 한다.

「기간제 및 단시간근로자 보호 등에 관한 법률」(약칭: 기간제법)

제6조【단시간근로자의 초과근로 제한】 ① 사용자는 단시간근로자에 대하여 「근로기준법」 제2조의 소정근로시간을 초과하여 근로하게 하는 경우에는 해당 근로자의 동의를 얻어야 한다. 이 경우 1주간에 12시간을 초과하여 근로하게 할 수 없다.

② 단시간근로자는 사용자가 제1항의 규정에 따른 동의를 얻지 아니하고 초과근로를 하게 하는 경우에는 이를 거부할 수 있다.

③ 사용자는 제1항에 따른 초과근로에 대하여 통상임금의 100분의 50 이상을 가산하여 지급하여야 한다.

통상근로자는 사용자와 합의에 따라 1주간에 12시간 한도로 연장근로를 할 수 있고(근기법 제53조),[28] 연소근로자는 당사자 사이의 합의에 따라 1일 1시간 및 1주에 5시간을 한도로 연장근로를 할 수 있다. 임신 중인 여성근로자는 시간외근로가 금지되며, 출산 후 1년 미만[29]

---

28) 통상근로자의 1일의 연장근로에 대해서는 별도로 규정하고 있지 않다. 따라서 1주간의 연장근로시간을 특정 1일에 전부할 수 있으므로, 소정근로시간을 8시간으로 정한 특정 1일에 연장근로 12시간을 실시한다면 특정 1일은 연장근로시간을 포함하여 최대 20시간(소정근로 8시간+연장근로 12시간)까지 근로가 가능하다(고용노동부 2000.5.29., 근기 68207-1039).

29) 근로기준법은 출산 후 1년이 지나지 아니한 여성을 보호하기 위하여 시간외 근로시간 한도 설정, 야간 및 휴일근로 제한, 사용금지 직종 등을 규정하고 있다. 이때 산(産)의 개념에 대하여 유산·사산휴가의 범위가 임신 15주 미만까지도 포함하는 것으로 개정되어 법의 보호 범위가 확대된 점과 저출산 문제가 심각하여 모성 보호가 중요해진 점 등을 감안하면 임신 15주 이내를 포함한 모든 유산·사산한 경우가 해당된다(고용노동부 2014.6.25., 여성고용정책과-2207).

인 여성근로자는 단체협약에 정하더라도 1일 2시간, 1주 6시간 및 1년에 150시간을 한도로 연장근로를 할 수 있다.[30] 단시간근로자의 연장근로는 근기법상 소정근로시간을 초과한 시간을 말하고, 단시간근로자의 동의를 얻어 1주간에 12시간을 한도로 연장근로를 할 수 있다.

※ 유해위험작업근로자는 어떠한 경우라도 법정근로시간(1일 6시간 및 1주 34시간)을 초과한 연장근로를 할 수 없음(산안법 제139조 제1항).

〈근로자 유형별 연장근로의 제한〉

근로자 유형	연장근로 가능 시간			연장근로 요건
	1일	1주	1년	
통상근로자	-	12H	-	합 의
연소근로자	1H	5H	-	
출산 후 1년 미만 근로자(산부)	2H	6H	150H	
단시간근로자	-	12H	-	동 의
임신 중인 근로자(임부)	불 가			불 가
유해위험작업 근로자				

2) 야간근로시간

(1) 개 념

「근로기준법」

제56조【연장 · 야간 및 휴일 근로】 ③ 사용자는 야간근로(오후 10시부터 다음 날 오전 6시 사이의 근로를 말한다)에 대하여는 통상임금의 100분의 50 이상을 가산하여 근로자에게 지급하여야 한다.

야간근로시간은 오후 10시부터 다음날 오전 6시까지의 사이의 근로시간을 의미하며, 그 시간대는 소정근로시간이나 근무형태 등과 관계없이 야간근로를 판단하는 절대적인 기준이다. 야간근로는 실무상 철야근무, 심야근무, 나이트근무 등의 용어로 사용되고 있다.

「근로기준법」

제70조【야간근로와 휴일근로의 제한】 ① 사용자는 18세 이상의 여성을 오후 10시부터 오전 6시까지의 시간 및 휴일에 근로시키려면 그 근로자의 동의를 받아야 한다.

② 사용자는 임산부와 18세 미만자를 오후 10시부터 오전 6시까지의 시간 및 휴일에 근로시키지 못

30) 임신 중이거나(임부), 산후 1년이 지나지 않은(산부) 여성을 통칭하여 '임산부'라고 한다(근기법 제65조 제1항 괄호).

한다. 다만, 다음 각호의 어느 하나에 해당하는 경우로서 고용노동부장관의 인가를 받으면 그러하지 아니하다.
1. 18세 미만자의 동의가 있는 경우
2. 산후 1년이 지나지 아니한 여성의 동의가 있는 경우
3. 임신 중의 여성이 명시적으로 청구하는 경우

(2) 야간근로의 제한

18세 이상인 여성근로자의 동의가 있는 경우에 야간근로가 가능하다.[31] 18세 미만자와 임부는 동의, 산부는 명시적 청구가 있고 고용노동부장관의 인가를 받으면 야간근로가 가능하다.[32]

※ 유해위험작업근로자 및 단시간근로자는 야간근로에 대한 제한 규정이 없으므로, 사용자가 해당 근로자의 동의를 얻으면 야간근로가 가능함.

3) 휴일근로시간

(1) 개 념

휴일근로시간이란 소정근로일이 아닌 날, 즉 근로계약 체결당시부터 출근의무가 없는 날에 근로하는 시간을 의미한다. 휴일근로시간에는 근기법 제55조의 주휴일 및 공휴일(대체공휴일 포함)과 「근로자의 날 제정에 관한 법률」상 근로자의 날 등 법정휴일의 근로시간뿐만 아니라 단체협약 · 취업규칙 · 근로계약 등에 따라 정하여진 약정휴일의 근로시간도 포함된다.[33]

구 근로기준법(2018.3.20. 법률 제15513호로 개정되기 전의 것, 이하 '구 근로기준법'이라 한다) 제56조에 따라 휴일근로수당으로 통상임금의 100분의 50 이상을 가산하여 지급하여야 하는 <u>휴일근로에는 같은 법 제55조 소정의 주휴일 근로뿐만 아니라 단체협약이나 취업규칙 등에 의하여 휴일로 정하여진 날의 근로도 포함된다</u>(대법원 1991.5.14. 선고 90다14089 판결 참조). 그리고 <u>휴일로 정하였는지 여부는 단체협약이나 취업규칙 등에 있는 휴일 관련 규정의 문언과 그러한 규정을 두게</u>

31) 근기법 제70조는 '18세 이상의 여성'에 대해서만 야간근로를 제한하는 규정을 두고 있으므로, 18세 이상인 남성은 야간근로에 대하여 별다른 제한이 없다.

32) 임산부 및 18세 미만 근로자의 야간근로 인가요건은 『근로감독관 집무규정』(고용노동부 훈령 제517호, 2024.06.26.) 제71조(임산부 및 18세 미만자의 야간 · 휴일근로 인가요건) 및 "연소근로자 야간 및 휴일근로 인가처리 지침"(고용노동부 2007.11.4., 근로기준팀-7384)에서 구체적으로 확인할 수 있다.

33) 대법원 1991.5.14. 선고 90다14089 판결.

된 경위, 해당 사업장과 동종 업계의 근로시간에 관한 규율 체계와 관행, 근로제공이 이루어진 경우 실제로 지급된 임금의 명목과 지급금액, 지급액의 산정 방식 등을 종합적으로 고려하여 판단하여야 한다(대법원 2019.8.14. 선고 2016다9704, 2016다9711 판결 참조 / 대법원 2020.1.16. 선고 2014다41520 판결).

(2) 휴일근로의 제한

「근로기준법」

제70조【야간근로와 휴일근로의 제한】 ① 사용자는 18세 이상의 여성을 오후 10시부터 오전 6시까지의 시간 및 휴일에 근로시키려면 그 근로자의 동의를 받아야 한다.

② 사용자는 임산부와 18세 미만자를 오후 10시부터 오전 6시까지의 시간 및 휴일에 근로시키지 못한다. 다만, 다음 각호의 어느 하나에 해당하는 경우로서 고용노동부장관의 인가를 받으면 그러하지 아니하다.

1. 18세 미만자의 동의가 있는 경우
2. 산후 1년이 지나지 아니한 여성의 동의가 있는 경우
3. 임신 중의 여성이 명시적으로 청구하는 경우

18세 이상인 여성근로자의 동의가 있는 경우에 휴일근로가 가능하다. 18세 미만자와 임부의 동의, 산부의 명시적 청구가 있고 고용노동부장관의 인가를 받으면 휴일근로가 가능하다.[34)]

※ 유해위험작업근로자 및 단시간근로자는 휴일근로에 대한 제한 규정이 없으므로, 사용자가 해당 근로자의 동의를 얻으면 휴일근로가 가능함.

〈근로자 유형별 법정근로시간과 연장 · 야간 · 휴일 근로의 제한〉

구 분	법정근로시간		연장근로	야간근로	휴일근로
	1일	1주			
통상근로자	8H	40H	당사자 합의 + 1주 12H	동 의	
출산후 1년 미만 근로자 (산부)			당사자 합의 + 1일 2H, 1주 6H, 1년 150H	원칙은 불가 (동의 + 고용노동부장관 인가로 가능)	
임신 중인 근로자 (임부)			불 가	원칙은 불가 (명시적 청구 + 고용노동부장관 인가로 가능)	

34) 고용노동부장관의 인가를 받아야 하는 휴일은 법정휴일(주휴일, 공휴일 및 대체공휴일, 근로자의 날)을 의미하고, 약정휴일(회사창립기념일 등)의 근로에 대해서는 근로자의 동의만으로 가능하다(고용노동부 2001.12.13., 여원 68240-561).

연소근로자	7H	35H	당사자 합의 + 1일 1H, 1주 5H	원칙은 불가 (동의 + 고용노동부장관 인가로 가능)
단시간근로자	8H 이내	40H 이내	근로자 동의 + 1주 12H	동 의
유해위험작업 근로자	6H	34H	불 가	동 의

제3절 유연근로제도

1. 개 요

유연근로제도는 업무량이 많고 적음에 따라 근로시간을 적절하게 배분하거나 근로자의 선택에 맡김으로써 근로시간을 유연하고 탄력적으로 운영할 수 있고, 근로시간의 산정이 어려운 경우에도 별도로 정한 근로시간을 근로시간으로 인정하는 것이 가능한 제도이다.[35] 근기법상 유연근로제도는 탄력적 근로시간제(제51조, 제51조의2), 선택적 근로시간제(제52조), 사업장 밖 간주근로시간제(제58조 제1항 · 제2항), 재량근로시간제(제58조 제3항) 등이 있다.

〈유연근로제도의 유형〉

유 형	내 용	적합 직무
탄력적 근로시간제	특정주 또는 특정일의 근로시간을 늘리는 대신 특정주 또는 특정일의 근로시간을 줄여 평균적으로 법정근로시간(주40시간)의 범위 내로 근로시간을 운영하는 제도	계절적 영향을 받거나 시기별(성수기 · 비수기) 업무량 편차가 많은 업종
선택적 근로시간제	일정 기간의 단위로 정해진 총 근로시간 범위 내에서 업무의 시작 및 종료시각, 1일의 근로시간을 근로자가 자율적으로 결정할 수 있는 제도	근로시간(근로일)에 따라 업무량의 편차가 발생하여 업무조율이 가능한 소프트웨어 개발, 사무관리(금융거래 · 행정처리 등), 연구, 디자인, 설계 등

35) 고용노동부, 『유연근로시간제 가이드』, 2019.8.

사업장 밖 간주근로시간제	출장 등 사유로 근로시간의 전부 또는 일부를 사업장 밖에서 근로하여 근로시간을 산정하기 어려운 경우에 소정근로시간, 업무수행에 통상 필요한 시간 또는 노사가 합의한 시간을 근로한 것으로 인정하는 제도	근로시간 대부분을 사업장 밖에서 근로하는 영업직, A/S업무, 출장업무, 택시운송업, 재택근무 등
재량 근로시간제	업무의 성질에 비추어 업무수행 방법을 근로자의 재량에 위임할 필요가 있는 업무로서, 사용자가 근로자대표와 서면합의로 정한 근로시간을 근로한 것으로 인정하는 제도	근기법 시행령 제31조(재량근로의 대상업무) 및 관련 고시에서 정하는 업무

2. 탄력적 근로시간제

1) 개 념

탄력적 근로시간제는 특정일 또는 특정주의 근로시간을 연장시키는 대신에 다른 근로일 또는 다른 주의 근로시간을 단축하여, 일정한 단위기간의 1주 평균 근로시간을 법정근로시간(1주 40시간) 이내로 설정하는 제도이다. 이 제도는 특정일 및 특정주에 근로시간이 법정근로시간을 초과하더라도 연장근로로 보지 않아, 초과된 시간에 대하여 근기법 제56조에 따른 가산임금이 발생하지 않는다는 것이 특징이다. 탄력적 근로시간제는 일정한 요건에 따라 2주 이내, 3개월 이내, 3개월 초과 6개월 이내의 단위기간으로 설정할 수 있다.

2) 2주 이내 탄력적 근로시간제

「근로기준법」

제51조【3개월 이내의 탄력적 근로시간제】 ① 사용자는 취업규칙(취업규칙에 준하는 것을 포함한다)에서 정하는 바에 따라 2주 이내의 일정한 단위기간을 평균하여 1주 간의 근로시간이 제50조 제1항의 근로시간을 초과하지 아니하는 범위에서 특정한 주에 제50조 제1항의 근로시간을, 특정한 날에 제50조 제2항의 근로시간을 초과하여 근로하게 할 수 있다. 다만, 특정한 주의 근로시간은 48시간을 초과할 수 없다.

③ 제1항과 제2항은 15세 이상 18세 미만의 근로자와 임신 중인 여성 근로자에 대하여는 적용하지 아니한다.

(1) 개 념

2주 이내로 단위기간을 설정한 후 1주 평균근로시간이 40시간을 초과하지 않으면서 특정일에 8시간 또는 특정주에 40시간을 초과여 근로할 수 있는 제도이다. 다만, 이 제도는 특정주의 근로시간이 48시간을 초과할 수 없고, 15세 이상 18세 미만 근로자와 임신 중인 여성근로자에는 적용할 수 없다.[36)]

(2) 실시 요건

2주 이내 탄력적 근로시간제는 취업규칙 또는 이에 준하는 것[37)]에 정하여 근로자의 일부나 전부를 대상으로 도입할 수 있다.

사용자는 근로자대표(해당 사업장에 근로자의 과반수로 조직된 노동조합이 있는 경우에는 그 노동조합, 그러한 노동조합이 없는 경우에는 근로자의 과반수를 대표하는 자)와의 서면합의가 있을 경우 취업규칙의 규정이 없더라도 2주를 단위기간으로 하여 탄력적 근로시간제를 실시할 수 있다(고용노동부 2003.12.9., 근기 68207-1584).

(3) 실시 효과

2주 이내의 단위기간을 평균하여 1주 40시간을 초과하지 않는다면, 특정주에 40시간이나 특정일에 8시간을 초과하더라도 연장근로에 해당하지 않고, 근기법 제56조의 가산임금은 발생하지 않는다. 다만, 특정주는 48시간까지만 가능하므로 1주 최대 근로시간은 60시간(특정주 48시간+연장근로 12시간)이고, 특정일은 시간제한이 없어 1일 최대 근로시간은 20시간(소정근로 8시간+연장근로 12시간)이지만 이 경우 특정주 또는 특정일의 연장근로 12시간(당사자 간에 합의 필요)은 근기법 제56조에 의한 가산임금이 발생한다.

ex) 2주단위 탄력적 근로기간제에서 첫째 주 45시간 및 둘째 주 35시간 근무 시 주당 평균근로시간이 40시간[(45+35)÷2주]이므로, 첫째 주에 법정근로시간을 초과한 5시간에 대하여 근기법 제56조에 의한 가산임금이 발생하지 않음.

---

36) 2주 이내 탄력적 근로시간제는 15세 이상 18세 미만 근로자 및 임신 중인 여성근로자에게는 적용할 수 없다는 규정만 있으므로 분쟁을 예방하기 위하여 근로자의 범위, 유효기간, 단위기간의 근로일 및 근로일별 근로시간 등을 명확히 할 필요가 있다.

37) 취업규칙은 근로기준법 제93조에 따라 상시근로자가 10인 이상인 사업장에 작성 및 신고 의무가 있으므로, 일반적으로 상시근로자가 9인 이하인 사업장은 취업규칙이 아닌 별도의 규정(탄력적 근로시간제 실시합의서 등)을 제정하여 2주 이내 탄력적 근로시간제를 실시할 수 있다.

취업규칙 또는 이에 준하는 것에서 2주단위 탄력적근로시간제를 명시적으로 도입하지 않은 상태에서 토요격주 휴무제(1주는 40시간, 1주는 48시간)를 시행하고 있다면 이는 근로기준법상 탄력적근로시간제를 도입하였다고 볼 수 없다. 따라서 근로기준법상의 탄력적근로시간제를 도입하지 않은 상태에서 근로자가 특정주에 48시간을 근로하였다면 주44시간을 초과한 4시간분에 대한 연장근로수당을 지급함이 타당하다고 사료된다(고용노동부 2000.9.29., 근기 68207-2997).

(4) 임금보전방안 마련

「근로기준법」

제51조【3개월 이내의 탄력적 근로시간제】 ④ 사용자는 제1항 및 제2항에 따라 근로자를 근로시킬 경우에는 기존의 임금 수준이 낮아지지 아니하도록 임금보전방안(賃金補塡方案)을 강구하여야 한다.

「근로기준법 시행령」

제28조【3개월 이내의 탄력적 근로시간제에 관한 합의사항 등】 ② 고용노동부장관은 법 제51조 제4항에 따른 임금보전방안(賃金補塡方案)을 강구하게 하기 위해 필요한 경우에는 사용자에게 그 임금보전방안의 내용을 제출하도록 명하거나 직접 확인할 수 있다.

사용자는 2주 이내의 탄력적 근로시간제 실시로 인하여 기존 임금수준이 저하되지 않도록 임금보전방안을 마련하여야 한다(위반시 벌칙 없음). 고용노동부장관은 임금보전방안을 마련하게 하기 위하여 필요한 경우 사용자에게 그 임금보전방안의 내용을 제출하도록 명하거나 직접 확인할 수 있다.

(5) 근로한 기간이 단위기간보다 짧은 경우의 임금 정산

「근로기준법」

제51조의3【근로한 기간이 단위기간보다 짧은 경우의 임금 정산】 사용자는 제51조 및 제51조의2에 따른 단위기간 중 근로자가 근로한 기간이 그 단위기간보다 짧은 경우에는 그 단위기간 중 해당 근로자가 근로한 기간을 평균하여 1주간에 40시간을 초과하여 근로한 시간 전부에 대하여 제56조 제1항에 따른 가산임금을 지급하여야 한다.

근로자가 근로한 기간이 설정된 단위기간보다 짧은 경우(단위기간 중간에 채용, 퇴직, 휴직, 근로계약 만료 등으로 탄력적 근로시간제를 신규로 적용받거나 적용이 중지되는 경우 등)

에는, 근로자가 실제 근로한 기간을 평균하여 1주간에 40시간을 초과하여 근로한 시간 전부에 대하여 근기법 제56조에 따라 가산임금이 발생한다.

〈실제 근로기간을 평균하여 1주 40시간을 초과한 시간의 산정방법〉[38]

실제 근로기간을 평균하여 1주 40시간을 초과한 시간 = 실제 근로기간의 총 실근로시간 − (40시간 × $\frac{\text{실근로기간의 역일수}}{\text{7일}}$)

※ 실근로기간을 평균하여 1주 40시간을 초과한 시간에서 1일 및 1주의 연장근로에 해당하여 이미 가산임금이 지급된 시간에 대해서는 평균 주 40시간을 초과한 시간 산정에서 제외함.

〈단위기간보다 짧은 근로기간에 대한 가산임금 예시〉[39]

다음과 같이 근로하는 도중 퇴직하여 탄력적 근로시간제를 적용받지 않게 된 경우(6주까지의 근로에 대해서는 이미 임금 지급)

구분	1주	2주	3주	4주	5주	6주	7주	8주	9주	10주
소정	46	48	52	52	52	48	50	52	46	퇴직
연장	10	8	12	12	12	10	10	8	8	
계	56	56	64	64	64	58	60	60	54	

① 실제 근로한 기간의 총근로시간: 536H = 소정(446H)+연장(90H)

② 40H×(실제 근로한 기간의 역일수÷7): 360H = 40H×(7일×9주÷7)

③ 이미 가산수당이 지급된 시간: 64H = 1~6주 연장시간(10 + 8 + 12 + 12 + 12 + 10)

⇒ **퇴직 시 추가적으로 가산수당이 지급되어야 할 시간: ① − ② − ③ = 536H − 360H − 64H = 112H**

※ 탄력적 근로시간제 도입 후 실제근로신간에 따라 근기법 제56조에 따른 법정 임금 이상을 이미 지급해 왔다면 추가로 지급해야 하는 것은 아님.

3) 3개월 이내 탄력적 근로시간제

「근로기준법」

제51조【3개월 이내의 탄력적 근로시간제】 ② 사용자는 근로자대표와의 서면합의에 따라 다음 각호의 사항을 정하면 3개월 이내의 단위기간을 평균하여 1주간의 근로시간이 제50조 제1항의 근로시

38) 고용노동부, 「근로기준법상 근로시간 규정의 주요내용」, 2021.3, 34쪽.

39) 고용노동부, 「근로기준법상 근로시간 규정의 주요내용」, 2021.3, 35쪽.

간을 초과하지 아니하는 범위에서 특정한 주에 제50조 제1항의 근로시간을, 특정한 날에 제50조 제2항의 근로시간을 초과하여 근로하게 할 수 있다. 다만, 특정한 주의 근로시간은 52시간을, 특정한 날의 근로시간은 12시간을 초과할 수 없다.
1. 대상근로자의 범위
2. 단위기간(3개월 이내의 일정한 기간으로 정하여야 한다)
3. 단위기간의 근로일과 그 근로일별 근로시간
4. 그 밖에 대통령령으로 정하는 사항

「근로기준법 시행령」

제28조【3개월 이내의 탄력적 근로시간제에 관한 합의사항 등】 ① 법 제51조 제2항 제4호에서 "그 밖에 대통령령으로 정하는 사항"이란 서면합의의 유효기간을 말한다.

③ 제1항과 제2항은 15세 이상 18세 미만의 근로자와 임신 중인 여성근로자에 대하여는 적용하지 아니한다.

(1) 개 념

3개월 이내의 단위기간을 설정한 후 1주 평균근로시간이 40시간을 초과하지 않으면서 특정일에 8시간 또는 특정주에 40시간을 초과하여 근로할 수 있는 제도이다. 다만, 이 제도는 근로시간이 특정주에 52시간 또는 특정일에 12시간을 초과할 수 없고, 15세 이상 18세 미만 근로자와 임신 중인 여성근로자에는 적용할 수 없다.

(2) 실시 요건

사용자는 근로자대표와 서면합의[40](대상근로자의 범위, 단위기간, 근로일 및 근로일별 근로시간, 서면합의 유효기간)로 근로자 전부 또는 특정한 사업부문 · 업종 · 직종별로 실시할 수 있다.

(3) 실시 효과

3개월 이내의 단위기간을 평균하여 1주 40시간을 초과하지 않는다면 특정주에 40시간이나 특정일에 8시간을 초과하더라도 연장근로에 해당하지 않고, 근기법 제56조의 가산임금은

40) 서면합의와 관련한 서류는 서면합의한 날로부터 3년간 보존하여야 한다(근기법 제42조 및 근기법시행령 제22조).

발생하지 않는다. 다만, 특정주는 52시간까지 가능하므로 1주 최대 근로시간은 64시간(특정주 52시간+연장근로 12시간)이고, 이 경우 특정주에 52시간을 초과하는 연장근로 12시간(당사자 간에 합의 필요)은 근기법 제56조에 의한 가산임금이 발생한다.

(4) 임금보전방안 마련 및 근로한 기간이 단위기간보다 짧은 경우의 임금 정산

2주 이내의 탄력적 근로시간제와 동일하게 적용된다.

4) 3개월 초과 6개월 이내 탄력적 근로시간제

「근로기준법」

제51조의2【3개월을 초과하는 탄력적 근로시간제】 ① 사용자는 근로자대표와의 서면 합의에 따라 다음 각호의 사항을 정하면 3개월을 초과하고 6개월 이내의 단위기간을 평균하여 1주간의 근로시간이 제50조 제1항의 근로시간을 초과하지 아니하는 범위에서 특정한 주에 제50조 제1항의 근로시간을, 특정한 날에 제50조 제2항의 근로시간을 초과하여 근로하게 할 수 있다. 다만, 특정한 주의 근로시간은 52시간을, 특정한 날의 근로시간은 12시간을 초과할 수 없다.

1. 대상 근로자의 범위
2. 단위기간(3개월을 초과하고 6개월 이내의 일정한 기간으로 정하여야 한다)
3. 단위기간의 주별 근로시간
4. 그 밖에 대통령령으로 정하는 사항

「근로기준법 시행령」

제28조의2【3개월을 초과하는 탄력적 근로시간제에 관한 합의사항 등】 ① 법 제51조의2 제1항 제4호에서 "그 밖에 대통령령으로 정하는 사항"이란 서면합의의 유효기간을 말한다.

③ 사용자는 제1항 제3호에 따른 각 주의 근로일이 시작되기 2주 전까지 근로자에게 해당 주의 근로일별 근로시간을 통보하여야 한다.

④ 사용자는 제1항에 따른 근로자대표와의 서면합의 당시에는 예측하지 못한 천재지변, 기계 고장, 업무량 급증 등 불가피한 사유가 발생한 때에는 제1항 제2호에 따른 단위기간 내에서 평균하여 1주간의 근로시간이 유지되는 범위에서 근로자대표와의 협의를 거쳐 제1항 제3호의 사항을 변경할 수 있다. 이 경우 해당 근로자에게 변경된 근로일이 개시되기 전에 변경된 근로일별 근로시간을 통보하여야 한다.

⑥ 제1항부터 제5항까지의 규정은 15세 이상 18세 미만의 근로자와 임신 중인 여성 근로자에 대해서는 적용하지 아니한다.

(1) 개 념

3개월을 초과하고 6개월 이내의 일정한 단위기간을 정한 후 1주 평균근로시간이 40시간을 초과하지 않는다면 특정일에 8시간이나 특정주에 40시간을 초과하여 근로할 수 있는 제도이다. 다만, 이 제도는 근로시간이 특정주에 52시간 또는 특정일에 12시간을 초과할 수 없고, 15세 이상 18세 미만 근로자와 임신 중인 여성근로자에는 적용할 수 없다.

(2) 실시 요건

사용자는 근로자대표와 서면합의[41)](대상근로자의 범위, 단위기간, 단위기간의 주별 근로시간, 서면합의 유효기간)로 근로자 전부 또는 일부(특정한 사업부문 · 업종 · 직종별)에게 실시할 수 있다. 사용자는 근로자대표와 서면합의 당시에는 예측하지 못한 천재지변, 기계고장, 업무량 급증 등 불가피한 사유가 발생한 때에는 단위기간 내에서 평균하여 1주간의 근로시간이 유지되는 범위에서 근로자대표와 협의를 거쳐 단위기간의 주별 근로시간을 변경할 수 있고, 이 경우 해당 근로자에게 변경된 근로일이 개시되기 전에 변경된 근로일별 근로시간을 통보하여야 한다.

(3) 실시 효과

3개월을 초과하고 6개월 이내의 단위기간을 평균하여 1주 40시간을 초과하지 않는다면 특정주에 40시간 또는 특정일에 8시간을 초과하더라도 연장근로에 해당하지 않고, 근기법 제56조의 가산임금은 발생하지 않는다. 다만, 특정주는 52시간까지 가능하므로 1주 최대 근로시간은 64시간(특정주 52시간+연장 12시간)이고, 이 경우 특정주에 52시간을 초과하는 연장근로 12시간(당사자 간에 합의 필요)은 근기법 제56조에 의한 가산임금이 발생한다.

(4) 임금보전방안 강구

3개월을 초과하고 6개월 이내인 탄력적 근로시간제는 사용자가 근무체계 변경으로 기존의 임금수준이 낮아지지 않도록 임금항목을 조정 또는 신설하거나 가산임금 지급 등의 임금보전방안을 마련하여 고용노동부장관에게 신고하여야 한다(위반시 500만원 이하 과태료). 다

41) 3개월 이내 탄력적 근로시간제와 마찬가지로 서면합의와 관련한 서류는 서면합의한 날로부터 3년간 보존하여야 한다(근기법 제42조 및 근기법시행령 제22조).

만, 근로자대표와 서면합의로 임금보전방안을 마련한 경우에는 고용노동부장관에게 신고하지 않아도 된다(근기법 제51조의2 제5항).

「근로기준법」 제51조의2 제5항에서는 3개월 초과 6개월 이내 탄력적 근로시간제 도입 시 기존의 임금수준이 낮아지지 아니하도록 임금보전방안을 마련하여 고용노동부장관에게 신고하도록 규정하고 있음(근로자대표와 서면합의로 임금보전방안을 마련한 경우에는 신고의무 면제). 여기서 말하는 '임금보전'이란 탄력적 근로시간제를 도입하지 않았을 경우의 근로자 임금액을 기준으로 하여 제도 도입으로 인해 임금수준이 저하되지 않도록 보충하는 것을 의미하고, 임금수준의 저하 여부는 단위기간 전체의 임금을 기준으로 판단해야 하며, 구체적인 임금보전 방안으로는 임금항목을 조정 또는 신설하거나 가산임금 지급 등의 방안을 별도로 마련해야 하며, 임금보전의 방법 · 시기 · 절차에 대해서는 특별한 제한이 없으므로 노 · 사 간 분쟁을 차단하기 위해 사전 충분한 협의를 통해 마련하는 것이 바람직함.
(예시) 전체 단위기간에 대해 사전에 근로하기로 정한 시간이내라 하더라도 1일 8시간, 1주 40시간을 초과하는 시간에 대해서는 할증임금을 지급하는 방안 등(고용노동부 2021.7.20., 임금근로시간과-1594).

(5) 근로한 기간이 단위기간 보다 짧은 경우의 임금 정산

2주 이내의 탄력적 근로시간제와 동일하게 적용된다.

(6) 근로일간 11시간 이상의 연속휴식 부여

3개월을 초과하고 6개월 이내의 탄력적 근로시간제를 운영할 경우, 근로일 종료 후 다음 근로일 개시 전까지 연속하여 11시간 이상의 휴식시간을 주어야 한다. 다만, 천재지변 등 불가피한 경우[42]에는 근로자대표와 서면합의로 정한 시간만큼 연속휴식을 부여하면 된다(근기법 제51조2 제2항).

ex) 서면합의로 특정일 09:00~21:00(10시간, 휴게 2시간 제외) 근로하기로 정한 경우 연장근로 없이 근로가 종료되면 21:00부터 11시간 연속휴식을 부여해야 하고, 4시간의 연정근로(21:00~익일 02:00, 휴게 30분 포함)가 이루어졌다면 이는 전일의 근로에 해당하여 근로가 종료된 익일 02:00부터 11시간 연속휴식을 부여해야 함.

42) '천재지변 등 불가피한 경우'는 ①재난 또는 이에 준하는 사고가 발생하여 이를 수습하거나 재난 등의 발생이 예상되어 이를 예방하기 위해 긴급한 조치가 필요한 경우, ②사람의 생명을 보호하거나 안전을 확보하기 위해 긴급한 조치가 필요한 경우, ③그 밖에 휴식 시간을 주는 것이 어렵다고 인정되는 경우를 말한다(근기법시행령 제28조2 제2항).

〈탄력적 근로시간제의 유형별 정리〉[43]

유 형	2주 이내	3개월 이내	3개월 초과 6개월 이내
개 념	일정한 단위기간(2주 이내, 3개월 이내, 3개월을 초과하고 6개월 이내)을 평균하여, 1주간의 근로시간이 40시간을 초과하지 않는 범위에서 특정주에 40시간, 특정일에 8시간을 초과하여 근로할 수 있는 제도 ⇒ 특정주 및 특정일의 법정근로시간 초과근로는 연장근로가 아니므로, 근기법 제56조에 따른 가산임금의 지급의무가 없음.		
실시요건	취업규칙(10인 이상) 또는 취업규칙에 준하는 것으로 규정	근로자대표와 서면합의(대상근로자 범위, 단위기간, 근로일 및 근로일별 근로시간, 서면합의 유효기간)	근로자대표와 서면합의(대상근로자 범위, 단위기간, 단위기간의 주별 근로시간, 서면합의 유효기간)
시간제한	특정주 48시간 초과하지 못함	특정주 52시간 및 특정일 12시간 초과하지 못함	
유효기간 설정	법적 의무 없음	근로자대표와 서면합의로 정함	
1주간 최대 근로시간	60시간(=48시간+12시간) *12시간: 합의 연장근로	64시간(=52시간+12시간) *12시간: 합의 연장근로	
연장근로인 경우 (가산임금 지급)	① 단위기간을 평균한 1주간의 근로시간이 40시간 초과 ② 특정주의 근로시간이 48시간 초과	① 단위기간을 평균한 1주간의 근로시간이 40시간 초과 ② 특정주 근로시간이 52시간 초과 또는 특정일 근로시간이 12시간 초과 ③ 서면합의로 정한 단위기간의 근로일 및 근로일별 근로시간 초과	
적용 제외	연소근로자(15세 이상 18세 미만) 및 임부(임신 중인 여성근로자)는 적용할 수 없음		
임금보전 방안 마련	사용자는 기존의 임금수준이 저하되지 않도록 임금보전 방안을 강구하여야 함 ⇒ 벌칙 없음(단순한 훈시규정임) ※ 고용노동부장관은 필요한 경우 임금보전방안을 제출하게 하거나 이를 직접 확인할 수 있음		사용자는 기존의 임금수준이 저하되지 않도록 임금보전방안을 강구하고 고용노동부에 신고해야 함(근로자대표와 서면합의로 임금보전방안을 마련한 경우에는 신고의무 면제) ⇒ 위반시 500만원 이하 과태료
근로기간이 단위기간보다 짧은 경우	입·퇴사, 휴직, 계약기간 만료 등으로 단위기간이 중단되거나, 단위기간 중도에 탄력적 근로시간제를 적용받게 된 경우에는 탄력적 근로시간제를 적용받는 실제 근로기간을 평균하여 1주 40시간을 초과한 시간에 대해서는 통상임금의 50% 이상을 가산하여야 지급해야 함		

43) 고용노동부의 「근로기준법상 근로시간 규정의 주요내용」(2021.03, 10쪽.)을 참고하여 재정리.

3. 선택적 근로시간제

> 「근로기준법」
>
> **제52조【선택적 근로시간제】** ① 사용자는 취업규칙(취업규칙에 준하는 것을 포함한다)에 따라 업무의 시작 및 종료 시각을 근로자의 결정에 맡기기로 한 근로자에 대하여 근로자대표와의 서면합의에 따라 다음 각호의 사항을 정하면 1개월(신상품 또는 신기술의 연구개발 업무의 경우에는 3개월로 한다) 이내의 정산기간을 평균하여 1주간의 근로시간이 제50조 제1항의 근로시간을 초과하지 아니하는 범위에서 1주간에 제50조 제1항의 근로시간을, 1일에 제50조 제2항의 근로시간을 초과하여 근로하게 할 수 있다.
>
> 1. 대상근로자의 범위(15세 이상 18세 미만의 근로자는 제외한다)
> 2. 정산기간
> 3. 정산기간의 총 근로시간
> 4. 반드시 근로하여야 할 시간대를 정하는 경우에는 그 시작 및 종료 시각
> 5. 근로자가 그의 결정에 따라 근로할 수 있는 시간대를 정하는 경우에는 그 시작 및 종료 시각
> 6. 그 밖에 대통령령으로 정하는 사항
>
> **제29조【선택적 근로시간제에 관한 합의사항 등】** ① 법 제52조 제1항 제6호에서 "그 밖에 대통령령으로 정하는 사항"이란 표준근로시간(유급휴가 등의 계산 기준으로 사용자와 근로자대표가 합의하여 정한 1일의 근로시간을 말한다)을 말한다.

1) 개 념

선택적 근로시간제는 업무의 시작 및 종료시각이나 1일 및 1주의 근로시간을 근로자가 자율적으로 결정할 수 있고, 1개월(신상품 또는 신기술의 연구개발 업무는 3개월) 이내의 정산기간을 평균하여 1주간의 근로시간이 40시간을 초과하지 않으면서 특정주에 40시간, 특정일에 8시간을 초과하여 근로할 수 있는 제도이다. 다만, 15세 이상 18세 미만의 근로자에게는 적용할 수 없다.

〈부분선택적 근로시간제 예시〉[44]

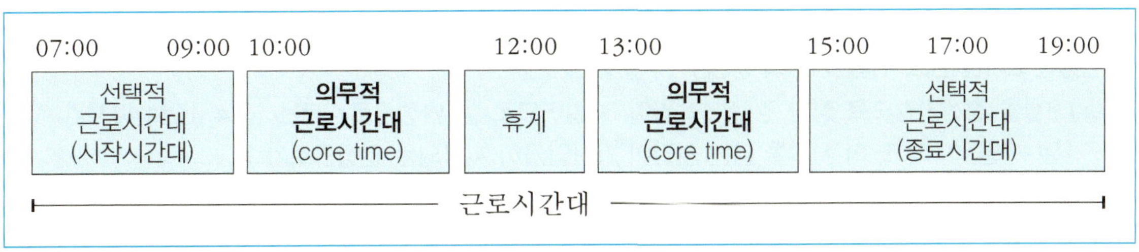

44) 고용노동부, 「유연근로시간제 가이드」, 2019.8, 44쪽.

※ 선택적 근로시간제는 정산기간 중 업무의 시작 및 종료시각이 근로자의 자유로운 결정에 맡겨져 있고 사용자가 관여하지 않는'완전선택적 근로시간제도'와 일정한 시간대를 정하여 그 시간(의무적 근로시간대)에는 근로자가 사용자로부터 시간적 구속과 구체적인 업무지시를 받고 나머지 시간(선택적 근로시간대)은 근로자가 자유롭게 결정하는'부분선택적 근로시간제'가 있음.

2) 실시 요건

선택적 근로시간제를 도입하려면 취업규칙(이에 준하는 것 포함)에 따라 업무의 시작 · 종료시각을 근로자 결정에 맡긴다는 내용 및 맡기기로 한 근로자를 규정하고, 사용자가 근로자대표와 서면합의를 통해 실시할 수 있다.

3) 실시 효과

선택적 근로시간제는 정산기간을 평균하여 1주 40시간을 초과하지 않는다면 특정주에 40시간 또는 특정일에 8시간을 초과하더라도 연장근로에 해당하지 않고, 근기법 제56조의 가산임금은 발생하지 않는다. 다만, 선택적 근로시간제에서는 정산기간에 있어 총근로시간만 정해지므로 일 · 주 단위로 연장근로는 계산할 수 없으며, 실제 연장근로의 발생여부는 정산기간 이후에 알 수 있다. 연장근로는 정산기간 전 또는 정산기간 도중에 해당근로자와 별도로 합의하여야 가능하고, 연장근로의 한도는 정산기간을 평균하여 1주에 12시간을 초과할 수 없다(근기법 제53조 제2항).

※ 연장근로로 계산되는 시간은 정산기간에 있어 미리 정한 총근로시간을 넘는 시간으로, 이 경우 가산임금을 지급해야 하는 시간은 정산기간에 있어 총 법정근로시간을 초과하는 시간임. 따라서 정산기간 전체의 총 법정근로시간과 연장근로시간 한도는 다음과 같이 계산할 수 있음.

정산기간 전체의 총법정근로시간 = 40시간 × (정산기간의 총일수 ÷ 7일)

* 법정근로시간: 근로일 수(주 최대 5일, 주중 휴일 · 휴무 포함)×8시간
ex. 근로일이 1주 5일로 운영 시(토 · 일은 휴일 또는 휴무일) 주중 휴일도 근무일수에 포함.

** 연장근로시간 한도: (정산기간의 총일수÷7일)×12시간
ex) 9월을 정산기간으로 정한 경우, 그 월이 30일이므로 총 법정근로시간은 171.4시간(=40시간×(30일÷7일))이 되고, 이 시간을 넘는 시간이 가산임금이 지급되는 연장근로가 됨.

〈탄력적 및 선택적 근로시간제도의 '단위(정산)기간'별 법정근로시간 산정방법〉

1. 개요

탄력적 또는 선택적 근로제에서 단위(정산)기간을 평균하여 1주 40시간을 초과하지 않도록 하는 해당 단위(정산)기간 동안의 총법정근로시간을 산정하는 방법이 논란이 될 수 있음. 즉 단위(정산)기간을 '월(月) 단위'로 정한 경우에는 월력상 일수가 매월 달라서 해석상 논란 있음(단위 또는 정산기간을 '주(週) 단위'로 정한 경우에는 논란의 여지 없음).

2. 법정근로시간 산정방법

방법 1 - 고용노동부 행정해석[45]	방법 2
주당 40H×몇 주(정산기간의 총일수÷7일)	(1일) 8H×정산기간의 소정근로일수(약정휴일 포함, 주 최대 5일)
ex) 2021년 6월 40H×(4.3주≒30일÷7일) = 171.4H	ex) 2021년 6월 8H×22일 = 176H

⇒ 고용노동부는 '방법 2'의 경우 정산기간 동안에 소정근로일의 배치에 따라 총 법정근로시간이 달라지며, 1주 40시간제가 아닌 경우에는 일관성 있게 적용하기 어렵고, 소정근로일의 배치에 따라 월 소정근로일이 달라지는 것을 방지하려면 '방법 1'이 보다 적합하다고 보고 있음(고용노동부, 「근로기준법상 근로시간 규정의 주요내용」, 2021.3.)

3. 고용노동부 입장에 대한 실무상 문제점[46]

① 2021년 6월 선택적 근로시간제 시행 사업장에서 근로자가 소정근로일 전부를 8시간씩 근무한 경우, '방법1'에 의하면 선택적 근로시간제라는 이유만으로 사용자는 근기법 위반으로 처벌될 가능성 있음.

⇒ 6월에 평균해서 1주 40시간을 초과하지 않으려면 171.4시간만 근무해야 하는데 176시간(=8H×22일)을 근무했기 때문.

⇒ 소정근로일마다 8시간씩 근무하고, 근로시간과 관련한 법 위반이 없어 보이지만, '방법1'에 의하면 월간 근무할 수 있는 시간이 4.6시간(=176H-171.4H)이 사라지므로 소정근로일 중 하루는 3.4시간만 근무해야 처벌을 면할 수 있음.

② 만약, '방법1'에 의하면 소정근로일이 20일인 경우, 매일 8시간씩 근무하던 근로자는 160시간(=8H×20일)을 근무했음에도 추가로 11.4시간(=171.4H-160H)을 근무하더라도 선택적 근로시간제를 위반하지 않아서 연장근로에 해당하지 않아 가산임금이 적용되지 않음.

45) 고용노동부(임금근로시간과), 「선택, 탄력근로제下 법정근로시간 산정 방법 검토」, 2021.3.16.

46) 정상태 변호사(법무법인 바른)의 기고문을 참고하였다(정상태, '선택적 근로시간제 하에서의 법정근로시간 산정방법 변경', 『월간 노동법률』, (2021년 5월호), ㈜중앙경제).

4. 사업장 밖 간주근로시간제

> 「근로기준법」
>
> **제58조【근로시간 계산의 특례】** ① 근로자가 출장이나 그 밖의 사유로 근로시간의 전부 또는 일부를 사업장 밖에서 근로하여 근로시간을 산정하기 어려운 경우에는 소정근로시간을 근로한 것으로 본다. 다만, 그 업무를 수행하기 위하여 통상적으로 소정근로시간을 초과하여 근로할 필요가 있는 경우에는 그 업무의 수행에 통상 필요한 시간을 근로한 것으로 본다.
>
> ② 제1항 단서에도 불구하고 그 업무에 관하여 근로자대표와의 서면 합의를 한 경우에는 그 합의에서 정하는 시간을 그 업무의 수행에 통상 필요한 시간으로 본다.

1) 개 념

사업장 밖 간주근로시간제는 근로자가 출장 등의 사유로 근로시간의 전부 또는 일부를 사업장 밖에서 근로하여 근로시간을 구체적으로 산정하기 어려운 경우에 근로자가 실제 근로한 시간과 관계없이 '소정근로시간, 업무수행에 통상적으로 필요한 시간, 노사가 서면으로 합의한 시간' 중에서 어느 하나를 실근로시간으로 간주하는 제도이다.

※ 사업장 밖 간주근로시간제는 근로시간 형태의 변경 없이 근로시간을 계산하는 방법만 편리하게 정하는 것이지만, 탄력적 및 선택적 근로시간제는 근로시간 조정 및 배분 등을 통한 근로시간 형태의 변화가 있음.

2) 실시 요건

(1) 사업장 밖에서 근로하여 근로시간 산정이 어려울 것

출장 등의 사유로 사업장 밖 근로의 시업시각과 종업시각이 해당 근로자의 자유에 맡겨져 있고, 근로자의 조건이나 업무상태에 따라 근로시간의 장단이 결정되어 근로시간 산정이 어려운 경우에만 가능하다. 근로시간의 산정이 어려운지는 근로의 장소적 측면(소속 사업장에서 장소적으로 이탈하여 근로시간 관리에서 벗어난 상황) 및 근로수행의 형태적 측면(사용자의 근로시간 관리조직에서 구체적인 지휘 · 감독을 받지 않고 근로를 수행)을 종합적으로 고려하여 판단해야 한다.

※ 사업장 밖에서 근로하더라도 사용자의 구체적인 지휘 · 감독이 미친다면 근로시간의 산정이 가능하므로 사업장 밖 간주근로시간제를 적용할 수 없음.

(2) 근로한 것으로 인정하는 시간을 규정

사업장 밖에서 근로하여 근로시간을 산정하기 어려운 경우에는 소정근로시간으로 인정하고, 해당 업무의 수행이 소정근로시간을 초과하여 근로할 필요가 있는 경우에는 그 업무의 수행에 통상 필요한 시간을 근로시간으로 인정한다. 다만, 해당 업무를 수행하기 위하여 통상적으로 소정근로시간을 초과하여 근로할 필요가 있는 경우에 사용자와 근로자대표가 서면합의를 한 경우에는 그 시간을 업무수행에 통상 필요한 시간으로 인정한다.

3) 실시 효과

사업장 밖 간주근로시간제를 도입하더라도 근로한 것으로 정한 시간이 1주 40시간 또는 1일 8시간을 초과한다면 근기법 제56조에 따라 가산임금을 지급하여야 한다.

5. 재량근로시간제

「근로기준법」

제58조【근로시간 계산의 특례】 ③ 업무의 성질에 비추어 업무수행 방법을 근로자의 재량에 위임할 필요가 있는 업무로서 대통령령으로 정하는 업무는 사용자가 근로자대표와 서면 합의로 정한 시간을 근로한 것으로 본다. 이 경우 그 서면 합의에는 다음 각호의 사항을 명시하여야 한다.

1. 대상업무
2. 사용자가 업무의 수행수단 및 시간 배분 등에 관하여 근로자에게 구체적인 지시를 하지 아니한다는 내용
3. 근로시간의 산정은 그 서면 합의로 정하는 바에 따른다는 내용

1) 개 념

업무의 성질에 비추어 업무수행 방법(업무수행 수단 및 근로시간 배분)을 근로자의 재량에 위임할 필요가 있는 업무는 사용자가 근로자대표와 서면합의로 정한 시간을 근로한 것으로 간주하는 제도이다. 이 제도에서 근로시간의 산정은 사용자와 근로자대표가 서면합의로 정한 시간만큼 근로한 것으로 인정하는 것이다.

2) 실시 요건

재량근로시간제를 도입하려면 재량근로제 대상업무에 해당할 것,[47] 대상업무 수행방법에 있어 근로자의 재량성이 보장될 것, 사용자가 근로자대표와 서면합의(대상업무, 사용자가 그 업무의 수행수단, 시간배분 등에 관하여 근로자에게 구체적인 지시를 하지 않는다는 내용, 근로시간의 산정은 서면합의로 정하는 바에 따른다는 내용을 포함)를 한 경우에 실시할 수 있다.

- *마케팅, 신규사업기획, 상품기획, Sourcing (Publishing: 유관부서별 업무 조율 및 전체 프로세스 관리) 업무는 시행령 31조 각호에 해당되지 않아 재량근로시간 대상 업무로 보기 어렵다(고용노동부 2017.11.9., 근로기준정책과-6953).*
- *근로기준법 제58조 제3항의 재량근로제로 인정받기 위해서는 사용자가 업무의 수행수단 및 시간배분 등에 관하여 근로자에게 구체적인 지시를 하지 아니한다는 내용을 근로자대표와 서면 합의에 명시하여야 하는데, 대상업무에 해당되더라도 수행수단 및 시간배분에 관하여 구체적인 지시를 하는 경우에는 적법한 재량근로제로 인정되지 않음. 따라서 회계사법에 의한 회계사 자격을 취득하였다면 재량근로제의 대상 업무에 해당된다 할 것이지만, 이 경우 수습 등을 이유로 사용자가 구체적 업무지시에 따라 근로하여 근로자에게 업무 수행수단 및 시간배분에 재량이 없었다면 적법한 재량근로제를 도입하였다고 보기는 어려울 것임. 보험업법에 따른 보험계리사, 관세사법에 따른 관세사는 고용노동부에서 고시한 업무와 소관법령에 따른 자격에 해당한다고 보기 어려우므로 대상 업무에 포함되지 않음(고용노동부 2019.8.8., 임금근로시간과-968).*

3) 실시 효과

서면합의로 정한 시간이 1주 40시간 또는 1일 8시간을 초과한다면 근기법 제56조에 따라 가산임금을 지급하여야 한다.

---

47) 재량근로제의 대상업무에는 ㉠ 신상품 또는 신기술의 연구개발이나 인문사회과학 또는 자연과학분야의 연구 업무, ㉡ 정보처리시스템의 설계 또는 분석 업무, ㉢ 신문, 방송 또는 출판 사업에서의 기사의 취재, 편성 또는 편집 업무, ㉣ 의복 · 실내장식 · 공업제품 · 광고 등의 디자인 또는 고안 업무, ㉤ 방송 프로그램 · 영화 등의 제작 사업에서의 프로듀서나 감독 업무, ㉥ 회계 · 법률사건 · 납세 · 법무 · 노무관리 · 특허 · 감정평가 · 금융투자분석 · 투자자산운용 등의 사무에 있어 타인의 위임 · 위촉을 받아 상담 · 조언 · 감정 또는 대행을 하는 업무가 있다(근기법 시행령 제31조, 고용노동부 고시 제2019-36호).

〈유연근로제도의 비교〉

구 분	탄력적 근로시간제	선택적 근로시간제	사업장 밖 간주근로시간제	재량근로시간제
목 적	근로시간 '배분' 관련		근로시간 '결정' 관련	
대 상	제한 없음 (연소자 및 임부 제외)	제한 없음 (연소자 제외)	제한 없음	시행령 및 고시에서 정한 업무만 가능
운 영	단위기간(정산기간)을 평균하여 1주 40시간 이내에서 특정주 40시간 또는 특정일 8시간 초과근로 가능 ⇒ 가산임금 발생하지 않음 2주 이내: 취업규칙 등 3월 이내, 3월 초과 6월 이내: 서면합의	1월 이내, 1월 초과 3월 이내: 취업규칙 등 + 서면합의	제한 없음	업무수행방법, 시간배분에 대해 구체적 지시를 하지 않음
근로시간 제한 및 산정	근로일 및 근로일별 근로시간, 주별 근로시간	총근로시간	소정근로시간 → 업무수행에 통상 필요한 시간 → 서면합의에서 정한 시간	서면합의에서 정한 근로시간
서면합의 주요 내용	① 대상근로자 범위 ② 단위기간 ③ 근로일과 근로일별 근로시간, 주별 근로시간 ④ 서면합의 유효기간	① 대상근로자 범위 ② 정산기간, 총 근로시간 ③ 의무 근로시간대 ④ 선택적 근로시간대 ⑤표준근로기간	해당 없음	① 대상업무 ② 업무수행 수단 및 시간 배분 등을 근로자 재량에 맡김 ③ 근로시간 산정은 서면합의로 정한 바에 따름

제3장

통상임금

제1절 개 요

1. 통상임금의 개념

「근로기준법 시행령」

제6조 【통상임금】 ① 법과 이 영에서 "통상임금"이란 근로자에게 정기적이고 일률적으로 소정(所定)근로 또는 총 근로에 대하여 지급하기로 정한 시간급 금액, 일급금액, 주급 금액, 월급 금액 또는 도급 금액을 말한다.

근기법은 통상임금을 "근로자에게 정기적이고 일률적으로 소정근로 또는 총 근로에 대하여 지급하기로 정한 시간급 금액, 일급 금액, 주급 금액, 월급 금액 또는 도급 금액"으로 정의하고 있다. 판례도 통상임금의 개념을 "소정근로의 대가로서 정기적 · 일률적으로 지급하기로 정한 임금으로, 본질이 근로자가 소정근로시간에 제공하기로 정한 근로의 가치를 평가한 기준임금"이라고 보고 있다.[1)]

근로기준법 시행령 제6조 제1항은 통상임금을 "근로자에게 정기적이고 일률적으로 소정근로 또는 총 근로에 대하여 지급하기로 정한 시간급 금액, 일급 금액, 주급 금액, 월급 금액 또는 도급 금액"이라고 규정한다. 법령의 정의와 취지에 충실하게 통상임금 개념을 해석하면, 통상임금은 소정근로의 대가로서 정기적, 일률적으로 지급하기로 정한 임금을 말한다. 근로자가 소정근로를 온전하게 제공하면 그 대가로서 정기적, 일률적으로 지급하도록 정해진 임금은 그에 부가된 조건의 존부나 성취 가능성과 관계없이 통상임금에 해당한다(대법원 2024.12.19. 선고 2023다302838 전원합의체 판결; 대법원 2025.1.23. 선고 2019다204876 판결).

2. 통상임금의 활용

통상임금은 그 자체가 독자적 의미를 가지는 것이 아니라 해고예고수당 등 법정수당을 산정하기 위한 기준으로 활용되는 가상의 도구적 개념이다. 통상임금은 소정근로의 가치를 평가

1) 대법원 2024.12.19. 선고 2020다247190 전원합의체 판결(통상임금의 개념에서 '지급하기로 정한'이라는 문언은 지급이 미리 정해진 상태, 즉 소정성(所定性)을 의미함. 그러한 소정성은 모든 임금에 공통된 징표이지 통상임금에 특유한 개념적 징표라고 볼 수 없음).

한 것으로 소정근로를 실 근로 또는 실제 임금과 분리함으로써 소정근로의 가치를 온전하게 반영하고, 연장근로 등을 제공하기 전에 산정될 수 있어야 하는 사전적(事前的) 개념이다.

〈근기법상 통상임금을 활용하는 것〉

구 분	관련 내용
평균임금산정(제2조)	평균임금이 통상임금보다 적으면 그 통상임금을 평균임금으로 간주함
해고예고수당(제26조)	30일 전에 해고예고를 하지 않을 경우 30일분 이상의 통상임금 지급
휴업수당(제46조)	휴업수당(평균임금의 100분의 70에 해당하는 금액)이 통상임금을 초과하는 경우에는 통상임금으로 휴업수당을 지급할 수 있음
가산임금(제56조)	연장 · 야간 및 휴일 근로에 대하여 통상임금의 100분의 50 이상을 가산하여 지급
연차유급휴가수당(제60조)	연차유급휴가 사용기간 동안 취업규칙 등에서 정하는 통상임금(또는 평균임금)을 지급
기타 유급으로 규정된 수당	주휴일 수당, 육아휴직급여, 출산 전 · 후 휴가 급여 등

제2절 통상임금의 판단

1. 통상임금의 판단기준

1) 개 요

법원은 "통상임금은 소정근로의 대가로서 정기적, 일률적으로 지급하기로 정한 임금으로, 근기법이 규정한 여러 임금을 산정하는 기준이 되므로 그 본질은 근로자가 소정근로시간에 제공하기로 정한 근로의 가치를 평가한 기준임금이라는 데에 있다. 근로자가 소정근로를 온전하게 제공하면 그 대가로서 정기적, 일률적으로 지급하도록 정해진 임금은 그에 부가된 조건의 존부나 성취 가능성과 관계없이 통상임금에 해당한다. 임금에 부가된 조건은 해당 임금의 객관적 성질을 실질적으로 판단하는 과정에서 소정근로 대가성이나 정기성, 일률성을 부정하는 요소 중 하나로 고려될 수는 있지만, 단지 조건의 성취 여부가 불확실하다는 사정만으로 통상임금성이 부정된다고 볼 수는 없다."라고 통상임금의 판단기준을 제시하고 있다.[2)]

〈통상임금 판단기준〉

판단기준	내 용
소정근로의 대가	법정근로시간 범위에서 정해진 소정근로시간에 통상적으로 제공하기로 정한 근로에 대하여 지급하기로 약정한 금품 → 어떤 금품이 근로의 대상으로 지급된 것인지는 그 금품지급의무의 발생이 근로제공과 직접적으로 관련되거나 그것과 밀접하게 관련된 것으로 볼 수 있어야 함
정기성	미리 정해진 일정한 기간마다 정기적으로 지급되는 금품 → 1개월을 초과하는 기간마다 지급되더라도 일정한 간격으로 계속적 지급된다면 무방
일률성	'모든 근로자' 또는 '근로와 관련한 일정한 조건 또는 기준에 해당하는 모든 근로자'에게 지급되는 금품 → 작업 내용이나 기술, 경력 등과 같이 소정근로의 가치평가와 관련된 조건

2) 소정근로의 대가

소정근로의 대가는 근로자가 소정근로시간에 통상적으로 제공하기로 정한 근로에 대하여 사용자와 근로자가 지급하기로 약정한 금품을 말한다.[3)] 따라서 통상임금은 사전에 확정되어야 하고 소정근로 그 자체의 가치를 온전하게 반영하는 것이어야 한다. 그러나 소정근로시간을 초과한 근로를 제공하여 지급되는 금품(예: 연장 · 야간 · 휴일 근로수당), 근로계약에서 제공하기로 정한 근로 외의 근로를 특별히 제공함으로써 추가로 지급되는 금품(예: 연차유급휴가 미사용수당), 소정근로의 제공과 관계 없이 일시적 · 변동적으로 지급되는 금품(예: 복리후생적 · 은혜적 · 실비변상적 금품), 개념적으로 통상임금이 될 수 없는 법정수당(예: 주휴일수당)의 경우에는 소정근로의 대가로 볼 수 없어 통상임금에 해당하지 않는다.[4)]

- *어떤 임금이 통상임금에 속하기 위해서는 '소정근로의 대가'여야 하고, '소정근로의 대가'라 함은 근로자가 소정근로시간에 통상적으로 제공하기로 정한 근로에 관하여 사용자와 근로자가 지급하기로 약정한 금품을 말함. 귀 질의만으로 구체적인 사실관계를 알 수 없어 명확한 답변은 드리기*

2) 대법원 2024.12.19. 선고 2020다247190 전원합의체 판결.
3) 대법원 2013.12.18. 선고 2012다89399 전원합의체 판결.
4) 고용노동부, 「(개정)통상임금 노사지도 지침」, 2025.2.6., 7쪽.

어려우나, 질의상 '대기수당'이 소정근로 외에 초과근로를 제공한 것에 대한 「근로기준법」 제56조에 따른 가산수당 지급여부는 별론으로 하고, 동 수당이 소정근로시간을 초과하여 근로를 제공하거나 근로계약에서 제공하기로 정한 근로 외의 근로를 특별히 제공함으로써 추가로 지급받는 임금에 해당하는 경우라면 이는 소정근로의 대가로 볼 수 없으므로 통상임금에 해당되지 않을 것임(고용노동부 2014.7.4. 근로개선정책과-3767).

- 운수회사에서 일정기간 동안 교통사고가 발생하지 않을 것을 조건으로 지급하는 '무사고수당'은, 무사고라는 조건의 성취 여부가 불확실하기 때문이 아니라 소정근로 제공 외에 무사고라는 추가적인 자격요건 달성에 대한 보상으로서 지급되는 것이어서 소정근로 대가성이 결여되어 통상임금성이 부정된다(대법원 2024.12.19. 선고 2020다247190 전원합의체 판결).
- 사용자가 근로자에게 지급하는 금품이 임금에 해당하려면 먼저 그 금품이 근로의 대상으로 지급되는 것이어야 하므로 비록 그 금품이 계속적 · 정기적으로 지급된 것이라 하더라도 그것이 근로의 대상으로 지급된 것으로 볼 수 없다면 임금에 해당한다고 할 수 없다. 여기서 어떤 금품이 근로의 대상으로 지급된 것이냐를 판단함에 있어서는 그 금품지급의무의 발생이 근로제공과 직접적으로 관련되거나 그것과 밀접하게 관련된 것으로 볼 수 있어야 한다(대법원 2019.8.22. 선고 2016다48785 전원합의체 판결).
- 어떤 금품이 근로의 대상으로 지급된 것이냐를 판단함에 있어서는, 그 금품지급의무의 발생이 근로제공과 직접적으로 관련되거나 그것과 밀접하게 관련된 것으로 볼 수 있어야 하고, 이러한 관련 없이 그 지급의무의 발생이 개별 근로자의 특수하고 우연한 사정에 의하여 좌우되는 경우에는 그 금품의 지급이 단체협약 · 취업규칙 · 근로계약 등이나 사용자의 방침 등에 의하여 이루어진 것이라 하더라도 그러한 금품은 근로의 대상으로 지급된 것으로 볼 수 없다(대법원 1995.5.12. 선고 94다55934 판결).

3) 정기성

정기성은 미리 정해진 일정한 기간마다 정기적으로 지급되는지 여부에 관한 것으로, 1개월[5)]을 초과하는 기간마다 지급되더라도 일정한 간격을 두고 계속적으로 지급되는 것이면 통

5) 근기법(제43조 제2항)에 따른 '임금은 매월 1회 이상 일정한 날짜를 정하여 지급하여야 한다'는 정기지급의 원칙은 근로자의 생활안정을 도모하려는 것이므로 이를 근거로 1개월(1임금 지급주기)을 넘는 기간마다 지급되는 임금을 통상임금에서 제외된다고 해석할 수 없고, 통상임금의 정의에 관한 근기법 시행령(제6조 제1항) 규정의 '시간급 · 일급 · 주급 · 월급' 등의 표현은 통상임금의 범위를 1개월을 단위로 산정 또는 지급되는 임금으로 한정한 것이 아니라 다양한 기간을 단위로 산정 및 지급되는 임금의 형태를 예시한 것에 불과하여 1개월을 넘는 기간마다 지급되는 임금을 통상임금에서 제외할 수 없다. 더불어 최저임금법(제6조 제4항)은 '근로자의 생활안정 등을 위하여 매월 1회 이상 정기적으로 지급하는 임금 이외의 임금은 최저임금 비교대상 임금에서 제외' 한다고 규정하고 있으나, 이를 근거로 통상임금을 매월 1회 이상 정기적으로 지급하는 임금으로 한정할 수 없다(고용노동부, 「통상임금 노사지도 지침」, 2014.1.23., 4쪽).

상임금이 될 수 있다. 따라서 1개월을 넘어 격월(2개월), 분기(3개월), 반기(6개월), 연(1년) 단위로 지급되더라도 정기적으로 지급되는 것이면 정기성 요건은 충족하게 된다.

> *통상임금에 속하기 위한 성질을 갖춘 임금이 1개월을 넘는 기간마다 정기적으로 지급되는 경우, 이는 노사 간의 합의 등에 따라 근로자가 소정근로시간에 통상적으로 제공하는 근로의 대가가 1개월을 넘는 기간마다 분할지급되고 있는 것일 뿐, 그러한 사정 때문에 갑자기 그 임금이 소정근로의 대가로서의 성질을 상실하거나 정기성을 상실하게 되는 것이 아님은 분명하다. 따라서 정기상여금과 같이 일정한 주기로 지급되는 임금의 경우 단지 그 지급주기가 1개월을 넘는다는 사정만으로 그 임금이 통상임금에서 제외된다고 할 수는 없다(대법원 2013.12.18. 선고 2012다89399 전원합의체 판결).*

4) 일률성

일률성은 '모든 근로자'에게 지급되는 것(예: 모든 근로자에게 기본급의 50%를 상여금으로 지급)뿐만 아니라, '일정한 조건 또는 기준에 달한 모든 근로자'에게 지급되는 것(예: 과장 이상의 직급자에게 매월 30만원의 직책수당 지급)도 포함하는 개념이다. '일정한 조건 또는 기준'은 작업 내용이나 기술 · 경력 · 자격 · 면허 · 근속기간 등과 같이 소정근로의 가치평가와 관련된 것으로, 시시때때로 변동되지 않는 고정적인 조건이어야 한다.

※ 취업규칙 등에서 휴직이나 복직자 또는 징계대상자 등에게 임금의 지급을 제한하는 사유를 규정하더라도, 이는 해당 근로자의 개인적 특수성을 고려한 것일 뿐이므로 정상적인 근로관계를 유지하고 있는 근로자에 대하여 그 해당 임금의 일률성이 부정되지는 않음.

> *어떤 임금이 통상임금에 속하기 위해서는 그것이 일률적으로 지급되는 성질을 갖추어야 한다. '일률적'으로 지급되는 것에는 '모든 근로자'에게 지급되는 것뿐만 아니라 '일정한 조건 또는 기준에 달한 모든 근로자'에게 지급되는 것도 포함된다. 여기서 '일정한 조건'이란 고정적이고 평균적인 임금을 산출하려는 통상임금의 개념에 비추어 볼 때 고정적인 조건이어야 한다. 일정 범위의 모든 근로자에게 지급된 임금이 일률성을 갖추고 있는지 판단하는 잣대인 '일정한 조건 또는 기준'은 통상임금이 소정근로의 가치를 평가한 개념이라는 점을 고려할 때, 작업 내용이나 기술, 경력 등과 같이 소정근로의 가치 평가와 관련된 조건이라야 한다(대법원 2013.12.18. 선고 2012다89399 전원합의체 판결).*

2. 지급형태에 따른 통상임금 여부[6)]

1) 근속기간에 따라 지급 여부와 지급금액이 달라지는 임금

몇 년 이상 근속해야 지급하거나 근속기간에 따라 임금계산방법이 다르거나 지급액이 달라지는 임금의 경우, 그러한 임금(예: 근속수당 등)은 근로와 관련된 일정한 조건 또는 기준에 해당하여 통상임금에 해당한다.

ex. 5년 이상 근속한 경우 25만원을 근속수당으로 지급하거나, 매 1년마다 5만원을 근속수당으로 지급하는 경우

귀 질의만으로 구체적인 사실관계를 알 수 없어 명확한 답변은 드리기 어려우나, 질의상 '근속수당'이 근속기간 3년 차에는 3,000원, 3년 초과 시 매년 3,000원을 가산하여 지급하는 경우라면, 초과근로를 제공하는 시점에서 근속기간이 얼마인지는 이미 확정되어 있는 것이므로 평사원에 한하여 지급된다 하더라도 통상임금에 해당될 것으로 사료됨(고용노동부 2014.7.4., 근로개선정책과-3767).

2) 근무일수에 따라 달라지는 임금

(1) 매 근무일마다 일정액을 지급하기로 한 임금

근무일수에 따라 일할계산해서 지급되는 임금은 근로자가 임의의 날에 소정근로를 제공하기만 하면 그에 대하여 일정액을 지급받을 것이 확정되어 있으므로 통상임금에 해당한다.

ex. 출근일마다 1만원을 비례하여 지급하는 출근수당은 실제 근무일수에 따라 지급액이 변동되지만, 매 근무일에 근로를 제공하기만 하면 일정금액(1만원×근무일수) 지급이 확정되어 있어 통상임금에 해당.

(2) 일정 근무일수를 채워야만 지급되는 임금

소정근로를 온전하게 제공하는 근로자라면 충족할 근무일수 조건(소정근로일수 이내로 정해진 근무일수 조건)의 경우, 그러한 조건이 부가되어 있다는 사정만으로 그 임금의 통상임금성이 부정되지 않는다. 다만, 소정근로일수를 초과하는 일무일수 조건부 임금은 소정근로를 제공하였다고 하여 지급되는 것이 아니고 소정근로를 넘는 추가 근로의 대가이므로 통상임금이 아니다.

ex. 매월 소정근로일수인 20일을 초과하여 근무할 경우 특별근로수당으로 30만원을 지급하는 경우, 특별

---

6) 고용노동부, 「통상임금 노사지도 지침」, 2014.1.23., 12~14쪽.

근로수당은 21일 이상을 근무해야만 전액(30만원)이 지급되는 것으로 사전에 충족 여부를 알 수 없고, 소정근로의 대가 이외의 금품으로 통상임금에 해당하지 않음.

(3) 일정 근무일수에 따라 계산방법 또는 지급액이 달라지는 임금

일정한 근무일수 이상이면 특정 명목의 금액을 전액 지급하고, 일정한 근무일수 미만이면 근무일수에 따라 그 급여를 일할계산하여 지급하는 임금은, 소정근로를 제공하면 적어도 일정액 이상의 임금이 지급될 것이 확정되어 있는 최소한도의 범위에서는 통상임금에 해당한다.

ex. 매월 20일 이상 근무하면 30만원 전액을 만근수당으로 지급하고, 매월 20일 미만을 근무하더라도 해당 만근수당(30만원)을 일할계산하여 지급하는 경우

귀 질의상 '현장수당'이 현장근무자를 대상으로 15일 이상 근무 시 월 30만 원이 지급되고, 15일 미만 근무 시 근무일수에 따라 일할계산해 지급되는 경우라면, 소정근로를 제공하면 적어도 일정액 이상의 임금이 지급될 것이 확정되어 있는 최소한도의 범위, 즉 일할계산되는 금액 한도는 고정성이 인정되므로 통상임금에 해당할 것입니다(고용노동부 2014.4.30., 근로개선정책과-2613).

3) 특수한 기술, 경력 등을 조건으로 하는 임금

특정 자격이나 면허 또는 기술을 보유한 경우에 지급하는 임금은, 자격 · 면허 또는 기술의 보유 및 특정한 경력의 구비 여부는 이미 확정된 사실이므로 통상임금에 해당한다.

- *'고정성'은 초과근로를 제공할 당시에, 그 지급 여부가 업적, 성과 기타 추가적인 조건과 관계없이 사전에 이미 확정되어 있는 것이어야 하고, 근로자가 임의의 날에 연장 · 야간 · 휴일 근로를 제공하는 시점에서 특수한 기술의 보유나 특정한 경력의 구비 여부는 기왕에 확정된 사실이므로 고정성이 인정됨. 질의상 '자격수당'이 특정 자격증 또는 기술을 보유한 근로자에게 매월 일정한 금액(기사 5만원, 기능사 3만원)을 지급하는 경우라면, 고정성이 인정되어 통상임금에 해당될 것임(고용노동부 2015.3.5., 근로개선정책과-655).*
- *모든 근로자에게 기본금액을 가족수당 명목으로 지급하면서 실제 부양가족이 있는 근로자에게는 일정액을 추가적으로 지급하는 경우 그 기본금액은 소정근로에 대한 대가에 다름 아니므로 통상임금에 속함. 귀 질의상 '가족수당'이 부양가족 수와 관계없이 전 사원에게 1만원씩 지급하고 부양가족 수에 따라 추가 지급하는 경우라면, 전 사원에게 동일하게 지급되는 가족수당 분은 통상임금에 해당될 것임(고용노동부 2014.7.4., 근로개선정책과-3767).*
- *일률성에 있어서 '일정한 조건 또는 기준'은 작업 내용이나 경력 등과 같이 소정근로의 가치 평가*

와 관련된 조건이어야 함. 질의상 '가족수당'이 미취학 자녀가 있는 직원에게 지급(둘째 자녀부터 지급, 해당 월 만근자에 한하여 지급)되는 경우라면 고정성 여부는 별론으로 하더라도, 부양가족 수에 따라 차등 지급되는 임금은 근로와 관련된 일정한 조건 기준에 따른 것이라 할 수 없어 일률성이 결여되므로 통상임금으로 보기 어려울 것임(고용노동부 2015.3.5., 근로개선정책과-655).

ex. 공인노무사, 세무사, 변호사 등 자격증 소지자에게 매월 30만원을 지급하는 경우

4) 특정 시점에 재직 중인 근로자에게만 지급되는 임금

(1) 지급일 또는 특정 시점에 재직 중인 근로자에게만 지급하기로 정해져 있는 임금

근로자가 재직하는 것은 근로계약에 따라 소정근로를 제공하기 위한 당연한 전제이고, '퇴직'은 정년의 도래 · 사망 · 해고 등과 함께 근로관계를 종료시켜 실근로의 제공을 방해하는 장해사유일 뿐 근로자와 사용자가 소정근로시간에 제공하기로 정한 근로의 대가와는 개념상 아무런 상관이 없다. 따라서 어떠한 임금을 지급받기 위하여 특정 시점에 재직 중이어야 한다는 조건이 부가되어 있다는 사정만으로 그 임금의 소정근로 대가성이나 통상임금성이 부정되지 않는다.

ex. 상여금 400%를 매 분기 말일(3/31, 6/30, 9/30, 12/31)에 재직 중인 근로자에게 100%를 지급하는 경우, 명절귀향비 또는 여름휴가비를 재직 중인 근로자에게 100%를 지급하는 경우

(2) 특정 시점에 퇴직하더라도 그 근무일수에 따라 달라지는 임금

지급일 또는 특점 시점이 되기 전에 퇴직하는 경우 근무일수에 비례하여 일할계산하여 지급되는 임금은, 특정시점 이전에 퇴직하더라도 그 근무일수에 비례한 만큼의 임금이 지급되는 경우에는 근무일수에 비례하여 지급되는 한도에서는 통상임금에 해당한다.

ex. 상여금 400%를 매 분기 말일(3/31, 6/30, 9/30, 12/31)에 각 100%씩 지급하기로 한 경우, 지급시점까지 재직하지 못하고 퇴직하더라도 100%를 근무일수에 비례하여 지급하는 경우

5) 근무실적에 좌우되는 임금

성과에 따라 근로자들에게 차등 지급되는 성과급의 경우, 근무실적을 평가하여 이를 근거로 지급 여부나 지급액이 나중에 결정되는 것은 사전에 지급 여부 및 지급액이 확정되는 것이 아니므로 소정근로 대가성이 부정되어 통상임금이 아니다. 다만, 근무실적에 대한 평가에서

최하등급을 받더라도 지급받을 수 있는 그 최소한도의 임금은 통상임금에 해당한다.

ex. 근무실적을 A, B, C로 평가하여 최하 C등급에도 100만원을 성과급으로 지급한다면, 최소 100만원은 보장되므로 100만원 만큼은 통상임금임(나머지는 통상임금 아님).

〈임금유형별 통상임금 여부〉[7)]

구 분	임금의 특징	통상임금 해당 여부
기술수당	기술이나 자격보유자에게 지급되는 수당(자격수당, 면허수당 등)	통상임금 해당
근속수당	근속기간에 따라 지급 여부나 지급액이 달라지는 임금	통상임금 해당
가족수당	부양가족 수에 따라 달라지는 수당	통상임금 부정(근로와 무관한 조건)
	부양가족 수와 관계없이 모든 근로자에게 지급되는 가족수당 분	통상임금 해당 (명목만 가족수당, 일률성 인정)
성과급	근무실적을 평가하여 지급 여부나 지급액이 결정되는 임금	통상임금 부정(소정근로 대가성을 갖추었다고 보기 어려움)
	최소한도가 보장되는 성과급	최소한도의 일정액은 통상임금 해당(근무실적과 무관하게 최소한도의 일정액을 지급하기로 정한 경우 그 금액은 소정근로의 대가에 해당)
상여금	정기적인 지급이 확정되어 있는 상여금(정기상여금)	통상임금 해당
	기업실적에 따라 일시적, 부정기적, 사용자 재량에 따른 상여금(경영성과분배금, 격려금, 인센티브)	통상임금 부정(소정근로 대가성을 갖추었다고 보기 어려움)
특정 시점 재직 시에만 지급되는 금품	특정 시점에 재직 중인 근로자만 지급받는 금품(명절귀향비, 휴가비 등)	통상임금 해당(명절귀향비, 휴가비도 소정근로 대가성이 인정되고 정기성, 일률성을 갖춘 경우 통상임금 해당)
	특정 시점이 되기 전 퇴직 시에는 근무일수에 비례하여 지급되는 금품	통상임금 해당

제3절 통상임금의 시간급 산정

7) 고용노동부, 「(개정) 통상임금 노사지도 지침」, 2025.2.5., 15쪽.

1. 시간급 산정의 원칙

통상임금은 시간급[8] 금액으로 산정하는 것이 원칙이고, 임금이 일급 · 주급 · 월급으로 정해진 경우에는 근기법 시행령(제6조 제2항) 규정에 따라 시간급으로 산정하여야 한다. 통상임금을 시간급으로 산정하는 것은 통상임금이 활용되는 수당(연장 · 야간 · 휴일 근로에 대한 가산수당, 주휴일 수당, 연차유급휴가수당, 해고예고수당 등)이 일반적으로 시간단위로 산정되어 있고, 정확한 임금의 계산을 위하여 필요한 과정이다.

2. 통상임금 산정기준 시간 수의 산정

1) 개 요

「근로기준법 시행령」

제6조【통상임금】 ② 제1항에 따른 통상임금을 시간급 금액으로 산정할 경우에는 다음 각호의 방법에 따라 산정된 금액으로 한다.
1. 시간급 금액으로 정한 임금은 그 금액
2. 일급 금액으로 정한 임금은 그 금액을 1일의 소정근로시간 수로 나눈 금액
3. 주급 금액으로 정한 임금은 그 금액을 1주의 통상임금 산정 기준시간 수(1주의 소정근로시간과 소정근로시간 외에 유급으로 처리되는 시간을 합산한 시간)로 나눈 금액
4. 월급 금액으로 정한 임금은 그 금액을 월의 통상임금 산정 기준시간 수(1주의 통상임금 산정 기준시간 수에 1년 동안의 평균 주의 수를 곱한 시간을 12로 나눈 시간)로 나눈 금액

통상임금 산정기준 시간 수는 시간급 통상임금을 산정하기 위한 기준시간으로, 임금을 월급제로 결정하는 것이 일반적인 우리나라에서는 정확한 시간급 통상임금 계산을 위해 통상임금 산정기준 시간 수를 산정하는 것은 필수적이고 중요한 과정이다. 통상임금 산정기준 시간 수의 산정 방식은 근기법 시행령 제6조 제2항에 규정되어 있는데, 그중에서 주의 통상임금 산정기준 시간 수를 산정하는 과정이 핵심이고, 이를 기초로 월의 통상임금 산정기준 시간 수가 산정된다. 통상임금 산정기준 시간 수의 산정에서 일급제의 경우 소정근로시간, 주급제나 월급제의 경우에는 소정근로시간 및 소정근로시간 외에 유급처리되는 시간을 포함하여 산정하

8) 근기법 시행령 제6조에서는 '시간급'이라고 표현하고 있지만, 실무에서는 '시급', '통상시급' 또는 '시급 통상임금' 등의 다양한 용어로 사용되고 있다.

므로, 유급처리되는 시간을 얼마만큼 포함하느냐에 따라 통상임금 산정기준 시간 수가 달라지고 결과적으로 시간급 통상임금이 달라질 수 있다.

- *주 40시간 근로를 시행할 경우 '월의 통상임금 산정기준 시간 수'는 1일의 소정근로시간을 8시간으로 정하였을 경우에는 209시간으로 볼 수 있으나, 귀 질의와 같이 1일의 소정근로시간을 6시간 40분으로 정하는 경우에는 '월의 통상임금 산정기준시간수'를 203시간으로 정하더라도 무방하다고 사료됨(고용노동부 2005.9.7., 근로기준과-4615).*
- *'통상임금 산정 기준시간 수'는 「근로기준법 시행령」 제6조에 따라 소정근로시간과 소정근로시간 외에 유급으로 처리되는 시간을 합산한 시간으로 산정하는바, 월요일 내지 금요일을 소정근로일로 정하는 경우 토요일과 일요일을 유급으로 처리하는지 여부에 따라 정해질 것으로 사료됨. 한편, 「근로기준법」에 따른 근로시간제도는 근로자가 1주 동안에 근로를 제공할 수 있는 최대 근로시간을 정한 것이고, 통상임금 산정 기준시간 수 산정은 소정근로시간 외에도 주휴일 등 유급으로 처리되는 시간을 합산하므로 서로 다른 개념임. 다만, 사용자가 일방적으로 근로조건을 변경할 수 없으므로 통상임금 산정 기준시간 수를 변경할 때에는 취업규칙 개정 등의 절차를 거쳐야 할 것임. 취업규칙을 변경해야 하는 경우 「근로기준법」 제94조 제1항에 따라 사용자는 해당 사업 또는 사업장에 근로자의 과반수로 조직된 노동조합이 있는 경우에는 그 노동조합, 근로자의 과반수로 조직된 노동조합이 없는 경우에는 근로자의 과반수의 의견을 들어야 하고, 다만 취업규칙을 근로자에게 불리하게 변경하는 경우에는 그 동의를 받아야 할 것임(고용노동부 2022.02.28., 근로기준정책과-713).*

2) 주의 통상임금 산정기준 시간 수

주의 통상임금 산정기준 시간 수의 산정에 대하여 근기법 시행령 제6조 제2항 제3호는 '주급으로 정한 임금을 1주의 소정근로시간과 소정근로시간 외에 유급으로 처리되는 시간을 합산한 시간으로 나눈다'고 규정하고 있다. 따라서 소정근로시간과 그 외에 유급처리되는 시간의 양에 따라 주의 통상임금 산정기준 시간 수가 달라질 수 있는데, 일반적으로 1주에 5일을 근로하는 사업장에서는 법정 주휴일(일반적으로 일요일)을 제외한 토요일의 유급 또는 무급[9] 시간에 따라 주의 통상임금 산정기준 시간 수가 결정된다.

---

9) 노동법은 '무노동 무임금 원칙'에 따라 근로를 제공하지 않으면 임금이 지급되지 않는 것이 원칙이다. 다만, 근로자와 사용자가 계약에 따라 무노동 무임금 원칙과 상관없이 근로를 제공하지 않는 휴일(휴무일)에 임금지급 여부가 유급 또는 무급의 문제이다. 즉 '유급'은 근로제공이 없더라도 임금이 지급되는 것이고(법정 휴일 · 휴가는 대부분 유급임), '무급'은 근로제공이 없으면 임금이 지급되지 않는 것이다.

〈주의 통상임금 산정기준 시간 수 예시〉

<table>
<tr><td colspan="3">주의 통상임금 산정기준 시간 수 = 1주 소정근로시간 + 소정근로시간 외에 유급처리 시간</td></tr>
<tr><td>근로조건</td><td>토요일</td><td>주의 통상임금 산정기준 시간 수</td></tr>
<tr><td rowspan="3">주 5일(주 40H 및 1일 8H) 근로, 일요일 유급주휴일</td><td>무급(0H) 휴일</td><td>40H+0H+8H = 48H</td></tr>
<tr><td>유급(4H) 휴일</td><td>40H+4H+8H = 52H</td></tr>
<tr><td>유급(8H) 휴일</td><td>40H+8H+8H = 56H</td></tr>
</table>

※ 사용자와 근로자의 근로계약에 따라 소정근로시간이 달라질 수 있지만, 일반적으로 1주 40시간 및 1일 8시간이 소정근로시간이고 유급처리되는 시간은 8시간임(주휴일 시간). 다만, 주 5일제 근무에서는 주휴일(일요일) 이외 토요일의 성격(유급 또는 무급)에 따라 주 통상임금 산정기준 시간 수가 달라질 수 있음.

3) 월의 통상임금 산정기준 시간 수

월의 통상임금 산정기준 시간 수 산정에 대하여 근기법 시행령 제6조 제2항 제4호는 '월급으로 정한 임금은 1주의 통상임금 산정기준 시간 수에 1년 동안의 평균주의 수를 곱한 시간을 12로 나눈 시간으로 나눈다'고 규정하고 있다.[10] 따라서 1년 평균주의 수 및 12는 고정값으로 불변이므로, 결국 주의 통상임금 산정기준 시간 수에 따라 월의 통상임금 산정기준 시간 수가 결정된다.

〈월의 통상임금 산정기준시간 수 예시〉

<table>
<tr><td colspan="3">월의 통상임금 산정기준시간 수 = 주 통상임금 산정기준시간 수×1년 평균주의 수(365÷7)÷12</td></tr>
<tr><td>토요일</td><td>주 통상임금 산정기준시간 수</td><td>월의 통상임금 산정기준시간 수</td></tr>
<tr><td>무급(0H)</td><td>(8H×5D)+0H+8H=48H</td><td>{(8H×5D)+0H+8H}×365D÷7D÷12M ≒ 209H</td></tr>
<tr><td>유급(4H)</td><td>(8H×5D)+4H + 8H = 52H</td><td>{(8H×5D)+4H+8H}×365D ÷ 7D ÷ 12M ≒ 226H</td></tr>
<tr><td>유급(8H)</td><td>(8H×5D) + 8H + 8H = 56H</td><td>{(8H×5D)+8H+8H} × 365D ÷ 7D ÷ 12M ≒ 244H</td></tr>
</table>

※ 연소근로자의 법정근로시간은 1주 35시간 및 1일 7시간이므로, 일요일 유급주휴일 및 토요일 무급휴일인 경우, 183H≒{(7H×5D)+0H+7H}×365D÷7D÷12M 임.

---

10) 1주 40시간제를 실시할 경우, 월의 통상임금을 시간급 통상임금으로 환산하는 '월의 통상임금 산정기준 시간 수'는 달리 정한 바가 없으면 209시간으로 볼 수 있으며 그 계산방식은 다음과 같다(고용노동부 2003.12.3., 근로기준과-68201-1568). 【[40시간(주 중의 근로시간)+8시간(주휴일)]×52주+8시간】÷12월≒209시간

〈주 · 월 · 연간 평균 소정근로시간과 주휴일 시간의 산정〉

구 분	평균 소정근로시간	유급 주휴일 시간
주(週)	8H×5D = 40H	8H
월(月)*	40H×(365D÷7D)÷12M ≒ 174H	8H×(365D÷7D)÷12M ≒ 35H
연(年)	40H×(365D÷7D) ≒ 2,086H	8H×(365D÷7D) ≒ 418H

※ 주 5일(1주 40시간 및 1일 8시간), 토요일 무급휴일 및 일요일 유급주휴일인 경우

* 월의 통상임금 산정기준 시간 수는 약 209H이고, 209H에는 소정근로시간의 대가 174시간 및 유급 주휴일 시간인 35시간이 합쳐진 것임. 즉, 209H=174H+35H 임.

3. 통상임금의 시간급 산정

1) 개 요

통상임금을 시간급 금액으로 산정[11]하려면 우선 근로자에게 지급하는 임금에서 통상임금에 해당하는 임금의 범위를 확정하고, 임금의 지급형태(주급, 월급 등)에 따른 통상임금 산정기준 시간 수를 산정한 후, 마지막으로 확정된 통상임금을 통상임금 산정기준 시간 수로 나누어 시간급 통상임금을 산정할 수 있다. 다만, 시간급 또는 일급은 통상임금 산정기준 시간 수를 별도로 산정하지 않고, 시간급 금액이나 1일의 소정근로시간을 기준으로 산정하면 된다.

2) 시간급으로 정한 임금을 시간급 통상임금으로 환산하는 방법

시간급 금액으로 정한 임금은 그 금액 자체가 시간급 통상임금이다.

시간급으로 정한 임금 = 시간급 통상임금

ex. 시간급 금액(1만원) = 시간급 통상임금(1만원)

3) 일급으로 정한 임금을 시간급 통상임금으로 환산하는 방법

일급으로 정한 임금은 그 금액을 1일의 소정근로시간으로 나눈 금액이 시간급 통상임금이다.

---

11) 통상임금을 일급 통상임금으로 산정할 때에는 시간급 통상임금에 1일의 소정근로시간을 곱하여 산정한다(근기법 시행령 제6조 제3항).

일급 임금 = 1일의 소정근로시간 수

ex. 일급(8만원) ÷ 1일 소정근로시간(8H) = 1만원

4) 주급으로 정한 임금을 시간급 통상임금으로 환산하는 방법

주급으로 정한 임금은 그 금액을 1주의 통상임금 산정 기준시간 수(1주의 소정근로시간과 소정근로시간 외에 유급으로 처리되는 시간을 합산한 시간)로 나눈 금액이 시간급 통상임금이다.

주급 임금 ÷ 1주 통상임금 산정기준 시간 수(1주 소정근로시간 + 소정근로시간 외에 유급처리 시간)

ex. 1주 40시간 및 1일 8시간 근무, 토요일 무급휴일 및 일요일 유급주휴일
주급(48만원) ÷ 1주 통상임금 산정기준 시간 수(48H) = 1만원
※ 48H = (8H×5D) + 0H(무급 토요일) + 8H(유급 주휴일)

5) 월급으로 정한 임금을 시간급 통상임금으로 환산하는 방법

월급으로 정한 임금은 그 금액을 월의 통상임금 산정 기준시간 수(1주의 통상임금 산정기준 시간 수에 1년 동안의 평균주의 수를 곱한 시간을 12로 나눈 시간)로 나눈 금액이 시간급 통상임금이다.

월급 금액 ÷ 월 통상임금 산정기준 시간 수(1주 통상임금 산정기준 시간 수 × 1년 평균주의 수 ÷ 12)

ex. 1주 5일(월~금) 근무, 1일 8시간 근무, 토요일 무급휴일 및 일요일 유급주휴일
월급(209만원) ÷ 월 통상임금 산정기준 시간 수(209H) = 1만원
※ 209H ≒ {(8H×5D) + 0H + 8H} × 365D ÷ 7D ÷ 12

4. 단시간근로자의 통상임금 산정방법

1) 단시간근로자의 1일 소정근로시간

단시간근로자는 동일 사업장에서 동일 업무에 종사하는 통상근로자와 비교하여 근로시간이 짧은 근로자이고, 단시간근로자의 근로시간은 통상근로자의 근로시간에 비례하여 결정된다(근기법 제18조).

〈단시간근로자의 1일 소정근로시간 산정〉[12)]

$$\text{단시간 근로자의 1일 소정근로시간} = \frac{\text{단시간근로자의 4주 동안의 소정근로시간}}{\text{통상근로자의 4주 동안의 총소정근로일수}}$$

※ 일반적으로 통상근로자의 1개월 동안의 총 소정근로일수는 주 5일제에서는 20일(5일×4주)이 됨.

ex. 통상근로자는 1주 40시간 및 1일 8시간(주 5일제), 단시간근로자는 1주 20시간 및 1일 4시간(주 5일제), 토요일 무급휴일 및 일요일 주휴일, 월급 104만원(전부 통상임금)인 경우.

- 1일 소정근로시간 수: {20시간(4시간×5일)×4주}÷20일(4주×5일) = 4시간
- 월 통상임금 산정기준 시간 수: {(20시간+0+4시간)}×365일÷7일÷12월 ≒ 104시간
- 시간급 통상임금: 통상임금(104만원)÷월 통상임금 산정기준 시간 수(104시간) = 1만원
- 일급 통상임금[13)]: 1일 소정근로시간(4시간)×시간급 통상임금(1만원) = 4만원

2) 단시간근로자의 통상임금 산정기준 시간 수

단시간근로자의 통상임금 산정기준 시간 수는 통상근로자와 같은 방식으로 산정된다. 즉 주의 통상임금 산정기준 시간 수는 1주의 소정근로시간과 소정근로시간 외에 유급처리 시간을 합산한 시간으로 나누어 산정하고, 월의 통상임금 산정기준 시간 수는 주의 통상임금 산정기준 시간 수에 1년 동안의 평균주의 수를 곱한 시간을 12로 나눈 시간으로 산정한다.

〈단시간근로자의 통상임금을 시간급 통상임금으로 산정하는 방법〉

구 분	산정방법
시간급	해당 금액
일 급	일급 금액÷1일의 소정근로시간
주 급	주급 금액÷1주 통상임금 산정기준 시간 수(1주의 소정근로시간+소정근로시간 외 유급처리 시간)
월 급	월급 금액÷월의 통상임금 산정기준 시간 수(1주의 통상임금 산정기준 시간 수×1년 평균주의 수÷12)

제4절 통상임금을 적용하는 수당

12) 근로기준법 제18조, 근로기준법 시행령 제9조 및 별표2.

13) 단시간근로자의 임금산정 단위는 통상근로자와 마찬가지로 시간급을 원칙으로 하며, 시간급 임금을 일급 통상임금으로 산정할 경우에는 1일 소정근로시간에 시간급 통상임금을 곱하여 산정한다(근기법 시행령 제9조, 별표2).

1. 주휴일 수당

사용자는 1주 동안의 소정근로일을 개근한 근로자에게 1주에 평균 1회 이상의 유급휴일을 보장해야 하는데(근기법 제55조 제1항 및 근기법 시행령 제30조 제1항), 이때 유급휴일이란 휴식을 취하더라도 통상적인 근로를 한 것처럼 임금이 지급되는 날을 말한다. 이러한 유급휴일에 지급되는 주휴일 수당은 근로자가 휴일에 실제로 근무를 하지 않음에도 불구하고 근무를 한 것으로 간주하여 지급되는 임금이므로, 그 성질상 통상임금을 기초로 산정하여 지급된다.

- *근로기준법상 휴일제도는 연속된 근로에서의 근로자의 피로회복과 건강회복 및 여가의 활용을 통한 인간으로서의 사회적 · 문화적 생활의 향유를 위하여 마련된 것이다. 나아가 '유급휴일'이란 휴일제도의 취지를 살려 근로자가 이를 충분히 활용할 수 있도록 하여 주기 위하여 임금의 지급이 보장되어 있는 휴일, 즉 휴식을 취하더라도 통상적인 근로를 한 것처럼 임금이 지급되는 날을 말하는 것이다(대법원 2013.11.28. 선고 2011다39946 판결).*
- *「근로기준법」 제54조(현행 제55조 제1항)는 '근로자가 소정의 근무일수를 개근한 경우에는 1주일에 평균 1회 이상 근무를 하지 않고도 당연히 임금을 지급받는 유급휴일이 주어져야 한다'고 규정하고 있는바, 이러한 주휴수당 역시「근로기준법」상의 수당으로서 근로자가 주휴일에 실제로 근무를 하지 않더라도 근무를 한 것으로 간주하여 지급되는 임금이므로, 그 성질상 통상임금을 기초로 하여 산정할 수당으로 봄이 상당하다(대법원 2010.1.28. 선고 2009다74144 판결).*

2. 연장 · 휴일 · 야간 근로수당

근기법은 연장 · 휴일 · 야간 근로에 대하여 통상임금의 50% 이상을 가산하여 지급하도록 규정하고 있다(근기법 제56조). 다만, 8시간 이내의 휴일근로는 통상임금의 50% 이상, 8시간을 초과하는 휴일근로는 통상임금의 100% 이상을 가산하여 지급하여야 한다. 따라서 연장 · 휴일 · 야간 근로에 대하여 근기법 규정에 따라 통상임금을 기초로 지급하여야 한다.

근로기준법 제46조(현행 제56조)에 사용자는 연장근로와 야간근로 또는 휴일근로에 대하여는 통상임금의 50/100 이상을 가산지급하여야 한다고 규정되어 있으므로 귀문과 같이 통상임금이 기본급과 월 통상적 수당으로 구성되어 있고, 야간근로자 소정근로시간 내에 행하여진 경우 야간근로에 대한 임금(야간근로수당 포함) 산정은 〔기본시급×야간근로시간〕+〔통상시급(기본급과 통상적 수당

을 시간급으로 환산한 금액)×야간근로시간×50/100]으로 하면 되는 것임(고용노동부 1994.6.30., 임금 68207-380).

3. 연차유급휴가 수당

근로자가 연차유급휴가를 사용할 경우에는 연차유급휴가 수당을 지급해야 하며, 연차유급휴가를 사용가능 기간에 사용하지 않고 근로를 제공한 경우에는 연차유급휴가 미사용 수당을 지급해야 한다. 해당 수당은 연차유급휴가 기간에 대하여 취업규칙 등에서 정하는 통상임금(또는 평균임금)으로 지급하여야 한다(근기법 제60조 제5항).

근로기준법 제60조의 규정에 따라 사용자는 1년간 80퍼센트 이상 근로한 자에게는 15일의 유급휴가를 부여하여야 하며, 근로자가 이를 1년간 모두 사용하지 않을 시에는 사용자는 근로자에게 잔여연차일수만큼 연차유급휴가 미사용수당을 지급해야 합니다(대법원 1971.12.28., 71다1713 등 참조). 연차유급휴가 미사용수당은 연차유급휴가권이 소멸된 날의 다음 날에 발생하며(대법원 1995.6.30., 94다47155 등 참조), 그 지급액은 취업규칙 등에서 정한 바에 따라 통상임금 또는 평균임금으로 지급하고, 별도의 규정이 없으면 통상임금으로 지급하되 휴가청구권이 있는 마지막 달의 통상임금으로 지급해야 합니다(고용노동부 2013.7.19., 근로개선정책과-4218).

4. 해고예고수당

「근로기준법」

제26조 【해고의 예고】 사용자는 근로자를 해고(경영상 이유에 의한 해고를 포함한다)하려면 적어도 30일 전에 예고를 하여야 하고, 30일 전에 예고를 하지 아니하였을 때에는 30일분 이상의 통상임금을 지급하여야 한다.

1) 개 념

해고예고수당은 해고와 관련한 형식적 요건으로,[14] 사용자가 근로자를 해고하려는 날의

14) 해고는 명칭에 불문하고 사용자의 일방적인 의사표현으로 근로관계를 강제적으로 종료시키는 것을 의미한다. 근로기준법은 해고와 관련하여 ①실질적 요건으로 정당한 이유(제23조)와 ②형식적 요건으로 해고의 예고(제26조) 및 해고사유와 시기의 서면통지(제27조)를 규정하고 있고, ①과 ②를 모두 충족해야 정당한 해고로 인정받을 수 있다.

30일 전에 해고예고를 하지 않을 경우에 지급해야 하는 수당을 말한다. 근기법은 해고예고수당으로 30일분 이상의 통상임금을 지급하도록 규정하고 있다.

※ 해고예고수당은 근기법 제26조 단서에 따라 ① 근로자가 계속근로한 기간이 3개월 미만인 경우, ② 천재 · 사변 그 밖의 부득이한 사유로 사업을 계속하는 것이 불가능한 경우, ③ 근로자가 고의로 사업에 막대한 지장을 초래하거나 재산상 손해를 끼친 경우로서 해고예고의 예외가 되는 근로자의 귀책사유(근기법 시행규칙 제4조 별표)에 해당하는 경우에는 지급하지 않아도 됨.

2) 산 정

해고예고수당은 시간급 통상임금에 1일 소정근로시간을 곱한 값, 즉 일급 통상임금에 30일 이상의 일수를 곱하여 산정한다.[15]

〈해고예고수당의 산정〉

해고예고수당 = 일급 통상임금(시간급 통상임금×1일 소정근로시간)×30일(이상)

〈해고예고수당 산정 사례〉

구 분	내 용
휴 일	토요일은 무급휴일, 일요일은 법정 주휴일
근로일 및 근로시간	1주 5일 근무 / 1일 8시간 및 1주 40시간
임 금	월급 209만원(전부 통상임금)
월 통상임금 산정 기준시간 수	209시간 ≒ (40+0+8)×365÷7÷12

*계산의 편의상 소숫점 이하는 올림하여 자연수로 표시

① 시간급 및 일급 통상임금 계산

- 시간급 통상임금: 통상임금(209만원)÷월 통상임금 산정 기준시간 수(209시간) = 1만원
- 일급 통상임금: 시간급 통상임금(1만원)×1일 소정근로시간(8시간) = 8만원

② 해고예고수당 계산

해고예고수당 = 일급 통상임금(8만원)×30일(이상) = **240만원(이상)**

※ **월급(209만원)은 소정근로일 및 유급주휴일만 고려하여 약정된 임금으로, 그 월급의 산정기간인 1개월에는 임금이 계산되지 않는 날(통상적으로 무급휴일인 토요일)을 제외한 25~26일분의 임금만 포함된 것**

15) 근기법 제26조에 따라 지급되는 해고예고수당은 소득세법상 퇴직소득으로 본다(소득세법 집행기준 22-0-1, 2017.2.21. 개정).

임. 반면에 근기법상 해고예고수당은 '30일분 이상의 통상임금'을 지급하도록 규정하고 있어, 고정 월급과 차이가 발생함. 따라서 근기법상 해고예고수당 규정과 다르게 단순히 1개월 임금으로 판단하여 월급(209만원)을 지급하면 법을 위반하게 됨을 주의해야 함.

5. 통상임금을 평균임금으로 간주하는 경우

「근로기준법」

제2조【정의】 ① 이 법에서 사용하는 용어의 뜻은 다음과 같다.
6. "평균임금"이란 이를 산정하여야 할 사유가 발생한 날 이전 3개월 동안에 그 근로자에게 지급된 임금의 총액을 그 기간의 총일수로 나눈 금액을 말한다.
② 제1항 제6호에 따라 산출된 금액이 그 근로자의 통상임금보다 적으면 그 통상임금액을 평균임금으로 한다.

평균임금은 산정사유 발생일 이전 3개월 동안의 임금총액을 그 기간의 총일수로 나눈 금액이다. 일반적으로 평균임금이 통상임금보다 크지만, 특별한 사정으로 3개월 동안의 임금총액이 평소보다 감소한다면 평균임금이 하락하여 통상임금보다 적게 산정되어 근로자에게 불이익을 초래할 수도 있다. 이를 극복하기 위하여 근기법은 평균임금이 통상임금보다 적게 산정되는 경우 통상임금을 평균임금으로 간주하도록 규정하고 있다.

- *「근로기준법」제2조 제2항에 따라 근로자의 퇴직금을 통상임금으로 산정하는 경우, 평균임금과 비교 대상으로 정한 통상임금은 같은 법 시행령 제6조 제2항에 따라 산정한 통상임금을 의미하므로, 소정근로시간을 기초로 산정된 통상임금을 기준으로 「근로기준법」 제2조 제2항의 적용 여부를 판단하는 것이 타당할 것임(고용노동부 2022.12.30., 근로기준정책과-4300).*
- *퇴직금제도를 설정하고자 하는 사용자는 계속근로기간 1년에 대하여 30일분 이상의 평균임금을 퇴직금으로 근로자에게 지급하여야 합니다(근로자퇴직급여보장법 제8조). 여기서 '평균임금'이란 근로자의 통상의 생활임금을 사실대로 산정하는 것을 그 기본원리로 하는 것으로(대법원 1999.11.12. 선고 98다49357 판결), 산정하여야 할 사유가 발생한 날 이전 3개월 동안에 그 근로자에게 지급된 임금의 총액을 그 기간의 총 일수로 나누어 산정함을 원칙으로 합니다(근로기준법 제2조 제1항 제6호). 다만, 예외적으로 근로기준법 제2조 1항 제6호에 따라 산출된 금액이 일급금액으로 산정된 통상임금보다 적은 경우에는 그 통상임금액을 평균임금으로 하는 근로기준법 제2조 제2항을 적용하여 퇴직금을 산정하여야 할 것으로 사료됩니다(고용노동부 2020.8.25., 근로기준정책과-3405).*

〈통상임금을 평균임금으로 간주하는 사례〉

구 분	내 용
평균임금 산정사유 발생일	1월 1일(퇴직일)
휴 일	토요일은 무급휴일, 일요일은 법정 주휴일
근로일 및 근로시간	1주 5일 근무 / 1일 8시간 및 1주 40시간
임 금	월급 209만원(전부 통상임금)
월 통상임금 산정 기준시간 수	209시간 ≒ (40+0+8)×365÷7÷12

*계산의 편의상 소숫점 이하는 올림하여 자연수로 표시

① 시간급 및 일급 통상임금 계산

시간급 통상임금: 통상임금(209만원)÷월 통상임금 산정 기준시간 수(209시간) = 1만원

일급 통상임금: 시간급 통상임금(1만원)×1일 소정근로시간(8시간) = 8만원

② 평균임금 계산

평균임금=산정사유 발생일 이전 3개월 임금 총액(627만원=209만원×3)÷3개월 동안의 총일수 [92일=10월(31일)+11월(30일)+12월(31일)]≒68,153원(68,152.17원에서 올림)

③ 통상임금과 평균임금 비교 및 적용

- 일급 통상임금(80,000원) > 평균임금(68,153원)
- 평균임금이 통상임금보다 적으면 통상임금을 평균임금으로 간주하여, 통상임금(8만원)을 적용함.

6. 휴업수당이 통상임금을 초과하는 경우

「근로기준법」

제46조【휴업수당】 ① 사용자의 귀책사유로 휴업하는 경우에 사용자는 휴업기간 동안 그 근로자에게 평균임금의 100분의 70 이상의 수당을 지급하여야 한다. 다만, 평균임금의 100분의 70에 해당하는 금액이 통상임금을 초과하는 경우에는 통상임금을 휴업수당으로 지급할 수 있다.

휴업수당은 사용자의 귀책사유로 인하여 근로자의 의사와 관계없이 근로를 할 수 없는 기간에 대하여 사용자가 근로자에게 지급해야 하는 수당이다. 휴업수당은 휴업기간에 대하여 평균임금의 70% 이상을 지급해야 하는데, 평균임금의 70%에 해당하는 금액이 통상임금을 초과하면 통상임금(100%)을 휴업수당으로 지급할 수 있다. 즉 휴업수당을 산정할 때 휴업수당

이 통상임금을 초과하면 평균임금의 70% 또는 통상임금의 100%를 지급할 수 있다.

ex. 1일 평균임금 10만원, 1일 통상임금 6만원인 근로자가 휴업한 경우
→ 원칙적인 1일분 휴업수당은 7만원(10만원×70%)이지만, 근기법 제46조 단서에 따라 휴업수당(7만원)이 통상임금(6만원)을 초과하는 경우에 해당하므로, 평균임금의 70%(7만원) 또는 통상임금 100%(6만원)를 휴업수당으로 지급할 수 있음.

제4장

평균임금

제1절 개 요

1. 평균임금의 개념

「근로기준법」

제2조【정의】 ① 이 법에서 사용하는 용어의 뜻은 다음과 같다.

6. "평균임금"이란 이를 산정하여야 할 사유가 발생한 날 이전 3개월 동안에 그 근로자에게 지급된 임금의 총액을 그 기간의 총일수로 나눈 금액을 말한다. 근로자가 취업한 후 3개월 미만인 경우도 이에 준한다.

② 제1항 제6호에 따라 산출된 금액이 그 근로자의 통상임금보다 적으면 그 통상임금액을 평균임금으로 한다.

평균임금이란 근로자의 통상의 생활임금을 사실대로 산정하는 것을 그 기본원리로 하는 것으로 일정한 기간의 평균액을 의미한다.[1] 평균임금은 특정한 수당이나 보상에 활용되어 근로자의 생활을 보장하고 근로자의 통상적인 생활임금을 반영하는 역할을 한다. 평균임금은 산정사유 발생일 이전 3개월 동안 해당 근로자에게 지급된 임금총액을 해당 기간의 총일수로 나누어 산정하되, 산정된 평균임금이 해당 근로자의 통상임금보다 저액일 경우에는 그 통상임금을 평균임금으로 간주한다.[2]

2. 평균임금의 활용

평균임금은 근로자가 현실적으로 지급받은 임금의 종류가 아니라, 어떤 급여금 산출의 기초가 되는 단위개념이다. 평균임금은 소정근로에 대하여 사전에 지급하기로 정한 통상임금뿐만 아니라 추가로 지급된 임금 등을 합산하여 사후적(事後的)으로 산정한 것으로서 다음과 같은 금액을 산정하는 경우 활용된다.

1) 대법원 1999.11.12. 선고 98다49357 판결.

2) 근기법 제2조 제1항 제6호의 평균임금에 대한 정의 규정은 다른 규정과 달리 정의라기보다는 평균임금을 산정하는 방식을 규정한 것이라고 볼 수 있다.

〈평균임금을 산정기초로 활용되는 것〉

산정사유	지급률	근 거
퇴직금	계속근로기간 1년에 대하여 30일분 이상의 평균임금	근로자퇴직급여 보장법 제8조
확정급여형 퇴직연금 (DB)	일시금 기준으로 계속근로기간 1년에 대하여 30일분 이상의 평균임금	근로자퇴직급여 보장법 제15조
휴업수당	평균임금의 70% 이상 (단, 통상임금을 초과하는 경우 통상임금으로 지급 가능)	근기법 제46조
연차유급휴가수당	평균임금 100% (또는 통상임금 100%) → 취업규칙 등으로 정함	근기법 제60조
감급(감봉)액	1회의 감급액이 평균임금 1일분의 1/2을 초과하지 못함	근기법 제95조
재해보상금	재해보상금 산정의 기준이며 유형에 따라 다름	근기법 및 산재법상 재해보상
실업급여 (구직급여일액)	수급자격자의 기초일액(이직 당시 평균임금)의 60%	고용보험법 제45조, 제46조

제2절 평균임금의 산정

1. 산정 방식

평균임금은 산정 사유일 발생 이전 3개월 동안에 지급된 임금의 총액을 행당 기간의 총일수로 나누어 산정한다(취업 후 3개월 미만인 경우도 같은 방식으로 산정함). 따라서 평균임금의 산정은 산정사유의 발생, 3개월 동안 지급된 임금총액, 3개월 동안의 총일수로 결정된다.

〈평균임금 산정 방식〉

$$(1일)\ 평균임금 = \frac{산정사유\ 발생일\ 이전\ 3개월\ 동안\ 지급된\ 임금총액}{산정사유\ 발생일\ 이전\ 3개월\ 동안의\ 총일수}$$

ex. 4월 1일 퇴사, 월급 300만원인 경우 퇴직금 산정을 위한 평균임금의 산정은 다음과 같음.
→ 평균임금 = 900만원(300만원×3개월)÷91일(1월 31일+2월 29일+3월 31일) = 98,901.09원

「근로기준법」 제2조 제1항 제6호에 따라 평균임금은 산정사유가 발생한 날 이전 3개월 동안에 지급된 임금의 총액을 그 기간의 총일수로 나눈 금액을 말하므로 소수점 이하까지 나오더라도 계산하여야 함. 다만, 계산 편의상 노·사가 협의하여 소수점 이하 첫째자리 또는 둘째 자리까지 산정할 수 있으나 이 경우도 평균임금은 근로자에게 불이익이 없도록 소수점 둘째자리 또는 셋째 자리에서 올림을 하는 것이 타당하다고 판단됨(고용노동부 2009.4.1., 퇴직연금복지과-777).

2. 산정사유 발생일

평균임금은 이를 산정해야 할 사유가 발생한 날로부터 기산된다. 즉 퇴직금 및 확정급여형 퇴직연금, 휴업수당, 재해보상금, 연차유급휴가수당, 감급액, 실업급여(구직급여액) 등에 적용할 사유가 발생하면 평균임금을 산정해야 한다.

〈평균임금 산정사유별 발생일〉

평균임금 산정 사유	산정사유 발생일	
퇴직금 및 확정급여형 퇴직연금(DB)	합의 퇴직	마지막 근로 다음 날(퇴직일)
	임의 퇴직	사용자가 사직서를 수리한 날
	계약기간 만료	계약기간 만료 다음 날
휴업수당	휴업한 날	
연차유급휴가수당	연차유급휴가 사용일	
감급(감봉)액	감급액이 적용되는 날	
재해보상금	사고가 발생한 날 또는 질병이 발병되었다고 확정된 날	

3. 3개월 동안 지급된 임금총액

1) 임금총액에 포함되는 것

평균임금 산정의 기초가 되는 3개월 동안 지급된 임금총액에는 근기법 제2조 제1항 제5호의 임금에 해당하면 모두 포함된다. 즉 사용자가 근로의 대가로 근로자에게 명칭을 불문하고 지급하는 모든 금품은 평균임금 산정에 포함되는 임금이다. '지급된 임금총액'은 문언상으로는 실제로 지급된 부분만 해당할 것 같지만, 발생하여 당연히 지급되어야 할 임금 중 지급되지 않은 임금도 포함된다.

※ 임금총액 중에서 법령에 근거하여 그 일부를 공제하는 국민연금보험료 · 건강보험료(장기요양보험료 포함) · 고용보험료 및 근로소득세 · 지방소득세 원천징수세액은 평균임금 산정 시에도 모두 포함됨. 즉, 사회보험료 근로자 부담분 및 소득세 등 공제 전의 금액이 임금총액이 됨.[3)]

- *평균임금 산정의 기초가 되는 임금은 사용자가 근로의 대가로 근로자에게 지급하는 금품으로서, 근로자에게 계속적 · 정기적으로 지급되고 단체협약, 취업규칙, 급여규정, 근로계약, 노동관행 등에 의하여 사용자에게 그 지급의무가 지워져 있는 것을 말한다(대법원 2018.10.12. 선고 2015두36157 판결).*
- *일반적으로 사용자가 근로자에게 지급하는 임금 중 법령에 근거하여 그 일부를 공제하여 원천징수하는 경우에는 원칙적으로 공제 전 금액까지 평균임금에 산입되는 임금으로 봄이 타당하다고 할 것임. 다만, 근로자와 사용자 간에 근로계약을 체결함에 있어 일정금액으로 근로계약을 명백히 체결하고 근로자에게 의무가 부여된 사회보험료 및 각종 세금 납부 등을 사용자가 부담하기로 한 경우에는 동 금품을 근로의 대가로서 지급되는 임금으로 보기 어려우므로 평균임금의 산정에 포함하기는 어려울 것으로 사료됨(고용노동부 2007.1.9., 임금근로시간정책팀-120).*

2) 임금총액에 포함되지 않는 것

「근로기준법 시행령」

제2조【평균임금의 계산에서 제외되는 기간과 임금】 ②법 제2조 제1항 제6호에 따른 임금의 총액을 계산할 때에는 임시로 지급된 임금 및 수당과 통화 외의 것으로 지급된 임금을 포함하지 아니한다. 다만, 고용노동부장관이 정하는 것은 그러하지 아니하다.

평균임금도 넓은 의미에서 임금에 해당하므로, 사용자가 지급한 모든 금품에서 임금에 해당하지 않는 복리후생적 금품, 은혜적 · 호의적 금품, 실비변상적 금품, 일시적이고 우발적인 사유로 그 지급사유의 발생이 사전에 확정되지 않은 임시로 지급된 금품, 통화 외의 것으로 지급된 금품 등은 평균임금 산정에 포함되지 않는다.

3) 일반적으로 사용자가 근로자에게 지급하는 임금 중 법령 · 단체협약에 따라 임금의 일부를 공제하여 원천징수하는 경우, 원칙적으로 공제 전 금액이 임금에 해당하는 것이다. 노사 편의에 따라 사용자가 제세공과금 등을 대납하기로 한 경우에도, 근로제공의 대가로 지급되는 임금에는 영향이 없다. 따라서 소위 '네트제 계약(근로계약을 체결함에 있어 일정금액으로 근로계약을 명백히 체결하고 근로자에게 납무 의무가 부여된 사회보험료 및 각종 세금 등을 사용자가 부담하기로 하는 계약(고용노동부 2015.4.6., 근로기준정책과-1340)'을 체결한 경우에도 평균임금으로 산입되는 임금은 각종 제세공과금 등이 공제되기 전으로 보는 것이 타당하다(고용노동부 2023.12.29., 근로기준정책과).

〈평균임금 산정에 포함되는 임금의 범위 예시〉[4)]

임금총액에 포함되는 것(통화로 지급)	임금총액에 포함되지 않는 것
① 기본급 ② 연차유급휴가수당 ③ 연장 · 야간 · 휴일 근로수당 ④ 특수작업수당, 위험작업수당, 기술수당 ⑤ 임원수당, 직책수당 ⑥ 일 · 숙직수당 ⑦ 장려, 정근, 개근, 생산독려수당 ⑧ 단체협약 또는 취업규칙에서 근로조건의 하나로서 전 근로자에게 일률적으로 지급하도록 명시되어 있거나 관례적으로 지급되는 것	■ 성질상 임금이 아니기 때문에 포함될 수 없는 것 ① 통화로 지급되는 것: 결혼축의금, 조의금, 재해위문금, 휴업보상금, 실비변상적인 것 ② 현물로 지급되는 것: 근로자로부터 대금을 징수하는 현물급여, 작업상 필수적으로 지급되는 현물급여, 복지후생시설로서의 현물급여 ③ 기타 임금총액에 포함되지 않는 것: 퇴직금(단체협약, 취업규칙 등에 규정함을 불문함) ■ 임금이지만 총액에서 공제되는 것 임시로 지급되는 임금: 임시 또는 돌발적인 사유에 따라 지급되거나 지급조건은 사전에 규정되었더라도 그 사유발생일이 불확정적, 무기한 또는 희소하게 나타나는 것(결혼수당, 사상병수당 등)

3) 수당별 임금총액 포함 여부

(1) 상여금

상여금이 단체협약 · 취업규칙 · 근로계약 등에 미리 조건 · 금액 · 시기 등이 명시되어 있거나 모든 근로자에게 관행적으로 계속하여 지급하여 근로자가 당연히 지급받을 수 있다는 기대를 갖게 된다면 근로의 대가성이 있는 임금으로 보아 평균임금의 산정에 포함된다.[5)]

- *상여금이 단체협약, 취업규칙 등에 지급조건, 금액, 지급시기 등이 정하여져 있거나 관례적으로 지급되는 경우에는 이를 평균임금에 포함할 것이며, 기업이윤 등에 따라 불확정적으로 지급되는 경우는 평균임금에 포함되지 아니함(고용노동부, 1989.5.10., 임금 32240-6922).*
- *상여금의 지급 등에 대하여는 노동관계법에 별도 규정되어 있지 아니하나, 취업규칙 등에 지급조건, 금액, 지급시기가 정해져 있거나 전 근로자에게 관례적으로 지급하여 사회통념상 근로자가 당*

4) 고용노동부 예규 제30호, 「평균임금 산정에 포함되는 임금의 범위 예시와 확인요령」, 1981.5.7.

5) 근로자가 퇴직 후에 근로복지공단으로부터 업무상 재해로 승인을 받았더라도 퇴직금 지급을 위한 평균임금 산정 시, 퇴직일 이전 12개월(산재기간 포함) 중 지급한 상여금이 있는 경우에는 상여금 전액을 그 기간 동안 근로한 개월 수로 분할 계산하여 평균임금 산정에 포함하여 퇴직금을 산정하고 지급하여야 한다(고용노동부 2014.3.27., 근로복지과-1152).

연히 지급 받을 수 있다는 기대를 갖게 되는 경우에는 근로의 대상성을 갖는 임금으로 보고 있음. 한편 상여금의 지급률을 연간단위로 설정하여 1개월을 넘는 단위로 지급하고 있는 경우에는 이를 지급 받은 그 월의 임금으로 취급하여 일시에 전액을 평균임금에 산입하는 것이 아니며, 평균임금을 산정하여야 할 사유가 발생한 날 이전 12개월의 기간 동안에 지급 받은 상여금 전액을 그 기간 동안의 근로월수로 분할 계산하여 즉, 3/12을 평균임금산정 기준 임금총액에 산입함. 반면에 근로월수가 1년 미만인 경우에는 당해 근로월 중에 지급 받은 상여금 전액을 그 근로월수로 분할 계산하여 평균임금산정 기준 임금총액에 산입하여야 함. 따라서 귀 질의와 같이 상여금의 지급률이 연간단위로 확정되어 있는 상황에서 역일상 1년의 기간 내에 동일한 명목의 상여금(귀 질의상 설 상여금)이 중복됨으로써 결과적으로 연간 지급률을 초과하여 상여금을 지급한 경우라 하더라도 평균임금 산정의 기초가 되는 임금총액에는 연간단위의 지급률을 한도로 계산된 상여금만을 분할하여 산입하는 것이 타당하다고 사료됨(고용노동부 2003.2.24., 임금 68207-120).

- *상여금의 경우 단체협약, 취업규칙 등에 미리 지급조건이 명시되어 있거나 관례로서 계속 지급되어온 사실이 인정되면 평균임금 산정 사유발생일 전 3개월간에 지급되었는지 여부와 관계없이 사유발생일 전 12개월 중에 지급받은 전액을 12개월로 나누어 3개월분을 평균임금의 산정범위에 산입시키면 됨. 한편, 근로자가 근로를 제공한 기간이 1년 미만인 경우 그 기간 동안 지급받은 상여금 전액을 해당 근로 개월 수로 분할 계산하여 평균임금의 산정범위에 산입시키면 될 것임(「평균임금 산정상의 상여금 취급요령」 고용노동부 예규 제96호). 이는 상여금이 일반적인 임금지급 주기를 벗어나 지급되었을 경우 이를 조정함으로써 통상의 임금을 사실대로 산정하기 위한 평균임금의 기본취지를 반영토록 하기 위함임. 따라서 귀 질의의 경우처럼 지급주기가 3개월인 상여금이 당해연도 6월 30일에 지급되었고, 같은 해 7월 1일에 평균임금 산정사유가 발생했다면 사유발생일 전 3개월 중 지급받은 상여금 전액을 평균임금의 산정범위에 산입시키는 것이 타당할 것임(고용노동부 2017.2.15., 근로기준정책과-1217).*

〈상여금의 평균임금 산정상 취급요령〉[6)]

구 분	내 용
원 칙	상여금이 단체협약, 취업규칙, 그 밖에 근로계약에 미리 지급되는 조건 등이 명시되어 있거나 관례로 계속 지급하여온 사실이 인정되는 경우 그 상여금의 지급이 법적인 의무로서 구속력을 가지게 되어, 이 때에는 근로제공의 대가로 인정되는 것이므로 이는 임금으로 취급하여야 할 것임. 따라서 정기적으로 지급되는 상여금은 지급횟수(연 1회 또는 4회 등)를 불문하고 평균임금 산정기초에 포함.

6) 고용노동부 예규 제96호,「평균임금 산정상의 상여금 취급요령」, 2015.10.14. 개정.

상여금 지급률을 연간단위로 설정하고 1개월을 넘는 단위로 지급하는 경우	상여금은 근로자가 지급받았을 당해 임금지급기만의 임금으로 취급하여 일시에 전액을 평균임금 산정기초에 산입할 것이 아니고, 평균임금을 산정하여야 할 사유가 발생한 때 이전 12개월 중에 지급받은 상여금 전액을 그 기간 동안의 근로 개월수로 분할 계산하여 평균임금 산정기초에 포함(고용노동부 2017.2.15., 근로기준정책과-1217). ex) 1년간 상여금 1,200만원 ⇒ 1,200만원÷12개월×3개월 = 300만원
근속기간이 1년 미만인 경우	근로기간이 1년 미만인 경우에는 그 기간 동안 지급받은 상여금 전액을 해당 근로 개월수로 분할 계산하여 평균임금 산정기초에 산입(고용노동부 2003.2.24., 임금 68207-120). ex) 6개월 근무, 상여금 600만원 ; 600만원÷6개월×3개월=300만원
상여금의 연간 지급률(횟수)을 초과(미달)하여 지급한 경우	상여금의 지급률이 연간단위로 확정되어 있는 상황에서 역일상 1년의 기간 내에 동일한 명목의 상여금(설 상여금 등)이 중복됨으로써 결과적으로 연간 지급률을 초과하여 상여금을 지급한 경우라 하더라도 평균임금 산정의 기초가 되는 임금 총액에는 연간단위의 지급률을 한도로 계산된 상여금만을 분할하여 포함(고용노동부, 2003.2.24., 임금 68207-484 ; 2021.3.5., 근로기준정책과-690). ex) 연간 상여금이 600만원(매분기, 설, 추석 각각 100만원 지급)인 사업장에서, 평균임금 산정사유가 발생한 시점 이전 12개월 동안에 달력상 설 상여금을 2회 지급한 경우(총 상여금 700만원) ⇒ 600만원÷12개월×3개월=150만원

(2) 성과급

성과급의 지급과 관련한 근거 규정이 없거나, 기업의 이윤에 따라 일시적이고 불확정적으로 지급되는 성과급은 평균임금 산정에 포함되지 않는다. 다만, 단체협약 · 취업규칙 등에 성과급의 조건 · 금액 · 시기 등을 미리 정하여 지급하거나 전 근로자에게 관례적으로 지급하여 사회통념상 근로자가 당연히 받을 수 있다는 기대를 갖게 된다면 임금으로 인정될 수 있어 평균임금 산정에 포함된다.

- 성과급의 지급 등에 대해서는 노동관계법에 따로 규정되어 있지 아니 하나, 만일 회사의 단체협약 · 취업규칙 등에 지급조건, 금액, 지급시기를 미리 정하여 지급하거나 전 근로자에게 관례적으로 지급하여 사회통념상 근로자가 당연히 지급 받을 수 있다는 기대를 갖게 되는 경우에는 임금성이 인정된다고 할 수 있으며, 반면에 단체협약 · 취업규칙 등에 지급기준, 지급액수, 지급시기 등에 관하여 아무런 규정도 없이 사용자의 재량에 의해 매년 그 지급시기 및 지급액을 달리하거나 지급되지 아니하는 경우라면 이는 그 지급이 계속적 · 정기적으로 이루어져 사용자에게 그 지급의무가 확정되는 임금성을 갖는다고 보기 어려울 것임. 인센티브 성과급이 단체협약, 취업규칙 등에 미리 지급조건 등을 정하여 계속적 · 정기적으로 지급되는 것이 아니라 각 공기업의 전년도 경영실적 평가 결과에 따라 비로소 지급 여부 및 지급액이 결정(300~0%)되는 등 그 지급사유가 불확정적인 경우

라면 이는 개별 근로자의 근로의 대가와 무관하게 지급되는 것으로 처음부터 사용자에게 그 지급 의무가 부과되는 근로기준법상의 임금으로 보기는 어렵다고 사료됨(고용노동부 2008.9.8., 근로조건지도과-3655, 2008.3.11., 근로조건지도과-206, 2005.11.11., 임금근로시간정책팀-432 참조).

- *경영평가성과급이 계속적 · 정기적으로 지급되고 지급대상, 지급조건 등이 확정되어 있어 사용자에게 지급의무가 있다면, 이는 근로의 대가로 지급되는 임금의 성질을 가지므로 평균임금 산정의 기초가 되는 임금에 포함된다고 보아야 한다. 경영실적 평가결과에 따라 그 지급 여부나 지급률이 달라질 수 있다고 하더라도 그러한 이유만으로 경영평가성과급이 근로의 대가로 지급된 것이 아니라고 볼 수 없다(대법원 2018.12.13. 선고 2018다231536 판결).*

(3) 연차유급휴가 미사용 수당

근로자가 퇴직하기 전 이미 발생한 연차유급휴가를 사용하지 못하여 연차유급휴가 미사용 수당으로 지급받은 경우에는 평균임금 산정에 포함되어야 한다. 다만, 포함범위와 관련해서는 고용노동부 행정해석과 법원 판례[7]의 견해가 다른데, 여기서는 고용노동부의 행정해석에 따라 정리한다.

〈연차유급휴가 미사용 수당의 평균임금 포함 여부〉[8]

구 분	내 용
퇴직하기 전 이미 발생한 연차유급휴가 미사용 수당	퇴직 전전년도(2024년) 출근율에 의하여 퇴직 전년도(2025년)에 발생한 연차유급휴가 중 미사용하고 근로한 일수에 대한 연차유급휴가 미사용 수당(또는 퇴직 전년도에 입사하여 그 당시 1개월 개근 시마다 발생한 연차유급휴가 중 최초 1년의 근로가 끝날 때가지 미사용하고 근로한 일수에 대한 연차유급휴가 미사용수당액)의 3/12을 평균임금 산정기초 임금에 포함. ex) 2024년 1월 1일부터 2026년 1월 31일까지 근로하고 퇴사한 근로자가 2024년도 출근율(100%)에 의하여 2025년도에 부여받은 연차유급휴가(26일=11일+15일)에서 15일을 사용하지 못하고 연차유급휴가 미사용 수당(2024년도 발생분)으로 지급받은 경우에는 평균임금 산정기초 임금에 포함

7) 대법원(2011.10.13. 선고 2009다86246 판결; 1996.12.23. 선고 95다32631 판결 등)은 "퇴직하는 해의 전 해에 개근하거나 9할 이상(현행 80% 이상) 출근함으로써 구 근로기준법 제59조(현행 제60조)에 의하여 연차유급휴가를 받을 수 있었는데도 이를 사용하지 아니하여 그 기간에 대한 연차휴가수당청구권이 발생하였다고 하더라도 그 연차휴가수당은 퇴직하는 해의 전해 1년간의 근로에 대한 대가이지 퇴직하는 그 해의 근로에 대한 대가가 아니므로, 연차휴가권의 기초가 된 개근 또는 9할 이상(현행 80% 이상) 근로한 1년간의 일부가 퇴직한 날 이전 3개월간 내에 포함되는 경우에 그 포함된 부분에 해당하는 연차휴가수당만이 평균임금 산정의 기준이 되는 임금총액에 산입된다" 고 하여, 퇴직일 전 3개월간의 기간 중 일부가 출근율 산정기간인 퇴직 전년도 이내에 포함되어 퇴직 전년도의 근로의 대가로 포함되는 경우에는 그에 해당하는 수당 금액만이 평균임금에 포함되며, 그렇지 않으면 전부 제외된다는 입장이다.

8) 고용노동부, 「연차유급휴가청구권 · 수당 · 근로수당과 관련된 지침」, 2021.12.15., 임금근로시간과-2861.

퇴직으로 인해 비로서 지급사유가 발생한 연차유급휴가 미사용 수당	퇴직 전년도(2025년) 출근율에 의하여 퇴직 연도(2026년)에 발생한 연차유급휴가 전부를 사용하지 못하고 퇴직함으로써 비로소 지급사유가 발생한 연차유급휴가 미사용 수당은 평균임금의 정의상 산정사유 발생일 이전에 그 근로자에 대하여 지급된 임금이 아니므로 평균임금 산정기초 임금에 포함하지 않음. ex) 2024년 1월 1일부터 2026년 1월 31일까지 근로하고 퇴사한 근로자가 2025년도 출근율(100%)에 의하여 2026년도에 부여받은 연차유급휴가(15일) 전부를 사용하지 못하여 지급받은 연차유급휴가 미사용 수당(2025년 발생분)은 평균임금 산정사유 발생일인 2026년 1월 31일 이전에 이미 지급받은 임금이 아니므로 평균임금 산정기초 임금에 포함하지 않음

(4) 의도적으로 높인 임금

평균임금을 산정하는 이유는 근로자의 통상적인 생활임금을 사실대로 반영하는 것이다. 따라서 근로자가 퇴직하기 3개월 전에 특별한 사유없이 연장근로 등을 평상시보다 많이 하거나 월등히 많은 성과를 올려 의도적으로 임금총액을 상승시켜 평균임금을 높인 경우에는 이를 제외하고 평상시 임금으로 평균임금을 산정하여야 한다.

- *평균임금은 근로자에 대한 퇴직금 등 여러 가지 급여금을 산정하는 기준이 되고 위 퇴직금에 관한 규정의 취지는 어디까지나 근로자의 생활을 보장하고자 하는 데 있으므로, 그 산정의 기준으로서의 평균임금은 원칙적으로 근로자의 통상의 생활임금을 사실대로 산정하는 것을 그 기본원리로 하여야 할 것인바, 이는 근로자가 의도적으로 현저하게 평균임금을 높이기 위한 행위를 하지 않았더라면 산정될 수 있는 평균임금 상당액이라고 할 수 있을 것이고, 근로자의 의도적인 행위로 인하여 근로기준법의 관계규정에 따라 평균임금을 산정할 수 없게 된 경우에는, 퇴직 직전의 기간이 그 통상의 생활임금을 가장 잘 반영하고 있다고 보아 그 퇴직 직전 기간의 임금을 기준으로 평균임금을 산정하는 것으로 규정하고 있는 근로기준법의 규정의 취지에 비추어, 그 근로자의 퇴직금의 기초가 되는 평균임금은 특별한 사정이 없는 한, 위 평균임금의 산정기준에서 제외하여야 할 기간을 뺀 그 직전 3개월 간의 임금을 기준으로 하여 근로기준법이 정하는 방식에 따라 산정한 금액 상당이라고 할 것이다(대법원 1995.2.28. 선고 94다8631 판결).*
- *근로자가 의도적으로 현저하게 평균임금을 높이기 위한 행위를 함으로써 근로기준법에 의하여 그 평균임금을 산정하는 것이 부적당한 경우에 해당하게 된 때에는 근로자가 그러한 의도적인 행위를 하지 않았더라면 산정될 수 있는 평균임금 상당액을 기준으로 하여 퇴직금을 산정한다. 이러한 경우 근로자에게 지급된 임금이 여러 항목으로 구성되어 있어 그러한 임금항목들 가운데 근로자의 의도적인 행위로 현저하게 많이 지급된 것과 그와 관계없이 지급된 임금항목이 혼재되어 있다면, 그중 근로자의 의도적인 행위로 현저하게 많이 지급된 임금항목에 대해서는 그러한 의도적인 행위*

를 하기 직전 3개월 동안의 임금을 기준으로 하여 근로기준법이 정하는 방식에 따라 평균임금을 산정하여야 할 것이지만, 그와 무관한 임금항목에 대해서는 근로기준법에 정한 원칙적인 산정방식에 따라 퇴직 이전 3개월 동안의 임금을 기준으로 평균임금을 산정하여야 할 것이다. 나아가 근로자의 의도적인 행위로 현저하게 많이 지급된 임금항목에 대하여 위와 같이 그러한 의도적인 행위를 하기 직전 3개월 동안의 임금을 기준으로 하더라도, 만약 근로자가 이처럼 퇴직 직전까지 의도적인 행위를 한 기간 동안에 동일한 임금항목에 관하여 근로자가 소속한 사업 또는 사업장에서 동일한 직종의 근로자에게 지급된 임금수준이 변동되었다고 인정할 수 있는 경우에는 특별한 사정이 없는 한 이를 평균임금의 산정에 반영하는 것이 근로자의 퇴직 당시 통상의 생활임금을 사실대로 반영할 수 있는 보다 합리적이고 타당한 방법이다(대법원 2009.10.15. 선고 2007다72519 판결).

(5) 퇴직 후 소급하여 인상된 임금

근로자가 퇴직한 이후에 임금인상이 퇴직일 이전으로 소급하여 적용된다고 하더라도 그러한 약정은 재직 중인 근로자에 대해서만 효력이 있고, 특별한 정함이 없다면 임금인상 이전에 퇴직한 근로자에게는 인상된 임금으로 평균임금을 산정할 수 없다.

- *퇴직금채권은 근로계약이 존속하는 한 사업주에게 지급의무가 발생할 여지가 없고, 근로계약이 종료되는 때에 가서야 비로소 그 지급의무가 생기는 채권이므로, 퇴직금 산정의 기초가 되는 기준임금 및 지급률은 특별한 사정이 없는 한 모두 퇴직 당시를 기준으로 하여야 한다(대법원 1997.9.12. 선고 96다56306 판결).*
- *단체협약은 노동조합이 사용자 또는 사용자단체와 근로조건 기타 노사관계에서 발생하는 사항에 관하여 체결하는 협정으로서, 노동조합이 사용자측과 기존의 임금, 근로시간, 퇴직금 등 근로조건을 결정하는 기준에 관하여 소급적으로 동의하거나 이를 승인하는 내용의 단체협약을 체결한 경우에 그 동의나 승인의 효력은 단체협약이 시행된 이후에 그 사업체에 종사하며 그 협약의 적용을 받게 될 노동조합원이나 근로자들에 대하여만 생기고, 단체협약 체결 이전에 이미 퇴직한 근로자에게는 위와 같은 효력이 생길 여지가 없다(대법원 1992.7.24. 선고 91다34073 판결).*

4. 3개월 동안의 총일수

1) 원 칙

평균임금 산정을 위한 3개월 동안의 총일수 계산은 원칙적으로 「민법」 제157조[9] 규정에

9) 제157조【기간의 기산점】 기간을 일, 주, 월 또는 연으로 정한 때에는 기간의 초일은 산입하지 아니한다. 그러나 그

따른 소위 '초일불산입의 원칙'이 적용되어 산정 사유가 발생한 당일은 포함하지 않고(오전 영시부터로 시작하는 경우에는 당일 포함), 산정사유 발생일 전일로부터 소급하여 달력상의 3개월에 해당하는 총일수를 적용한다. 따라서 3개월 동안의 총일수는 짧게는 89일(2월이 포함된 경우)부터 길게는 92일(31일에 해당하는 월이 2회 포함된 경우)이고, 90일을 의미하는 것이 아니다. 다만, 취업기간이 3개월 미만일 경우에는 그 기간만으로 평균임금을 산정한다.

ex. 퇴사일(마지막 근로제공일 다음 날)이 10월 16일인 경우: 3개월에 해당하는 기간은 7월 16일부터 10월 15일까지이고, 3개월의 총일수는 92일임.

ex. 월급 310만원으로 근로계약을 체결한 근로자가 7월 1일 입사한 후 9월 1일 평균임금 산정사유가 발생한 경우: 평균임금(10만원)=2개월 임금총액(620만원=310만원×2)÷2개월 총일수(62일=31일+31일).

2) 예 외

「근로기준법 시행령」

제2조 【평균임금의 계산에서 제외되는 기간과 임금】 ①「근로기준법」(이하 "법"이라 한다) 제2조 제1항 제6호에 따른 평균임금 산정기간 중에 다음 각호의 어느 하나에 해당하는 기간이 있는 경우에는 그 기간과 그 기간 중에 지급된 임금은 평균임금 산정기준이 되는 기간과 임금의 총액에서 각각 뺀다.

1. 근로계약을 체결하고 수습 중에 있는 근로자가 수습을 시작한 날부터 3개월 이내의 기간
2. 법 제46조에 따른 사용자의 귀책사유로 휴업한 기간
3. 법 제74조 제1항부터 제3항까지의 규정에 따른 출산전후휴가 및 유산 · 사산 휴가 기간
4. 법 제78조에 따라 업무상 부상 또는 질병으로 요양하기 위하여 휴업한 기간
5. 「남녀고용평등과 일 · 가정 양립 지원에 관한 법률」 제19조에 따른 육아휴직 기간
6. 「노동조합 및 노동관계조정법」 제2조 제6호에 따른 쟁의행위기간
7. 「병역법」, 「예비군법」 또는 「민방위기본법」에 따른 의무를 이행하기 위하여 휴직하거나 근로하지 못한 기간. 다만, 그 기간 중 임금을 지급받은 경우에는 그러하지 아니하다.
8. 업무 외 부상이나 질병, 그 밖의 사유로 사용자의 승인을 받아 휴업한 기간

「남녀고용 평등과 일 · 가정 양립 지원에 관한 법률」(약칭:남녀고용평등법)

제19조의3 【육아기 근로시간 단축 중 근로조건 등】 ④ 육아기 근로시간 단축을 한 근로자에 대하여 「근로기준법」 제2조제6호에 따른 평균임금을 산정하는 경우에는 그 근로자의 육아기 근로시간 단축 기간을 평균임금 산정기간에서 제외한다.

제22조의2 【근로자의 가족 돌봄 등을 위한 지원】 ⑦ 가족돌봄휴직 및 가족돌봄휴가 기간은 근속기

기간이 오전 영시로부터 시작하는 때에는 그러하지 아니하다.

간에 포함한다. 다만, 「근로기준법」 제2조제1항제6호에 따른 평균임금 산정기간에서는 제외한다.
제22조의4【가족돌봄 등을 위한 근로시간 단축 중 근로조건 등】 ④ 근로시간 단축을 한 근로자에 대하여 「근로기준법」제2조제6호에 따른 평균임금을 산정하는 경우에는 그 근로자의 근로시간 단축 기간을 평균임금 산정기간에서 제외한다.

평균임금을 산정할 때, 사용자의 귀책사유로 근로를 제대로 제공하지 못하거나 관련법에 따라 정당한 권리행사를 한 기간은 평균임금 산정기준이 되는 3개월 동안의 총일수에서 제외한다. 이는 근로자가 부득이 근로를 제공할 수 없어 실제로 지급되는 임금이 낮아져 평균임금이 근로자에게 부당하게 낮게 산정되어 통상의 생활임금을 반영하지 못하게 되는 점을 방지하기 위함이다.

〈평균임금의 산정에서 제외되는 기간〉

근 거	내 용
근기법 시행령 제2조 제1항	① 수습을 시작하고 3개월 이내의 기간 ② 사용자의 귀책사유로 휴업한 기간 ③ 출산전후휴가 기간 ④ 업무상 부상 또는 질병으로 요양하기 위하여 휴업한 기간 ⑤ 「남녀고용 평등과 일 · 가정 양립 지원에 관한 법률」에 따른 육아휴직 기간 ⑥ 「노동조합 및 노동관계 조정법」에 따른 쟁의행위[10] 기간 ⑦ 「병역법」, 「향토예비군 설치법」 또는 「민방위기본법」 에 따른 의무를 이행하기 위하여 휴직하거나 근로하지 못한 기간(다만, 해당 기간 중 임금을 지급받은 경우는 제외). ⑧ 업무 외 부상이나 질병, 그 밖의 사유로 사용자의 승인을 받아 휴업한 기간
남녀고용평등법	⑨ 육아기 근로시간 단축 기간(제19조의3 제4항) ⑩ 가족돌봄 휴직기간 및 가족돌봄 휴가기간(제22조의2 제7항) ⑪ 가족돌봄 등을 위한 근로시간 단축 기간(제22조의4 제2항)

※ 근로자의 귀책사유로 인한 휴업기간, 사용자의 승인을 받지 못한 휴업기간, 불법파업기간 등 근로자의 개인적인 사유라면 평균임금 산정대상 기간인 3개월에 포함됨.[11]

10) '쟁의행위' 는 파업, 태업, 직장폐쇄 기타 노동관계 당사자가 그 주장을 관철할 목적으로 행하는 행위와 이에 대항하는 행위로서 업무의 정상적인 운영을 저해하는 행위이다(「노동조합 및 노동관계 조정법」 제2조 제6호).

11) '개인적인 범죄로 구속기소되어 직위해제되었던 기간'은 근로기준법 시행령 제2조 소정의 어느 기간에도 해당하지 않으므로, 그 기간의 일수와 그 기간 중에 지급받은 임금액은 평균임금 산정기초에서 제외될 수 없다(대법원 1994.4.12. 선고 92다20309 판결).

〈평균임금의 산정에서 제외되는 기간의 사례〉

〈사례〉 7월 1일 퇴사, 5월(5.1~5.31) 전부를 업무상 재해로 휴업, 월급 300만원인 경우에 퇴직금 산정을 위한 평균임금의 산정은 다음과 같음.
※ 산정된 평균임금과 통상임금은 비교하지 않음.
① 평균임금(98,901.09원)=900만원(300만원×3개월)÷91일(4월 30일, 5월 31일, 6월 30일)
② 다만, 평균임금 산정기간인 직전 3개월(4월~6월) 중 업무상 재해로 휴업한 기간(5월 전부)이 포함되어 있으므로, 업무상 재해로 휴업한 기간과 해당 기간 중에 지급된 임금은 평균임금 산정기준이 되는 기간과 임금의 총액에서 각각 제외하고 다음과 같이 산정하여야 함(근기법 시행령 제2조 제1항 4호).
③ **따라서 평균임금(100,000원)=600만원(300만원×2개월)÷60일(4월 30일+6월 30일)**

제3절 평균임금 산정의 특례

1. 통상임금을 평균임금으로 간주

「근로기준법」
제2조【정의】 ② 제1항 제6호에 따라 산출된 금액이 그 근로자의 통상임금보다 적으면 그 통상임금액을 평균임금으로 한다.

근로자의 귀책사유에 의한 직위해제 기간, 위법한 쟁의행위 기간 등으로 인해 평균임금 산정시 그 기간이 포함되어 평균임금이 현저히 낮아져 통상임금보다 더 적어지는 경우가 발생할 수 있다. 이러한 경우에 평균임금이 통상임금보다 적으면 그 통상임금을 평균임금으로 간주한다.

〈통상임금을 평균임금으로 간주하는 사례〉

〈사례〉 7월 1일 퇴사, 월급 300만원(전부 통상임금), 1일 8시간 및 1주 40시간 근무, 1주 5일 근무(토요일 무급휴일, 일요일 유급주휴일)하는 경우 퇴직금 계산을 위한 평균임금의 산정은 다음과 같음.
① 일급 통상임금(114,840원)=14,355원(≒300만원÷209시간)×8시간
② 평균임금(100,000원)=98,901.09원(300만원×3개월)÷91일(4월 30일+5월 31일+6월 30일)
③ **다만, 계산된 평균임금(98,901.09원)이 통상임금(114,840원)보다 적으므로, 근기법 제2조 제2항에 따라 통상임금(114,840원)을 평균임금으로 적용함.**

2. 산업재해에 대한 최저보상

「산업재해보상보험법」(약칭: 산재보험법)

제36조【보험급여의 종류와 산정 기준 등】 ⑦ 보험급여(장례비는 제외한다)를 산정할 때 그 근로자의 평균임금 또는 제3항부터 제6항까지의 규정에 따라 보험급여의 산정 기준이 되는 평균임금이 「고용정책 기본법」 제17조의 고용구조 및 인력수요 등에 관한 통계에 따른 상용근로자 5명 이상 사업체의 전체 근로자의 임금 평균액의 1.8배(이하 "최고 보상기준 금액"이라 한다)를 초과하거나, 2분의 1(이하 "최저 보상기준 금액"이라 한다)보다 적으면 그 최고 보상기준 금액이나 최저 보상기준 금액을 각각 그 근로자의 평균임금으로 하되, 최저 보상기준 금액이 「최저임금법」 제5조 제1항에 따른 시간급 최저임금액에 8을 곱한 금액(이하 "최저임금액"이라 한다)보다 적으면 그 최저임금액을 최저 보상기준 금액으로 한다. 다만, 휴업급여 및 상병보상연금을 산정할 때에는 최저 보상기준 금액을 적용하지 아니한다.
⑧ 최고 보상기준 금액이나 최저 보상기준 금액의 산정방법 및 적용기간은 대통령령으로 정한다. 이 경우 산정된 최고 보상기준 금액 또는 최저 보상기준 금액은 매년 고용노동부장관이 고시한다.

산재보험법상 재해보상의 경우에는 고용노동부장관이 매년 고시[12)]하는 최고 보상기준 또는 최저 보상기준 금액을 기준으로 재해근로자의 평균임금을 적용하여 재해보상금액을 결정한다. 다만, 최저 보상기준 금액이 시간급 최저임금액에 8을 곱한 금액보다 적으면 그 최저임금액을 최저 보상기준 금액으로 한다(휴업급여 및 상병보상연금[13)]에는 최저 보상기준 금액을 적용하지 않음).

3. 일용근로자의 평균임금

「근로기준법 시행령」

제3조【일용근로자의 평균임금】 일용근로자의 평균임금은 고용노동부장관이 사업이나 직업에 따라 정하는 금액으로 한다.

---

12) 고용노동부 고시 제2024-65호, 「최고 · 최저 보상기준 금액」(2024.12.30). 2025년 기준으로 최고 보상기준 금액은 1일 258,132원으로 하고, 최저 보상기준 금액은 1일 80,240원으로 한다.

13) 산업재해보상보험법상 업무상 재해에 대한 보상에는 요양급여, 휴업급여, 장해급여, 간병급여, 상병보상연금, 유족급여, 장례비 등이 있다. '휴업급여'는 요양으로 취업하지 못한 기간에 대하여 평균임금의 70%에 상당하는 금액으로 지급하는 것이고(요양기간이 3일 이내이면 지급하지 않음), '상병보상연금'은 요양급여를 받는 근로자가 요양을 시작한 지 2년이 지난 날 이후에 일정한 요건에 해당하는 상태가 계속되면 휴업급여를 대신하여 지급하는 것이다.

일용근로자[14]의 평균임금은 고용노동부장관이 사업이나 직업에 따라 정하는 금액으로 하도록 규정하고 있지만, 현재까지 고용노동부장관이 이를 따로 정하지 않아 상용근로자와 같은 방법으로 산정한다. 다만, 산업재해보상보험법상 재해보상의 경우에는 일용근로자의 일당에 일용근로자의 1개월간 실제 근로일수 등을 고려하여 고용노동부장관이 고시하는 통상근로계수(0.73)[15]를 곱하여 산정한 금액을 평균임금으로 한다.

- *근로기준법시행령 제4조(현행 제3조)에 "일용근로자에 대하여는 노동부장관이 사업별 또는 직업별로 정하는 금액을 평균임금으로 한다"라고 규정하고 있으나 현재까지 노동부장관이 이를 따로 정하지 아니하였음. 따라서 일용근로자의 평균임금도 일반근로자와 같이 재해발생 전일부터 역산한 3개월간(3개월 미만 취업한 경우에는 그 기간) 가득한 임금총액을 그 기간의 일수로 나눈 금액으로 하되, 이렇게 산출된 금액이 당해 근로자의 통산임금보다 저액일 때는 통상임금을 평균임금으로 함(1988.5.2., 재보 32540-6405).*
- *근로형태가 특이한 근로자, 즉 해당 근로자의 근로형태가 1일 단위로 고용되거나 근로일에 따라 일당(미리 정하여진 1일 동안의 근로시간에 대하여 근로하는 대가로 지급되는 임금을 말함) 형식의 임금을 지급받는 일용근로자에게는 산재보험법 시행령 제24조의 규정에 따라 평균임금을 산정함(일당에 통상근로계수 곱한 금액). 다만, 일용근로자가 그 근로자 및 같은 사업에서 같은 직종에 종사하는 다른 일용근로자의 근로조건, 근로계약의 형식, 구체적인 고용 실태 등을 종합적으로 고려할 때 근로형태가 상용근로자와 비슷하다고 인정되는 경우에는 일용근로자로 보지 않고 근로기준법상의 평균임금을 산정함(산재보험법 시행령 제23조 및 제2호 참조)(고용노동부, 2011.12.13., 보상부-8353).*
- *일용근로자에 대한 직종별 임금은 따로 정하여진 바는 없으나, 일반(상용)근로자의 경우와 같이 근로기준법 제19조(현행 제2조 제1항 제6호)에 의하여 3개월간의 지급총액을 총일수로 제하면(나누면) 됨(고용노동부 1970.10.23., 근기 1455-9989).*

4. 특별한 경우의 평균임금

「근로기준법 시행령」

제4조【특별한 경우의 평균임금】 법 제2조 제1항 제6호, 이 영 제2조 및 제3조에 따라 평균임금을

14) 상용근로자에 대비되는 개념인 '일용근로자'는 근로계약을 1일 단위로 체결하고 당일에 근로계약이 종료되거나 근로일에 따라 일당(미리 정하여진 1일 동안의 근로시간에 대하여 근로하는 대가로 지급되는 임금) 형식의 임금을 지급받는 근로자를 의미한다(고용노동부 2013.11.29., 근로복지과-4042). 다만, ㉮근로관계가 3개월 이상 계속되는 경우, ㉯그 근로자 및 같은 사업에서 같은 직종에 종사하는 다른 일용근로자의 근로조건, 근로계약의 형식, 구체적인 고용 실태 등을 종합적으로 고려할 때 근로형태가 상용근로자와 비슷하다고 인정되는 경우에는 일용근로자로 보지 않는다(산업재해보상보험법 시행령 제23조).

15) 고용노동부 고시 제2017-82호, 「통상근로계수」, 2017.12.29.

산정할 수 없는 경우에는 고용노동부장관이 정하는 바에 따른다.

통상적인 방법에 따라 평균임금을 산정할 수 없는 경우에는 다음에서 정하는 바에 따라 평균임금을 산정한다.

〈특별한 경우의 평균임금 산정방법〉[16)]

근로기준법시행령 제4조의 규정에 의하여 근로기준법 제2조 제1항 제6호 및 제2항, 같은법 시행령 제2조의 규정에 의하여 평균임금을 산정할 수 없는 경우에 대한 평균임금 산정방법을 다음과 같이 고시합니다.

제1조【평균임금의 계산에서 제외되는 기간이 3개월 이상인 경우】
① 「근로기준법 시행령」(이하 "영"이라 한다) 제2조 제1항에 따라 평균임금의 계산에서 제외되는 기간이 3개월 이상인 경우 제외되는 기간의 최초일을 평균임금의 산정사유가 발생한 날로 보아 평균임금을 산정한다.
② 영 제5조는 제1항에 따라 평균임금을 산정할 때 이를 준용한다. 이 경우 영 제5조 제1항 중 "부상 또는 질병이 발생한 달"은 "평균임금의 계산에서 제외되는 기간의 최초일이 속한 달"로 본다.
제2조【근로제공의 초일에 평균임금 산정사유가 발생한 경우】 근로를 제공한 첫 날(「근로기준법」 제35조 제5호에 따라 수습기간 종료 후 첫 날을 포함한다)에 평균임금 산정사유가 발생한 경우에는 그 근로자에게 지급하기로 한 임금의 1일 평균액으로 평균임금을 추산한다.
제3조【임금이 근로자 2명 이상 일괄하여 지급되는 경우】 근로자 2명 이상을 1개조로 하여 임금을 일괄하여 지급하는 경우 개별 근로자에 대한 배분방법을 미리 정하지 않았다면 근로자의 경력, 생산실적, 실근로일수, 기술·기능, 책임, 배분에 관한 관행 등을 감안하여 근로자 1명당 임금액을 추정하여 그 금액으로 평균임금을 추산한다.
제4조【임금총액의 일부가 명확하지 아니한 경우】 평균임금의 산정기간 중에 지급된 임금의 일부를 확인할 수 없는 기간이 포함된 경우에는 그 기간을 빼고 남은 기간에 지급된 임금의 총액을 남은 기간의 총일수로 나눈 금액을 평균임금으로 본다.
제5조【임금총액의 전부가 명확하지 아니한 경우 등】 이 고시 제1조부터 제4조까지의 규정에 따라 평균임금을 산정할 수 없는 경우에는 지방고용노동관서장이 다음 각호의 사항을 감안하여 적정하다고 결정한 금액을 해당 근로자의 평균임금으로 본다.

1. 해당 사업장이 있는 지역의 임금수준 및 물가사정에 관한 사항
2. 해당 근로자에 대한 「소득세법」 및 관련 법령에 따라 기재된 소득자별 근로소득원천징수부, 「국민연금법」·「국민건강보험법」·「고용보험법」에 따라 신고된 보수월액·소득월액·월평균임금 등에 관한 사항

16) 고용노동부 고시 제2015-77호, 「평균임금산정 특례 고시」, 2015.10.14.

3. 해당 사업장이 있는 지역의 업종과 규모가 동일하거나 유사한 사업장에서 해당 근로자와 동일한 직종에 종사한 근로자의 임금에 관한 사항
4. 해당 사업장의 근로제공기간 중에 받은 금품에 대하여 본인 또는 그 가족 등이 보유하고 있는 기록(이 경우 사업주가 인정하는 경우에만 한정한다) 등 증빙서류에 관한 사항
5. 고용노동부장관이 조사 · 발간하는 "고용형태별근로실태조사보고서" 및 "사업체노동력조사보고서" 등 고용노동통계에 관한 사항

※ 산업재해보상보험법상 재해보상과 관련하여, 둘 이상의 사업장에서 근로하는 단시간근로자는 평균임금 산정기간 동안 재해가 발생한 사업장에서 지급받은 임금과 다른 사업장에서 지급받은 임금을 모두 합산하여 평균임금을 산정함(산업재해보상보험법 제36조 제5항 및 동법 시행령 제23, 제24조).

5. 평균임금의 조정

「근로기준법 시행령」

제5조 【평균임금의 조정】 ① 법 제79조, 법 제80조 및 법 제82조부터 제84조까지의 규정에 따른 보상금 등을 산정할 때 적용할 평균임금은 그 근로자가 소속한 사업 또는 사업장에서 같은 직종의 근로자에게 지급된 통상임금의 1명당 1개월 평균액(이하 "평균액"이라 한다)이 그 부상 또는 질병이 발생한 달에 지급된 평균액보다 100분의 5 이상 변동된 경우에는 그 변동비율에 따라 인상되거나 인하된 금액으로 하되, 그 변동 사유가 발생한 달의 다음 달부터 적용한다. 다만, 제2회 이후의 평균임금을 조정하는 때에는 직전 회의 변동 사유가 발생한 달의 평균액을 산정기준으로 한다.
② 제1항에 따라 평균임금을 조정하는 경우 그 근로자가 소속한 사업 또는 사업장이 폐지된 때에는 그 근로자가 업무상 부상 또는 질병이 발생한 당시에 그 사업 또는 사업장과 같은 종류, 같은 규모의 사업 또는 사업장을 기준으로 한다.
③ 제1항이나 제2항에 따라 평균임금을 조정하는 경우 그 근로자의 직종과 같은 직종의 근로자가 없는 때에는 그 직종과 유사한 직종의 근로자를 기준으로 한다.
④ 법 제78조에 따른 업무상 부상을 당하거나 질병에 걸린 근로자에게 지급할 「근로자퇴직급여 보장법」 제8조에 따른 퇴직금을 산정할 때 적용할 평균임금은 제1항부터 제3항까지의 규정에 따라 조정된 평균임금으로 한다.

「산업재해보상보험법」(약칭: 산재보험법)

제36조 【보험급여의 종류와 산정기준 등】 ③ 보험급여를 산정하는 경우 해당 근로자의 평균임금을 산정하여야 할 사유가 발생한 날부터 1년이 지난 이후에는 매년 전체 근로자의 임금 평균액의 증감률에 따라 평균임금을 증감하되, 그 근로자의 연령이 60세에 도달한 이후에는 소비자물가변동률에 따라 평균임금을 증감한다. 다만, 제6항에 따라 산정한 금액을 평균임금으로 보는 진폐에 걸린 근로

자에 대한 보험급여는 제외한다.
④ 제3항에 따른 전체 근로자의 임금 평균액의 증감률 및 소비자물가변동률의 산정 기준과 방법은 대통령령으로 정한다. 이 경우 산정된 증감률 및 변동률은 매년 고용노동부장관이 고시한다.

「산업재해보상보험법 시행령」

제22조【평균임금의 증감】 ① 법 제36조 제3항 및 제4항에 따른 전체 근로자의 임금 평균액의 증감률 및 소비자물가변동률의 산정기준과 방법은 별표 2와 같다.
② 법 제36조 제3항에 따른 평균임금의 증감은 보험급여 수급권자의 신청을 받아 하거나 공단이 직권으로 할 수 있다.

산업재해에 대한 보상과 관련한 평균임금의 조정제도는 오랜 기간 보험급여를 받거나 재해일 또는 진단 확정일로부터 오랜 기간이 지난 후 보험급여를 받을 때, 평균임금을 산정할 사유가 생긴 날인 재해일 또는 진단 확정일을 기준으로 평균임금을 산정하여 이에 따라 보험급여액을 정할 경우 보험급여의 실질적 가치를 제대로 반영하지 못하는 불합리한 경우를 시정하기 위하여 마련된 제도이다. 이를 위하여 근기법 및 산재보험법에서는 평균임금 조정(증감)제도를 규정하고 있다.

「산업재해보상보험법」상 휴업급여 산정의 기초가 되는 평균임금은, 업무상 재해로 부상의 원인이 되는 사고가 발생한 날 또는 진단에 의하여 업무상 질병이 발생되었다고 확정된 날 이전 3개월 동안에 그 근로자에게 지급된 임금의 총액을 그 기간의 총일수로 나눈 금액으로 산정한다. 한편, 「산업재해보상보험법」상 보험급여를 산정할 때 그 근로자가 소속된 사업과 같은 직종의 근로자에게 지급되는 통상임금이 5%를 초과하여 변동하는 일정한 경우, 그 변동이 있은 달 다음달부터 평균임금을 그 변동률만큼 증감하도록 하고 있는바, 이러한 평균임금의 증감 제도는 오랜 기간 보험급여를 받거나 재해일 또는 진단 확정일로부터 오랜 기간이 지난 후 보험급여를 받을 때, 평균임금을 산정할 사유가 생긴 날인 재해일 또는 진단 확정일을 기준으로 평균임금을 산정하여 이에 따라 보험급여액을 정할 경우 보험급여의 실질적 가치를 제대로 반영하지 못하는 불합리한 경우를 시정하기 위하여 마련된 제도라 할 것이다(대법원 2006.9.22. 선고 2005두2018 판결).

【질 의】 2008.2.25. 뇌출혈로 요양 중에 있는 산재 근로자가 2014.12.31. 정년퇴직을 할 경우 퇴직금 지급을 위한 평균임금 산정방법 등
** 2007.11.1.~2008.1.31.(질병휴직), 2008.2.25.~(산재요양 중), 2014.12.31.(정년퇴직 예정)*

【회 시】 「근로자퇴직급여 보장법」 제8조제1항에 따라 사용자는 퇴직근로자에게 계속근로 기간 1년에 대하여 30일분 이상의 평균임금을 퇴직금으로 지급하여야 합니다. 여기서, 계속근로기간이라 함은 근로계약 체결 시부터 해지할 때까지의 기간을 말하는 것으로 「근로기준법」 제78조에 따른 업무상 부상 또는 질병으로 인한 요양 기간도 퇴직금 지급을 위한 계속근로기간에 포함됩니다(근로기준과 01254-5206, 1987.3.31. 참조). 또한, 귀 질의와 같이 근로자가 업무상 부상 또는 질병으로 인하여 장기간 요양 후 퇴직하는 경우, 퇴직금 산정을 위한 평균임금은 「근로기준법 시행령」 제5조 제4항에 따라 조정된 평균임금으로 하여야 할 것입니다(근로기준과-528, 2011.1.31. 참조)(고용노동부 2014.12.29., 근로복지과-5085).

제5장 최저임금

제1절 개　요

제2절 최저임금의 적용

제3절 최저임금의 산정

제4절 최저임금 적용을 위한 임금의 환산

제1절 개 요

1. 최저임금의 보장

「대한민국 헌법」

제32조 ① 모든 국민은 근로의 권리를 가진다. 국가는 사회적·경제적 방법으로 근로자의 고용의 증진과 적정임금의 보장에 노력하여야 하며, 법률이 정하는 바에 의하여 최저임금제를 시행하여야 한다.

「최저임금법」

제1조【목적】 이 법은 근로자에 대하여 임금의 최저수준을 보장하여 근로자의 생활안정과 노동력의 질적 향상을 꾀함으로써 국민경제의 건전한 발전에 이바지하는 것을 목적으로 한다.

최저임금은 국가가 근로자들의 생활안정 등을 위해 임금의 최저수준을 정하고 사용자에게 그 수준 이상의 임금을 지급하도록 법으로 강제하는 제도로써, 최저임금은 헌법에 따라 법률로 보장되며, 이를 위하여 「최저임금법」이 1986년 12월 31일 제정되어 1988년 1월 1일부터 시행되고 있다. 최저임금제도는 저임금 해소로 임금 격차가 완화되고 소득분배 개선에 기여하며, 근로자에게 일정한 수준 이상의 생계를 보장해 줌으로써 근로자의 생활을 안정시키고 근로자의 사기를 올려주어 노동생산성이 향상되는 효과가 있다.[1)]

2. 최저임금의 결정

1) 최저임금의 결정기준

「최저임금법」

제4조【최저임금의 결정기준과 구분】 ① 최저임금은 근로자의 생계비, 유사 근로자의 임금, 노동생산성 및 소득분배율 등을 고려하여 정한다. 이 경우 사업의 종류별로 구분하여 정할 수 있다.

② 제1항에 따른 사업의 종류별 구분은 제12조에 따른 최저임금위원회의 심의를 거쳐 고용노동부장관이 정한다.

---

1) 고용노동부·최저임금위원회, 『Point 정리, 최저임금제』, 2018.01.

최저임금은 근로자의 생계비, 유사근로자의 임금, 노동생산성 및 소득분배율 등을 고려하여 정하되, 최저임금위원회의 심의를 거쳐 고용노동부장관이 사업의 종류별로 구분하여 정할 수 있다. 다만, 현재 최저임금액은 사업의 종류별로 구분 없이 단일 최저임금액이 적용되고 있다.[2)]

2) 도급제 등의 최저임금 결정

> **「최저임금법」**
>
> **제5조【최저임금액】** ③ 임금이 통상적으로 도급제나 그 밖에 이와 비슷한 형태로 정하여져 있는 경우로서 제1항에 따라 최저임금액을 정하는 것이 적당하지 아니하다고 인정되면 대통령령으로 정하는 바에 따라 최저임금액을 따로 정할 수 있다.
>
> > **「최저임금법 시행령」**
> >
> > **제4조【도급제 등의 경우 최저임금액 결정의 특례】** 법 제5조 제3항에 따라 임금이 도급제나 그 밖에 이와 비슷한 형태로 정해진 경우에 근로시간을 파악하기 어렵거나 그 밖에 같은 조 제1항에 따라 최저임금액을 정하는 것이 적합하지 않다고 인정되면 해당 근로자의 생산고(生産高) 또는 업적의 일정단위에 의하여 최저임금액을 정한다.
> >
> > **제5조【최저임금의 적용을 위한 임금의 환산】** ② 생산고에 따른 임금지급제나 그 밖의 도급제로 정해진 임금은 그 임금 산정기간(임금 마감일이 있는 경우에는 임금 마감기간을 말한다. 이하 이 항에서 같다)의 임금총액을 그 임금 산정기간 동안의 총근로시간 수로 나눈 금액을 시간에 대한 임금으로 한다.

임금이 도급제[3)]나 그 밖에 이와 비슷한 형태로 정해진 경우에 근로시간을 파악하기 어렵거나 그 밖에 최저임금액을 정하는 것이 적합하지 않다고 인정되면 해당 근로자의 생산고 또는 업적의 일정단위에 의하여 최저임금액을 정한다.

> *- "도급공"이 사용자와 고용종속관계를 맺고 근로제공의 장소, 작업조건 등에 대하여 사용자의 통제를 받으면서 임금을 지급받는 경우에는 최저임금의 적용대상이 되며, 최저임금 위반 여부는 최저*

---

2) 최저임금법은 처음부터 모든 사업에 적용되지 않았다. 즉 최저임금법이 처음 시행된 1988년에는 10명 이상 제조업에 적용(1그룹 및 2그룹에 따른 최저임금액이 달랐음)되었고, 1989년에는 10명 이상 제조업 · 광업 · 건설업, 1990년에는 10명 이상 모든 사업, 1999년(9월)에는 5인 이상 모든 사업에 적용되다가 비로소 2000년 11월 24일부터 1명 이상 모든 사업으로 확대 적용되었다.

3) '도급제'는 근로자에게 일정한 노동량을 제공하고 그 수행량에 따라 임금을 지급하는 방식이다.

임금법 제5조 제1항, 제3항 및 동법 시행령 제5조(현행 제4조)에 의해 판단할 수 있음. "도급공"이 제공한 근로가 생산고에 따른 임금지급제, 기타 도급제로 정하여진 경우에는 그 임금산정기간(임금마감일이 있을 경우에는 임금마감기간을 말함)의 임금총액을 그 임금산정기간 동안의 총근로시간수로 나눈 시간급 임금이 '89년도 시간급 최저임금 600원 이상이어야 함. 또한 최저임금에 포함되는 임금의 범위는 최저임금법 시행규칙 제2조 별표(현재 삭제) "최저임금의 적용을 위한 임금에 산입하는 임금의 범위" 및 최저임금의 적용을 위한 임금에 산입하지 아니하는 임금의 범위"를 참고바람(고용노동부 1989.2.23., 임금 32240-2728).

- *현재 시간급(945원)을 기초로 하여 산정된 임금이 연장수당, 야간수당, 주휴일수당을 제외한 기본급 219,240원을 지급받고 있다면 최저임금법에 저촉되는지와 기본급 외에 노·사 간에 합의 5:5의 비율로 성과금을 배분하여 지급받고 있다면 이 성과금을 기본급에 합하여 시급을 재조정해도 되는지 여부에 대해서, 귀 문만으로는 구체적인 내용을 알 수 없으나, 노·사가 5:5의 비율로 지급받고 있는 성과급이 최저임금법시행령 제5조 제2항(현행 제4조)에 정해진 생산고에 따른 임금지급제, 기타 도급제로 정하여진 임금에 해당되는 경우에는 최저임금 산정에 포함된다고 볼 수 있는 것인 바, 동 성과급과 현재 지급받고 있는 시간급(945원)을 합산하여 연도별 최저임금과 비교하여 최저임금 미달 여부를 판단하여야 함(고용노동부 1994.10.1., 임금 68207-577).*

3) 최저임금의 결정절차

「최저임금법」

제8조【최저임금의 결정】 ① 고용노동부장관은 매년 8월 5일까지 최저임금을 결정하여야 한다. 이 경우 고용노동부장관은 대통령령으로 정하는 바에 따라 제12조에 따른 최저임금위원회(이하 "위원회"라 한다)에 심의를 요청하고, 위원회가 심의하여 의결한 최저임금안에 따라 최저임금을 결정하여야 한다.

> **「최저임금법 시행령」**
>
> **제7조【최저임금위원회에의 심의요청】** 고용노동부장관은 법 제8조 제1항에 따라 매년 3월 31일까지 최저임금위원회(이하 "위원회"라 한다)에 최저임금에 관한 심의를 요청하여야 한다.

② 위원회는 제1항 후단에 따라 고용노동부장관으로부터 최저임금에 관한 심의 요청을 받은 경우 이를 심의하여 최저임금안을 의결하고 심의 요청을 받은 날부터 90일 이내에 고용노동부장관에게 제출하여야 한다.

③ 고용노동부장관은 제2항에 따라 위원회가 심의하여 제출한 최저임금안에 따라 최저임금을 결정하기가 어렵다고 인정되면 20일 이내에 그 이유를 밝혀 위원회에 10일 이상의 기간을 정하여 재심

의를 요청할 수 있다.
④ 위원회는 제3항에 따라 재심의 요청을 받은 때에는 그 기간 내에 재심의하여 그 결과를 고용노동부장관에게 제출하여야 한다.
⑤ 고용노동부장관은 위원회가 제4항에 따른 재심의에서 재적위원 과반수의 출석과 출석위원 3분의 2 이상의 찬성으로 제2항에 따른 당초의 최저임금안을 재의결한 경우에는 그에 따라 최저임금을 결정하여야 한다.
제9조【최저임금안에 대한 이의 제기】 ① 고용노동부장관은 제8조 제2항에 따라 위원회로부터 최저임금안을 제출받은 때에는 대통령령으로 정하는 바에 따라 최저임금안을 고시하여야 한다.
② 근로자를 대표하는 자나 사용자를 대표하는 자는 제1항에 따라 고시된 최저임금안에 대하여 이의가 있으면 고시된 날부터 10일 이내에 대통령령으로 정하는 바에 따라 고용노동부장관에게 이의를 제기할 수 있다. 이 경우 근로자를 대표하는 자나 사용자를 대표하는 자의 범위는 대통령령으로 정한다.
③ 고용노동부장관은 제2항에 따른 이의가 이유 있다고 인정되면 그 내용을 밝혀 제8조 제3항에 따라 위원회에 최저임금안의 재심의를 요청하여야 한다.
④ 고용노동부장관은 제3항에 따라 재심의를 요청한 최저임금안에 대하여 제8조 제4항에 따라 위원회가 재심의하여 의결한 최저임금안이 제출될 때까지는 최저임금을 결정하여서는 아니 된다.

고용노동부장관은 매년 3월 31일까지 최저임금위원회[4]에 최저임금 심의를 요청하여야 하고, 최저임금위원회는 고용노동부장관으로부터 최저임금에 관한 심의요청을 받은 날로부터 90일 이내에 이를 심의하여 최저임금안을 고용노동부장관에게 제출하여야 한다. 고용노동부장관은 최저임금위원회로부터 최저임금안을 제출받은 때에 이를 최저임금안으로 고시하여야 하고, 근로자를 대표하는 자와 사용자를 대표하는 자는 고시한 날로부터 10일 이내에 고용노동부장관에게 이의를 제기할 수 있다. 고용노동부장관은 매년 8월 5일까지 다음 연도에 적용할 최저임금을 최저임금위원회에서 의결된 안에 따라 최저임금을 결정하고 그 내용을 고시하여야 하며, 고시된 최저임금은 다음 연도 1월 1일부터 12월 31일까지 효력이 있다(고용노동부장관은 사업의 종류별로 임금교섭시기 등을 고려하여 필요하다고 인정하면 효력발생시기를 따로 정할 수 있음).

4) 최저임금위원회는 27명(근로자위원, 사용자위원 및 공익위원 각각 9명)으로 구성되며, 최저임금에 관한 심의와 그 밖에 최저임금에 관한 중요 사항을 심의하기 위하여 고용노동부에 설치한다(최저임금법 제12조~제22조).

4) 사용자의 주지 의무

「최저임금법」

제11조【주지 의무】 최저임금의 적용을 받는 사용자는 대통령령으로 정하는 바에 따라 해당 최저임금을 그 사업의 근로자가 쉽게 볼 수 있는 장소에 게시하거나 그 외의 적당한 방법으로 근로자에게 널리 알려야 한다.

「최저임금법 시행령」

제11조【주지 의무】 ① 법 제11조에 따라 사용자가 근로자에게 주지시켜야 할 최저임금의 내용은 다음 각호와 같다.

1. 적용을 받는 근로자의 최저임금액
2. 법 제6조 제4항에 따라 최저임금에 산입하지 아니하는 임금
3. 법 제7조에 따라 해당 사업에서 최저임금의 적용을 제외할 근로자의 범위
4. 최저임금의 효력발생 연월일

② 사용자는 제1항에 따른 최저임금의 내용을 법 제10조 제2항에 따른 최저임금의 효력발생일 전날까지 근로자에게 주지시켜야 한다.

사용자는 최저임금에 관하여 '최저임금액, 최저임금에 산입하지 아니하는 임금, 최저임금의 적용을 제외할 근로자의 범위, 최저임금의 효력발생 연월일'에 관한 내용을 근로자들이 쉽게 볼 수 있는 장소에 게시하거나 그 외의 적당한 방법으로 최저임금의 효력발생일(매년 1월 1일) 전날까지 근로자에게 알려야 한다.

3. 최저임금의 효력

1) 최저임금액 이상 지급

「최저임금법」

제6조【최저임금의 효력】 ① 사용자는 최저임금의 적용을 받는 근로자에게 최저임금액 이상의 임금을 지급하여야 한다.

② 사용자는 이 법에 따른 최저임금을 이유로 종전의 임금수준을 낮추어서는 아니 된다.

③ 최저임금의 적용을 받는 근로자와 사용자 사이의 근로계약 중 최저임금액에 미치지 못하는 금액을 임금으로 정한 부분은 무효로 하며, 이 경우 무효로 된 부분은 이 법으로 정한 최저임금액과 동일한 임금을 지급하기로 한 것으로 본다.

⑥ 제1항과 제3항은 다음 각호의 어느 하나에 해당하는 사유로 근로하지 아니한 시간 또는 일에 대하여 사용자가 임금을 지급할 것을 강제하는 것은 아니다.
1. 근로자가 자기의 사정으로 소정근로시간 또는 소정의 근로일의 근로를 하지 아니한 경우
2. 사용자가 정당한 이유로 근로자에게 소정근로시간 또는 소정의 근로일의 근로를 시키지 아니한 경우

사용자는 최저임금의 적용을 받는 근로자에게 최저임금액 이상의 임금을 지급해야 하고, 최저임금을 이유로 종전의 임금수준을 낮출 수 없다. 최저임금의 적용을 받는 근로자와 사용자 사이의 근로계약 중 최저임금액에 미치지 못하는 금액을 임금으로 정한 부분은 무효로 하며, 이 경우 무효로 된 부분은 최저임금법에서 정한 최저임금액과 동일한 임금을 지급하기로 한 것으로 본다. 다만, 최저임금 산정 시 근로자의 사정이나 사용자의 정당한 이유로 근로하지 아니한 시간 또는 일에 대하여 사용자가 근로자에게 임금을 지급할 것을 강제할 수 없다.

2) 도급사업의 연대책임

「최저임금법」

제6조【최저임금의 효력】 ⑦ 도급으로 사업을 행하는 경우 도급인이 책임져야 할 사유로 수급인이 근로자에게 최저임금액에 미치지 못하는 임금을 지급한 경우 도급인은 해당 수급인과 연대(連帶)하여 책임을 진다.
⑧ 제7항에 따른 도급인이 책임져야 할 사유의 범위는 다음 각호와 같다.
1. 도급인이 도급계약 체결 당시 인건비 단가를 최저임금액에 미치지 못하는 금액으로 결정하는 행위
2. 도급인이 도급계약 기간 중 인건비 단가를 최저임금액에 미치지 못하는 금액으로 낮춘 행위
⑨ 두 차례 이상의 도급으로 사업을 행하는 경우에는 제7항의 "수급인"은 "하수급인(下受給人)"으로 보고, 제7항과 제8항의 "도급인"은 "직상(直上) 수급인(하수급인에게 직접 하도급을 준 수급인)"으로 본다.

도급으로 사업을 행하는 경우 도급인이 도급계약 체결 당시 인건비 단가를 최저임금액에 미치지 못하는 금액으로 결정하는 행위, 도급인이 도급계약 기간 중 인건비 단가를 최저임금액에 미치지 못하는 금액으로 낮춘 행위 등 도급인이 책임져야 할 사유로 수급인이 근로자에게 최저임금액에 미치지 못하는 임금을 지급한 경우 도급인은 해당 수급인과 연대하여 책임을 진다.

제2절 최저임금의 적용

1. 최저임금의 적용대상

> **「최저임금법」**
>
> **제3조【적용 범위】** ① 이 법은 근로자를 사용하는 모든 사업 또는 사업장(이하 "사업"이라 한다)에 적용한다. 다만, 동거하는 친족만을 사용하는 사업과 가사(家事) 사용인에게는 적용하지 아니한다.
>
> ② 이 법은 「선원법」의 적용을 받는 선원과 선원을 사용하는 선박의 소유자에게는 적용하지 아니한다.

최저임금은 근로자를 사용하는 모든 사업에 적용된다. 즉 상시근로자 1인 이상을 사용하는 사업은 일용직 · 기간제 · 단시간근로자, 외국인 근로자 등 고용형태나 국적 등에 상관없이 근기법상 근로자에 해당하면 최저임금이 모두 적용된다.

2. 최저임금의 적용제외

1) 동거하는 친족만을 사용하는 사업과 가사사용인

최저임금은 근기법의 적용범위와 마찬가지로 동거하는 친족만을 사용하는 사업 및 가사사용인[5)]에게는 적용하지 되지 않는다.

2) 「선원법」에 의한 선원과 선박의 소유자

최저임금은 「선원법」에 의한 선원과 선박소유자[6)]에게는 적용하지 않는다. 다만, 다음의 어느 하나에 해당하는 선박에 승무하는 선원과 그 선박의 선박소유자에게는 최저임금이 적용

5) '동거하는 친족' 은 세대를 같이하면서 생활을 공동으로 하는 8촌 이내의 혈족 · 4촌 이내의 인척 · 배우자를 말하고(민법 제777조), '가사사용인'은 개인의 집안일에 사용되는 사람(요리사, 가정부, 보모, 유모, 개인비서, 집사 정원관리사, 가정교사 등)으로 작업의 종류 및 성질 등을 고려한 근로실태에 따라 판단해야 한다.

6) '선원'은 「선원법」이 적용되는 선박에서 근로를 제공하기 위하여 고용된 사람(선박검사원, 도선사, 실습선원 등은 제외)을 말하고, '선박소유자'는 선주, 선주로부터 선박의 운항에 대한 책임을 위탁받고 「선원법」에 따른 선박소유자의 권리 및 책임과 의무를 인수하기로 동의한 선박관리업자, 대리인 등을 말한다(「선원법」 제2조).

된다(선원법 제3조 제1항).

〈최저임금이 적용되는 선원 및 선박소유자〉

① 총톤수 5톤 미만의 선박으로서 항해선이 아닌 선박
② 호수, 강 또는 항내(港內)만을 항행하는 선박(「선박의 입항 및 출항 등에 관한 법률」 제24조에 따른 예선은 제외)
③ 총톤수 20톤 미만인 어선으로서 해양수산부령으로 정하는 선박
④ 「선박법」 제1조의2 제1항 제3호에 따른 부선(艀船). 다만, 「해운법」 제24조 제1항 또는 제2항에 따라 해상화물운송사업을 하기 위하여 등록한 부선은 제외한다.

3) 정신장애나 신체장애로 근로능력이 현저히 낮은 사람

「최저임금법」

제7조【최저임금의 적용제외】 다음 각호의 어느 하나에 해당하는 자로서 사용자가 대통령령으로 정하는 바에 따라 고용노동부장관의 인가를 받은 자에 대하여는 제6조를 적용하지 아니한다.
1. 정신장애나 신체장애로 근로능력이 현저히 낮은 자
2. 그 밖에 최저임금을 적용하는 것이 적당하지 아니하다고 인정되는 자

「최저임금법 시행령」

제6조【최저임금 적용 제외의 인가 기준】 사용자가 법 제7조에 따라 고용노동부장관의 인가를 받아 최저임금의 적용을 제외할 수 있는 자는 정신 또는 신체의 장애가 업무 수행에 직접적으로 현저한 지장을 주는 것이 명백하다고 인정되는 사람으로 한다.

「최저임금법 시행규칙」

제3조 (최저임금 적용 제외의 인가) ① 법 제7조 및 「최저임금법 시행령」(이하 "영"이라 한다) 제6조에 따른 최저임금 적용제외의 인가 기준은 별표 3과 같다.
② 영 제6조에 따른 최저임금 적용제외의 인가를 받으려는 사용자는 관할 지방고용노동관서의 장에게 별지 제1호서식에 따른 신청서에 다음 각호의 서류를 첨부하여 제출하여야 한다.
1. 신청일이 속하는 달의 직전 달의 사업장 전체 근로자 임금대장 사본 1부
2. 정신장애인이나 신체장애인임을 증명할 수 있는 서류 사본 1부
3. 친권자 의견서 사본 1부(지적장애, 정신장애 또는 자폐성장애 등으로 인한 신청의 경우만 해당한다)
③ 지방고용노동관서의 장은 제2항에 따른 인가 신청에 대하여 인가를 할 때에는 별지 제2호서식의 인가서를 발급하여야 한다. 이 경우 최저임금 적용이 제외되는 근로자에 대하여 유사 직종에 근무하는 근로자의 임금수준에 상응하는 임금을 지급할 것을 사용자에게 권고할 수 있다.

정신장애나 신체장애로 근로능력이 현저히 낮은 사람[7]으로서 고용노동부장관의 인가를 받은 경우에는 최저임금을 적용하지 않는다.[8] 고용노동부장관의 인가는 사용자가 임금을 낮추는 수단으로 이용되지 않도록 최소한의 인가만 인정되고, 인가 후 요건을 충족하지 못하게 되면 인가처분이 취소되며, 인가기간은 1년을 초과할 수 없다.

- *최저임금법 제7조 및 같은 법 시행령 제6조의 규정에 따라 사용자가 고용노동부장관의 인가를 받아 최저임금의 적용을 제외할 수 있는 자는 정신 또는 신체의 장애가 업무수행에 직접적으로 현저한 지장을 주는 것이 명백하다고 인정되는 사람을 말함. 사업의 통폐합으로 사업장명, 사업장등록번호, 사용자 등이 변경된 경우 비록 사업자가 최저임금 적용제외 장애인을 고용승계하여 근로장소와 업무에 변동이 없더라도 최저임금 적용을 제외하려면 최저임금 적용제외 인가를 다시 받아야 할 것으로 사료됨(고용노동부 2019.9.26., 장애인고용과-1918).*
- *최저임금법 시행규칙 제3조 제2항에 따라서 지적장애, 정신장애 또는 자폐성장애 등을 가진 자에 대한 최저임금 적용제외의 인가를 받으려는 사용자는 친권자 의견서를 제출하여야 하므로, 친권자와 연락이 되지 않는 등의 사유로 친권자 의견서를 제출할 수 없는 경우에는 신청이 제한됨. 따라서 현행 법령상 친권자와 연락이 되지 않아 친권자의 의견서를 제출하지 않는 경우에는 최저임금 적용제외 인가 신청을 할 수 없음. 다만, 향후 최저임금법 시행규칙을 개정하여, 친권자 외 후견인의 의견서를 제출하는 경우에도 최저임금 적용제외 인가 신청이 가능하도록 할 예정임(고용노동부 2020.3.18., 장애인고용과-1072).*

3. 최저임금의 감액

「최저임금법」

제5조【최저임금액】 ② 1년 이상의 기간을 정하여 근로계약을 체결하고 수습 중에 있는 근로자로서 수습을 시작한 날부터 3개월 이내인 자에 대하여는 대통령령으로 정하는 바에 따라 제1항에 따른 최저임금액과 다른 금액으로 최저임금액을 정할 수 있다. 다만, 단순노무업무로 고용노동부장관이 정하여 고시한 직종에 종사하는 근로자는 제외한다.

---

7) '근로자의 정신 또는 신체의 장애가 그 근로자를 종사시키려는 업무를 수행하는 데에 직접적으로 현저한 지장을 주는 것이 명백하다고 인정되는 사람'이란, 정신 또는 신체 장애인으로서 담당하는 업무를 수행하는 경우에 그 정신 또는 신체의 장애로 같거나 유사한 직종에서 최저임금을 받는 다른 근로자 중 가장 낮은 근로능력자의 평균작업능력에도 미치지 못하는 사람(작업능력은 「장애인고용촉진 및 직업재활법」 제43조에 따른 한국장애인고용공단의 의견을 들어 판단하여야 함)을 말한다(최저임금법 시행규칙 제3조, 별표3).

8) 장애로 인한 최저임금 적용제외 인가 결정을 위한 장애근로자의 직업능력평가와 관련하여 「장애로 인한 최저임금 적용제외인가 관련 작업능력평가 업무처리방법」(고용노동부 2006.12.29., 고용지도팀-235)를 참고할 수 있다.

「최저임금법 시행령」

제3조【수습 중에 있는 근로자에 대한 최저임금액】「최저임금법」(이하 "법"이라 한다) 제5조 제2항 본문에 따라 1년 이상의 기간을 정하여 근로계약을 체결하고 수습 중에 있는 근로자로서 수습을 시작한 날부터 3개월 이내인 사람에 대해서는 같은 조 제1항 후단에 따른 시간급 최저임금액(최저임금으로 정한 금액을 말한다. 이하 같다)에서 100분의 10을 뺀 금액을 그 근로자의 시간급 최저임금액으로 한다.

1년 이상의 기간으로 근로계약을 체결하고 수습을 시작한 날부터 3개월 이내인 근로자에 대하여는 최저임금액의 10%를 감액할 수 있다. 따라서 1년 이상의 근로계약을 체결하고 수습기간을 설정한 수습근로자에게 3개월 동안 최저임금액의 90%를 지급하더라도 최저임금법 위반이 아니다.[9] 다만, 1년 미만의 근로계약을 체결하거나, 3개월 이내의 수습근로자라고 하더라도 단순노무업무로 고용노동부장관이 고시한 단순노무 종사자에게는 최저임금의 10% 감액을 할 수 없다.

〈단순노무 종사자 – 한국표준직업분류상 대분류 9에 해당하는 사람〉[10]

9. 단순노무 종사자
  91. 건설 및 광업 관련 단순노무직
   - 910. 건설 및 광업 단순 종사원
  92. 운송 관련 단순노무직
   - 921. 하역 · 적재 및 분류 단순 종사원
   - 922. 배달원
  93. 제조 관련 단순노무직
   - 930. 제조 관련 단순 종사원

---

9) 수습은 확정적 근로계약의 체결 후에 근로자의 작업능력이나 사업장에서의 적응능력을 키워주기 위한 근로형태이다. 수급근로자에게 최저임금을 감액하는 이유는 수습근로자의 숙련수준이 일반근로자에 비해 상대적으로 낮은 점을 고려한 것으로, 단체협약 · 취업규칙 · 근로계약 등에 '수습으로 한다'는 명시적 근거가 있어야 하고, 감액 적용기준은 3개월을 초과할 수 없다(고용노동부, 「최저임금제도 업무처리지침」, 2006.12.20., 임금근로시간정책팀-3848).

10) 고용노동부고시 제2018-23호, 「최저임금법 제5조에 따른 단순노무직종 근로자 지정 고시」, (2018.3.19.); 통계청고시 제2024-328호, 「한국표준직업분류(KSCO) 개정 · 고시」, (2024.7.1.). 통계청에서는 국제노동기구의 국제표준직업분류를 기초하여 국내 노동시장 현실을 반영하여 한국표준직업분류를 제정 · 고시하고 있는데, 현재 직업분류는 2024년에 개정된 제8차 한국표준직업분류에 근거한 것이다.

94. 청소 및 건물 관리 단순노무직
- 941. 청소 관련 종사자
- 942. 건물관리원
95. 가사 · 음식 및 판매 관련 단순노무직
- 951. 가사 및 육아 도우미
- 952. 음식 관련 단순 종사자
- 953. 판매 관련 단순 종사자
99. 농림어업 및 기타 서비스 단순노무직
- 991. 농립어업 관련 단순 종사원
- 992. 계기 · 자판기 및 주차 관리 종사자
- 999. 기타 서비스 관련 단순 종사자

제3절 최저임금의 산정

1. 최저임금 산정에 포함되는 임금

「최저임금법」

제2조【정의】 이 법에서 "근로자", "사용자" 및 "임금"이란 「근로기준법」 제2조에 따른 근로자, 사용자 및 임금을 말한다.

제6조【최저임금의 효력】 ④ 제1항과 제3항에 따른 임금에는 매월 1회 이상 정기적으로 지급하는 임금을 산입(算入)한다.

최저임금 산정에서의 임금은 근기법 제2조 제1항 제5호에 규정된 임금을 의미하므로, '사용자가 근로의 대가로 근로자에게 임금 · 봉급 그 밖에 어떠한 명칭으로든지 지급하는 일체의 금품'은 최저임금 산정에서의 임금에 해당이다. 따라서 명칭을 불문하고 근로의 대가(근로제공과 직접적으로 관련되거나 근로제공과 밀접하게 관련된 것)로, 사용자에게 지급의무(단체협약 · 취업규칙 · 근로계약 · 관행 등)가 있고, 매월 1회 이상 정기적으로 지급되는 임금은 최저임금 산정에 포함한다.

2. 최저임금 산정에 포함되지 않는 임금

「최저임금법」

제6조【최저임금의 효력】 ④ 제1항과 제3항에 따른 임금에는 매월 1회 이상 정기적으로 지급하는 임금을 산입(算入)한다. 다만, 다음 각호의 어느 하나에 해당하는 임금은 산입하지 아니한다.

1. 「근로기준법」 제2조 제1항 제8호에 따른 소정(所定)근로시간(이하 "소정근로시간"이라 한다) 또는 소정의 근로일에 대하여 지급하는 임금 외의 임금으로서 고용노동부령으로 정하는 임금

「최저임금법 시행규칙」

제2조【최저임금의 범위】 ① 「최저임금법」(이하 "법"이라 한다) 제6조 제4항 제1호에서 "고용노동부령으로 정하는 임금"이란 다음 각호의 어느 하나에 해당하는 것을 말한다.

1. 연장근로 또는 휴일근로에 대한 임금 및 연장·야간 또는 휴일 근로에 대한 가산임금
2. 「근로기준법」 제60조에 따른 연차유급휴가의 미사용수당
3. 유급으로 처리되는 휴일(「근로기준법」 제55조 제1항에 따른 유급휴일은 제외한다)에 대한 임금
4. 그 밖에 명칭에 관계없이 제1호부터 제3호까지의 규정에 준하는 것으로 인정되는 임금

3. 식비, 숙박비, 교통비 등 근로자의 생활보조 또는 복리후생을 위한 성질의 임금으로서 다음 각 목의 어느 하나에 해당하는 것

가. 통화 이외의 것으로 지급하는 임금

나. 통화로 지급하는 임금의 월 지급액 중 해당 연도 시간급 최저임금액을 기준으로 산정된 월 환산액의 100분의 7에 해당하는 부분

근기법 제2조 제1항 제8호에 따른 소정근로시간 또는 소정근로일에 대하여 지급하는 임금 외의 임금, 식비·숙박비·교통비 등 근로자의 생활보조 또는 복리후생을 위한 것[11]으로 통화 이외의 것으로 지급하는 임금은 최저임금 산정에 포함되지 않는다.

---

11) 생활보조비·복리후생비가 통화로 지급되는 경우 및 매월 지급되는 상여금·장려가급·능률수당·근속수당·정근수당은 아래 표와 같이 2023년까지는 일정 비율에 대하여 최저임금 산정에 포함되지 않았지만, 2024년부터는 전액을 최저임금 산정에 포함한다. 예를 들어 통화로 지급되는 생활보조비·복리후생비는 2023년의 경우에는 시간급 최저임금액인 9,620원을 기준으로 산정된 월환산 최저임금액 2,010,580원(=9,620원×209시간)의 1%인 20,105원을 초과한 금액 또는 5%인 100,529원을 초과한 금액만 최저임금 산정 임금에 포함되었다.

항목 \ 연도	2019년	2020년	2021년	2022년	2023년	2024년~
현금성 생활보조·복리후생비	7%	5%	3%	2%	1%	0%
매월 지급되는 상여금 등	25%	20%	15%	10%	5%	0%

〈최저임금 산정을 위한 임금 포함 여부〉[12)]

<table>
<tr><th>지급주기</th><th colspan="2">임금의 구분</th><th>포함 여부</th></tr>
<tr><td rowspan="8">**매월** 지급</td><td rowspan="4">소정근로 외의 임금</td><td>① 연장 · 휴일 근로에 대한 임금 및 연장 · 야간 · 휴일 근로 가산수당</td><td rowspan="4">미 포함</td></tr>
<tr><td>② 연차유급휴가 미사용수당</td></tr>
<tr><td>③ 유급휴일에 대한 임금(법정 주휴일은 제외[13)])</td></tr>
<tr><td>④ 기타 ①, ②, ③에 준하는 임금</td></tr>
<tr><td rowspan="2">상여금 등</td><td>① 산정단위가 1개월을 초과하는 상여금, 장려가급, 능률수당, 근속수당</td><td rowspan="2">**포함**</td></tr>
<tr><td>② 1개월을 초과하는 기간의 출근성적에 따라 지급하는 정근수당</td></tr>
<tr><td rowspan="2">생활보조 · 복리후생성 임금</td><td>통화 이외의 것으로 지급</td><td>미 포함</td></tr>
<tr><td>통화로 지급</td><td>**포함**</td></tr>
<tr><td colspan="3">**1개월을 초과하여 지급**</td><td>미 포함</td></tr>
</table>

※ 1개월을 초과하여 지급되던 임금을 최저임금 산정에 포함하기 위하여, 총액의 변동 없이 매월 1회 이상 지급하는 것으로 취업규칙을 변경하는 경우에는 근기법 제94조 제1항[14)]에 따른 취업규칙의 변경절차가 적용되지 않고, 근로자의 과반수로 조직된 노동조합 또는 근로자의 과반수의 의견만 들으면 됨(최저임금법 제6조2).

3. 최저임금 산정과 통상임금 산정에 포함되는 임금의 범위 비교

최저임금이나 최저임금의 산정을 위한 비교대상 임금은 통상임금과는 그 기능과 산정방법이 다른 별개의 개념이다. 즉 최저임금 산정에 포함되는 임금은 매월 1회 이상 지급되는 임금에서 매월 1회 이상 지급되더라도 최저임금 산정에 포함하지 않는 임금을 제외한 임금이고, 통상임금은 소정근로의 대가로서 정기적 · 일률적으로 지급되는 임금이다.[15)]

12) 고용노동부, 「개정 최저임금법령 설명자료」, 2019.1, 31쪽.

13) 최저임금법 시행령 제5조 제1항 제2호 및 제3호는 주 단위 또는 월 단위로 지급된 임금에 대하여 '1주 또는 월의 소정근로시간 수'로 나눈 금액을 시간에 대한 임금으로 하도록 규정하고 있는바, 주급제 혹은 월급제에서 지급되는 유급휴일에 대한 임금인 이른바 주휴수당은 소정의 근로애 대해 매월 1회 이상 정기적으로 지급되는 임금이라 할 것이어서, 최저임금을 산정함에 있어 포함해야 한다(대법원 2018.10.12. 선고 2018도6486 판결).

14) 제94조 **【규칙의 작성, 변경 절차】** ① 사용자는 취업규칙의 작성 또는 변경에 관하여 해당 사업 또는 사업장에 근로자의 과반수로 조직된 노동조합이 있는 경우에는 그 노동조합, 근로자의 과반수로 조직된 노동조합이 없는 경우에는 근로자의 과반수의 의견을 들어야 한다. 다만, 취업규칙을 근로자에게 불리하게 변경하는 경우에는 그 동의를 받아야 한다.

15) 예전에는 최저임금 산정에 포함되는 임금의 범위에 대하여 「최저임금법 시행규칙」 별표1(최저임금에 산입하지 아니하

- *최저임금이나 최저임금의 적용을 위한 비교대상 임금은 통상임금과는 그 기능과 산정방법이 다른 별개의 개념이므로, 사용자가 최저임금의 적용을 받는 근로자에게 최저임금액 이상의 임금을 지급하여야 한다고 하여 곧바로 통상임금 자체가 최저임금액을 그 최하한으로 한다고 볼 수 없다. 다만 최저임금의 적용을 받는 근로자에게 있어서 비교 대상 임금총액이 최저임금액보다 적은 경우에는 비교대상 임금총액이 최저임금액으로 증액되어야 하므로, 이에 따라 비교대상 임금에 산입된 개개의 임금도 증액되고 그 증액된 개개의 임금 중 통상임금에 해당하는 임금들을 기준으로 통상임금이 새롭게 산정될 수는 있을 것이다(대법원 2017.12.28. 선고 2014다49074 판결)*
- *통상임금과 최저임금은 별개의 개념이므로 최저임금법을 위반하지 않은 경우에는 시간급 통상임금이 시간급 최저임금보다 낮더라도 통상임금을 기준으로 연장근로에 대한 임금(100%) 및 가산수당(50%)을 산정함. 다만, 최저임금법을 위반한 경우에는 법정 최저임금액에 미달하는 비교대상 임금 총액은 최저임금액으로 증액되어야 하므로, 이에 따라 비교 대상 임금에 산입된 개개의 임금 항목도 증액되고 그 증액된 개개의 임금 항목 중 통상임금에 해당하는 임금 항목들이 있는 경우 이들을 기준으로 새롭게 산정된 통상임금을 기준으로 재산정함(고용노동부 2019.12.11., 근로기준정책과-6245).*

〈최저임금과 통상임금과의 관계〉[16)]

- 최저임금 산정에 포함되는 임금과 통상임금은 그 기능과 산정방법이 다른 별개의 개념임(대법원 2017.12.28. 선고 2014다49074 판결).
- 최저임금 산정에 포함되는 임금은 근기법상 임금으로서 매월 1회 이상 지급되는 임금에서 매월 1회 이상 지급되더라도 최저임금에 포함하지 않는 임금을 제외한 임금임.
- 통상임금은 소정근로의 대가로서 정기적 · 일률적으로 지급되는 임금임.

요 소	통상임금 산정에 포함되는 임금	최저임금 산정에 포함되는 임금
소정근로 대가	소정근로에 대해 지급하는 임금 포함 (소정근로의 대가가 아니면, 통상임금 아님)	소정근로에 대해 지급하는 임금 포함 (소정근로의 대가가 아닌 임금으로서 최저임금법이 정하는 임금은 미포함)
정기성	1개월을 초과하여 지급하더라도 일정한 간격을 두고 계속 지급하면 포함	매월 정기적으로 지급하면 포함 (1개월을 초과하여 지급하면 미포함)
일률성	모든 근로자 및 소정근로의 가치평가와 관련된 일정한 조건 또는 기준에 달한 모든 근로자에게 지급하면 포함	고려하지 않음

는 임금의 범위)과 별표2(최저임금에 산입하는 임금의 범위)에 각각을 구분하여 규정하고 있었다. 그러나 2018년 6월 12일 「최저임금법」(2019년 1월 1일 시행)이 개정되면서 최저임금 산정에 포함되는 임금은 매월 1회 이상 지급되는 임금에서 매월 1회 이상 지급되더라도 포함되지 않는 임금을 제외한 임금으로 명확히 구분하여 규정하였다.

16) 고용노동부, 「개정 최저임금법령 설명자료」, 2019.1, 41쪽.

제4절 최저임금 적용을 위한 임금의 환산

1. 개 요

「최저임금법」

제5조【최저임금액】 ① 최저임금액(최저임금으로 정한 금액을 말한다. 이하 같다)은 시간 · 일(日) · 주(週) 또는 월(月)을 단위로 하여 정한다. 이 경우 일 · 주 또는 월을 단위로 하여 최저임금액을 정할 때에는 시간급(時間給)으로도 표시하여야 한다.

제5조의2【최저임금의 적용을 위한 임금의 환산】 최저임금의 적용대상이 되는 근로자의 임금을 정하는 단위기간이 제5조 제1항에 따른 최저임금의 단위기간과 다른 경우에 해당 근로자의 임금을 최저임금의 단위기간에 맞추어 환산하는 방법은 대통령령으로 정한다.

「최저임금법 시행령」

제5조【최저임금의 적용을 위한 임금의 환산】 ① 근로자의 임금을 정하는 단위가 된 기간이 그 근로자에게 적용되는 최저임금액을 정할 때의 단위가 된 기간과 다른 경우에는 그 근로자에 대한 임금을 다음 각호의 구분에 따라 시간에 대한 임금으로 환산한다.

1. 일(日) 단위로 정해진 임금 : 그 금액을 1일의 소정근로시간 수로 나눈 금액
2. 주(週) 단위로 정해진 임금 : 그 금액을 1주의 최저임금 적용기준 시간 수(1주 동안의 소정근로시간 수와 「근로기준법」제55조 제1항에 따라 유급으로 처리되는 시간 수를 합산한 시간 수를 말한다)로 나눈 금액
3. 월(月) 단위로 정해진 임금 : 그 금액을 1개월의 최저임금 적용기준 시간 수(제2호에 따른 1주의 최저임금 적용기준 시간 수에 1년 동안의 평균의 주의 수를 곱한 시간을 12로 나눈 시간 수를 말한다)로 나눈 금액
4. 시간 · 일 · 주 또는 월 외의 일정 기간을 단위로 정해진 임금 : 제1호부터 제3호까지의 규정에 준하여 산정(算定)한 금액

② 생산고에 따른 임금지급제나 그 밖의 도급제로 정해진 임금은 그 임금 산정기간(임금 마감일이 있는 경우에는 임금 마감기간을 말한다. 이하 이 항에서 같다)의 임금 총액을 그 임금 산정기간 동안의 총근로시간 수로 나눈 금액을 시간에 대한 임금으로 한다.

③ 근로자가 받는 임금이 제1항이나 제2항에서 정한 둘 이상의 임금으로 되어 있는 경우에는 해당 부분을 대하여 각각 해당 규정에 따라 환산한 금액의 합산액을 그 근로자의 시간에 대한 임금으로 한다.

④ 근로자의 임금을 정한 단위가 된 기간의 소정근로시간 수가 그 근로자에게 적용되는 최저임금액을 정할 때의 단위가 된 기간의 근로시간 수와 다른 경우에는 제1항 각호의 구분에 따라 그 근로자의 임금을 시간에 대한 임금으로 환산한다.

근로자의 임금을 정하는 단위기간이 해당 근로자에게 적용되는 최저임금액을 정하는 단위기간과 다른 경우에는 최저임금법에 정해진 방법에 따라 환산한다. 즉 일급은 1일의 소정근로시간으로 나누고, 주급은 1주의 최저임금 적용기준 시간 수(1주 소정근로시간+유급 주휴일시간)로 나누고, 월급은 1개월 최저임금 적용기준 시간 수(1주 최저임금 적용기준 시간 수×1년 평균 주 수÷12)로 나누어 시간급 임금을 산정한다.

〈최저임금 적용을 위한 시간급 환산 방법과 통상임금 시간급 환산 방법〉[17]

구 분	최저임금 적용을 위한 시간급 환산 방법	통상임금의 시간급 환산 방법
근 거	최저임금법 시행령 제5조 제1항	근기법 시행령 제6조 제2항
시간(時間) 단위로 정해진 임금	시간 단위로 정해진 금액 자체(시간급)	좌 동
일(日) 단위로 정해진 임금	일급 ÷ 1일의 소정근로시간수	좌 동
주(週) 단위로 정해진 임금	주급 ÷ 1주 최저임금 적용기준 시간 수 (1주 소정근로시간 수+유급 주휴일시간)	주급 ÷ 1주 통상임금 산정기준 시간 수 (1주 소정근로시간 수+유급 주휴일시간+기타 유급시간)
월(月) 단위로 정해진 임금	월급 ÷ 1월 최저임금 적용기준 시간 수 (1주 최저임금 적용기준 시간 수×1년의 평균 주 수÷12)	월급 ÷ 1월 통상임금 산정기준 시간 수 (1주 통상임금 산정기준 시간 수×1년의 평균 주 수÷12)

※ 최저임금과 통상임금을 시간급 임금으로 환산하는 과정의 차이점은, '주(週) 단위로 정해진 임금'을 시간급 임금으로 환산하는 방법임. 즉 통상임금을 시간급으로 환산할 경우에는 법정 주휴일시간과 기타 유급처리 시간을 모두 포함하고, 최저임금 산정을 위한 시간급 환산의 경우에는 법정 주휴일시간만 포함하는 것임.

2. 시간 단위로 정해진 임금

시간 단위로 정해진 임금은 그 금액 자체를 시간급으로 하고, 이를 고용노동부장관이 매년 고시하는 시간급 최저임금액과 비교하면 된다.

17) 「최저임금법」 제5조의2 및 시행령 제5조에 규정되어 있다. 다만, 시간 단위의 임금에 대해서는 규정되어 있지 않지만, 최저임금제도의 취지상 시간 단위의 임금은 그 금액을 매년 고용노동부장관이 고시하는 최저임금액과 비교하면 된다.

3. 일 단위로 정해진 임금

일 단위로 정해진 임금(일급)은 그 금액을 1일의 소정근로시간수로 나누어 시간급 임금으로 환산한 후에 고용노동부장관이 고시한 시간급 최저임금액과 비교하면 된다. 다만, 상시근로자 5인 이상 사업장의 1일 근로시간이 법정근로시간을 초과하는 경우에는 근기법 제56조에 따른 가산율(통상임금의 100분의 50 이상)을 고려한 시간으로 나누어 계산한다.[18)]

〈일급을 최저임금 적용을 위한 임금으로 산정하는 사례〉

〈사례 1〉 - 근로시간이 법정근로시간 이내인 경우

■ 일급 10만원, 1일 8시간 근무하는 경우

① 시간급 환산: 일급(10만원)÷1일 소정근로시간(8시간) = 12,500원

② 일급(10만원)을 시간급으로 환산한 금액(12,500원)과 법정 시간급 최저임금을 비교하여 최저임금 위반 여부를 판단

〈사례 2〉 - 근로시간이 법정근로시간을 초과하는 경우

■ 일급 10만원, 1일 10시간 근무, 5인 이상 사업장인 경우

① 가산율이 적용된 1일 임금지급 근로시간: 11시간 = 기본(8시간)+연장(3시간=2시간×1.5)

② 시간급 환산: 일급(10만원)÷가산율이 적용된 1일 임금지급 근로시간(11시간) ≒ 9,091원

③ 일급(10만원)을 시간급으로 환산한 금액(9,091원)과 법정 시간급 최저임금을 비교하여 최저임금 위반 여부를 판단

4. 주 단위로 정해진 임금

주 단위로 정해진 임금(주급)은 그 금액을 1주의 최저임금 적용기준 시간 수,[19)] 즉 1주 동

18) 소정근로시간은 법정근로시간(통상근로자의 경우 1일 8시간 및 1주 40시간)의 범위 내에서 근로자와 사용자가 정한 근로시간이므로(근기법 제2조 제1항 제8호), 소정근로시간이 법정근로시간을 초과할 수 없다. 따라서 근로시간이 법정근로시간 이내이면 그 시간을 소정근로시간으로 하고, 근로시간이 법정근로시간을 초과하는 경우에는 법정근로시간까지만 1일 소정근로시간으로 한다. 한편 상시근로자 5인 이상 사업장만 근기법 제50조에 따른 법정근로시간 및 제56조에 따른 가산율(통상임금의 50% 이상)이 적용되므로(근기법 제11조), 상시근로자 4인 이하 사업장은 법정근로시간과 가산율을 고려하지 않고 1일 근로시간 전체로 시간급 임금을 산정하면 된다.

19) 근로자에게 지급된 임금이 시간급 법정 최저임금액 이상인지 여부를 판단할 때, 주 또는 월단위로 정해진 임금은 이를 시간급 임금으로 환산하여 비교해야 하는데, 이때 주급 또는 월급을 나누는 시간을 '최저임금 적용기준 시간 수'라고

안의 소정근로시간수와 근기법 제55조 제1항에 따라 유급으로 처리되는 시간수를 합한 시간으로 나누어 시간급 임금으로 환산한 후 고용노동부장관이 고시한 시간급 최저임금과 비교한다. 다만, 단시간근로자의 경우에는 4주간(4주 미만으로 근로하는 경우에는 그 기간)에 대한 1주 평균 소정근로시간으로 나누어 산정한다.

〈1주의 최저임금 적용기준 시간 수 산정〉

1주의 최저임금 적용기준 시간 수 = 1주 소정근로시간 + 1주 유급 주휴일시간

※ 1주의 최저임금 적용기준 시간 수에는 근기법 제55조 제1항에 따른 '법정 주휴일시간만 포함' 되고, 통상임금 산정기준 시간 수와 다르게 그 외의 법정휴일시간 및 약정유급휴일 시간은 최저임금 적용기준 시간 수에 포함되지 않음에 주의해야 함(고용노동부, 「개정 최저임금법령 설명자료」, 2019.1, 43쪽).

〈주급을 최저임금 적용을 위한 임금으로 산정하는 사례〉[20]

〈사례 1〉 – 통상근로자인 경우

- 주급 50만원(주휴일수당 포함), 1일 8시간 및 1주 40시간 근무, 토요일 무급휴일 및 일요일 유급주휴일인 경우.

① 시간급 환산: 주급(50만원)÷1주 최저임금 적용기준 시간수(48시간=40+8)≒10,417원

② 주급(50만원)을 시간급으로 환산한 금액(10,417원)과 법정 시간급 최저임금을 비교하여 최저임금 위반 여부를 판단

〈사례 2〉 – 근로시간이 규칙적인 단시간근로자인 경우[19]

- 통상근로자는 1주 5일 근무(1일 8시간 및 1주 40시간), 토요일 무급휴일 및 일요일 유급주휴일
- 단시간근로자는 주급 30만원(주휴일수당 포함), 토요일 무급휴일 및 일요일 유급주휴일 / 1주 5일 근로(1일 4시간 및 1주 20시간)인 경우.

① 단시간근로자의 1일 소정근로시간: 아래 (가) 또는 (나) 방법으로 산정

(가) 단시간근로자의 4주 총 소정근로시간(80시간=20시간×4주)÷통상근로자의 4주 총근로일수(20일=5일×4주)=4시간

(나) 단시간근로자의 1주 소정근로시간(20시간)÷통상근로자의 1주 소정근로시간(40시간)×8시간

한다.

20) '초단시간근로자(4주간의 평균하여 1주간의 소정근로시간이 15시간 미만인 근로자)'에게는 근기법 제55조(주휴일)가 적용되지 않으므로(근기법 제18조 제3항), 주급 또는 월급으로 임금을 정할 경우에 주휴일수당을 포함하지 않아도 된다. 따라서 초단시간근로자의 최저임금 적용기준 시간 수 산정에서는 주휴일시간을 고려할 필요가 없고, 순수한 근로시간만으로 산정하면 된다.

=4시간

② 단시간근로자의 1주 주휴일 시간: 4시간(단시간근로자의 1일 소정근로시간)

③ 시간급 환산: 주급(30만원)÷1주 최저임금 적용기준 시간 수(24시간=20시간+4시간)=12,500원

④ 주급(30만원)을 시간급으로 환산한 금액(12,500원)과 법정 시간급 최저임금을 비교하여 최저임금 위반 여부를 판단

〈사례 3〉 – 근로시간이 불규칙한 단시간근로자인 경우

- 통상근로자는 1주 5일 근무(1일 8시간 및 1주 40시간), 토요일 무급휴일 및 일요일 유급주휴일
- 단시간근로자는 주급 50만원(주휴수당 포함), 토요일 무급휴일 및 일요일 유급주휴일/근로시간이 1주는 35시간(7시간×5일), 2주는 30시간(6시간×5일), 3주는 35시간(7시간×5일), 4주는 40시간(8시간×5일)인 경우.

① 단시간근로자의 1주 평균 근로시간: 140시간(35시간+30시간+35시간+40시간)÷4주=35시간

② 단시간근로자의 1일 소정근로시간: 아래 (가) 또는 (나) 방법으로 산정

(가) 단시간근로자의 4주 총소정근로시간(140시간)÷통상근로자의 4주 총 근로일수(20일=5일×4주)=7시간

(나) 단시간근로자의 1주 소정근로시간(35시간)÷통상근로자의 1주 소정근로시간(40시간)×8시간 = 7시간

③ 단시간근로자의 1주 주휴일: 7시간(단시간근로자의 1일 소정근로시간)

④ 시간급 환산: 주급(50만원)÷1주 최저임금 적용기준 시간수(42시간=35시간+7시간)≒11,905원

⑤ 주급(50만원)을 시간급으로 환산한 금액(11,905원)과 법정 시간급 최저임금을 비교하여 최저임금 위반 여부를 판단

5. 월 단위로 정해진 임금

월 단위로 정해진 임금(월급)은 그 금액을 1개월의 최저임금 적용기준 시간수, 즉 1주의 최저임금 적용기준 시간 수에 1년 동안의 평균의 주의 수를 곱한 시간을 12로 나눈 시간 수로 나누어 시간급 임금으로 환산한 후에 고용노동부장관이 고시한 시간급 최저임금과 비교한다.

〈1월의 최저임금 적용기준 시간 수 산정〉

1개월 최저임금 적용기준 시간 수 = (1주 소정근로시간 +1주 유급 주휴일시간)×1년 평균 주(365÷7)÷12

※ 최저임금 적용기준 시간 수에는 근기법 제55조 제1항에 따른 법정 유급 주휴일시간만 포함되고, 그 외의 유급처리 시간은 최저임금 산정기준 시간 수에 포함되지 않음. 따라서 1개월의 최저임금 적용기준

시간 수는 통상적으로 209시간(≒(40H+8H)×365÷7÷12/1주 5일 근무, 토요일 무급휴일, 일요일 법정주휴일)을 초과하지 않음.

〈1개월의 최저임금 적용기준 시간 수 예시〉

소정근로시간 및 근로일	법정 유급주휴일	약정 유급휴일	최저임금 적용기준 시간 수
1일 8시간 및 1주 40시간 (1주 5일 근무)	1일 (8시간)	×	(40H+8H)×365÷7÷12 ≒ 209H
		1일(4시간)	
		1일(8시간)	
1일 7시간 및 1주 35시간 (1주 5일 근무)	1일 (7시간)	×	(35H+7H)×365÷7÷12 ≒ 183H
		1일(4시간)	
		1일(7시간)	
1일 6시간 40분 및 1주 40시간 (1주 6일 근무)	1일 (6시간 40분)	×	(40H+6시간 40분)×365÷7÷12 ≒ 203H
		×	
		×	

〈월급을 최저임금 적용을 위한 임금으로 산정하는 사례〉

〈사례 1〉 – 통상근로자인 경우

- 월급 300만원(주휴일수당 포함), 1주 5일 근무(1일 8시간 및 1주 40시간), 토요일 무급휴일 및 일요일 법정 주휴일인 경우.

① 1개월 최저임금 적용기준 시간 수: 209시간 {≒(40+8)×365÷7÷12}
② 시간급 환산: 월급(300만원)÷1개월 최저임금 적용기준 시간 수(209시간)≒14,355원
③ 월급(300만원)을 시간급으로 환산한 금액(14,355원)과 법정 시간급 최저임금을 비교하여 최저임금 위반 여부를 판단

〈사례 2〉 – 단시간근로자인 경우

- 통상근로자는 1주 5일 근무(1일 8시간 및 1주 40시간), 토요일 무급휴일 및 일요일 유급주휴일
- 단시간근로자는 월급 200만원(주휴일수당 포함), 토요일 무급휴일 및 일요일 유급주휴일/1주 5일 근로(1일 7시간 및 1주 35시간)인 경우

① 단시간근로자의 1일 소정근로시간: 아래 (가) 또는 (나) 방법으로 산정
(가) 단시간근로자의 4주 소정근로시간(140시간=35시간×4주)÷통상근로자의 4주 총근로일수(20일=5일×4주)=7시간
(나) 단시간근로자의 1주 소정근로시간(35시간)÷통상근로자의 1주 소정근로시간(40시간)×8시간

=7시간
② 단시간근로자의 1주 주휴일 시간: 7시간(단시간근로자의 1일 소정근로시간)
③ 단시간근로자의 1개월 최저임금 적용기준 시간 수: 183시간≒(35+7)×365÷7÷12
④ 시간급 환산: 월급(200만원)÷1개월 최저임금 적용기준 시간 수(183시간)≒10,929원
⑤ 월급(200만원)을 시간급으로 환산한 금액(10,929원)과 법정 시간급 최저임금을 비교하여 최저임금 위반 여부를 판단

6. 최저임금 위반 여부 판단 사례[21)]

〈사례 1〉 - 통상근로자

■ 소정근로시간이 1일 8시간, 1주 40시간인 근로자의 임금은 다음과 같음.
(상시근로자 100인 사업장, 토요일 무급휴일 및 일요일 법정 주휴일)

월 기본급	150만원
정기상여금	기본급의 연 600%를 매월 75만원(150×6÷12)씩 분할 지급
여름휴가비	7월 여름휴가 시 50만원 지급
식비	매월 20만원
교통비	매월 10만원
연장근로수당	20만원(월 20시간분)

⇒ ① **지급받는 임금 중 최저임금의 산정에 포함되는 임금만을 추려냄 (최저임금법 제6조 제4항)**

월급명세서	
기본급	1,500,000원
정기상여금	750,000원
여름휴가비	500,000원
식비	200,000원
교통비	100,000원
연장근로수당(20H)	200,000원
계	3,250,000원

➜

최저임금에 산입되는 임금	
기본급	1,500,000원
정기상여금	750,000원
식비	200,000원
교통비	100,000원
계	2,550,000원

* 여름휴가비는 1월을 초과하여 지급되는 임금 → 최저임금 산정에 포함하지 않음
* 연장근로수당은 소정근로 외의 임금 → 최저임금 산정에 포함하지 않음

21) 고용노동부, 「개정 최저임금법령 설명자료」, 2019.1, 49~51쪽.

⇒ ② **월단위로 정해진 임금을 시간급 임금으로 환산** (최저임금법 시행령 제5조 제1항)

구분	최저임금 산입 임금(a)		최저임금 적용기준 시간 수(b)	시간당 임금(a/b)
월급	기본급	1,500,000원	48시간(40+8)×(365일÷7일)÷12 ≒ 209시간	2,550,000원÷209시간 ≒ 12,200원
	정기상여금	750,000원		
	식비	200,000원		
	교통비	100,000원		
합 계		2,550,000원		

⇒ ③ **시간급으로 환산한 금액(12,200원)과 법정 시간급 최저임금을 비교하여 최저임금법 위반 여부를 판단**

〈사례 2〉 - 단시간근로자

■ 소정근로시간이 1일 7시간, 1주 35시간인 근로자의 임금은 다음과 같음.
(상시근로자 5인 이상 사업장, 토요일 무급휴일 및 일요일 법정 주휴일 부여)

월 기본급	120만원
정기상여금	기본급의 연 200%를 매월 20만원(120×2÷12)씩 분할 지급
직급수당	매월 10만원
조정수당	매월 10만원
식대	매월 20만원
연장근로수당	20만원(월 20시간분)

⇒ ① **지급받는 임금 중 최저임금의 산정에 포함되는 임금만을 추려냄** (최저임금법 제6조 제4항)

월급명세서	
기본급	1,200,000원
정기상여금	200,000원
직급수당	100,000원
조정수당	100,000원
식대	200,000원
연장근로수당(20H)	200,000원
계	2,000,000원

➜

최저임금에 산입되는 임금	
기본급	1,200,000원
정기상여금	200,000원
직급수당	100,000원
조정수당	100,000원
식대	200,000원
계	1,800,000원

* 연장근로수당은 소정근로 외의 임금 → 최저임금 산정에 포함하지 않음

⇒ ② **월단위로 정해진 임금을 시간급 임금으로 환산 (최저임금법 시행령 제5조 제1항)**

구분	최저임금 산입 임금(a)		최저임금 적용기준 시간 수(b)	시간당 임금(a/b)
월급	기본급	1,200,000원	42시간(35+7)×(365일÷7일)÷12 ≒ 183시간	1,800,000원÷183시간 ≒ 9,837원
	상여금	200,000원		
	직급수당	100,000원		
	조정수당	100,000원		
	식대	200,000원		
합 계		1,800,000원		

⇒ ③ **시간급으로 환산한 금액(9,837원)과 법정 시간급 최저임금을 비교하여 최저임금법 위반 여부를 판단**

〈사례 3〉 - 시간급 및 월급이 혼합된 경우

■ 기본급은 시급(7,000원)으로, 다른 수당은 월급(월 고정수당)으로 정한 경우
소정근로시간이 1일 8시간, 1주 40시간인 근로자가 다음과 같이 임금을 지급받기로 함
(상시근로자 5인 이상 사업장, 토요일 무급휴일 및 일요일 법정 주휴일 부여)

기본급	시급 7,000원을 월로 환산하여 지급
정기상여금	500,000원을 매월 지급
생산장려금	매월 5만원
조정수당	매월 5만원
정근수당	10만원(홀수달에만 지급)
장기근속포상금	근속 1년마다 50만원 지급

⇒ ① **지급받는 임금 중 최저임금 산정에 포함되는 임금만을 추려냄 (최저임금법 제6조 제4항)**

월급명세서	
기본급(월 지급액)	1,463,000원
정기상여금	500,000원
생산장려금	50,000원
조정수당	50,000원
정근수당	100,000원
장기근속포상금	500,000원
계	2,000,000원

➜

최저임금에 산입되는 임금	
기본급(시급)	7,000원
정기상여금	500,000원
생산장려금	50,000원
조정수당	50,000원
계	607,000원

* 기본급(월 지급액): 209시간×7,000원=1,463,000원

* 정근수당, 장기근속포상금은 1월을 초과하여 지급되는 임금 → 최저임금 산정에 포함하지 않음.

⇒ ② **월단위로 정해진 임금을 시간급 임금으로 환산** (최저임금법 시행령 제5조 제1항)

→ **시간으로 정해진 임금과 주급 및 월급의 시간당 임금을 합산** (최저임금법 시행령 제5조 제2항)

구분	최저임금 산입 임금(a)		최저임금 적용기준 시간 수(b)	시간당 임금(a/b)
시급	기본급	**7,000원**	-	**7,000원**
월급	정기상여금	500,000원	48시간(40+8)×(365일÷7일)÷12 ≒ 209시간	**600,000원÷209시간 ≒ 2,871원**
	생산장려금	50,000원		
	조정수당	50,000원		
	소계	**600,000원**		
합 계				**9,871원**

※ '기본급'은 시급(7,000원)으로 정해진 임금으로, 최저임금 적용기준 시간수는 없고 시급 자체가 그대로 시간급 임금에 합산됨.

⇒ ③ **시간급으로 환산한 금액(9,871원)과 법정 시간급 최저임금을 비교하여 최저임금법 위반 여부를 판단**

제6장

임금체계의 설계

제1절 개 요

제2절 임금결정 체계의 유형

제3절 연봉제

제4절 포괄임금제

제5절 임금피크제

제1절 개 요

1. 임금체계의 결정

1) 임금체계의 개념

임금체계는 근로자에게 지급되는 임금이 무엇을 기준으로 결정되는가에 관한 것으로 임금결경체계 및 임금구성체계를 포함하는 개념이다. 임금결정체계는 임금이 결정되거나 조정되는 기준과 방식을 말하고, 임금구성체계는 임금을 구성하는 항목들이 어떻게 전체 임금을 구성하고 있는지를 말한다.

〈임금체계의 구분〉[1)]

<table>
<tr><th colspan="3">구 분</th><th>내 용</th></tr>
<tr><td rowspan="5">광의의 임금체계</td><td rowspan="3">협의의 임금체계</td><td>임금결정 체계</td><td>연공급(호봉급), 직무급, 직능급(숙련급), 역할급 등</td></tr>
<tr><td>임금구성 체계</td><td>총임금의 구성항목(기본급, 각종수당, 상여금 등)</td></tr>
<tr><td>임금형태</td><td>시급제, 일급제, 주급제, 월급제, 연봉제, 고정급, 성과급 등</td></tr>
<tr><td colspan="2">임금수준</td><td>임금의 높고 낮은 정도
(산업, 직업, 기업 등 일정한 범위 내의 평균적인 임금)</td></tr>
<tr><td colspan="2">임금격차</td><td>임금수준의 차이
(남녀, 직종, 나이, 지역 등 개개 근로자의 임금 차이)</td></tr>
</table>

2) 임금결정의 기준

근기법 제4조는 '근로조건은 근로자와 사용자가 동등한 지위에서 자유의사에 따라 결정하여야 한다'고 규정하고 있고, 최저임금법 제6조 제1항은 '사용자는 최저임금의 적용을 받는 근로자에게 최저임금액 이상의 임금을 지급하여야 한다'고 규정하고 있다. 따라서 임금결정은 근기법, 최저임금법 등의 노동법을 기준으로 하여 단체협약 · 취업규칙 · 근로계약 등을 통해 노사가 자율적으로 결정하는 것이 원칙이다.

---

1) 고용노동부, 『임금체계 개편을 위한 가이드북』, 2016.8, 8~10쪽.

2. 임금체계의 형성

1) 임금규정의 존재

임금은 근로자에게는 주된 생계의 원천이지만 기업에게는 주된 생산비용이 된다. 따라서 근로자는 더 많은 임금을 원하고 기업은 더 적은 임금을 지급하려는 입장이 대립하는 경우가 많고, 결국에는 근로계약 당사자인 근로자와 사용자의 협상과 합의에 따라 임금이 정해질 수밖에 없다. 그러나 현실적으로는 기업이 개별 근로자와 일일이 합의를 통해 임금을 정하는 경우보다는 기업 내 근로자들에게 통일적으로 적용되는 단체협약, 취업규칙 등에 따라 근로자가 채용되면 임금이 정해지도록 하고 있다.

2) 임금규정의 노동법 적용

임금규정은 노동법에 따라 규율을 받는 동시에 기업 내의 임금에 관한 기준으로서 역할을 하면서, 기업 내 조직체계 및 인사관리 체계와 부합하여 하나의 체계를 이루고 있다. 임금규정은 노동조합이 존재하는 사업장은 단체협약(통상 임금협약이라고 함)으로 정하고, 노동조합이 존재하지 않는 사업장은 취업규칙에서 정한다. 특히 취업규칙에 따라 임금체계가 형성되는 사업장은 근기법의 규정(제93~제97조)에 따른 절차를 준수해야 적법한 임금규정으로 인정받을 수 있다.

3. 임금의 구성항목과 임금형태의 구분

1) 임금의 구성항목

(1) 기본급

기본급은 노동법의 규정에 따른 명칭이 아니라, 일반적으로 근로계약에 따른 소정근로시간에 대한 대가와 그 외에 유급으로 지급되어야 하는 대가(주휴일 수당)를 월급제 형태의 임금체계에서 기본급이라고 실무상 표현하는 것이다.[2] 다만, 소정근로시간에 대한 대가와 주휴일 수당을 분리하여 다른 명칭으로 각각 지급할 수도 있다.

---

2) 근로자에 대한 임금을 월급으로 지급할 경우 월급에는 근기법 제55조 제1항 소정의 유급 주휴일에 대한 임금도 포함되어 있다(대법원 1994.5.24. 선고 93다32514 판결).

(2) 수 당

수당은 주휴일수당 · 시간외근로수당 · 연차유급휴가수당 등 법령에 따라 일정한 요건이 충족되면 그 지급이 강제되는 법정수당과, 직책수당 · 자격증수당 · 가족수당 등과 같이 근로자와 사용자 사이의 약정으로 지급기준이나 대상 등을 정할 수 있는 약정수당으로 구분할 수 있다. 기본급 이외의 수당들을 설계할 때는 통상임금 해당여부와 최저임금 산입 여부 등을 확인한 후 최소한 최저임금액에 미달되지 않도록 고려되어야 한다. 이러한 수당들이 소득세법상 비과세 요건을 충족하도록 설계하면 근로소득세나 사회보험료 등을 절감할 수 있다.

2) 임금형태의 구분

임금형태는 산정단위에 따라 시급제 · 일급제 · 주급제 · 월급제 · 연봉제로 구분할 수 있고, 보상기준에 따라 고정급과 성과급으로 구분할 수 있다.

〈산정단위 및 보상기준에 따른 임금형태의 구분〉

구 분		내 용
산정단위	시급제	1시간을 단위로 임금을 결정하는 방식
	일급제	1일을 단위로 임금을 결정하는 방식
	주급제	1주일을 단위로 임금을 결정하는 방식
	월급제	1개월을 단위로 임금을 결정하는 방식
	연봉제	1년을 단위로 임금을 결정하는 방식
보상기준	고정급	성과와 무관하게 근무시간에 따라 미리 정한 정액급으로 지급하는 방식
	성과급	직무수행의 결과 또는 산출고를 기준으로 결정하는 방식(업적급, 능률급 등)

제2절 임금결정 체계의 유형

1. 연공급

1) 개 념

연공급은 임금인상이 주로 연공(경력, 근속연수 등)에 따라 결정되는 임금체계이고, 통상 근속연수에 따라 더 높은 임금을 적용하는 호봉표가 활용되는 것이 경우가 많아 호봉급이라고도 한다.[3] 연공급 체계에서 임금조정은 전체 근로자에게 일률적으로 적용되는 임금인상을 제외하고는 기본적으로 근속연수의 증가에 따라 이루어지는 우리나라의 지배적인 임금체계이다.

2) 장점 및 단점

연공급은 장기근속을 유도하고 그에 따라 숙련인력을 유지할 수 있는 장점이 있다. 반면에 근속연수에 따라 생산성이 비례적으로 증가하지 않을 경우 일정 연령 이후에는 임금수준과 생산성의 괴리가 커져 오히려 기업은 고비용을 초래하여 조기퇴직의 압박요인으로 작용하게 된다.

2. 직무급

1) 개 념

직무급은 임금의 주된 부분이 직무의 특성(난이도, 업무강도, 책임의 정도, 요구되는 기술 등)에 따라 결정되는 임금체계이다. 직무급은 직무에 따라 임금이 결정되기 때문에 원칙적으로 누가 그 직무를 수행하든지 동일한 임금을 받는 소위 '동일가치노동 동일임금 원칙'[4]이 적용된다.

---

3) 연공급은 근속연수별 자동 호봉승급을 지칭하는'호봉급'과는 구별되지만, 우리나라의 연공급은 주로 호봉급 체계를 가지고 있으므로 통상 연공급과 호봉급은 같은 의미로 사용된다.

4) 동일가치노동 동일임금 원칙은 '사업주는 동일한 사업 내의 동일가치노동에 대하여는 동일한 임금을 지급하여야 한다'는 원칙이다(남녀고용평등 제8조 제1항). 동일가치노동의 기준은 직무 수행에서 요구되는 기술, 노력, 책임 및 작업조건 등으로 하고, 사업주가 그 기준을 정할 때에는 노사협의회의 근로자를 대표하는 위원의 의견을 들어야 한다(남녀고용평등법 제8조 제2항).; 대법원 2020.11.26. 선고 2019다262193 판결(일반적으로 '동일가치의 노동'이란 해당 사업장 내에서 서로 비교되는 근로자 간의 노동이 동일하거나 실질적으로 거의 같은 성질의 노동 또는 그 직무가 다소 다르더라도 객관적인 직무평가 등에 따라 본질적으로 동일한 가치가 있다고 인정되는 노동에 해당하는 것을 말함. 동일가치의 노동인지는 직무 수행에서 요구되는 기술, 노력, 책임과 작업조건을 비롯하여 근로자의 학력 · 경력 · 근속연수 등의 기준을 종합적으로 고려하여 판단하여야 함).

남녀고용평등법은 고용에서 남녀의 평등한 기회와 대우를 보장하여 남녀고용평등을 실현하는 것을 목적(제1조)으로 하는 법률로서, 같은 법 제2장 제1절(제7조부터 제11조까지)에서는 "남녀의 평등한 기회보장 및 대우"에 관한 내용을 규율하면서 제8조 제1항에서는 사업주는 동일한 사업 내의 동일 가치 노동에 대하여는 동일한 임금을 지급하여야 한다고 규정하고 있는데, 이는 동일 가치 노동에 대한 동일 임금 지급이 남녀고용평등의 핵심인 점을 고려하여 실질적인 남녀고용평등이 실현되도록 하려는 취지입니다. 남녀고용평등법 제8조 제1항은 사업주에게 성별을 이유로 동일한 사업 내에서 동일 가치 노동을 하는 근로자에게 임금을 차등 지급하면 안 된다는 의무를 부과하는 것이지, 같은 성의 근로자에 대한 임금 차별 금지 의무까지 부과하는 것으로 보기는 어렵습니다. 아울러 헌법상 평등원칙 및 남녀 차별을 포함한 일반적인 개념에서의 균등대우 원칙에 대해서는 「근로기준법」 제6조에서 규정하고 있다는 점도 이 사안을 해석할 때 고려해야 합니다(법제처 2020.2.20., 19-0524).

2) 장점 및 단점

직무급은 근로자 개개인에 대한 자의적인 임금결정이 아닌 객관화된 직무의 특성에 따라 임금이 결정되므로 직무가치에 따라 보상할 수 있어 임금차별 소지가 적고 미숙련, 여성 등 취약계층에 대한 공정한 대우도 가능하다. 그러나 소품종 대량생산에서 다품종 소량생산으로의 시장수요 변화, 작업장 혁신에 따른 유연한 작업체계, 직무능력과 성과 등 근로자의 속인적 특성의 중요성 대두 등에 따라 순수한 직무급보다는 직무능력이나 성과 등을 가미한 변형된 직무급이 늘어나고 있다.

3. 직능급

1) 개 념

직능급은 근로자의 직무능력 또는 숙련 정도 등에 따라 임금이 결정되는 것으로, 임금조정도 기본적으로 직무능력이나 숙련의 향상이 있는 경우에 이루어지게 된다.[5] 통상 직무능력이나 숙련이 근속연수에 따라 올라가는 경우가 많아 직능급도 어느 정도 연공성을 갖게 되지만, 연공급이 근속연수에 따라 자동으로 임금인상이 되지만 직능급은 직무능력이나 숙련의

5) '직능급'은 숙련도를 포함한 넓은 의미의 직무능력 · 자격 · 지식 · 역량 등을 포함하며 반드시 특정 업무에 적용되는 직무능력에 한정되지 않고, '숙련급'은 해당 업무에 대한 숙련도를 중심으로 임금결정을 하여 엄밀히 보면 직능급과 숙련급은 차이가 있지만, 통상 같은 의미로 사용된다.

향상(훈련이수, 자격 취득, 그밖의 평가기준에 따른 인정 등)이 있어야만 임금인상이 이루어진다.

2) 장점 및 단점

훈련이나 자격취득 등 직무능력이나 숙련의 향상은 객관적인 기준이 되므로 근로자별 임금의 공정성을 저해하지 않고 사용자의 자의적 임금결정도 예방할 수 있으며, 직무능력의 향상은 기업의 생산성 제고와 직접적으로 연관된다. 그러나 순수하게 직무능력이나 숙련의 정도만 기준으로 임금을 결정하는 순수 직능급 사례는 많지 않으며, 직능급을 도입하더라도 직무급 등 다른 임금체계와 혼합되어 적용되는 경우가 대부분이다.

4. 역할급

1) 개 념

역할급은 기업의 부가가치는 근로자의 역할[6]과 성과에 의해 창출되는 것으로 보고 역할등급을 정하고 역할등급별 임금구간을 설정한 후 역할에 대한 이행 정도, 즉 성과에 따라 임금이 최종 결정되는 임금결정체계이다.[7] 역할급은 연공급 및 직능급의 대안으로 등장한 임금결정체계로서 직무와 성과를 강화한 것이다.

2) 장점 및 단점

역할급에서 임금조정은 역할의 이행 정도, 즉 성과와 관련되며 근속연수에 따른 자동 임금인상은 없다. 다만, 성과가 저조할 경우 감급이 가능하다는 점에서 직능급과 큰 차이가 있

6) '역할' 은 조직 내에서 해당 직위 또는 직무를 담당하는 근로자가 수행해야 할 책임이나 미션 등을 의미한다. 즉 직무급에서의 직무와 같이 고정된 것이 아니라, 그 역할을 수행하는 근로자의 속인적 특성까지 고려하여 유연하게 설정될 수 있다는 점이 직무급에서의 직무와는 차이이다.

7) '직무급' 이 과거 미국이 테이러-포드주의의 분업화 · 전문화된 조직체계에서 효율성 제고를 위한 것이었다면, '역할급' 은 근로자의 인적특성과 조직성과의 우선이라는 일본의 전통에 기반한 것으로 볼 수 있다. 따라서 잘 설계된 분업화 · 전문화를 통해 각각의 직무가 최고의 기능을 수행하면 당연히 전체적인 최고의 성과가 실현된다는 미국식 사고의 산물이 직무급에 반영되어 있고, 조직의 유기적 협력과 유연한 역할 분담, 근로자의 충성이나 헌신을 중시하는 일본식 전통의 산물이 역할급에 반영되어 있다고 할 수 있다(고용노동부, 『임금체계 개편을 위한 가이드북』, 2016.8,. 14쪽).

고, 역할이 변경되면 그에 따른 임금조정도 당연히 발생하게 된다.

5. 성과급

1) 개 념

순수하게 성과만을 기준으로 임금을 결정하는 경우는 매우 희박하므로, 성과급은 하나의 독자적인 임금결정 체계라기 보다는 임금의 조정 측면에서 활용되는 경우가 일반적이다(예: 차량판매실적에 연계되어 보수가 결정되는 자동차딜러, 성적에 따라 매년 연봉이 조정되는 프로운동선수 등).[8] 즉 연공급, 직무급, 직능급 등 다양한 임금체계에서 임금조정 수단으로 성과급이 적용될 수 있다.

2) 운영방법

성과급은 기존 임금체계에서 별도 항목으로 정할 수도 있고, 기존 임금체계의 틀 내로 편입하여 운영할 수도 있다. 기존 임금체계 내로 편입할 경우는, 예를 들어 호봉제(연공급)의 경우 성과에 따라 호봉승급을 차등하거나 직무급의 경우 직무등급에 임금구간(pay band)을 설정하여 성과에 따라 임금구간 내에서 임금을 조정하는 방식으로 운영할 수 있다.

〈임금결정 체계의 유형과 임금의 결정 및 조정 요인〉[9]

임금결정 체계 유형	임금 결정 및 조정 요인
연공급(호봉급)	근속연수
직무급	직무가치(직무특성, 난이도, 책임정도 등)
직능급(숙련급)	직무능력(숙련도, 경력, 훈련, 자격, 역량 등)
역할급	역할의 가치(이행 정도, 역할의 크기 등)
성과급	성과(개인성과, 집단성과)

8) 넓은 의미의 성과급의 한 형태로 '성과연봉제'가 있는데, 독자적인 임금체계는 아니고 성과에 따른 임금조정의 한 방식이다. 성과연봉제는 성과에 따라 차등을 두어 연봉을 조정하는 방식인데, 보통 기본연봉(성과와 직접 연계되지 않은 고정적 부분)과 성과연봉(성과에 따라 가변적인 부분)으로 구성된다.

9) 고용노동부, 『임금체계 개편을 위한 가이드북』, 2016.8, 10쪽.

제3절 연봉제

1. 연봉제의 개념과 유형

1) 개 념

연봉제의 개념에 대해서는 다양한 견해가 있지만, 임금의 전부 또는 상당 부분을 근로자의 능력 · 실적 및 공헌도 등을 평가하여 연단위로 결정하는 제도라고 할 수 있다. 다만, 실무에서는 아래와 같은 연봉제 유형이 아닌 단순히 1년 단위의 임금총액만을 정하고 이를 연봉제라고 표현하는 경우가 많다. 그러나 현행 근기법은 임금의 결정단위 또는 형태로서 시간급 · 일급 · 주급 · 월급 및 도급제만 규정하고 있을 뿐 연단위로 결정되는 연봉제는 규정하고 있지 않다. 따라서 연봉제의 도입대상 및 도입절차에 대한 노동법의 적용과 관련해서도 해석상 다소 혼선이 있지만, 실제 연봉제에 노동법을 적용함에 있어서는 그 유형과 관계없이 도입대상, 도입절차, 임금의 지급형태 등 판단하고자 하는 법률관계와 근로계약, 취업규칙, 단체협약 등 연봉제 관련 규정을 종합적으로 검토하여 판단하여야 한다.

2) 유 형

연봉제는 기본연봉과 업적연봉의 배분비율, 기본연봉의 결정기준에 따라 다양하게 구분할 수 있다. 연공급(호봉급) 임금체계에서는 매년 정기승급 등을 통해 임금상승이 자동적으로 이루어지지만, 연봉제를 도입하면 업무평가와 연봉협상을 통해 업적 · 성과 · 능력 등 공헌도에 따라 연간 임금총액이 매년 결정된다.

〈연봉제의 유형〉[10]

유 형	내 용
단일연봉(업적연봉)	기본급과 모든 수당을 포함한 총액을 연봉액에 포함
기본연봉(종합급) + 업적연봉	근무연수 · 자격 · 직무내용 및 각종 수당을 포함한 금액을 기본연봉으로 하고, 업무성과에 따라 업적연봉 지급

10) 고용노동부, 「연봉제 관련 노동관계법의 적용기준」, 임금근로시간정책팀-3444, 2007.11.22.

유 형	내 용
기본연봉(직능급) + 업적연봉	개인의 직무수행능력 정도를 고려하여 기본연봉을 정하고 업무성과에 따라 업적연봉 지급
기본연봉(직능급+직무급) + 업적연봉	개인의 직무수행능력 정도와 직무의 중요도 · 난이도를 고려하여 기본연봉을 정하고, 업무성과에 따라 업적연봉 지급
기본연봉(직능급+기초급) + 업적연봉	개인의 직무수행능력 정도와 급여기본액(종래의 기본급과 제수당 포함)을 고려하여 기본연봉을 정하고 업무성과에 따라 업적연봉 적용

2. 연봉제의 적용대상

1) 개 요

연봉제는 임금결정의 한 형태로 적용 대상과 관련하여 노동법상 특별한 제한은 없다. 그러나 현실적으로는 연봉제의 성격, 도입절차의 용이성 등으로 인해 간부직 사원, 관리 · 감독자, 재량근로자 등에게 주로 도입되고 있다.

2) 임 원

근기법상의 근로자가 아닌 임원(이사, 상무, 전무, 대표이사 등)은 노동법의 제한을 받지 않고 연봉제 도입이 가능하다.

3) 관리 · 감독자

근기법 제63조에 해당하는 관리 · 감독 업무에 종사하는 근로자는 근기법상 근로시간, 휴게 및 휴일에 관한 규정이 적용되지 않는다. 따라서 연봉제가 적용되더라도 연장 · 휴일 근로에 대한 가산임금은 적용하지 않아도 된다. 다만, 야간근로에 대한 가산임금은 적용하여야 한다.

4) 재량근로제 종사자

근기법 제58조 제3항에 따른 연구업무 등 재량업무에 종사하는 근로자는 사용자와 근로자대표와가 서면합의로 정한 시간이 근로시간으로 간주된다. 따라서 서면합의의 내용에 따라 근로시간 등의 규정이 적용된다.

3. 연봉제의 도입방식

1) 근로계약을 통한 도입

사용자와 대상 근로자의 개별적인 연봉계약의 체결을 통해 연봉제의 도입이 가능한데, 이 방법은 주로 취업규칙이 적용되지 않는 상시근로자 10인 미만의 사업장에서 활용되는 방법이다. 한편 근로계약서에는 근기법 제17조에 따라 연봉(임금)의 구성항목 · 계산방법 · 지급방법에 관한 사항이 서면으로 명시되어야 한다.

2) 취업규칙을 통한 도입

「근로기준법」

제94조【규칙의 작성, 변경 절차】 ① 사용자는 취업규칙의 작성 또는 변경에 관하여 해당 사업 또는 사업장에 근로자의 과반수로 조직된 노동조합이 있는 경우에는 그 노동조합, 근로자의 과반수로 조직된 노동조합이 없는 경우에는 근로자의 과반수의 의견을 들어야 한다. 다만, 취업규칙을 근로자에게 불리하게 변경하는 경우에는 그 동의를 받아야 한다.

「노동조합 및 노동관계조정법」(약칭: 노동조합법)

제33조【기준의 효력】 ① 단체협약에 정한 근로조건 기타 근로자의 대우에 관한 기준에 위반하는 취업규칙 또는 근로계약의 부분은 무효로 한다.
② 근로계약에 규정되지 아니한 사항 또는 제1항의 규정에 의하여 무효로 된 부분은 단체협약에 정한 기준에 의한다.

취업규칙을 통해 연봉제가 도입되기 위해서는 근기법 제94조에 따라 적법한 취업규칙의 변경절차가 충족되어야 한다. 즉 취업규칙의 변경은 과반수 노동조합이나 근로자 과반수의 의견을 들어야 하고, 취업규칙의 불리한 변경은 과반수 노동조합이나 근로자 과반수의 동의를 받아야 한다. 다만, 취업규칙이 적법하게 변경되었더라도 단체협약보다 불리한 내용이 포함된 경우에는 단체협약의 적용을 받는 근로자에 대하여는 그 효력이 없다.

-「근로기준법」 제93조에는 임금의 결정 · 계산 · 지급 방법, 임금의 산정기간 · 지급 시기 및 승급에 관한 사항(제2호), 가족수당의 계산 · 지급 방법에 관한 사항(제3호), 퇴직급여, 상여 및 최저임금에 관한 사항(제4호) 등 임금에 관한 사항을 취업규칙에서 정하도록 규정하고 있음. 따라서, 사업

장 취업규칙에서 근로자들에게 적용하는 임금제도를 연봉제로 정하고 그 취업규칙에 따라 연봉제를 적용받는 근로자들에 대한 임금제도를 변경하기 위해서는 달리 볼 사정이 없는 한 취업규칙의 변경을 통하여 종전 취업규칙에 따라 연봉제를 적용받던 근로자들의 임금제도를 다른 임금제도로 변경할 수 있다고 봄이 타당할 것임. 만약 일시금제도로 임금제도를 변경하는 것이 취업규칙 불이익 변경에 해당한다면 「근로기준법」 제94조 제1항 규정에 따라 근로자 집단의 과반수 동의가 없는 경우 불리하게 변경한 그 취업규칙은 그 부분에 한하여 효력이 없다고 할 것임(고용노동부, 2022.12.7., 근로기준정책과-3872).

- *학교법인 K가 L대학교 교원의 보수체계를 '호봉제'로 정하였던 기존 보수규정을 폐지하고 '성과연봉제' 도입을 내용으로 하는 새로운 보수규정을 제정한 것은 취업규칙의 불이익한 변경에 해당하고, 이에 대해 L대학교 교원들의 적법한 동의를 받지 않았으며, 이러한 보수체계 변경에 사회통념상 합리성도 인정되지 않는다(대법원 2023.4.13. 선고 2019다282371 판결).*

3) 단체협약을 통한 도입

노동조합이 있는 사업장의 경우 단체협약의 변경을 통한 연봉제의 도입이 가능하지만, 그 적용은 일정한 한계가 존재한다. 즉 단체협약은 원칙적으로 노동조합원인 근로자에 한하여 적용되기 때문에 비조합원인 근로자에게 적용하기 위해서는 별도의 취업규칙 변경절차가 동반되어야 한다. 따라서 단체협약의 갱신을 통한 연봉제의 도입은 당해 사업장에 근로자의 과반수로 조직된 노동조합이 있고, 그 적용 대상이 노동조합원인 근로자에게 유용하다.[11]

호봉제에 관한 단체협약이 체결되어 있는 사업장에 연봉제 계약을 체결하고 입사한 신입사원이 노조에 가입하여 조합원 자격을 취득하였다고 하여 당연히 입사시의 연봉제 계약이 효력을 상실한다고 할 경우 신의칙과 금반언 원칙[12]에 위배된다고 할 것임. 따라서, 이후 연봉제 계약을 체결하고 입사한 신입사원의 임금체계에 대해 호봉제 단체협약을 적용하기로 노사간 합의하는 등의 사정이 없는 한, 신입사원은 노조가입에도 불구하고 연봉제 계약이 적용된다고 할 것임(고용노동부, 2008.10.3., 노사관계법제과-864).

11) 단체협약의 적용범위와 관련하여 「노동조합 및 노동관계 조정법」 제35조(일반적 구속력)는 "하나의 사업 또는 사업장에 상시 사용되는 동종의 근로자 반수 이상이 하나의 단체협약의 적용을 받게 된 때에는 당해 사업 또는 사업장에 사용되는 다른 동종의 근로자에 대하여도 당해 단체협약이 적용된다"고 규정하고 있다.

12) '금반언의 원칙'은 이미 표명한 자기의 선행행위에 대하여 이와 모순되는 후행행위를 할 수 없다는 원칙으로, 법적 안정성과 신뢰 확보를 위한 것이다. 이는 신의성실의 원칙(신의칙; 서로 상대방의 신뢰를 헛되이 하지 않도록 성의 있게 행동하여야 한다는 원칙, 민법 제2조)에서 파생된 것이다.

4) 노사협의회를 통한 도입

노사협의회[13)]가 설치되어 있는 상시근로자 30인 이상 사업장의 경우에는 노사협의회에서 연봉제 도입에 관한 협의(임금의 지급방법 · 체계 · 구조 등의 제도 개선)가 가능하다. 다만, 노사협의회에서 의결은 하더라도 이는 근로조건을 변경하는 직접적인 효력은 없으므로 연봉제의 도입이 유효하기 위해서는 취업규칙의 변경, 단체협약의 갱신 등이 수반되어야 한다.

> *취업규칙을 불이익하게 변경하는 경우 사업 또는 사업장에 근로자의 과반수로 조직된 노동조합이 없는 경우에는 근로자 과반수의 동의를 받아야 하며, 근로자참여및협력증진에관한법률에 의한 근로자위원은 같은법 제4장에 의한 임무를 수행하는 자로서 근로기준법상 취업규칙의 불이익 변경에 대한 동의권을 가진 자로 볼 수 없음. 다만, 근로자의 과반수가 자유의사에 기하여 취업규칙 불이익 변경에 대한 동의권을 근로자위원에게 위임하였다면 그 근로자위원은 근로기준법상 취업규칙의 불이익 변경에 대한 동의권을 가진 자로 볼 수 있음(고용노동부, 1991.9.1., 근기 68207-2144).*

4. 연봉제 운용과 노동법 적용

1) 임금의 지급방법

근기법 제43조의 임금 지급의 원칙인 통화지급, 전액지급, 직접지급 및 정기지급의 원칙은 연봉제에도 적용되어야 한다. 즉 임금결정기간을 연간단위로 하더라도 그 지급과 관련된 규정은 기존의 임금제도와 동일하게 적용되고, 특히 정기지급의 원칙과 관련하여 임금이 연간단위로 결정되더라도 그 지급은 월 1회 이상 일정한 날에 지급되어야 한다.

2) 연장 · 야간 · 휴일 근로의 적용

연봉제에서도 근기법 제56조에 따른 연장 · 야간 · 휴일 근로에 대한 임금 및 가산임금은 지급되어야 한다. 그러나 포괄임금제[14)]가 유효하게 도입된 경우에는 연봉액에 이러한 임금 및

13) 노사협의회는 「근로자참여 및 협력증진에 관한 법률」 제4조에 따라 상시근로자 30인 이상의 사업장에 설치가 의무화된 근로자와 사용자가 기업의 공동이해 관계에 있는 사항을 협의하는 협의체 기구이다. 노사협의회의 구성은 근로자를 대표하는 근로자위원과 사용자를 대표하는 사용자위원으로 구성되는데, 근로자위원과 사용자위원은 3명~10명의 범위에서 같은 수의 위원으로 구성한다.

14) 사용자와 근로자가 근로계약을 체결함에 있어서 기본임금을 정하고 이를 기초로 각종 수당을 가산하여 지급하는 것이 원칙이지만, 기본임금을 정하지 아니한 채 각종 수당을 합한 금액을 월 급여액이나 일당임금으로 정하거나 기본임금을 정하고 매월 일정액을 각종 수당으로 지급하는 것을 소위 '포괄임금제' 라고 하고, 그러한 임금지급계약 또는 단체협약

가산임금이 포함되어 있는 것으로 볼 수 있다. 다만, 이 경우에도 미리 예정된 연장 · 야간 · 휴일 근로를 초과하여 근로한 경우에는 해당 임금 및 가산임금이 추가로 지급되어야 한다.

일반적으로 포괄임금제란 근로계약 체결 시 근로의 형태나 업무 성질상 법정 기준 근로 시간을 초과한 연장 · 야간 · 휴일 근로 등이 당연히 예정돼 있는 경우나 계산의 편의를 위해 노사 당사자 간 약정으로 연장 · 야간 · 휴일 근로 등을 미리 정한 후 매월 일정액의 제수당을 기본 임금에 포함해 지급하는 것을 말합니다. 이러한 포괄임금제를 도입하기 위해서는 단체협약 · 취업규칙 등에 그 근거가 있거나 개별 근로자의 동의가 있어야 하며, 포괄임금제로 지급되는 고정급이 당해 근로자의 실제 근로 시간에 따른 법정 연장 · 야간 · 휴일 근로 수당보다 적을 때는 그 차액을 추가로 지급해야 하는 등 근로자에게 불이익이 없고, 제반 사정상 정당하다고 인정되는 경우에 한해 그 유효성이 인정된다 할 것입니다. 따라서 임금 및 수당 등이 법정 기준보다 하회하지 않는 등 위 조건을 충족하고 있다면 근로계약 체결 시 포괄임금제를 약정한 것만으로 근로기준법을 위반했다고 단정하기는 어렵다 할 것입니다(고용노동부 2008.8.6., 근로조건지도과-3072).

3) 근로계약기간과의 관계

연봉제는 통상적으로 임금액이 매년 새롭게 결정되기 때문에 외형상으로는 매년 새로운 근로계약이 체결되는 것과 유사하다. 그러나 연봉제 계약은 근로계약의 기간과 관계없이 임금액의 산정을 연간단위로 하기로 하고 그 금액을 매년 변경하는 것에 불과하다. 따라서 연봉제의 실시와 별개로 근로자의 근로계약을 기간의 정함이 있는 계약(계약직)으로 한다는 별도의 계약을 체결하지 않는 한 연봉계약 기간의 종료가 곧바로 근로계약 기간의 종료를 의미하지 않는다.

근로계약기간은 기간의 정함이 없는 것으로 하고 임금결정만 연봉제로 하는 경우라면 이는 기간의 정함이 없는 근로계약이므로 민법 제660조에 따라 근로자는 언제든지 근로계약 해지를 통고할 수 있으며, 사용자가 수리하지 아니하더라도 1임금지급기가 경과하면 근로관계는 해지됨. 그러나, 근로계약기간을 1년으로 하고 임금결정도 근로계약기간에 따라 연봉제로 하는 경우라면 이는 1년의 기간을 정한 근로계약이므로 근로자는 근로계약기간을 준수해야 함. 다만, 민법 제661조에서 「고용기간의 약정이 있는 경우에도 부득이한 사유가 있는 때에는 각 당사자는 계약을 해지할 수 있다. 그러나, 그 사유가 당사자 일방의 과실로 인하여 생긴 때에는 상대방에 대하여 손해를 배상하여야 함」이라고 규정하고 있음을 알려드리니 참고하시기 바람. 만일, 1년을 초과하는 기간을 정하여 근로계약을 체결한 경우라면 근로자는 1년이 경과한 후에는 언제든지 근로계약을 해지할 수 있음(고용노

의 체결이 근로자에게 불이익하지 않으면 유효하다(대법원 2016.8.24. 선고 2014다5098(본소), 2014다5104(반소)).

> *동부, 2002.8.9., 근기 68207-2674).*

〈근로계약기간과 연봉계약기간〉

구 분	내 용
근로계약기간	정규직, 계약직 등 고용이 보장되는 기간
연봉계약기간	시급 · 일급 · 주급 · 월급 등 연봉액이 결정 및 적용되는 기간

※ 근로계약기간과 연봉계약기간은 다른 개념이므로 통상적으로 기간이 동일하지 않음.

4) 통상임금과 평균임금의 판단

통상임금은 연장 · 야간 · 휴일 근로 등 각종 법정수당의 산정기준으로 사용되며, 여기에는 정기적 · 일률적으로 지급하기로 정하여진 기본급과 고정적 수당 등이 포함된다. 이에 반해 평균임금은 퇴직금 등의 산정기초로 사용되며, 이를 산정하여야 할 사유가 발생한 날 이전 3개월간에 지급된 임금의 총액을 그 기간의 총일수로 나누어 산정한다. 따라서 기존에 지급되던 상여금과 수당들이 통폐합되어 연봉액이 책정된 경우 통상임금이 증가하는 효과가 발생할 수 있지만, 연봉제 실시 이후 개별적 임금항목이 통상임금 또는 평균임금에 해당되는지 여부는 연봉제에서 개별 임금항목의 성격에 따라 판단되어야 한다.

> *연봉제로 임금체계를 변경하여 기본급에 각종 수당을 포함하여 기본연봉으로 통합하고 기본연봉의 1/12를 매월 분할하여 지급할 경우에는 매월 지급되는 기본연봉을 통상임금으로 보아야 할 것임. 다만, 기본연봉 안에 연장근로시간에 대한 임금까지 포함되어 있는 경우에는 이를 통상임금의 범주에서 제외하여야 할 것임(고용노동부, 2006.11.14., 임금근로시간정책팀-3347).*

5) 퇴직금 지급

(1) 연봉제와 퇴직금 중간정산

> **「근로자 퇴직급여 보장법」(약칭: 퇴직급여법)**
>
> **제8조【퇴직금제도의 설정 등】** ② 제1항에도 불구하고 사용자는 주택구입 등 대통령령으로 정하는 사유로 근로자가 요구하는 경우에는 근로자가 퇴직하기 전에 해당 근로자의 계속근로기간에 대한 퇴직금을 미리 정산하여 지급할 수 있다. 이 경우 미리 정산하여 지급한 후의 퇴직금 산정을 위한 계속근로기간은 정산시점부터 새로 계산한다.

연봉제의 경우도 퇴직급여법 제8조 및 제9조에 따라 퇴직금에 관한 규정이 적용된다. 그러나 연봉액에 퇴직금을 포함한 후 그 금액을 매월 임금지급 시기에 분할하여 지급하는 형태의 중간정산이 자주 이용되었는데, 이러한 퇴직금 중간정산은 분쟁의 소지가 많았던 부분이다. 다만, 2012년 7월 26일 퇴직급여법이 개정되어 퇴직급여법 시행령 제3조에 명시된 특정한 사유가 아니면 퇴직금 중간정산은 불가능하고, 연봉제에서 퇴직금 중간정산이 적법하려면 퇴직급여법상 중간정산 사유를 충족하면서 아래 행정해석의 요건도 동시에 충족하여야만 가능하다.

> *사용자와 근로자가 매월 지급하는 월급이나 매일 지급하는 일당과 함께 퇴직금으로 일정한 금원을 미리 지급하기로 약정(이하 '퇴직금 분할 약정'이라 한다)하였다면, 그 약정은 퇴직금 중간정산으로 인정되는 경우가 아닌 한 최종 퇴직시 발생하는 퇴직금청구권을 근로자가 사전에 포기하는 것으로서 강행법규에 위배되어 무효이고, 그 결과 퇴직금 분할 약정에 따라 사용자가 근로자에게 퇴직금 명목의 금원을 지급하였다하더라도 퇴직금 지급으로서의 효력이 없다(대법원 2012.10.11. 선고 2010다95147 판결).*

〈연봉제에서 퇴직금 중간정산 요건〉[15]

> 소위 연봉제 근로자도 근로자퇴직급여보장법상의 퇴직금 규정이 그대로 적용되며, 연봉액에 퇴직금을 포함하여 매월 분할 지급하는 경우 퇴직금 중간정산으로 인정받기 위하여는 아래의 요건을 모두 갖추어야 함.
>
> ㉮ 중간정산 대상기간은 중간정산 시점을 기준으로 기왕에 계속근로를 제공한 기간만 해당됨. 그러므로 1년미만 근속 근로자는 법정 퇴직금 지급대상이 아니므로 중간정산 대상자가 아님.
>
> ㉯ 퇴직금을 중간정산 받고자 하는 근로자의 별도의 요구가 있어야 하며, 중간정산금을 매월 분할하여 지급한다는 내용이 명확하게 포함되어 있어야 함.
>
> ㉰ 연봉액에 포함될 퇴직금의 액수가 명확히 정해져 있어야 하며, 매월 지급받은 퇴직금의 합계가 중간정산 시점을 기준으로 근로자퇴직급여보장법 제8조 제1항의 규정에 의해서 산정된 금액보다 적지 않아야 함.

(2) 부당이득금 반환 문제

연봉제에서 퇴직금 중간정산이 적법하지 않다면, 미리 지급된 퇴직금 명목의 금액은 퇴직금 분할약정이 유효하게 존재한다면 근로자는 부당이득금[16]으로 사용자에게 반환하여야 하

15) 고용노동부, "연봉제하 퇴직금 중간정산요건 변경지침 시달", 2005.12.23., 퇴직급여보장팀-1276.

16) 부당이득금은 법률상의 원인 없이 타인의 재산이나 노무로 부당하게 얻은 이익 금액을 말한다.

고, 그렇지 않은 경우에는 부당이득금으로 반환할 필요가 없다.

- 근로관계의 계속 중에 퇴직금 분할 약정에 의하여 월급이나 일당과는 별도로 실질적으로 퇴직금을 미리 지급하기로 한 경우 이는 어디까지나 위 약정이 유효함을 전제로 한 것인바, 그것이 위와 같은 이유로 퇴직금 지급으로서의 효력이 없다면, 사용자는 본래 퇴직금 명목에 해당하는 금원을 지급할 의무가 있었던 것이 아니므로, 위 약정에 의하여 이미 지급한 퇴직금 명목의 금원은 같은 법 제18조 소정의 '근로의 대가로 지급하는 임금'에 해당한다고 할 수 없다. 이처럼 사용자가 근로자에게 퇴직금 명목의 금원을 실질적으로 지급하였음에도 불구하고 정작 퇴직금 지급으로서의 효력이 인정되지 아니할 뿐만 아니라 같은 법 제18조 소정의 임금 지급으로서의 효력도 인정되지 않는다면, 사용자는 법률상 원인 없이 근로자에게 퇴직금 명목의 금원을 지급함으로써 위 금원 상당의 손해를 입은 반면 근로자는 같은 금액 상당의 이익을 얻은 셈이 되므로, 근로자는 수령한 퇴직금 명목의 금원을 부당이득으로 사용자에게 반환하여야 한다고 보는 것이 공평의 견지에서 합당하다 (대법원 2010.5.20. 선고, 2007다90760 판결).

- 사용자가 근로자에게 퇴직금 명목의 금원을 실질적으로 지급하였음에도 불구하고 정작 퇴직금 지급으로서의 효력이 인정되지 아니할 뿐만 아니라 법 제18조 소정의 임금 지급으로서의 효력도 인정되지 않는다면, 사용자는 법률상 원인 없이 근로자에게 퇴직금 명목의 금원을 지급함으로써 위 금원 상당의 손해를 입은 반면 근로자는 같은 금액 상당의 이익을 얻은 셈이 되므로, 근로자는 수령한 퇴직금 명목의 금원을 부당이득으로 사용자에게 반환하여야 한다고 보는 것이 공평의 견지에서 합당하다. 다만 퇴직금 제도를 강행법규로 규정한 입법취지를 감안할 때, 위와 같은 법리는 사용자와 근로자 사이에 실질적인 퇴직금 분할 약정이 존재함을 전제로 하여 비로소 적용할 것인바, 사용자와 근로자가 체결한 당해 약정이 그 실질은 임금을 정한 것에 불과함에도 불구하고 사용자가 퇴직금의 지급을 면탈하기 위하여 퇴직금 분할 약정의 형식만을 취한 것인 경우에는 위와 같은 법리를 적용할 수 없다고 할 것이다(대법원 2010.5.27. 선고, 2008다9150 판결).

6) 연차유급휴가 미사용 수당

연봉에 연차유급휴가 미사용 수당을 포함하는 것은 가능하다. 다만, 연차유급휴가 청구권은 재직기간 및 출근율에 따라 그 발생여부가 결정되고, 연차유급휴가 미사용 수당 청구권도 연차유급휴가의 사용 여부에 따라 발생여부가 결정되므로, 연차유급휴가 미사용 수당은 연차유급휴가청구권이 소멸된 후 지급해야 한다. 따라서 연차유급휴가 미사용 수당이 미리 지급되었다고 하더라도 근로자의 연차유급휴가청구권 자체가 없어지는 것은 아니며, 사용자는 근로자가 연차유급휴가를 청구하는 경우 이를 거부할 수 없다.

- 연·월차유급휴가에 대하여는 미사용 연·월차유급휴가보상금을 월급여액 속에 포함하여 미리 지급하는 근로계약을 체결하는 것은 그 수당을 지급한 이후에도 해당 근로자가 연·월차휴가를 사용할 수 있도록 허용하는 경우에만 인정될 수 있을 것이며, 휴가 사용을 허용하지 아니하는 경우에는 근로기준법상 근로자에게 인정된 연·월차휴가를 청구·사용할 권리를 제한하는 것이 되어 인정될 수 없다고 사료됨(고용노동부 2010.12.16., 근로기준과-2734)
- 주휴수당이나 연월차휴가수당이 구 근로기준법(1996. 12. 31. 법률 제5245호로 개정되기 전의 것)에서 정한 기간을 근로하였을 때 비로소 발생하는 것이라 할지라도 당사자 사이에 미리 그러한 소정기간의 근로를 전제로 하여 주휴수당이나 연월차휴가수당을 일당임금이나 매월 일정액에 포함하여 지급하는 것이 불가능한 것이 아니며, 포괄임금제란 각종 수당의 지급방법에 관한 것으로서 근로자의 연월차휴가권의 행사 여부와는 관계가 없으므로 포괄임금제가 근로자의 연월차휴가권을 박탈하는 것이라고 할 수 없다(대법원 1998.3.24. 선고 96다24699 판결).

제4절 포괄임금제[17)]

1. 포괄임금제의 개념

사용자는 근로계약을 체결함에 있어서 기본임금을 결정하고 이를 기초로 하여 근로자가 실제로 근무한 근로시간에 따라 연장·야간·휴일 근로가 있으면 그에 상응하는 연장·야간·휴일 근로에 대한 법정임금을 산정하여 지급함이 원칙이다. 이러한 원칙적인 임금지급 방법은 근로시간 수를 전제로 한 것인데, 예외적으로 감시·단속적 근로 등과 같이 근로시간이나 근로형태 및 업무의 성질을 고려할 때 근로시간의 산정이 어려운 경우가 발생할 수 있다. 이런 경우에 사용자와 근로자 사이에 기본임금을 미리 산정하지 않고 법정임금까지 포함된 금액을 월급여액이나 일당임금으로 정하거나, 기본임금을 미리 산정하면서도 법정임금을 구분하지 않고 일정액을 법정임금으로 정하여 이를 근로시간 수에 상관없이 지급하기로 약정하는 것을 포괄임금제[18)]라고 한다.

17) 포괄임금제와 관련된 내용은 고용노동부가 2017년 10월에 발표한 '포괄임금제 사업장 지도지침(안)'을 참고하여 정리하였으나, 현재까지 고용노동부의 공식적인 입장은 아니다.

18) 보편적으로 많이 사용되는 포괄임금제라는 용어 이외에 실무에서는 포괄산정임금제, 포괄역산임금제, 포괄임금산정제

> *원칙적인 임금지급방법은 근로시간 수의 산정을 전제로 한 것인데, 예외적으로 감시단속적 근로 등과 같이 근로시간, 근로형태와 업무의 성질을 고려할 때 근로시간의 산정이 어려운 것으로 인정되는 경우가 있을 수 있고, 이러한 경우에는 사용자와 근로자 사이에 기본임금을 미리 산정하지 아니한 채 법정수당까지 포함된 금액을 월급여액이나 일당임금으로 정하거나 기본임금을 미리 산정하면서도 법정 제 수당을 구분하지 아니한 채 일정액을 법정 제 수당으로 정하여 이를 근로시간 수에 상관없이 지급하기로 약정하는 내용의 이른바 '포괄임금제'에 의한 임금 지급계약을 체결하더라도 그것이 달리 근로자에게 불이익이 없고 여러 사정에 비추어 정당하다고 인정될 때에는 유효하다 할 것이다(대법원 2010.5.13. 선고 2008다6052 판결).*

〈포괄임금제의 유형〉[19)]

구 분	정액급제	정액수당제
의미	기본임금을 미리 정하지 않고 법정수당을 포함한 금액을 월급여액이나 일급으로 지급	기본임금을 미리 정하고, 근로시간 수에 상관없이 매월 일정액을 법정수당으로 지급
예시	① 1일 24시간씩 격일로 근무하고, 월 임금을 200만원으로 함 ② 9시부터 22시까지 근무하고, 일당을 20만원으로 함	① 기본급을 300만원으로 하고, 기본급의 10%는 연장 · 야간 · 휴일 수당으로 함 ② 매월 연장 · 야간 · 휴일 수당으로 30만원을 지급함

2. 포괄임금제의 유효요건

1) 개 요

포괄임금제는 근기법 등 노동법에 근거한 제도가 아니라, 판례에서 일정한 요건이 충족하면 인정하는 실무상의 제도이다. 따라서 포괄임금제는 근기법의 임금 및 근로시간 규정을 사실상 형해화할 수 있으므로 근로시간 산정이 실제로 어렵거나 포괄임금제에 대한 명시적 합의 등 엄격한 요건 아래 극히 제한적으로 인정되어야 하는 임금의 지급방식이다.

등 다양한 용어를 사용하고 있다.

19) 포괄임금제와 함께 실무에서는 노동법에 없는 제도인 고정OT(Over Time)제 또는 고정임금제가 많이 활용되고 있다. 고정OT제는 근로시간 산정이 가능함에도 불구하고 임금계산의 편의와 사용자와 근로자가 근로에 대한 예측가능성을 고려하여 기본임금(기본급) 외에 법정수당인 연장 · 야간 · 휴일 근로에 대하여 각 항목별 시간을 사전에 약정하고 해당 항목별 수당을 정액으로 지급하는 계약을 말한다. 다만, 포괄임금제와 고정OT제를 혼용하여 사용하는 경우에 많아 주의를 해야 한다.

- 사용자는 근로계약을 체결함에 있어서 근로자에 대하여 기본임금을 결정하고 이를 기초로 제 수당을 가산하여 이를 합산 지급함이 원칙이라 할 것이나, 근로시간, 근로형태와 업무의 성질 등을 참작하여 계산의 편의와 직원의 근무의욕을 고취하는 뜻에서 기본임금을 미리 산정하지 아니한 채 제 수당을 합한 금액을 월급여액이나 일당임금으로 정하거나 매월 일정액을 제 수당으로 지급하는 내용의 이른바 포괄임금제에 의한 임금지급계약을 체결한 경우에 그것이 근로자에게 불이익이 없고 제반 사정에 비추어 정당하다고 인정될 때에는 그 계약은 유효하다고 할 것이고, 여기에서 근로자에게 불이익이 없어야 한다는 것은 단체협약이나 취업규칙에 구체적인 임금지급기준 등이 규정되어 있는 경우에 그러한 규정상의 기준에 비추어 보아 불이익하지 않아야 한다는 것을 의미한다(대법원 1999.6.11. 선고 98다26385 판결).
- 감시 · 단속적 근로 등과 같이 근로시간의 산정이 어려운 경우가 아니라면 달리 근로기준법상의 근로시간에 관한 규정을 그대로 적용할 수 없다고 볼 만한 특별한 사정이 없는 한 근로기준법상의 근로시간에 따른 임금지급의 원칙이 적용되어야 할 것이므로, 이러한 경우에도 근로시간 수에 상관없이 일정액을 법정수당으로 지급하는 내용의 포괄임금제 방식의 임금 지급계약을 체결하는 것은 그것이 근로기준법이 정한 근로시간에 관한 규제를 위반하는 이상 허용될 수 없다(대법원 2010.5.13. 선고 2008다6052 판결)..
- 기본임금을 미리 산정하지 아니한 채 제 수당을 합한 금액을 월급여액이나 일당임금으로 정하거나 매월 일정액을 제 수당으로 지급하는 내용의 포괄임금제에 관한 약정이 성립하였는지는 근로시간, 근로형태와 업무의 성질, 임금 산정의 단위, 단체협약과 취업규칙의 내용, 동종 사업장의 실태 등 여러 사정을 전체적 · 종합적으로 고려하여 구체적으로 판단하여야 한다(대법원 2016.10.13. 선고 2016도1060 판결).
- 포괄임금제 방식의 임금 지급계약을 체결한 때에는 그것이 근로기준법이 정한 근로시간에 관한 규제를 위반하는지를 따져, 포괄임금에 포함된 법정수당이 근로기준법이 정한 기준에 따라 산정된 법정수당에 미달한다면 그에 해당하는 포괄임금제에 의한 임금 지급계약 부분은 근로자에게 불이익하여 무효라 할 것이고, 사용자는 근로기준법의 강행성과 보충성 원칙에 의하여 근로자에게 그 미달되는 법정수당을 지급할 의무가 있다(대법원 2016.9.8. 선고 2014도8873 판결).
- 포괄임금제에 관한 약정이 성립하였는지는 근로시간, 근로형태와 업무의 성질, 임금 산정의 단위, 단체협약과 취업규칙의 내용, 동종 사업장의 실태 등 여러 사정을 전체적 · 종합적으로 고려하여 구체적으로 판단하여야 한다. 비록 개별 사안에서 근로형태나 업무의 성격상 연장 · 야간 · 휴일근로가 당연히 예상된다고 하더라도 기본급과는 별도로 연장 · 야간 · 휴일근로수당 등을 세부항목으로 나누어 지급하도록 단체협약이나 취업규칙, 급여규정 등에 정하고 있는 경우에는 포괄임금제에 해당하지 아니하다. 그리고 단체협약 등에 일정 근로시간을 초과한 연장근로시간에 대한 합의가 있다거나 기본급에 수당을 포함한 금액을 기준으로 임금인상률을 정하였다는 사정 등을 들어 바로 위와 같은 포괄임금제에 관한 합의가 있다고 섣불리 단정할 수는 없다. 임금협정서에 포괄임금 방식으로 지급한다는 취지의 기재가 있더라도 임금협정서, 임금조견표, 급여명세서 등에

<u>기본급과는 별도로 연장 · 야간 · 휴일근로수당 등을 세부항목으로 나누어 지급하도록 정하고 있는 경우에는 포괄임금제에 관한 약정이 성립하였다고 볼 수 없다</u>(대법원 2020.2.6. 선고 2015다233579 · 233586 판결).

2) 근로시간 산정이 어려운 경우

원칙적으로 근로시간 산정이 어려운 경우가 아니라면 포괄임금제 방식으로 임금지급 계약을 체결할 수는 없다. 근로시간 산정이 어려운 경우란 근로시간의 산정이 물리적으로 아예 불가능하거나 거의 불가능한 경우만을 의미한다. 따라서 단순히 근로시간 관리가 곤란한 경우(계산상의 편의나 근로자의 근무의욕 고취라는 목적), 법정근로시간을 초과하는 연장 · 야간 · 휴일 근로가 당연히 예상된다는 이유만으로 활용하는 경우, 일반 사무직처럼 근로시간 동안 관리자의 지배범위 내에서 근로를 제공하고 출퇴근 및 휴게시간이 명확히 정해져 있는 경우 등은 근로시간 산정이 어려운 경우가 아니다.

<u>근로시간의 산정이 어려운 경우가 아니라면 근로기준법상의 근로시간에 관한 규정을 그대로 적용할 수 없다고 볼 만한 특별한 사정이 없는 한 근로기준법상의 근로시간에 따른 임금지급의 원칙이 적용</u>되어야 한다(대법원 2016.9.8. 선고 2014도8873 판결).

〈근로시간 산정이 어려운 경우의 예시〉

- 관리자의 지휘 · 감독을 벗어나 주로 사업장 밖에서 근로하며 근로시간을 근로자가 재량으로 결정하고, 성과급 형태로 임금을 지급받는 등 근무형태가 도급적 성격이 강한 경우
  - 다만, 사업장 밖의 근로라 하더라도 사용자의 구체적인 지휘 · 감독이 미치는 경우라면 근로시간 산정이 어려운 경우로 볼 수 없음

ex. 사업장 밖에서 함께 근무하는 구성원 중에 근로시간을 관리하는 자가 있는 경우, 미리 회사로부터 방문하는 곳과 돌아오는 시간 등 당일 업무를 구체적으로 지시받아 근무를 하고 사업장에 돌아오는 경우 등

- 매일의 기상조건에 따라 근로시간이 달라지는 등 업무가 기상 · 기후 등 자연 조건에 좌우되어 정확한 근로시간의 측정이 어려운 경우
  - 다만, 자연조건에 영향을 받지 않는 사업장의 근로자 또는 이와 관련 없는 직무를 하는 경우라면 근로시간 산정이 어려운 경우에 해당되지 않음

- ■ 주로 사업장 밖에서 근로하면서, 상황에 따라 근로시간의 장단이 결정되어 근로시간 산정이 어려운 경우
  - 예를 들어 운수업의 경우라면 장거리 운행, 불확정적인 운행일정 등으로 인해 근로와 휴식의 구분이 어려운 경우이어야 하고, 사용자가 근로자의 근로시간을 구체적으로 관리하는 경우(배차표에 따라 출발 시간과 운행종료시간이 정해져 있는 정기노선버스 등)는 근로시간 산정이 어려운 경우로 볼 수 없음
- ■ 근로형태나 업무의 성질이 단속적 · 간헐적이어서 대기시간이 많아 정확한 실근로시간 산정이 곤란한 경우
  - 다만, 감시 · 단속적 업무라도 잠시라도 업무를 소홀히 할 수 없는 고도의 정신적 긴장이 요구되는 경우 또는 타 업무를 반복하여 수행하거나 겸직하는 경우라면 근로시간 산정이 어려운 경우에 해당되지 않음.

3) 포괄임금제에 대한 명시적 합의

근로시간 산정이 어려운 예외적인 사유가 인정되는 경우에도 그에 더하여 반드시 포괄임금제에 대한 명시적 합의가 있어야 한다(묵시적 합의, 즉 단순히 근로자가 아무런 이의 없이 임금을 수령하였다는 사실만으로는 합의가 있다고 인정될 수 없음). 따라서 근로계약서에 포괄임금제를 적용한다는 내용이 명시적으로 기재되어 있어야 한다. 다만, 근로계약서에 임금산정방식만 제시하는 것으로 근로자가 포괄임금제 내용을 알고 합의했다고 보기 어렵고, 포괄임금제라는 문구가 명시되거나 법정수당이 실제 근무와 무관하게 기본급여나 정액수당에 포함되어 지급된다는 내용이 기재되어야 한다.

- *단체협약이나 취업규칙 및 근로계약서에 포괄임금이라는 취지를 명시하지 않았음에도 묵시적 합의에 의한 포괄임금약정이 성립하였다고 인정하기 위해서는, 근로형태의 특수성으로 인하여 실제 근로시간을 정확하게 산정하는 것이 곤란하거나 일정한 연장 · 야간 · 휴일근로가 예상되는 경우 등 실질적인 필요성이 인정될 뿐 아니라, 근로시간, 정하여진 임금의 형태나 수준 등 제반 사정에 비추어 사용자와 근로자 사이에 정액의 월급여액이나 일당임금 외에 추가로 어떠한 수당도 지급하지 않기로 하거나 특정한 수당을 지급하지 않기로 하는 합의가 있었다고 객관적으로 인정되는 경우이어야 한다(대법원 2016.10.13. 선고 2016도1060 판결).*
- *포괄임금제를 도입하기 위해서는 단체협약 · 취업규칙 등에 그 근거가 있거나 개별 근로자의 동의가 있어야 하며, 포괄임금제로 지급되는 고정급이 당해 근로자의 실제 근로 시간에 따른 법정 연*

장 · 야간 · 휴일근로 수당보다 적을 때는 그 차액을 추가로 지급해야 하는 등 근로자에게 불이익이 없고, 제반 사정상 정당하다고 인정되는 경우에 한해 그 유효성이 인정된다 할 것임(고용노동부 2008.8.6., 근로조건지도과-3072).

4) 포괄임금제가 유효하지 않은 경우의 처리

(1) 포괄임금제가 무효인 경우

근로시간 산정이 어렵지 않거나, 근로시간 산정이 어려운 경우에도 포괄임금제에 대한 명시적 합의가 없어 포괄임금제가 무효인 경우에는 근기법상 실근로시간에 따라 임금을 지급하여야 한다. 즉 포괄임금에 포함된 정액의 법정임금이 근기법이 정한 기준에 따라 산정된 법정임금에 미달하는 경우에는 그 임금지급 관련 조항이 무효이므로, 사용자는 실근로시간을 기준으로 근기법에 따라 산정된 법정임금 이상을 지급해야 한다.

(2) 실제 연장근로시간과 무관하게 연장근로시간을 정한 경우

실제 연장근로시간과 무관하게 일정 시간을 연장근로시간으로 간주하기로 노사간에 합의한 경우, 설령 실제 근로시간이 합의한 시간에 미달하더라도 약정된 연장수당은 지급되어야 하고, 합의한 시간을 초과하는 경우에는 차액을 추가로 지급해야 한다.

〈포괄임금계약이 무효인 경우 임금체불의 판단 사례〉

※가정: 5인 이상 사업장, 월 통상임금 산정기준 시간 수 209시간, 월 소정근로일수 23일 기준

■ 정액급제

연장 · 야간 · 휴일근로에 대한 임금을 포함하여 계약하더라도 이 조항은 무효이므로, 지급된 임금 총액을 소정근로시간에 대한 임금으로 보고 시간급 통상임금을 계산하여 실근로시간에 따라 산정된 법정임금 이상을 지급해야 함. 다만, 근로시간이 명확히 정해져 있다면 명시된 근로시간을 기준으로 역산하여 시간급 통상임금을 산정.

〈사례 1〉 근로시간을 따로 정하지 않고, 월 200만원을 임금으로 지급한 경우

근로자가 한 달간 20시간의 연장근로를 한 경우 체불금액(실근로에 따라 발생한 연장근로 20시간에 대한 연장근로수당)

⇒ 시간급 통상임금(200만원÷209H)×20H×1.5=287,081원

〈사례 2〉 근로시간을 09시~21시로 정하고, 휴게 2시간, 1일 10시간 근로(1일 2시간 연장근로 포함), 월 300만원을 임금으로 지급한 경우

근로자가 한 달 간 50시간의 연장근로를 한 경우 체불금액(실근로에 따라 초과된 연장근로 4시간에 대한 연장근로수당/연장근로 4시간=50시간-(2시간×23일)

⇒ {시간급 통상임금(300만원÷209H)+2H×23일×1.5}×4H×1.5=64,748원

〈사례 3〉 근무시간을 오전근무조(08시~17시), 오후근무조(15시~24시)로 정하고(각 조별 휴게 1시간), 일급 10만원을 임금으로 지급한 경우

오전근무조는 문제가 없으나, 오후근무조는 야간근로(22시~24시) 2시간에 대한 야간근로수당, 계속 근로일 경우 주휴수당(10만원)을 지급해야 함

⇒ 야간근로수당: 〔시간급 통상임금: (10만원÷8H)×2H×0.5〕=12,500원

■ 정액수당제

정액으로 지급된 임금이 실근로시간에 따라 산정된 법정임금 이상이어야 함. 다만, 각 임금항목이 법정임금을 지급한 것처럼 보이기 위해 단순히 수치를 맞춘 것에 불과하다면, 해당 임금의 총액을 소정근로시간에 대한 것으로 간주하고, 실근로시간에 따른 법정임금을 지급해야 함.

〈사례 1〉 근무시간을 8시간(09시~18시, 휴게 1시간)으로 정하고, 기본임금 월 200만원, 매월 40시간분 고정 연장근로임금(O/T)을 지급한 경우

근로자가 한달 간 50시간의 연장근로를 한 경우 체불금액(실근로에 따라 초과된 연장근로 10시간에 대한 연장근로수당)

⇒ 시간급 통상임금(200만원÷209H)×10H×1.5=143,541원

〈사례 2〉 근무시간을 8시간(09시~18시, 휴게 1시간)으로 정하고, 기본임금 월 200만원, 기본임금의 20%(40만원)를 연장근로에 대한 임금으로 지급한 경우.

① 근로자가 한달 간 20시간의 연장근로를 한 경우 체불금액

⇒ 시간급 통상임금(200만원÷209H)×20H×1.5=287,082원 < 40만원 ➜ 체불 없음

② 근로자가 한달 간 40시간의 연장근로를 한 경우 체불금액(실근로에 따라 연장 40시간에 대한 연장근로 임금에서 이미 지급된 연장임금을 뺀 금액)

⇒ {시간급 통상임금(200만원÷209H)×40H×1.5=574,163원}-40만원=174,163원

3. 포괄임금제에 포함될 수 있는 임금

1) 연장 · 야간 · 휴일 근로 임금

포괄임금제가 유효한 경우에 한정하여 연장 · 야간 · 휴일 근로 임금은 포괄임금제에 포함되어 지급된 것으로 인정한다. 다만, 이 경우에도 근기법상의 근로시간 규정을 위반할 수 없으므로 실제 초과근로시간이 1주 12시간을 초과하면 근기법 위반이다.

- *임금은 근로계약에 의해 통상임금이 결정되고 이에 따른 제수당을 계산 지급하는 것이 원칙이나, 근로자와의 합의에 의하여 기본임금과 제수당에 해당하는 금액을 미리 합산 지급하였다면, 그 금액이 실제 근로에 대한 근로기준법 규정에 따라 계산한 금액보다 근로자에게 불이익이 없는 한 별도의 연장 · 야간 · 휴일 및 휴가 수당을 지급할 의무는 발생하지 않는다고 판단됨(고용노동부 1993.9.16., 임금 68207-586).*
- *현실적으로 근로시간 측정이 곤란하여 노사 간 약정에 의하여 실제 연장 · 휴일 근로시간에 관계없이 월별로 일정시간분 또는 일정액의 연장 · 휴일 근로수당을 지급받기로 하고 당해 근로자가 일정기간 동안 아무런 이의없이 동 수당을 수령해 온 경우, 제반사정에 비추어 근로자에게 불이익이 없다고 인정될 때에는 이를 무효라 할 수 없다고 할 것임(이른바 포괄산정임금제로서 대법원의 판례도 같은 입장임). 귀 질의와 관련된 근로관계 내용에 비추어 보건대 당해 근로자가 수령한 고정급 연장 · 휴일 근로수당은 이른바 포괄산정임금에 해당한다고 보여지며, 결근의 경우에 결근일수에 따라 고정급 연장근로수당에서 몇시간분씩 공제키로 하였다고 하더라도 그 성격이 달라진다고 볼 수 없으므로 사용자는 추가로 연장근로수당 등의 가산임금을 지급할 의무가 없다고 사료됨(고용노동부 1997.11.3., 근기 68207-1481).*

※ 포괄임금제에 포함된 고정연장 임금은 통상임금이 아님(대법원 2021.11.11. 선고 2020다224739 판결; 고용노동부 1987.12.4., 근기 01254-19181 등)

2) 주휴일 수당

포괄임금제가 유효한 경우에는 주휴일 수당은 포괄임금제에 포함되어 지급된 것으로 인정한다. 다만, 1일 단위로 근로계약을 체결하는 순수 일용근로자의 일당에는 주휴일 수당이 포함되었다고 볼 수 없으므로, 근로가 연속되어 주휴일 요건을 충족하면 별도로 주휴일 수당을 지급해야 한다.

일용근로자에 대해 주휴수당을 미리 임금에 포함할 수 있는지에 대해서는 1일 단위로 근로관계가 단절되어 계속고용이 보장되지 않는 순수 일용근로자의 경우에는 주휴수당을 미리 임금에 포함할

수 없을 것이나, 일정 기간 사용이 예정된 경우라면 근로기간 중 사용자가 소정근로일의 근무를 전제로 지급되는 주휴수당을 미리 임금에 포함하여 지급하는 것은 가능할 것(고용노동부 2012.5.14., 근로개선정책과-2617).

3) 연차유급휴가 미사용 수당

연차유급휴가는 임금을 지급하는 것이 목적이 아니며, 근로자에게 실질적인 휴식을 보장하려는 데 그 목적이 있다. 따라서 연차유급휴가를 사용하지 않는 것을 조건으로 연차유급휴가 미사용 수당을 포괄임금에 포함하는 것은 근로자의 연차유급휴가사용권을 사전에 박탈하거나 제한하는 문제가 있어 포괄임금에 포함할 수 없다고 보는 것이 다수 판례의 입장이다. 다만, 연차유급휴가 미사용 수당을 포괄임금에 포함하더라도 연차유급휴가사용권을 박탈하거나 제한하지 않고 근로자가 언제든지 연차유급휴가를 자유롭게 사용할 수 있다면 포괄임금에 포함할 수 있다.

- *주휴수당이나 연월차휴가수당이 구 근로기준법(1996. 12. 31. 법률 제5245호로 개정되기 전의 것)에서 정한 기간을 근로하였을 때 비로소 발생하는 것이라 할지라도 당사자 사이에 미리 그러한 소정기간의 근로를 전제로 하여 주휴수당이나 연월차휴가수당을 일당임금이나 매월 일정액에 포함하여 지급하는 것이 불가능한 것이 아니며, 포괄임금제란 각종 수당의 지급방법에 관한 것으로서 근로자의 연월차휴가권의 행사 여부와는 관계가 없으므로 포괄임금제가 근로자의 연월차휴가권을 박탈하는 것이라고 할 수 없다(대법원 1998.3.24. 선고 96다24699 판결).*
- *근로계약을 체결함에 있어서 근로의 형태나 업무의 성질상 법정근로시간을 초과한 연장·야간·휴일근로 등을 포함하여 약정하고, 임금계산의 편의를 위하여 노사 당사자간에 약정한 근로시간 등에 대해 임금 및 수당으로 환산하여 미리 고정적으로 지급하는 일명 '포괄임금제'는 근로자에게 불리함이 없고 제반사정에 비추어 정당한 경우에는 가능함. 이때, 연차유급휴가는 월급여액에 수당으로 포함하여 미리 지급한 경우라도 해당 근로자가 연차휴가를 청구하면 사용할 수 있도록 허용하여야 하며, 만약 휴가 사용을 허용하지 아니하면 법상 근로자에게 인정되는 연차휴가의 사용권리를 제한하는 것이 되어 위법임(고용노동부 2007.9.28., 임금근로시간정책팀-3012).*

4) 퇴직금

퇴직금은 근로자의 실질적인 퇴직이나 근로관계의 종료를 요건으로 발생하는 것이므로, 퇴직사유가 발생하지 않았음에도 불구하고 포괄임금으로 매월 지급하는 임금 속에 퇴직금을 포함하여 지급하는 것은 무효이다.

근로기준법 제34조 제1항(현재는「근로자 퇴직급여 보장법」에서 규정)은 사용자에 대하여 퇴직하는 근로자에게 퇴직금을 지급할 수 있는 제도를 마련할 것을 규정하고 있고, 퇴직금이란 퇴직이라는 근로관계의 종료를 요건으로 하여 비로소 발생하는 것으로 근로계약이 존속하는 동안에는 원칙으로 퇴직금 지급의무는 발생할 여지가 없는 것이므로(대법원 1991.6.28 선고 90다14560 판결, 1996.5.14 선고 95다19256 판결 등 참조), 피고인과 이 사건 근로자들 사이에 매월 지급받는 임금 속에 퇴직금이란 명목으로 일정한 금원을 지급하기로 약정하고 피고인이 이를 지급하였다고 하여도 그것은 근로기준법 제34조 제1항에서 정하는 퇴직금 지급으로서의 효력은 없다고 할 것이다(대법원 2002.7.12. 선고 2002도2211 판결).

4. 포괄임금제의 시간급 임금 산정 및 급여테이블 설계

1) 개 요

포괄임금제를 실시하더라도 노동법에 따른 근로시간 · 휴일 · 휴가 등의 규정을 적용해야 하므로, 근로조건(1주 및 1일의 근로시간, 주휴일 등)과 가산임금 적용을 위한 상시근로자수(5인 이상) 등을 고려하여야 한다. 일반적으로 포괄임금제에는 월 급여총액이 사전에 정해져 있고, 월 급여총액에는 기본급과 법정수당(연장 · 야간 · 휴일 근로수당, 연차유급휴가 미사용수당 등)이 포함되어 있으므로, 법정수당을 임금산정을 위한 시간으로 환산하고 시간급 임금을 계산하여 포괄임금제의 구성요소로 분리할 수 있다.

2) 시간급 임금 산정 및 급여테이블 설계

포괄임금제에서 시간급 임금은 월 급여총액에 포함되어 있는 연장 · 야간 · 휴일 근로수당 등 임금산정을 위한 시간의 총합을 구한 후 월 급여총액에서 나누어 산정한다. 다만, 연장 · 야간 · 휴일 근로에 대해서는 근기법 제56조에 따라 할증률(최소 통상임금의 50%)을 고려하여 임금산정을 위한 시간을 산정하여야 한다.

〈포괄임금제의 시간급 임금 산정 방법〉

포괄임금제의 시간급 = 월 급여총액 ÷ 임금산정을 위한 총시간

〈사례 1〉 - 포괄임금제의 시간급 임금 산정 및 급여테이블 설계

■ 근로조건

구 분	내 용
월 급여총액	300만원 / 월 20시간의 연장근로수당이 포함된 포괄임금제
소정근로일 및 휴일	주 5일근로(월~금요일) / 토요일 무급휴일 및 일요일 법정주휴일
소정근로시간	1일 8시간 및 1주 40시간

■ 시간급 임금 계산

① 월 통상임금 산정기준 시간(주휴일 수당 포함): (40H+0H+8H)×365일÷7일÷12월≒209H

② 월 연장근로시간의 임금산정 시간: 20H×1.5=30H

⇒ **시간급 임금=월 급여총액(300만원)÷임금산정을 위한 총시간(239H=①+②)≒12,552.3원**

■ 급여테이블 설계

월 급여총액이 300만원이고, 월 급여총액에 월 20시간의 연장근로수당이 포함된 근로조건으로 근무한다면 아래와 같이 임금항목을 구성할 수 있음.

임금항목	금 액	도출식	비 율
기본급	2,623,431원	209H×12,552.3원	87.45%(≒209H÷239H)
월 연장근로수당	376,569원	20H×1.5×12,552.3원	12.55%(≒30H÷239H)
월 급여 총액	3,000,000원	(209H+30H)×12,552.3원	100%
시간급 임금	12,552.3원	300만원÷239H	-

〈사례 2〉 - 포괄임금제의 시간급 임금 산정 및 급여테이블 설계

■ 근로조건

구 분	내 용
월 급여 총액	277만원
소정근로일 및 휴일	주 5일 근로(월~금요일) / 토요일 무급휴일 및 일요일 법정주휴일
소정근로시간	1일 8시간 및 1주 40시간
월간 연장근로시간	30시간
월간 휴일근로시간	10시간
연차유급휴가 미사용수당	미사용 일수 12일분에 대한 수당을 월 급여에 포함

※ 연차유급휴가 미사용수당은 월 급여 총액에 포함되어 매월 지급되더라도, 근로자의 연차유급휴가를 사용할 수 있는 권리(연차유급휴가 청구권)이 소멸 또는 제한되는 것은 아니며, 언제든지 근로자의 요청에 의하여 연차유급휴가는 자유롭게 사용할 수 있음. 다만, 연차유급휴가를 사용할 경우에는 월 급여 총액에서 해당 수당을 공제할 수 있음.

■ 시간급 임금 계산

① 월 통상임금산정기준 시간(기본급/주휴수당 포함): (40H+0H+8H)×365일÷7일÷12월≒209H

② 월 연장근로시간의 임금산정 시간: 30H×1.5=45H

③ 월 휴일근로시간의 임금산정 시간: 10H×1.5=15H

④ 월 연차유급휴가의 임금산정 시간: 12일×8H÷12월=8H

⇒ **시간급 임금=월 급여총액(277만원)÷임금산정을 위한 총시간(①+②+③+④=277H)≒10,000원**

■ 급여테이블 설계

월 급여총액이 279만원인 근로자가 위와 같은 근로조건으로 근무한다면 아래와 같이 임금항목을 구성할 수 있음.

임금항목	금 액	도출식	비 율
기본급	2,090,000원	209H×10,000원	209H÷277H≒75.4%
월 연장근로수당	450,000원	45H×10,000원	45H÷277H≒16.2%
월 휴일근로수당	150,000원	15H×10,000원	15H÷277H≒5.4%
월 연차유급휴가수당	80,000원	8H×10,000원	8H÷277H≒2.8%
월 급여 총액	2,770,000원	(209H+45H+15H+8H)×10,000원	100%
시간급 임금	10,000원	277만원÷277H	-

5. 포괄임금제 도입 시 고려사항

1) 근기법에 따른 근로시간 및 임금지급원칙 준수

포괄임금제의 유효요건인 근로시간 산정이 어려운 예외적인 경우가 아니라면 포괄임금제 약정체결을 금지해야 하며, 포괄임금제를 실시하더라도 근기법상 근로시간 및 임금지급의 원칙을 반드시 준수해야 한다.

2) 근기법상 근로시간 계산의 특례제도 활용

근로자가 출장 등의 사유로 근로시간의 전부 또는 일부를 사업장 밖에서 근로하여 근로시간 산정이 어려운 경우에는 포괄임금제가 아닌 근기법 제58조 제1항 및 제2항에 따른 '간주근로시간제'를 활용하고, 업무 수행방법을 근로자의 재량에 위임할 필요가 있는 업무도 포괄임금제가 아닌 근기법 제58조 제3항에 따른 '재량근로시간제'를 활용토록 한다.

3) 포괄임금에 포함되는 임금항목을 명시

근로시간 산정이 어려운 예외적인 경우로 포괄임금제 약정을 체결한다면 포괄임금에 포함되는 기본급, 연장 · 야간 · 휴일 근로수당 등 임금항목을 서면으로 명시하여야 한다.

4) 근로조건 서면명시 및 임금대장 기재의무 준수

근기법 제17조에 따라 근로계약서에 임금의 구성항목 · 계산방법 · 지급방법 등을 명시하고, 근기법 제48조에 따라 임금대장에 기본급 · 수당 · 근로일수 · 근로시간 수 등을 반드시 기재토록 한다.

제5절 임금피크제

1. 임금피크제의 개념

임금피크제는 근로자가 일정 연령에 도달하면, 임금을 삭감하는 대신 근로자의 고용을 보장(정년보장 또는 정년연장)하는 제도이며, 직무성과에 따른 보수체계와 정년제도가 없는 미국이나 유럽이 아닌 연공급을 채택하고 있는 우리나라와 일본에서 주로 활용되고 있다. 임금피크제는 근로자가 임금을 덜 받는 대신 조기퇴직 등과 같은 고용불안에서 벗어나 정년까지 고용을 보장받을 수 있고, 회사는 인건비를 절감하면서 고숙련 근로자를 계속하여 고용할 수 있다는 장점이 있다. 임금피크제는 임금체계와 밀접한 관련이 있고, 연령이나 근속연수에 따라 임금수준과 지위가 높아지는 임금체계에서 큰 의미가 있다. 우리나라는 2003년 신용보증기금에서 최초로 임금피크제를 도입하였고, 2013년에 「고용상 연령차별금지 및 고령자고용촉진에 관한 법률」이 개정되어 정년이 '60세 이상'으로 법제화되고 고령사회[20]에 직면한 사회적 현실로 인해 임금피크제 활용에 대한 논의가 활발해지며 기업들이 이를 적극적으로 활용하고 있다.

연령을 이유로 한 차별을 금지하고 있는 구 고령자고용법 제4조의4 제1항에서 말하는 '합리적인 이유가 없는' 경우란 연령에 따라 근로자를 다르게 처우할 필요성이 인정되지 아니하거나 달리 처우하는 경우에도 그 방법 · 정도 등이 적정하지 아니한 경우를 말한다. 사업주가 근로자의 정년을 그대로 유지하면서 임금을 정년 전까지 일정 기간 삭감하는 형태의 이른바 '임금피크제'를 시행하는 경우 연령을 이유로 한 차별에 합리적인 이유가 없어 그 조치가 무효인지 여부는 임금피크제 도입 목적의 타당성, 대상 근로자들이 입는 불이익의 정도, 임금 삭감에 대한 대상 조치의 도입 여부 및 그 적정성, 임금피크제로 감액된 재원이 임금피크제 도입의 본래 목적을 위하여 사용되었는지 등 여러 사정을 종합적으로 고려하여 판단하여야 한다. 다음과 같은 사정들을 종합하여 보면, 이 사건 성과연급제는 연령을 이유로 임금 분야에서 원고를 차별하는 것으로 그 차별에 합리적인 이유가 있다고 볼 수 없다.
① 이 사건 성과연급제는 피고의 인건비 부담을 완화하고 실적 달성률을 높이기 위한 목적으로 도입된 것으로 보인다. 피고의 주장에 따르더라도 51세 이상 55세 미만 정규직 직원들의 수주 목표 대비 실적 달성률이 55세 이상 정규직 직원들에 비하여 떨어진다는 것이어서, 위와 같은 목적을 55세 이상 정규직 직원들만을 대상으로 한 임금삭감 조치를 정당화할 만한 사유로 보기 어렵다.
② 이 사건 성과연급제로 인하여 원고는 임금이 일시에 대폭 하락하는 불이익을 입었고, 그 불이익에 대한 대상조치가 강구되지 않았다. 피고가 대상조치라고 주장하는 명예퇴직제도는 근로자의 조기 퇴직을 장려하는 것으로서 근로를 계속하는 근로자에 대하여는 불이익을 보전하는 대상조치로 볼 수도 없다.
③ 이 사건 성과연급제를 전후하여 원고에게 부여된 목표 수준이나 업무의 내용에 차이가 있었다고 보이지 아니한다(대법원 2022.5.26. 선고 2017다292343 판결).

〈임금피크제의 유형〉

구 분	내 용
정년 보장형	단체협약, 취업규칙 등에서 정한 정년연령까지 고용을 보장하되, 정년 전 일정시점부터 정년까지의 임금을 감액하여 조정하는 제도
정년 연장형	정년 이전의 일정한 기간부터 임금을 감액하여 지급하되, 정년 이후의 일정한 기간까지 정년을 연장하여 고용하도록 설계하는 제도
재고용 보장형	정년퇴직 후 계약직 등으로 고용을 유지하는 대신 임금을 조정하는 제도

20) UN은 65세 이상의 인구비율이 7% 이상이면 '고령화사회', 14% 이상이면 '고령사회', 20% 이상이면 '초고령사회'로 본다.

2. 임금피크제 도입 시 준비사항[21)]

1) 경영현황 분석

임금피크제 도입에 앞서 기업의 경영상태를 파악해야 한다. 기업의 경영상태는 재무제표를 통하여 알 수 있는데, 수익성 및 생산성 분석 등을 통해 기업의 매출액과 부가가치의 증가비율을 인건비 증가비율과 비교하여 기업의 임금지급 여력을 분석한다.

2) 인력현황 분석

임금피크제는 주로 고령자에 적용되는 제도이므로 전체 근로자 중 고령자의 비율을 파악해야 하며, 준고령자의 비율도 조사할 필요가 있다.[22)] 고령자 수가 많지 않은 기업에서는 준고령자층까지 임금피크제 예비대상군으로 간주하여 반영한다. 더불어 근로자들의 평균연령과 평균 근속연수가 높을수록 임금피크제 도입 필요성이 높아지므로, 인사기록 카드 등을 활용하여 근로자들의 평균연령 및 평균 근속연수를 파악한다.

3) 임금제도 분석

임금피크제 도입에 앞서 현재 임금제도를 분석하여 임금감액률과 임금 구성항목 중 감액할 항목을 결정하는 데에 반영한다. 임금피크제 도입 후에도 임금의 공정성이 유지되도록 하며, 임금피크제 도입 전후의 임금변화를 시뮬레이션을 통해 비교해 본다.

4) 공감대 형성

임금피크제를 성공적으로 도입하기 위해서는 제도 설계 전 과정에서 노사 간 공감대가 형성되어야 한다. 전 직원을 대상으로 설명회를 개최하여 임금피크제에 대한 이해도를 높이며 기업에는 도입 필요성에 대한 노사간의 합의를 도출해야 한다. 임금피크제 도입을 위한 TF팀을 구성하여 설명회, 워크숍, 교육, 인터뷰 등을 추진하도록 한다.

---

21) 노사발전재단, 『업종별 임금피크제 표준매뉴얼』, 2011.

22) 「고용상 연령차별금지 및 고령자고용촉진에 관한 법률」 제2조에서는 '고령자'를 55세 이상, '준고령자'를 50세 이상 55세 미만인 사람으로 정의하고 있다.

5) 근로자 의견조사

임금피크제 설계 시 근로자들의 의견을 반영하기 위해 설문지 형태의 의견조사를 실시하는데, 임금제도의 변화를 관리하는 차원에서 꼭 필요한 절차이다. 의견조사의 실시시기는 제도설명회를 실시한 직후에 하는 것이 제도에 대한 이해도와 설문지 회수율을 높일 수 있다. 의견조사와 병행하여 인터뷰를 실시하는 방법도 효과적이다.

3. 임금피크제 설계[23)]

1) 대상자 결정

직무분석을 기준으로 직무특성상 상시적으로 업무대체가 가능하고, 노동강도가 크지 않으며, 핵심적 업무 및 중요도가 상대적으로 낮은 직무의 경우 임금피크제 대상 직무에 해당할 수 있으며, 현재 해당 직무를 수행하는 근로자를 대상으로 선정할 수 있다. 임금피크제를 적용할 때 모든 근로자를 대상으로 하는 것이 일반적이지만, 특정 직군이나 특정 직급만을 대상으로 하는 것도 가능하지만, 특정 직군별 실시여부를 달리하는 경우 불합리한 차별이 발생하지 않도록 신중하게 접근해야 하고, 단체협약이나 취업규칙 등에 대상범위를 명시하여야 한다.

- *퇴직급여제도의 차등금지원칙은 동일한 근로자에게 하나의 사업 내에서 직종, 직위, 직급 등에 따라 합리적 이유 없이 퇴직급여의 지급기준이나 지급률을 달리하여 정하는 것을 금지하는 것으로서, <u>일정한 연령, 근속연수에 도달하면 해당 사업(장)의 모든 근로자에게 임금피크제를 적용하고, 이에 따라 퇴직급여가 감소하는 근로자에게 확정기여형퇴직연금제도를 적용하는 것은 차등금지를 위반한 것으로 볼 수 없을 것</u>으로 사료됩니다(고용노동부 2016.12.20., 퇴직연금복지과-4868).*
- *이 사건 협약(임금피크제 및 공모시행제 노사협약)에서 정한 임금피크제는 정년 전까지 일정 비율로 임금을 삭감하는 대신 정년 후 2년간 고용을 연장하는 것을 내용으로 하고 있어 필연적으로 인사규정의 변경과 예산 및 신규 고용규모 등의 변동을 수반하는 것이어서, 그 내용 확정이나 이행을 위하여 이사회의 의결이 필요한 중요사항이라고 평가할 수 있다. 이 사건 교육원의 설립 목적과 운영자금의 조달 및 집행 과정, 국가의 관리 · 감독 및 이사회의 구성과 이사회 의결에 관한 여러 규정 등을 종합적으로 고려하면, <u>교육원이 이사회 의결을 거치지 않고 기존 인사규정과 저촉되는 내용의 임금피크제를 시행하는 이 사건 협약을 체결하였다고 하더라도 그러한 단체협약의 내</u>*

23) 노사발전재단, 『업종별 임금피크제 표준매뉴얼』, 2011.

> *용은 교육원이나 교육원 직원에게는 효력을 미치지 않는다고 할 것이다(대법원 2016.1.14. 선고 2012다96885 판결).*

2) 제도유형 결정

임금피크제 대상범위를 결정한 후 정년보장형, 정년연장형 또는 재고용보장형에서 하나의 제도를 결정한다.

> *이 사건 성과연급제는 연령을 이유로 임금 분야에서 원고를 차별하는 것으로 그 차별에 합리적인 이유가 있다고 볼 수 없다.*
> *① 이 사건 성과연급제는 피고의 인건비 부담을 완화하고 실적 달성률을 높이기 위한 목적으로 도입된 것으로 보인다. 피고의 주장에 따르더라도 51세 이상 55세 미만 정규직 직원들의 수주 목표 대비 실적 달성률이 55세 이상 정규직 직원들에 비하여 떨어진다는 것이어서, 위와 같은 목적을 55세 이상 정규직 직원들만을 대상으로 한 임금삭감 조치를 정당화할 만한 사유로 보기 어렵다.*
> *② 이 사건 성과연급제로 인하여 원고는 임금이 일시에 대폭 하락하는 불이익을 입었고, 그 불이익에 대한 대상조치가 강구되지 않았다. 피고가 대상조치라고 주장하는 명예퇴직제도는 근로자의 조기 퇴직을 장려하는 것으로서 근로를 계속하는 근로자에 대하여는 불이익을 보전하는 대상조치로 볼 수도 없다.*
> *③ 이 사건 성과연급제를 전후하여 원고에게 부여된 목표 수준이나 업무의 내용에 차이가 있었다고 보이지 아니한다(대법원 2022.5.26. 선고 2017다292343 판결).*

3) 임금굴절점 결정

임금굴절점이란 우상향하는 임금곡선이 임금피크제 도입으로 하락하기 시작하는 시점을 의미한다. 임금굴절점의 설정기준으로는 직급, 호봉, 근속연수, 연령 등을 사용할 수도 있지만, 일반적으로 연령을 기준으로 사용한다.

4) 임금감액률 결정

임금굴절점이 결정되면 굴절점에서 정년시점까지 대상자의 임금을 조정(임금감액률)하게 되는데, 근로자들이 가장 민감하게 반응하는 부분이다. 임금감액률은 기업의 경영여건이나, 임금수준 등을 고려하여 결정하지만, 최소한 임금피크제 실시로 증가하는 임금액이 감소하는 임금액보다 적어서는 안 될 것이다.

5) 보상조정

보상에는 임금(기본급 · 고정수당 · 상여금 등 고정급 및 성과급 · 변동수당 등 변동급), 퇴직금 등 금전적 보상과 복리후생 등과 같은 비금전적 보상이 있다. 임금감액률이 결정되면 구체적으로 어느 임금항목에 반영할 것인지를 정하여야 한다. 일반적으로 기본급에 대해서 조정을 하며, 그 외에 각종 수당, 상여금, 성과급, 복리후생 등에 대해서도 조정을 할 것인지 결정해야 한다.

6) 직무 또는 직책의 조정

임금피크제 도입 후 고용기간이 늘어난 근로자의 신체적 조건과 직무의 특성을 고려하여 기존과 같은 직무 또는 직책을 유지하도록 할 것인지를 결정해야 한다.

〈직무 또는 직책의 조정방식〉

조정방식	기존 직무의 성격	적합 유형
직무 및 직책 유지	연령과의 관련성이 적은 직무	정년보장형
직무 유지, 직책 조정	연령과의 관련성이 적은 직무	정년보장형, 정년연장형
직무 및 직책 조정	고령자에게 부담이 될 수 있는 직무	정년보장형, 재고용보장형
신 직무 개발 또는 별도 직군 분리	직무가 다양하여 고령자 적합 직무 개발이 가능한 기업	재고용보장형

4. 임금피크제 도입 시 고려사항

1) 일반적 사항

임금피크제를 도입하더라도 노동법상 법정근로조건은 모두 적용된다. 따라서 임금감액에 따른 근로조건이 저하되더라도 그 하한선은 법정근로조건에 위반할 수 없다.[24)]

24) 근기법 제3조(근로조건의 기준)에서는 '이 법에서 정하는 근로조건은 최저기준이므로 근로관계 당사자는 이 기준을 이유로 근로조건을 낮출 수 없다'라고 규정하고 있다.

> *원고는 정년연장을 전제로 한 임금피크제 적용에 동의하였고, 원고에게 임금피크제가 적용됨에 따라 원고의 정년도 연장되었다고 할 것임에도, 참가인이 원고의 원래 정년인 2015.12.31.자로 원고가 정년퇴직한다고 한 이 사건 통보는 부당해고에 해당한다. 그러므로 부당해고에 대한 원고의 구제신청을 받아들이지 않은 이 사건 재심판정은 위법하여 취소되어야 한다고 주장하는바, 원고는 임금피크제 적용을 받음으로써 그 정년이 2016.12.31.자로 연장되었다고 봄이 타당하다. 따라서 참가인이 정년이 남아 있던 원고에 대하여 근무태도가 불량하다는 사유를 내세워 적법한 절차를 거치지 아니하고 사실상 해고와 다름없는 이 사건 통보를 한 것은 부당해고에 해당하고, 그러한 부당해고를 당한 원고의 구제신청을 받아들이지 않은 이 사건 재심판정은 위법하다(대법원 2018.6.15. 선고 2018두38338 판결).*

2) 관련 규정 정비

단체협약, 취업규칙 등을 통하여 임금피크제를 도입할 수 있는 근거를 마련하고, 임금피크제의 적용대상, 정년연령, 재고용 여부, 임금조정 시점 및 방법 등의 사항을 포함하여야 한다. 특히 임금을 조정(삭감)하는 경우에는 근로조건의 불이익변경이 될 수 있으므로 근기법 제94조에 따른 취업규칙 불이익변경 절차에 의하여 과반수 노동조합 또는 근로자 과반수의 동의를 얻어야 한다.

> *조합원과 비조합원에게 공통적으로 적용되는 보수규정(취업규칙)을 개정하여 모든 근로자가 일정 연령(또는 특정 직위)에 도달하면 임금이 삭감되도록 불이익하게 변경하는 경우라면, 변경 시점에서 일정 연령(또는 특정 직위)에 도달한 근로자뿐만 아니라 전체 근로자에게 적용되는 것으로 보아야 하며, 따라서 그 취업규칙의 불이익변경을 위해서는 전체 근로자 과반수로 조직된 노동조합의 동의를 받아야 할 것으로 사료됨(고용노동부 2003.7.16., 근기 68207-890).*

3) 평균임금

> **「근로자 퇴직급여 보장법」(약칭: 퇴직급여법)**
>
> **제32조【사용자의 책무】** ⑤ 확정급여형퇴직연금제도 또는 퇴직금제도를 설정한 사용자는 다음 각 호의 어느 하나에 해당하는 사유가 있는 경우 근로자에게 퇴직급여가 감소할 수 있음을 미리 알리고 근로자대표와의 협의를 통하여 확정기여형퇴직연금제도나 중소기업퇴직연금기금제도로의 변경, 퇴직급여 산정기준의 개선 등 근로자의 퇴직급여 감소를 예방하기 위하여 필요한 조치를 하여야 한다.
>
> 1. 사용자가 단체협약 및 취업규칙 등을 통하여 일정한 연령, 근속시점 또는 임금액을 기준으로 근

> 로자의 임금을 조정하고 근로자의 정년을 연장하거나 보장하는 제도를 시행하려는 경우

임금피크제는 임금이 일정 연령부터 감소하므로 퇴직급여 등과 관련한 평균임금의 감소를 고려하여야 한다. 퇴직금 및 확정급여형퇴직연금(DB)은 평균임금을 기준으로 계산하므로 임금감소에 따라 평균임금도 감소하고 결국에는 퇴직급여도 감소하는 구조이다. 따라서 사용자는 근로자에게 퇴직급여가 감소할 수 있음을 미리 알리고 근로자대표와 협의를 통하여 확정기여형퇴직연금제도(DC)로의 전환, 퇴직급여 산정기준의 개선 등 근로자의 퇴직급여 감소를 예방하기 위하여 필요한 조치를 하여야 한다.[25)]

> *「근로자퇴직급여 보장법 시행령」 제3조 제1항 제6호에 따르면, 사업장에서 정년을 연장하거나 보장하는 조건으로 일정나이, 근속시점 또는 임금액을 기준으로 임금을 줄이는 제도를 시행하는 경우 퇴직금의 중간정산이 가능합니다. 이는 퇴직금의 중간정산을 통해 임금피크제의 시행에 따라 평균임금이 감소하게 됨으로써 근로자의 퇴직급여가 감소하는 것을 방지하려는 데에 목적이 있습니다. 퇴직금 중간정산 사유를 규정한 위 시행령의 제정 목적에 비추어 보면, 귀 기관의 경우와 같이 <u>임금피크제 시행의 일환에 따라 보직해임이 이루어지는 것이고, 보직해임에 따른 직책수당의 감소로 인해 평균임금이 감소하는 것임이 인정되는 경우에는 임금피크제 시행 전이라도 퇴직금의 중간정산이 가능하다</u>고 사료됩니다.*
>
> *<u>「근로자퇴직급여 보장법」 제32조 제4항 제6호(현행 제32조 제5항 제1호)에 따르면 퇴직금제도를 설정 · 운영하는 사용자로서 임금피크제를 시행하는 경우에는 근로자에게 퇴직급여가 감소할 수 있음을 미리 알리고, 근로자대표와의 협의를 통하여 확정기여형퇴직연금제도로의 전환, 퇴직급여 산정기준의 개선 등 근로자의 퇴직급여 감소를 예방하기 위하여 필요한 조치를 하여야 합니다.</u> 따라서, 사용자는 퇴직금 중간정산과 별개로 근로자의 퇴직급여 감소를 예방하기 위한 조치를 이행하여야 합니다(고용노동부 2019.12.31., 퇴직연금복지과-5705).*

4) 연차유급휴가

임금피크제를 도입하더라도 연차유급휴가의 가산일수를 결정하는 계속근로기간의 계산방법은 마찬가지로 적용되고, 계속근로에 따른 가산휴가를 고려하여도 연차유급휴가의 최대 일수는 25일이다(근기법 제60조 제항).

---

25) 퇴직급여 감소를 예방하기 위한 조치로는 퇴직금 중간정산을 실시하거나, 임금피크제 실시 이전과 이후를 분리하여 각각 계산하여 전체 퇴직금을 계산하는 방법 등이 있다.

제7장

임금의 계산

제1절 개 요

1. 법정수당과 약정수당

사용자가 근로계약 내용에 따른 근로제공의 대가로 근로자에게 지급하는 임금이 수당이고, 이는 법정수당과 약정수당으로 구분할 수 있다. 법정수당은 근기법 등 노동법에 따라 지급되는 수당으로 주휴일 수당, 연차유급휴가수당, 연장 · 야간 · 휴일 근로에 대한 수당 등이 있다. 약정수당은 단체협약 · 취업규칙 · 근로계약 등에 따라 지급되는 수당으로 자격증수당, 직책수당, 가족수당, 직무수당 등이 있다.

〈법정수당과 약정수당〉

구분	법정수당	약정수당
근거	근기법 등 노동법에 근거하여 지급	단체협약 · 취업규칙 · 근로계약 등에 근거하여 지급
종류	주휴일 수당, 연차유급휴가수당, 연장 · 야간 · 휴일 근로 수당 등	자격증수당, 직책수당, 가족수당, 직무수당 등

2. 휴식제도

1) 개 념

휴식제도는 근로자가 근로계약 도중에 일정한 요건에 따라 피로회복을 통해 휴양의 기회를 제공하고 모성보호 및 일 · 가정 양립을 위해 사용할 수 있는 것으로, 노동법에 따라 보호되는 법정휴식제도와 사용자와 근로자가 협의하여 정하는 약정휴식제도가 있다. 법정휴식제도에는 휴게시간, 주휴일, 공휴일 및 대체공휴일,[1] 연차유급휴가, 생리휴가, 출산휴가(유산 · 사

1) 「관공서의 공휴일에 관한 규정」에 따른 '공휴일 및 대체공휴일'은 원래 관공서(국가 및 지방자치단체의 사무를 처리하는 기관으로, 국가 및 지방자치단체의 의사결정과 그것을 외부에 표시하는 권한을 가짐) 종사자에게만 적용되다가, 민간기업에도 근기법 개정(2018.3.20., 제55조 제2항 신설)으로 상시근로자 300인 이상 사업장은 2020년 1월 1일, 30인 이상 사업장은 2021년 1월 1일, 5인 이상 사업장은 2022년 1월 1일부터 법정휴일로 적용되고 있다.

산휴가 포함), 배우자출산휴가, 난임치료휴가, 가족돌봄휴가 등이 있다. 약정휴식제도에는 경조휴가, 포상휴가, 여름휴가, 창립기념일 등이 있다.

〈휴식제도의 구분〉

구분	법정 휴식제도	약정 휴식제도
특징	노동법에 근거하여 의무적으로 부여되고, 법정기준 이상은 노사가 자율적으로 결정	부여 여부 · 조건 · 일수, 임금지급(유급 또는 무급) 등은 단체협약 · 취업규칙 · 근로계약 등으로 노사가 자율적으로 결정
휴게	근로시간 4시간에 30분 이상, 근로시간 8시간에 1시간 이상을 근로시간 도중에 부여	법정휴게시간 이외에 추가로 부여 가능
휴일	① 주휴일(근기법 제55조 제1항) ② 공휴일 및 대체공휴일(근기법 제55조 제2항 및 「관공서의 공휴일에 관한 규정」) ③ 근로자의 날(5월 1일, 「근로자의 날 제정에 관한 법률」)	노사가 별도로 휴일로 정한 날(회사창립기념일, 노조창립기념일 등)
휴가	① 연차유급휴가(근기법 제60조) ② 생리휴가(근기법 제73조) ③ 출산전후휴가(근기법 제74조) ④ 배우자 출산휴가(남녀고용평등법 제18조의2) ⑤ 난임치료휴가(남녀고용평등법 제18조의3) ⑥ 가족돌봄휴가(남녀고용평등법 제22조의2 제2항)	경조휴가, 포상휴가, 여름휴가 등

2) 휴게시간

「근로기준법」

제54조【휴게】 ① 사용자는 근로시간이 4시간인 경우에는 30분 이상, 8시간인 경우에는 1시간 이상의 휴게시간을 근로시간 도중에 주어야 한다.
② 휴게시간은 근로자가 자유롭게 이용할 수 있다.

휴게시간은 근로자가 사용자의 지휘 · 감독으로부터 벗어나 근로의무를 부담하지 않고 자유롭게 이용할 수 있는 시간단위의 휴식을 말한다. 따라서 휴게시간은 근로시간에 해당하지 않고 임금지급의 대상시간에 포함되지 않는 것이 원칙이다. 법정휴게시간은 근로시간이 4시간인 경우에는 30분 이상, 8시간인 경우에는 1시간 이상을 근로시간 도중에 부여하여야 한다.

다만, 사용자는 법정휴게시간 이외에 유급 또는 무급 휴게시간을 별도로 부여할 수도 있다.

> - '근로시간'이란 근로자가 사용자의 지휘·감독을 받으면서 근로계약에 따른 근로를 제공하는 시간을 말하고, '휴게시간'이란 근로시간 도중에 사용자의 지휘·감독으로부터 해방되어 근로자가 자유로이 이용할 수 있는 시간을 말한다. 따라서 근로자가 작업시간 도중에 실제로 작업에 종사하지 않은 대기시간이나 휴식·수면시간이라 하더라도 근로자에게 자유로운 이용이 보장된 것이 아니라 실질적으로 사용자의 지휘·감독을 받고 있는 시간이라면 근로시간에 포함된다고 보아야 한다(대법원 2017.12.05. 선고 2014다74254 판결).
> - 근로계약에서 정한 휴식시간이나 수면시간이 근로시간에 속하는지 휴게시간에 속하는지는 근로계약의 내용이나 해당 사업장에 적용되는 취업규칙과 단체협약의 규정, 근로자가 제공하는 업무의 내용과 해당 사업장에서의 구체적 업무 방식, 휴게 중인 근로자에 대한 사용자의 간섭이나 감독 여부, 자유롭게 이용할 수 있는 휴게 장소의 구비 여부, 그 밖에 근로자의 실질적 휴식을 방해하거나 사용자의 지휘·감독을 인정할 만한 사정이 있는지와 그 정도 등 여러 사정을 종합하여 개별 사안에 따라 구체적으로 판단하여야 함. 생산직 근로자가 약 2시간씩 제공하는 근로시간 중간중간에 부여받은 10분 또는 15분의 짧은 휴게시간은 피고 회사의 자동차 생산공장의 규모, 작업 특성, 한꺼번에 휴게시간을 부여받는 생산직 근로자의 인원수 등을 고려할 때, 이를 자유롭게 이용하는 데 근본적으로 한계가 있을 수밖에 없음. 위와 같은 휴게시간은 생산직 근로자가 기본적인 생리현상을 해결하는 데 필요한 최소한의 시간이거나, 피고의 사업장 내 안전보건 및 효율적 생산을 위하여 작업중단 및 생산장비의 운행 중지와 정비 등에 필요한 시간으로도 볼 수 있음. 생산 업무에 종사하는 근로자에 대해서는 일반직·영업직·기술직 근로자와 달리 근로시간 중간에 작업 중단시간을 구체적으로 설정한 것이고, 이는 다음 근로를 위한 대기시간 또는 준비시간으로 보는 것이 타당함(대법원 2020.8.20. 선고 2019다14110·14127·14134·14141 판결).
> - 법정근로시간은 휴게시간을 제외한 실근로시간을 의미하므로, 단체협약 등에 단순히 휴게시간을 근로시간으로 인정한다고 규정한 것만으로 연장근로수당 산정기초가 되는 기준근로시간에 휴게시간이 포함된다고는 할 수 없을 것이다. 다만, 단체협약 등에 휴게시간이 연장근로수당 등의 산정기초가 되는 기준근로시간에 포함된다는 별도의 규정이 있을 경우에는 그러하지 아니할 것이다(고용노동부 1991.3.28., 근기 01254-4347).

3) 휴 일

휴일[2)]은 취업규칙·근로계약 등에 따라 근로제공의 의무가 없는 것으로 정해진 날이

2) 휴일과 유사개념으로 '휴무일'이 있다. 노동법상 휴무일에 대한 정의규정이 없어 휴무일의 개념에 대해서는 견해가 다양하지만, 실무상으로는 휴일·휴가 등 '근로를 제공하지 않는 날, 소정근로일이 아닌 날, 비번일 등'으로 표현되고 있다. 한편, 고용노동부는 "근로를 제공하지 않는 토요일(일요일은 주휴일)은 노사가 휴일로 정하지 않는 이상 '무급휴무일'일 될 것이고, 이때 무급휴무일인 토요일에 근로를 함으로써 당해 주에 40시간을 초과해 근로했다면 근로

다. 따라서 휴일은 근로자가 사용자의 지휘·감독으로부터 완전히 벗어나고 근로계약상 근로제공 의무가 없는 날이므로, 근로계약상 출근의무가 있는 소정근로일에 포함되지 않는다. 휴일은 부여의 근거에 따라 법정휴일과 약정휴일로 구분하고, 임금지급 여부에 따라 유급휴일과 무급휴일로 나뉜다.

> - *근로기준법상 '휴일'이라 함은 근로자가 사용자에 대하여 근로제공의무가 없는 날을 말한다(1999.12.15., 근기 68207-883).*
> - *'근로자의 날'은 「근로자의 날 제정에 관한 법률」에 의하여 근로자에게 「근로기준법」상 유급휴일로 인정된 날이며, '유급휴일'이라 함은 근로를 제공하였더라면 지급받을 수 있었던 금액을 지급받으면서 근로제공의 의무는 없는 것으로 정하여진 날입니다. 다만, 근로자의 날이 주휴일 등 유급휴일과 겹칠 경우에는 1일분만 지급하면 될 것입니다(근로기준과-2116, 2004.4.29.참고 / 고용노동부 2016.11.1., 근로기준정책과-6852).).*
> - *근로기준법상 휴일은 법정휴일과 약정휴일로 구분되며, 법정휴일은 같은 법 제55조의 주휴일과 「근로자의 날 제정에 관한 법률」의 근로자의 날이 해당되고, 약정유급휴일은 노사당사자 간 단체협약 및 취업규칙 등으로 정한 휴일을 의미한다(고용노동부 2014.8.27., 근로개선정책과-4792).*

4) 휴 가

휴가는 근로계약상 근로제공 의무가 있는 날이지만, 노동법상 일정한 요건이 충족되거나 노사의 약정에 따라 근로계약상 근로제공 의무가 면제되는 날을 의미한다. 휴가는 부여의 근거에 따라 법정휴가와 약정휴가로 구분하고, 임금지급 여부에 따라 유급휴가와 무급휴가로 구분된다.

> *근로기준법상 '휴가'라 함은 사용자가 근로자의 노무수령을 할 수 있는 상태임에도 사용자가 그날의 근로제공의무를 면제시켜 주는 것을 말한다. 노사 간 단체협약 또는 취업규칙에서 정한 이른바 약정휴일 또는 약정휴가의 경우는 근로제공의무가 없는 근로기준법상 휴일과는 달리 근로제공의무가 있는 날임에도 노사 간 특약에 의하여 사용자가 근로자의 근로제공의무를 면제시켜 준 것으로 보아야 할 것이다(1999.12.15., 근기 68207-883).*

기준법 제55조의 규정에 따라 연장근로수당을 지급해야 함(근로기준과-2325, 2004.5.10.; 근로개선정책과-7212, 2013.11.26.)"이라고 하여, 휴일과 휴무일을 구분하고 있다.

제2절 주휴일과 임금

1. 주휴일의 개요

1) 개 념

「근로기준법」

제55조【휴일】 ① 사용자는 근로자에게 1주에 평균 1회 이상의 유급휴일을 보장하여야 한다.

「근로기준법 시행령」

제30조【휴일】 ① 법 제55조 제1항에 따른 유급휴일은 1주 동안의 소정근로일을 개근한 자에게 주어야 한다.

사용자는 1주 동안의 소정근로일을 개근한 근로자에게 평균 1회 이상의 유급휴일을 보장하여야 한다(1주간의 소정근로일을 개근하지 못하더라도 무급인 주휴일은 부여하여야 함). 이러한 휴일을 실무상으로는 1주 단위로 보장되는 휴일이라고 하여 주휴일로 표현하고, 주휴일에 유급으로 지급하는 임금을 주휴일 수당(주휴수당, 주차) 등으로 사용하고 있다. 즉 유급주휴일은 근로를 제공하였더라면 받을 수 있었던 임금을 보장받으면서 근로제공의무는 면제되는 날이다.[3)]

- *주휴일은 산정단위가 되는 1주일의 기간 중 평균 1일 이상 주면 되므로 반드시 주휴일 간의 간격이 7일이 되어야 하는 것은 아니나, 근로자가 주휴일을 사전에 예측할 수 있도록 해야 할 것으로, 근로자의 건강 등을 고려하여 가급적 규칙적으로 부여하는 것이 바람직하다(고용노동부 2001.5012, 근기 68207-1540).*
- *근로기준법 제45조(현행 제55조)는 사용자가 1주간의 소정근로일수를 개근한 근로자에 대하여 1주일에 평균 1회 이상의 유급휴일을 주도록 규정하고 있으며, 이 경우 주휴일은 반드시 일요일이어야 하는 것은 아니나, 매주 특정요일로 정하는 것이 바람직할 것이다(고용노동부 1994.5.9., 근기 68207-761).*
- *1주간의 소정근로일수를 개근한 근로자에게 1주일에 평균 1회 이상의 유급휴일을 주도록 한 규정*

3) 고용노동부 2004.4.29., 근로기준과-2116.

은 1주일에 1회 이상의 휴일을 의무화하는 한편 성실근로를 유도 · 보상하기 위하여 소정의 근로일수를 개근하는 경우에 유급으로 할 것을 정한 것으로 해석하여야 할 것이다(대법원 2004.6.25. 선고 2002두2857 판결).

2) 적용대상

주휴일은 상시근로자 수와 상관없이 모든 사업장에 적용된다.[4] 다만, 근기법 제63조에 따른 적용제외 근로자[5]에게는 주휴일이 적용되지 않는다.

※ 근기법은 상시근로자 5인 이상 사업장에는 모든 규정이 적용되며, 상시근로자 4인 이하 사업장에는 일부규정만 적용됨(근기법 제11조).[6] 상시근로자 4인 이하 사업장에 적용되지 않는 주요 규정으로는 정당한 이유없는 해고금지(제23조 제1항), 경영상 이유로 인한 해고제한(제24조), 휴업수당(제46조), 근로시간(제50조, 제51조, 제51조의2 및 제51조의3, 제52조, 제53조), 연장 · 야간 및 휴일 근로에 대한 가산임금(제56조), 연차유급휴가(제60조), 생리휴가(제73조), 직장 내 괴롭힘의 금지(제6장의 2), 취업규칙(제93조) 등이 있음.

2. 주휴일의 발생요건

1) 1주의 소정근로일 개근

「근로기준법」

제2조【정의】 이 법에서 사용하는 용어의 뜻은 다음과 같다.

7. "1주"란 휴일을 포함한 7일을 말한다.

---

4) 다만, 주휴일에 근무하더라도 근기법 제55조에 따른 휴일근로에 대한 가산임금(통상임금의 50% 또는 100% 이상)은 적용되지 않는다(근기법 제11조 제2항 및 근기법 시행령 제7조 별표1).

5) 제63조【적용의 제외】 이 장과 제5장에서 정한 근로시간, 휴게와 휴일에 관한 규정은 다음 각호의 어느 하나에 해당하는 근로자에 대하여는 적용하지 아니한다.
   1. 토지의 경작 · 개간, 식물의 식재(植栽) · 재배 · 채취 사업, 그 밖의 농림 사업
   2. 동물의 사육, 수산 동식물의 채취 · 포획 · 양식 사업, 그 밖의 축산, 양잠, 수산 사업
   3. 감시(監視) 또는 단속적(斷續的)으로 근로에 종사하는 사람으로서 사용자가 고용노동부장관의 승인을 받은 사람
   4. 대통령령으로 정하는 업무에 종사하는 근로자 → 사업의 종류에 관계없이 관리 · 감독 업무 또는 기밀을 취급하는 업무에 종사하는 근로자(근기법 시행령 제34조)

6) '상시근로자 수 산정'은 법 적용 사유(근로시간, 연차유급휴가, 생리휴가, 직장 내 괴롭힘 금지 등) 발생일 전 1개월(산정기간) 동안 사용한 근로자의 연인원을 같은 기간 중의 사업장 가동일수로 나누어 산정한다. 다만, 상시근로자 수 산정 결과가 5인(취업규칙 적용은 10인) 이상에 해당하더라도 산정기간에 속하는 일(日)별로 근로자 수를 파악하였을 때 4인 이하에 해당하는 일수가 1/2 이상인 경우에는 5인 이상 사업장으로 보지 않고, 상시근로자 수 산정 결과가 5인(취업규칙 적용은 10인) 미만에 해당하더라도 산정기간에 속하는 일(日)별로 근로자 수를 파악하였을 때 4인 이하에 해당하는 일수가 1/2 미만인 경우에는 5인 이상 사업장으로 본다(근로기준법 시행령 제7조의2).

1주는 달력에 의한 특정 요일부터 연속한 7일이 되는 특정 요일까지의 기간이고, 소정근로일은 단체협약 · 취업규칙 · 근로계약 등에 의거 근로자와 사용자가 근로를 제공하기로 정한 날이고, 개근[7]은 소정근로일에 결근하지 않는 것이다. 따라서 근로자가 소정근로일에 모두 출근하여 근무하였다면 지각 · 조퇴 · 외출 등으로 소정근로시간을 전부 충족하지 못하였더라도 개근으로 처리하여 유급주휴일을 보장하여야 한다. 다만, 그러한 지각 · 조퇴 · 외출 등에 해당하는 시간에 대해서는 약정된 임금에서 공제할 수 있다(지각 · 조퇴 · 외출 등을 몇 회 이상 하면 1일의 결근으로 처리하는 것은 불가함).

- *근로기준법 제55조 규정에 따라 사용자는 근로자에게 1주일에 평균 1일 이상의 유급휴일을 주어야 하는바, 여기서 '1주일'이라 함은 특정일을 기준으로 하여 연속한 7일의 기간을 의미하는 것으로 반드시 월력에 의한 일요일부터 토요일까지로 해야 하는 것은 아니다. 따라서 귀 질의와 같이 주중인 3.2(화)부터 근로를 제공한 경우 근로계약, 취업규칙 등에서 일정한 날을 주휴일로 특정하지 않았다면 근로제공일(3.2)로부터 연속한 7일(3.8)의 기간중에 1일을 주휴일로 부여하여야 할 것으로 사료된다(고용노동부 2010.4.30., 근로기준과-918).*
- *근로자가 지각 · 조퇴 · 외출 등의 사유로 소정근로일의 근로시간 전부를 근로하지 못하였다 하더라도, 소정근로일을 단위로 그날에 출근하여 근로를 제공하였다면 이를 결근으로 취급할 수 없는 것이므로 지각 · 조퇴 · 외출 3회를 결근 1일로 취급하여 주휴, 월차유급휴가, 연차유급휴가 등에 영향을 미치게 함은 부당하다(고용노동부 1984.10.20., 근기 1451-21279).*
- *근로자가 소정의 근로일수를 모두 근무하지 아니하였다 하더라도 사용자에 대하여 유급휴일로 처리하여 줄 것을 청구할 수 없을 뿐 휴일 자체가 보장되지 않는다고 볼 수는 없다(대법원 2004.6.25. 선고 2002두2857 판결).*
- *일주일간의 지각 또는 조퇴시간을 합산하여 8시간이 되면 1일 결근으로 간주하여 유급휴일수당을 지급하지 않아도 되는지에 대하여는, 근로기준법 제55조 및 동법 시행령 제30조에 따르면 사용자는 1주일을 개근한 근로자에 대하여는 1일의 유급휴일을 주어야 하는바, 이때 '개근'이란 근로제공의 의무가 있는 소정근로일에 결근하지 않는 것을 의미합니다. 따라서, 1주일간의 지각 또는 조퇴시간을 합산하여 8시간이 되더라도, 지각 또는 조퇴는 결근이 아니므로, 1일을 결근처리하여 개근일수에 영향을 줄 수는 없다고 사료됩니다(고용노동부 2009.12.23., 근로기준과-5560).*
- *근로기준법상 '결근'의 개념에 관하여 규정한 바는 없으나, 일반적으로 결근일이란 법령의 범위 내에서 노사 당사자가 근로를 제공하기로 정한 날인 '소정근로일'에 근로자가 임의로 근로를 제공하지*

7) 개근(皆勤에 비하여 '만근(滿勤)'은 사전적으로 일정한 기간 동안 하루도 빠짐없이 출근한 것을 말하고, 실무에서는 결근하지 않는 것은 물론 출근하더라도 지각이나 조퇴 등도 없이 소정근로시간을 모두 채운 것을 의미한다. 구체적으로 만근이 무엇을 의미하는지는 노사당사자가 자율적으로 정할 수 있으며, 만근 여부에 관한 구체적인 판단기준이 없는 경우에는 해당 규정의 취지, 당사자의 의사, 그간의 관행 등을 종합적으로 고려하여 판단하여야 한다(2002.7.11., 근기 68207-2453).

아니한 날을 의미한다고 볼 수 있을 것입니다(고용노동부 2004.8.18., 근로기준과-4336).

〈주휴일 발생요건과 '계속근로관계의 전제(예정)' 필요 여부〉

주휴일 발생요건에 대하여 기존 행정해석 및 판례(대법원 2013.11.28. 선고 2011다399946 판결)는 '근로의 제공 없이도 근로자에게 임금을 지급하도록 한 유급주휴일의 특별규정이 적용되기 위하여는 평상적인 근로관계 즉, 근로자가 근로를 제공하여 왔고, 또한 계속적인 근로제공이 예정되어 있는 상태가 당연히 전제되어 있다고 볼 것이다'라고 하여, 주휴일은 평상적인 근로관계를 전제로 보장되는 휴일이라고 판단하였다. 그러나 이후에 계속적인 근로관계가 전제되지 않더라도 1주간의 근로관계만 존속된다면 주휴일이 발생한다고 행정해석을 변경하였음.

변경 전	변경 후[8]
1주간의 소정근로일을 개근하고 아울러 1주를 초과하여(예: 8일째) 근로가 예정되어 있는 경우만 주휴수당 발생(고용노동부 2015.12.7., 근로기준정책과-6551 등)	■ **1주간 근로관계가 존속되고 그 기간 동안의 소정근로일에 개근하였다면 1주를 초과한 날(8일째)의 근로가 예정되어 있지 않더라도 주휴수당 발생.** ■ 근기법은 "사용자는 근로자에게 1주에 평균 1회 이상의 유급휴일을 보장"하도록 하고(제55조 제1항), 시행령(제30조 제1항)에서는 "1주 동안의 소정근로일을 개근한 자"에게 주도록 규정하고 있으므로, 법령상 그 다음주까지 근로관계가 유지되어야 한다는 내용은 없으므로, "1주에 평균 1회 이상의 유급휴일을 보장"한다는 규정은 **최소한 1주 동안의 근로관계 존속을 전제로 한다**고 봄이 타당 〈예시〉 소정근로일(월~금요일)을 개근했고, 주휴일이 일요일인 경우 - **월~금까지 근로관계 유지(토요일 또는 일요일일 퇴직) → 주휴수당 미발생** - 월~일까지 근로관계 유지(그 다음 월요일에 퇴직) → 주휴수당 발생 - 월~다음 월까지 근로관계 유지(그 다음 화요일에 퇴직) → 주휴수당 발생

2) 1주 15시간 이상 근로

「근로기준법」

제18조【단시간근로자의 근로조건】 ③ 4주 동안(4주 미만으로 근로하는 경우에는 그 기간)을 평균하여 1주 동안의 소정근로시간이 15시간 미만인 근로자에 대하여는 제55조와 제60조를 적용하지 아니한다.

1주간의 소정근로일을 개근하더라도 4주 동안을 평균하여 1주간의 소정근로시간이 15시

8) 고용노동부, "주휴수당 및 연차휴가 산정방법 관련 행정해석 변경 등 지침", 2021.8.4., 임금근로시간과-1736.

간 미만인 단시간근로자[9]에게는 주휴일은 발생하지 않는다.

3. 주휴일 수당의 산정

1) 산정기준

(1) 상시근로자 5인 이상 사업장

주휴일 수당은 유급으로 보장해야 하는 주휴일 시간이 몇 시간분인지를 결정하는 것으로 '정상적인 근로일의 1일 소정근로시간'을 기준으로 산정하면 된다.[10] 일반적으로 1주 40시간제에서는 정상근로일은 5일(월~금요일)을 의미하고(설령 월~금요일은 7시간씩 근무하고 토요일에 5시간을 근무하여 1주 40시간제를 적용하더라도 정상근로일은 5일로 봄), 소정근로시간은 1일 8시간이 된다. 따라서 유급으로 보장해야 하는 주휴일 수당은 8시간분이다.

〈주40시간제 시행에 따른 소정근로시간 및 주휴일 수당 산정기준〉[11]

현행 근기법에는 유급주휴일을 몇시간으로 할 것인지에 대한 규정은 없으며, 판례도 이와 직접 관계된 것은 파악되지 않음. 다만, 현행 행정해석은 '소정근로시간', '정상근로일의 소정근로시간'을 유급으로 하도록 하고 있는 바, 근기법이 주휴일를 유급으로 하도록 한 취지를 고려하면 타당함.

i) 월~금(소정근로시간 8시간)인 경우: 8시간
ii) 월~금(소정근로시간 7시간), 토요일(소정근로시간 5시간)인 경우): 7시간
→ 정상근로일의 소정근로시간을 주휴일 수당으로 부여
iii) 월~토(소정근로시간 6시간 40분)인 경우: 6시간 40분

※ 이 경우 동일한 월급액일지라도 근로형태에 따라서 통상임금 산정기준시간수[12]가 달라지지만, 이는 근로형태의 차이, 즉 정상근로일의 소정근로시간 차이로 나타나는 결과로서 불가피하다고 봄.
- 월~금(소정근로시간 8H)인 경우: (8H×5D+8H)×365÷7÷12≒209H
- 월~금(소정근로시간 7H), 토(소정근로시간 5H)인 경우): (7H×5D+5H×1D+7H)×365÷7÷12≒205H

---

9) 4주를 평균하여 1주의 소정근로시간이 15시간 미만인 단시간근로자 또는 소정근로시간이 현저히 짧은 단시간근로자를 실무상 '초단시간근로자' 라 한다. 그러한 초단시간근로자에게는 근기법상 주휴일(제55조) 및 연차유급휴가(제60조) 규정이 적용되지 않고(제18조 제3항), 「근로자 퇴직급여보장법」상 퇴직급여 규정이 적용되지 않고(제4조 제1항), 「기간제 및 단시간근로자 보호등에 관한 법률」상 기간제근로자 사용기간의 제한(2년) 규정이 적용되지 않으며(제4조 제1항 제6호), 사회보험영역에서도 산재보험을 제외한 고용 · 연금 · 건강보험은 원칙적으로 적용되지 않는다.

10) 고용노동부 2009.12.23., 근로기준과-5560.

11) 고용노동부 2004.7.7., 임금정책과-2492.

12) '통상임금 산정기준시간수'는 통상임금을 시간급 금액으로 환산하기 위한 기준으로, 근기법 시행령 제6조 제2항에 규정되어 있다. 참고로 '월의 통상임금 산정기준시간수'는 1주의 통상임금 산정기준시간수(1주의 소정근로시간과 소정근

(2) 상시근로자 4인 이하 사업장

근기법상 주휴일 규정은 상시근로자 4인 이하 사업장에도 적용된다. 다만, 상시근로자 4인 이하 사업장은 법정근로시간과 관련한 근기법 제50조(1주 40시간 및 1일 8시간) 규정이 적용되지 않으므로, 주휴일 수당 산정을 위한 소정근로시간을 어떻게 산정할 것인가의 문제가 발생할 수 있다. 이 경우에도 상시근로자 5인 이상 사업장의 일반기준, 즉 '정상적인 근로일의 1일 소정근로시간'을 기준으로 주휴일 수당을 산정하면 된다.

- *주휴 규정은 4인 이하 사업장에도 적용되는 바, 주휴 규정의 목적이 근로자에게 휴식을 부여하는 것이며 근로시간에 상응한 보상이 아니라는 점, 근로시간 법제의 기본원칙은 일 8시간 주 40시간이라는 점 등을 고려할 때, 주 40시간의 범위 내에서 근로형태가 통상적이고 규칙적인 경우에는 정상근로일의 소정근로시간 수를 기준으로 산정하여 지급하되, 4인 이하 사업장에서 1일 8시간, 주 40시간을 초과하여 근로하기로 약정한 경우에도 1일 8시간분에 해당하는 주휴수당을 지급하면 될 것이며, 근로형태 및 일별 근로시간이 통상적이지 않은 경우에는 주40시간에 비례 산정한 주휴수당을 부여하면 될 것임(고용노동부 2016.8.17., 근로기준정책과-5106).*
- *4인 이하 사업장은 근로기준법 제50조에서 정한 근로시간을 적용받지 않으므로, 근로계약 체결 당사자는 1일 8시간, 1주 40시간을 초과하여 근로하기로 정할 수 있음. 귀 지청에서 언급한 4인 이하 사업장의 주휴수당 산정방법에 대한 행정해석(근로기준정책과-5106, 2016.8.17.)은 1일 8시간을 초과하거나 1주 40시간을 초과하여 근로하기로 약정한 경우에도 산출되는 1일 유급 주휴수당은 최대 8시간분만 지급하면 된다는 취지로 해석한 것임(고용노동부 2022.7.27., 임금근로시간과-1516).*

2) 산정방법

(1) 근로시간이 규칙적인 경우

주휴일 수당은 정상근로일의 소정근로시간을 기준으로 지급해야 하므로, 1주 소정근로일을 개근한 경우 지급되는 주휴일 수당(또는 개근하지 못한 경우 임금에서 공제되거나 지급되지 않는 수당)은 해당 근로자의 1일 통상임금(1일 소정근로시간×통상시급)으로 산정하면 된다. 다만, 소정근로시간이 법정근로시간보다 짧은 경우에는 근로계약 등에 따라 약정된 소정근로시간을 기준으로 산정하고, 소정근로시간은 법정근로시간을 초과할 수 없으므로 근로시

로시간 외에 유급으로 처리되는 시간을 합산한 시간)에 1년 동안의 평균 주의 수를 곱한 시간을 12로 나눈 시간으로 산정한다.

간이 법정근로시간을 초과하는 경우에는 법정근로시간까지만 소정근로시간으로 산정한다.[13)]

근로시간이 규칙적인 경우의 주휴일 수당=1일 소정근로시간(1주 소정근로시간 ÷ 40시간 × 8시간) × 통상시급

※ 1일 소정근로시간과 실제 근로시간이 다르더라도 1일 소정근로시간에 따라 주휴일 수당을 지급해야 함.

- *유급휴일에 대한 수당은 근로형태가 통상적이고 규칙적인 경우에는 정상근로일의 소정근로시간을 기준으로 지급하면 될 것입니다(고용노동부 2017.9.25., 근로기준정책과-5943).*
- *지각 · 조퇴시간을 제하고 근무한 시간이 32시간인 경우, 일일 소정근로시간 8시간에 대한 유급휴일수당이 아니라 6.4시간(32시간/40시간×8시간)에 대한 유급휴일수당을 지급할 수 있는지에 대하여는 근로기준법 제55조 및 동법 시행령 제30조에 따르면 사용자는 1주간의 소정근로일수를 개근한 근로자에 대하여 1주일에 평균 1회 이상의 유급휴일을 주어야 하며, 동 휴일에 대한 수당은 정상근로일의 소정근로시간을 기준으로 산정하면 될 것입니다. 따라서 1일 소정근로시간이 8시간인 경우 그 주의 실근로시간에 관계없이 소정근로시간 8시간에 대한 유급휴일수당이 지급되어야 할 것으로 사료됩니다(고용노동부 2009.12.23., 근로기준과-5560).*
- *〈근무형태가 격일제 근무(만근 14일)이고, 노사간 합의한 1일 소정근로 시간이 7시간인 경우 유급주휴시간 적용 관련하여〉, 격일제로 근로하는 경우에도 소정근로일을 개근하였다면 유급 주휴일을 부여해야 함(대법원 1991.08.13. 선고 91다3642 판결 등 참조). 이때 유급분은 일 소정근로시간에 대한 통상임금을 말하며(근기 68207-3562, 2001.10.17.), 격일제 근무자에게 지급하여야 할 통상 하루의 소정임금은 근무일의 절반에 해당하는 근로시간의 소정임금으로 하고 있음(임금근로시간 정책팀-3356, 2007.11.13.'근로자의 날 관련 「근로기준법」 적용지침'). 따라서, 귀 질의상 격일제 근로가 통상적인 격일제 근로(통상 2개조로 나누어 1개조가 24시간 연속근무를 2역일에 걸쳐 반복하여 근무하고 전일의 근무를 전제로 다음날에 휴무일이 주어지는 형태)에 해당하는 경우라면 유급주휴시간은 1근무일의 소정근로시간(7시간) 절반에 해당하는 3.5시간으로 보아야 할 것임(고용노동부 2013.3.7., 근로개선정책과-1574).*

〈주휴일 수당 산정 사례 - 근로시간이 규칙적인 경우〉

1주 근로시간	통상시급	주휴수당
14H*	1만원	0
30H	1만원	6만원 = (30H ÷ 40H) × 8H × 1만원
40H	1만원	8만원 = (40H ÷ 40H) × 8H × 1만원
50H**	1만원	8만원 = (40H ÷ 40H) × 8H × 1만원

13) 사업장의 근로시간이 법정 근로시간을 초과하는 경우에는 법정근로시간에 대한 임금을, 근로시간이 법정근로시간보다 적은 경우에는 소정근로시간에 대한 임금을 통상임금으로 지급하여야 한다(고용노동부 1987.4.2., 근기 01254-5392).

* 주휴일 수당은 1주 소정근로시간이 15시간 미만인 경우에는 적용하지 않음(근기법 제18조 제3항).
** 주휴일 수당 산정은 1주 40시간을 초과할 경우 40시간까지만 계산하고, 40시간을 초과한 나머지 10시간은 연장근로로 별도 계산함.

(2) 근로시간이 불규칙한 경우

근로시간이 정형적이지 않고 불규칙한 경우의 주휴일 수당은 단시간근로자의 1일 소정근로시간수 계산방법[14]에 따라 산정하면 된다. 즉 4주간의 전체 소정근로시간을 4주간의 소정근로일수로 나누어 1일 평균 소정근로시간을 정하고 통상시급을 곱하여 계산한다.

근로시간이 불규칙한 경우의 주휴일 수당 = (4주간의 총근로시간 ÷ 4주간의 소정근로일수) × 통상시급

※ 단시간근로자는 비교대상인 통상근로자가 존재해야 성립되는 개념(근기법 제2조 제1항 제9호)이고, 단시간근로자에게도 주휴일은 적용됨(4주간을 평균하여 1주간의 소정근로시간이 15시간 미만인 초단시간근로자는 제외). 단시간근로자의 주휴일 수당은 단시간근로자의 1일 소정근로시간에 시간급 통상시급을 곱하여 산정함.

- 「근로기준법」에 따라 사용자는 1주 동안의 소정근로일을 개근한 자에게 1주일에 평균 1회 이상의 유급휴일을 주어야 하며(제55조), 단시간근로자의 근로조건은 그 사업장의 같은 종류의 업무에 종사하는 통상근로자의 근로시간을 기준으로 산정한 비율에 따라 부여하면 됩니다(제18조 제1항). 다만, 사업장내에 통상근로자가 없는 경우라 하더라도 주 소정근로시간이 16시간 등 근로형태가 단시간근로자의 근로형태와 동일한 경우에는 단시간근로자의 1일 소정근로시간 수 산출방식을 준용하는 것이 합리적이므로 주 40시간에 비례하여 산정한 주휴수당을 지급하면 될 것으로 판단됩니다(고용노동부 2017.9.25., 근로기준정책과-5943).
- 소정근로시간이 당해 사업장의 동종업무에 종사하는 통상근로자보다 짧은 단시간으로 근로계약을 체결한 근로자라면 규칙적으로 매일 2시간의 연장근로를 하였다 하더라도 주휴수당 및 연차유급휴가수당 계산에 관하여는 단시간근로자로 보아 계산하여야 하므로 귀 질의서의 "갑설"〔단시간근로자의 주휴의 경우 연장근로를 제외한 소정근로시간으로 주휴 및 연차휴가를 계산해야 함〕의 계산방법이 타당하다고 사료됨(고용노동부 2004.11.30., 근로기준과-6465).
- 소정근로시간이 불규칙적이어서 주 소정근로시간이 변동되는 근로자에게 유급 주휴일을 부여해야 하는지에 대하여, 주휴일이 적용되지 않는 주 15시간 미만인 근로자에 해당하는지 여부는 '그 산정사유가 발생한 날' 이전 4주간(4주간 미만으로 근로한 경우는 그 기간)을 평균하여 결정되므로, 단시간근로자의 고용관계가 지속되는 한 각 주별 근로시간이 어떻게 배분되는지와 관계없이 산정

14) 단시간근로자의 1일 소정근로시간은 4주 동안의 소정근로시간을 그 기간의 통상근로자의 총소정근로일 수로 나눈 시간 수이다(근기법 제18조 및 동법 시행령 제9조 〔별표〕2).

사유가 발생한 날을 기준으로 위 원칙에 따라 판단하면 될 것임(고용노동부 2017.4.7., 근로기준정책과-2430; 1997.4.24., 근기 68207-535).

〈주휴일 수당 산정 사례 - 근로시간이 불규칙한 경우〉

구분	월	화	수	목	금	합계
1주	5H	6H	8H	8H	7H	34H
2주	6H	5H	4H	7H	8H	30H
3주	8H	7H	6H	6H	5H	32H
4주	8H	8H	7H	6H	5H	34H
합계	27H	26H	25H	27H	25H	130H

근로시간이 위 표와 같고, 통상시급이 1만원, 4주간의 소정근로일수가 20일인 경우 주휴일 수당??
⇒ 1일 (평균) 소정근로시간: 6.5시간=4주간 총근로시간(130시간) ÷ 4주간 소정근로일수(20일)
⇒ 주휴일 수당: 65,000원=6.5시간×1만원

(3) 월급제의 경우

임금을 월급[15)]형태로 지급할 경우 그 월급에는 유급주휴일에 대한 임금도 포함된 것이므로 별도의 주휴일 수당을 지급할 필요가 없다.[16)] 즉 근로형태가 1주 40시간제(1주 5일 근무, 토요일 무급휴일 및 일요일 주휴일)이고 임금을 월급으로 지급하는 경우 해당 월급은 대략 209시간분의 임금(실무에서는 소위 '기본급'으로 표시)이고, 그 209시간에는 대략 35시간분의 주휴일 수당이 포함되어 있다.

※ 1일 8시간 및 1주 40시간(1주 5일 근로, 토요일 무급휴일 및 일요일 주휴일)으로 근로하는 사업장에서 주휴일 수당을 포함한 월급 통상임금 산정을 위한 근로시간은 〔(40+0+8)×365÷7÷12〕≒209시간이고, 주휴일 수당에 해당하는 대략 35시간(≒8×365÷7÷12)을 제외한 순수한 소정근로시간은 대략 174시간임(≒40×365÷7÷12).

- 근로자에 대한 임금을 월급(임금이 월단위로 결정되어 월의 근로일수나 근로시간의 많고 적음에 관계없이 일정한 임금이 지급되는 임금형태)으로 지급할 경우 월급 통상임금에는 근로기준법 제

15) '월급'은 임금을 산정하는 단위기간(시급, 일급, 주급, 월급, 연봉 등)에 대한 부분으로, 임금이 월단위로 결정되어 월의 근로일수나 근로시간의 많고 적음에 관계없이 일정한 임금이 지급되는 임금형태를 의미한다(대법원 1994.5.24. 선고, 93다32514 판결; 고용노동부 2002.5.9., 근기 68207-1876).

16) 대법원 2024.2.8. 선고 2018다206899 · 206905 · 206912 판결.

45조(현행 제55조) 소정의 유급휴일에 대한 임금도 포함된다(대법원 1994.5.24. 선고 93다32514 판결).

- 매월 근로일수의 변동에 관계없이 정액으로 지급되는 월기본임금과는 별도로 유급주휴일에 대한 임금은 따로 지급한다라고 명시적으로 규정하는 등 특별한 사정이 없는 한 유급주휴일에 대한 임금(주차수당)은 매월 정액으로 지급되는 월기본임금속에 포함된 것으로 볼 수 있음(고용노동부 2002.5.9., 근기 68207-1876).

(4) 시급 또는 일급제

임금이 시급 또는 일급[17] 형태로 지급되는 경우에는 특별히 주휴일 수당을 분리하여 지급하지 않는 한 시급 또는 일급에는 주휴일 수당이 포함되어 있지 않으므로, 별도의 주휴일 수당을 산정해서 지급해야 한다.

※ 시급(또는 일급) 임금에 주휴일 수당을 포함하여 지급하려면 근로계약서에 시급(또는 일급) 임금과 주휴일 수당이 명시적으로 구분되어 있어야 하고, 근로자에게 사전에 시급(또는 일급) 임금에 주휴일 수당이 포함되어 있음에 대하여 동의를 받아야 함.

ex. 시급 3만원에는 임금 25,000원(=3만원×1÷1.2) 및 주휴일 수당 5,000원(=3만원×0.2÷1.2)이 포함되어 있음. → 1일 8시간 및 1주 40시간 근로에 대한 1주 주휴일 수당은 8시간이므로, 1주일의 주휴일 수당은 1주 소정근로시간(40시간)에 대한 임금의 20%(8시간÷40시간)임.

시급제 또는 일급제 근로자가 기본 시급 또는 기본 일급 외에 매월 또는 1개월을 초과하는 일정 기간마다 지급받는 고정수당 중에는 근로계약 · 단체협약 등에서 달리 정하지 않는 한 구 근로기준법 제55조에 따라 부여되는 유급휴일에 실제로 근무를 하지 않더라도 근무를 한 것으로 간주하여 지급되는 법정수당인 주휴수당이 포함되어 있지 않다(대법원 2018.12.27. 선고 2016다39538, 2016다39545 판결).

---

17) '일급근로자'는 임금의 결정방법에 대한 고용형태로 일용근로자와는 구별되는 개념이다. '일용근로자'의 정의는 노동법에 명확한 규정은 없으나(다만, 고용보험법 제2조에서는 일용근로자를 '1개월 미만 동안 고용되는 자'로 규정), 고용노동부는 일용근로자를 '근로계약을 1일 단위로 체결하는 근로자(고용노동부 2004.8.30., 근로기준과-4532)' 또는 '고용기간이 1일로서 그날의 근로종료에 따라 사용종속관계가 일단 종료되고 필요에 따라 하루하루를 기간으로 하여 사용하는 근로자(고용노동부 1983.5.12, 근기 1451-12200)' 로 해석하고 있다. 즉 일용근로자는 근로계약이 1일 단위로 체결되고 종료되어 1주간의 소정근로일을 산정할 수 없어 원칙적으로 주휴일을 부여할 수 없다. 그러나 1일 단위로 근로계약을 체결하는 일용근로자의 경우도 근로계약을 반복적으로 체결하여 1주간을 계속 근로한 경우에는 주휴일을 유급으로 주어야 한다. 다만, 이 경우에도 주휴일을 부여하여야 할 날 직전일에 근로관계가 종료된 때에는 주휴일을 부여하지 않을 수 있다(고용노동부, 2007.12.10., 비정규직대책팀-4349).

4. 근로형태별 주휴일 수당 산정

1) 소정근로일 중에 결근한 경우

주휴일은 1주간의 소정근로일을 개근할 경우만 유급휴일이므로, 소정근로일 중에 1일 이상 결근으로 인하여 1주간의 소정근로일을 개근하지 못한 경우에는 주휴일에 대한 별도의 임금을 지급받을 수 없는 '무급휴일'에 해당한다. 따라서 월급으로 임금을 정했다면 결근한 날의 임금 및 결근일이 포함된 해당 주의 주휴일 수당까지 포함하여 최소 2일의 임금을 월급에서 공제하고 지급할 수 있다.

> - *주휴일은 근로기준법 제45조(현행 제55조) 및 동법시행령 제29조(현행 제30조)에 따라 주간소정 근로일수를 개근한 자에 부여받을 수 있는 것인 바, 당해 주에 1일 이상 결근하였다면 동 주 휴일에 대한 별도의 임금을 지급받을 수 없는 것임(고용노동부 1984.3.30., 근기 1451-8700).*
> - *1주간의 소정근로일수를 개근한 근로자에게 1주일에 평균 1회 이상의 유급휴일을 주도록 한 규정은 1주일에 1회 이상의 휴일을 의무화하는 한편 성실근로를 유도 · 보상하기 위하여 소정의 근로일수를 개근하는 경우에 유급으로 할 것을 정한 것으로 해석하여야 할 것이므로 근로자가 소정의 근로일수를 모두 근무하지 아니하였다 하더라도 사용자에 대하여 유급휴일로 처리하여 줄 것을 청구할 수 없을 뿐 휴일 자체가 보장되지 않는다고 볼 수는 없다 할 것이어서 휴일 전후의 근로일을 결근하였다고 하여 휴일을 결근으로 처리할 수는 없다(대법원 2004.6.25. 선고 2002두2857 판결).*

2) 소정근로일 중에 지각 · 조퇴 · 외출 등을 하는 경우

지각 · 조퇴 · 외출 등은 결근이 아니므로, 1주간 소정근로일 중에 결근만 없다면 지각 · 조퇴 · 외출 등의 횟수와 무관하게 개근한 것으로 보고 주휴일을 유급으로 보장해야 한다. 다만, 지각 · 조퇴 · 외출 등으로 근로하지 못한 시간에 대해서는 해당 시간만큼을 공제할 수 있다.

> *지각 또는 조퇴 등의 사유로 인하여 근로일의 소정근로시간수의 전부를 근로하지 못하였다 하더라도 소정의 근로일을 단위로 하여 그날에 출근하여 근로를 제공하였다면 결근으로 처리할 수 없음. 그러나 지각 또는 조퇴 등을 제재하고자 하는 단체협약이나 취업규칙으로서 근로기준법 제96조에 의한 감급이나 승급, 상여금지급 등에 영향을 주는 제도는 채택할 수 있을 것임(고용노동부, 1981.2.27., 법무 811-6251).*

3) 소정근로일 중에 휴가 및 휴일을 사용한 경우

1주간의 소정근로일 중에 휴가(연차유급휴가, 생리휴가 등) 또는 휴일(근로자의 날, 공휴일 등)을 사용하여 근로를 제공하지 못한 경우에, 그러한 휴가 및 휴일의 사용은 근로계약 체결시부터 근로제공 의무가 면제되는 날이므로 그러한 날을 제외한 나머지 소정근로일을 모두 출근했다면 해당주는 개근한 것으로 주휴일을 유급으로 보장해야 한다. 다만, 특정주의 소정근로일 전부를 휴가 또는 휴일로 사용하여 출근하지 않았다면 해당주에는 주휴일을 유급으로 보장하지 않아도 된다.

> *1주 동안의 소정근로일 개근 여부를 판단함에 있어 연차유급휴가, 생리휴가, 산전후 휴가 등 법령상 또는 그 성질상 출근한 것으로 보아야 하는 날 또는 기간은 소정근로 일수 계산에 포함하되 출근한 것으로 보아야 함. 따라서 사용자가 유급으로 부여하는 하기휴가는 그 성질상 소정근로일수 계산에 포함하되 출근한 것으로 보아야 할 것이고 1주 동안 하기휴가일 제외한 소정근로일을 개근하였다면 유급주휴일(주휴수당)을 부여하여야 할 것임. 그러나, 근로기준법에서 1주 동안 소정근로일을 개근한 근로자에게 1회 이상의 유급주휴일을 부여하도록 한 취지는 근로자의 피로를 회복시켜 노동의 재생산을 꾀하고 생산성을 유지하는 한편 성실근로를 유도 · 보상하기 위함을 고려하면 1주 동안 소정근로일 전부에 대해 하기휴가를 부여하여 실제로는 근로를 제공하지 아니한 경우에는 주휴일을 유급으로 부여하지 않을 수 있음. 다만, 이러한 경우에도 사용자에게 주휴일을 유급으로 처리하여 줄 것을 청구할 수 없을 뿐 휴일 자체가 보장되지 않는다고 볼 것은 아니어서 무급으로 주휴일을 부여하여야 함(고용노동부, 2018.11.1., 근로기준정책과-7252).*

4) 주휴일이 다른 휴일과 중복되는 경우

주휴일이 근로자의 날, 공휴일 또는 약정휴일 등과 중복될 경우 특별히 정하지 않았다면 근로자에게 유리한 하나의 휴일만 적용하는 것이 원칙이다. 다만, 대체공휴일은 「관공서의 공휴일에 관한 규정」에서 정해진 내용에 따른다.

> *- 유급휴일과 주휴일이 중복될 경우 취업규칙 또는 단체협약 등에 별도의 정함이 없는 한 근로자에게 유리한 하나의 휴일만 인정하면 될 것이며, 근로자의 날은 「근로자의 날 제정에 관한 법률」에 의하여 소정근로일의 개근 여부와 관계없이 부여되는 유급휴일이므로 근로자의 날과 주휴가 중복될 경우 1주간의 소정 근로일을 개근하지 못한 근로자에 대해서는 근로자의 날인 유급휴일이 부여되어야 할 것임(고용노동부, 2005.8.17., 근로기준과-4267).*

- 근로기준법상 주휴일은 1주간의 소정근로일수를 개근한 자에게 1회의 유급휴일을 부여하는 것으로서 단체협약이나 취업규칙에서 주휴일이 당해 회사의 유급휴일과 중복되는 경우 그 익일을 휴일로 한다는 등 별도의 정한 바가 없다면 1회의 휴일을 실시함이 타당하다고 사료됨(고용노동부, 1999.8.18., 근기 68207-2016).

5) 교대제 근로일 경우

24시간 격일제, 2일 근무 1일 휴무제, 3조 3교대제 등 근무형태가 통상근로자와 다르더라도 주휴일 요건이 충족되면 주휴일은 유급으로 보장해야 한다.

- 근로기준법시행령 제29조(현행 제30조)에 의하면 법 제45조(현행 제55조)에 규정된 1주일 평균 1회 이상의 유급휴일이라 함은 소정근로일수를 개근한 자에 대하여 주는 유급휴일을 말하는데, 이는 매일 연속적으로 근로를 제공하는 경우에 한하지 않고 24시간 근로를 제공하고 24시간 휴무를 되풀이하는 이른바 격일제 근무의 경우에도 적용되지만, 정상적인 근무를 함이 없이 일정기간 계속하여 결근한 자에 대하여는 그 적용이 없다(대법원 1991.8.13. 선고 91다3642 판결).
- "사용자는 근로자에 대하여 1주일에 평균 1회 이상의 유급휴일을 주어야 한다"는 근로기준법 제45조(현행 제55조)는 매일 연속적으로 근로를 제공하는 경우에 한하지 않고, 2일 근무 1일 휴무(비번)를 되풀이하는 이른바 교대제 근무에도 적용된다(대법원 1991.7.26. 선고 90다카11636 판결).
- 사용자는 근로자가 소정의 근로일수를 개근한 경우에는 1주일에 평균 1회 이상의 주휴일을 주도록 되어 있는 바, 근로의 형태가 1일 3교대제로 되어 있어 업무형편에 의하여 주 1회 24시간 이상 계속 휴일을 부여하는 경우 동 휴일은 주휴일에 해당하는 것임(고용노동부, 1988.5.4., 근기 01254-4685).
- 교대제 근무로 인하여 주휴일로 정하여진 날에 근로를 하고 대신 대휴(대체휴일)를 주는 것이 사전 근로자의 동의하에 규칙적으로 실시되고 단체협약이나 취업규칙에 정하여지는 등 주휴일이 보장되고 있다면 일요일에 2교대 또는 3교대 근무제가 근로기준법 제45조(현행 제55조)에 위반된다고 볼 수 없음(고용노동부, 1994.5.9., 근기 68207-761).
- 교대제 근로자 등에 있어 비번일을 약정휴일로 할지 여부는 당사자가 결정할 문제이고, 특별히 정하지 않은 경우는 약정휴일로 볼 수 없음. 한편 24시간 격일제 교대제의 경우 24시간 휴무를 전제로 24시간의 근로를 시키는 것이므로 근무일에 휴가(연차유급휴가)를 사용할 경우 1근무일에 대해 이어지는 비번일과 함께 휴가사용일을 2일로 처리해도 근로기준법 위반으로 볼 수 없고, 휴가 날짜를 특정하지 않고 기간으로 정한 경우 동 비번일을 특별히 유급휴일로 정하지 않았다면 휴가일수에 포함됨(고용노동부, 2001.7.27., 근기 68207-2405).
- 주휴일은 근로자가 사용자의 지휘명령으로부터 완전히 이탈되는 날을 말하며, 근로자의 건강유지와 문화적 생활의 향상을 위하여 마련된 것으로 전세계적으로 보편화되어 있는 제도로서, 1회의

휴일은 역일상 24시간(오전 0시에서 오후 12시)을 의미하는 것이지만, 3교대 작업을 하는 경우에 있어서는 계속 24시간의 휴일을 주게됨(고용노동부 2004.7.7., 임금정책과-2492).

6) 휴업인 경우

근기법 제46조[18]에 의한 휴업, 즉 사용자의 귀책사유로 근로자가 휴업한 경우에는 그 휴업일을 제외한 나머지 소정근로일을 개근한 경우에는 주휴일을 유급으로 보장해야 한다. 다만, 1주간의 소정근로일 전부를 휴업으로 근로하지 못한 경우에는 해당주에 주휴일을 유급으로 보장하지 않아도 되지만, 휴업수당액(평균임금의 70% 이상)을 산정할 때에는 유급주휴일도 휴업기간에 포함하여 산정하여야 한다.

- *사용자의 귀책사유에 의한 휴업과 관련하여, 1주간의 소정근로일 전부를 휴업하지 아니한 경우 휴업한 날을 제외한 소정 근로일 전부를 개근하였다면 유급주휴일을 부여해야 하며, 1주간의 소정근로일 전부를 휴업한 경우에는 그 소정근로일 개근시 부여하는 유급주휴일도 휴업기간에 포함하여 휴업수당을 산정해야 함(고용노동부 1998.6.5., 근기 68207-1138).*
- *근로기준법 제46조 제1항에 의하여 사용자 귀책사유로 인하여 휴업하는 경우에는 휴업기간동안 해당근로자 평균임금의 100분의 70 이상의 수당을 지급하도록 하고 있으므로, 비록 그 휴업기간 중간에 주휴일 등 유급휴일이 포함되어 있거나 1주간의 소정근로일 전부를 휴업하여 유급휴일이 발생되지 않는 경우에도 휴업수당 산정시에는 휴업기간에 포함하여 산정함이 타당하다고 사료됨(고용노동부, 2007.1.30., 임금근로시간정책팀-429).*

〈근로유형별 주휴일 부여 기준〉

근로유형	주휴일 부여 기준	비 고
소정근로일 전부를 개근한 경우	1일 이상 유급주휴일 부여	통상 1일을 유급주휴일로 부여
소정근로일 중에 결근한 경우	1일 이상 무급주휴일 부여	월급제는 최소 2일(결근일+해당주의 주휴일) 임금을 공제 가능

18) 제46조【휴업수당】 ① 사용자의 귀책사유로 휴업하는 경우에 사용자는 휴업기간 동안 그 근로자에게 평균임금의 100분의 70 이상의 수당을 지급하여야 한다. 다만, 평균임금의 100분의 70에 해당하는 금액이 통상임금을 초과하는 경우에는 통상임금을 휴업수당으로 지급할 수 있다.
② 제1항에도 불구하고 부득이한 사유로 사업을 계속하는 것이 불가능하여 노동위원회의 승인을 받은 경우에는 제1항의 기준에 못 미치는 휴업수당을 지급할 수 있다.

근로유형	주휴일 부여 기준	비 고
지각, 조퇴, 외출 등의 경우	1일 이상 유급주휴일 부여	지각, 조퇴, 외출은 결근이 아님 → 해당 시간만큼 임금 공제 가능
휴가 또는 휴일을 사용한 경우	1일 이상 유급주휴일 부여	해당 주 전부를 휴가 또는 휴일을 사용한 경우에는 유급주휴일 미발생
소정근로일 전부를 휴업한 경우	1일 이상 무급주휴일 부여	일정 기간 근로제공을 하지 않으므로 유급주휴일 미발생
주휴일이 다른 휴일과 중복되는 경우	1일 이상 유급주휴일 부여	특별한 정함이 없는 한 1회의 휴일만 부여

제3절 연차유급휴가와 임금

1. 연차유급휴가의 개요

1) 개 념

연차유급휴가는 1년을 단위로 하여 근로자에게 일정 기간 근로의무를 면제함으로써 정신적 · 육체적 휴양을 제공하고 문화적 생활의 향상을 기하며, 일과 가정을 양립시킬 수 있는 제도이다. 연차유급휴가는 근로자가 사용자에게 근로를 제공하고 있다는 사정만으로 당연히 보장받을 수 있는 것이 아니라, 일정한 요건을 충족할 경우에 비로소 부여받을 수 있는 보상적 휴가이다. 따라서 연차유급휴가는 특별한 정함이 없는 한 1년간의 근로에 대한 보상으로 제도의 취지에 따라 휴가로 사용하는 것이 원칙이고 금전적인 보상을 목적으로 한 제도는 아니다.

※ 연차유급휴가와 관련하여 근기법은 제60조(연차유급휴가), 제61조(연차유급휴가의 사용촉진) 및 제62조(유급휴가의 대체)를 규정하고 있음.

근로기준법 제60조 제1항은 연차유급휴가에 관하여 "사용자는 1년간 8할 이상 출근한 근로자에게 15일의 유급휴가를 주어야 한다"고 규정하고 있는데, 이는 근로자에게 일정 기간 근로의무를 면제함으로써 정신적 · 육체적 휴양의 기회를 제공하고 문화적 생활의 향상을 기하려는 데 그 취지가 있다. 이러한 연차유급휴가는 근로자가 사용자에게 근로를 제공하는 관계에 있다는 사정만으로 당연

히 보장받을 수 있는 것이 아니라, 1년간 8할 이상 출근하였을 때 비로소 부여받을 수 있는 것이므로 다른 특별한 정함이 없는 이상 이는 1년간의 근로에 대한 대가라고 볼 수 있고, 근로자가 연차유급휴가를 사용하지 못하게 됨에 따라 사용자에게 청구할 수 있는 연차휴가수당은 임금이라고 할 것이다(대법원 2013.12.26. 선고 2011다4629 판결).

2) 적용대상

「근로기준법」

제11조【적용 범위】 ② 상시 4명 이하의 근로자를 사용하는 사업 또는 사업장에 대하여는 대통령령으로 정하는 바에 따라 이 법의 일부 규정을 적용할 수 있다.

제18조【단시간근로자의 근로조건】 ③ 4주 동안(4주 미만으로 근로하는 경우에는 그 기간)을 평균하여 1주 동안의 소정근로시간이 15시간 미만인 근로자에 대하여는 제55조와 제60조를 적용하지 아니한다.

연차유급휴가는 상시근로자 5인 이상 사업장 및 4주간을 평균하여 1주 동안의 소정근로시간이 15시간 이상인 근로자에게만 적용된다. 즉 연차유급휴가는 사업장의 상시근로자 수와 해당 근로자의 소정근로시간에 따라 적용이 결정된다.

2. 연차유급휴가의 일수

1) 기본휴가

「근로기준법」

제60조【연차 유급휴가】 ① 사용자는 1년간 80퍼센트 이상 출근한 근로자에게 15일의 유급휴가를 주어야 한다.

② 사용자는 계속하여 근로한 기간이 1년 미만인 근로자 또는 1년간 80퍼센트 미만 출근한 근로자에게 1개월 개근 시 1일의 유급휴가를 주어야 한다.

(1) 1년간 소정근로일 중 80% 이상 출근인 경우

근로자가 '1년간의 소정근로일 중 80% 이상 출근'[19]하면 15일의 연차유급휴가가 발생한

19) '1년간 80% 이상 출근'이란 반대로 표현하면, '1년간 20%를 초과해서 결근' 하는 것을 의미하므로, 결과적으로 1년간 20% 이내의 결근이라면 연차유급휴가가 발생하게 된다.

다. 근로자가 1년간 80% 이상 출근하였는지는 1년간의 총일수에서 법령 · 단체협약 · 취업규칙 등에 의하여 근로의무가 없는 것으로 정해진 날을 뺀 일수(1년간 소정근로일수) 중 근로자가 현실적으로 근로를 제공한 출근일수의 비율(출근율)을 기준으로 판단한다.

〈연차유급휴가의 출근율 산정방법〉

$$\text{연차유급휴가의 출근율} = \frac{\text{1년간 실제 출근일수}}{\text{1년간 소정근로일수}}$$

※ 연차유급휴가의 부여 요건인 출근율의 산정기준일은 개별근로자의 입사일 등 실제로 근로제공을 개시한 날을 기준으로 하는 것이 원칙이지만, 사업장의 노무관리의 편의와 근로자에게 불리함이 없도록 단체협약 · 취업규칙 등에 따라 전 근로자에 대하여 일률적으로 '회계연도(예: 1월 1일~12월 31일)'를 기준으로 연차유급휴가를 산정할 수도 있음(고용노동부 2008.2.28., 임금근로시간정책팀-489).

〈연차유급휴가 부여 시 소정근로일수 및 출근율 판단기준〉[20)]

구 분	예 시	출근율 판단
법령 또는 약정에 의한 휴일	- 주휴일(근기법 제55조 제1항) - 공휴일 및 대체공휴일(근기법 제55조 제2항 및 관공서의 공휴일에 관한 규정) - 근로자의 날(근로자의 날 제정에 관한 법률) - 약정휴일 - 기타 이에 준하여 해석할 수 있는 날(기간)	소정근로일수 계산에서 제외
특별한 사유로 근로제공의무가 정지되는 날 또는 기간	- 사용자 귀책사유로 인한 휴업 기간(근기법 제46조) - 가족돌봄휴직 기간(남녀고용평등법 제22조의2 - 적법한 쟁의행위기간 - 기타 이에 준하여 해석할 수 있는 날(기간)	소정근로일수 계산에서 제외하되, 그 제외된 기간만큼 비례하여 휴가일수를 축소하여 부여
법령상 또는 그 성질상 출근한 것으	- 업무상 부상 또는 질병으로 휴업한 기간(근기법 제60조 제6항 제1호) - 출산전후휴가 및 유사산휴가 기간(근기법 제60조 제6항 제2호) - 남녀고용평등법상 육아휴직 기간(근기법 제60조 제6항 제3호) - 남녀고용평등법상 육아기 근로시간 단축 기간(근기법 제60조 제6항 제4호) - 임신기 근로시간 단축 기간(근기법 제60조 제6항 제5호)	소정근로일수 계산에는 포함하되 출근한 것으로 봄

20) 연차유급휴가의 출근율 산정과 관련하여 고용노동부 행정해석인 「연차유급휴가 등의 부여 시 소정근로일수 및 출근 여부 판단기준」(임금근로시간정책팀-3228, 2007.10.25.), 「연차유급휴가 부여기준 '소정근로일수 및 출근여부' 판단 시 정직기간 등 관련 행정해석 변경」(근로기준과-3296, 2009.9.1.), 「연차유급휴가 부여시 소정근로일수, 출근율 및 휴가일수 산정방법」(근로기준정책과-8679, 2018.12.28.) 등에서 구체적으로 확인할 수 있다.

로 보아야 하는 날 또는 기간	- 연차유급휴가(근기법 제60조) 및 생리휴가(근기법 제73조) 기간 - 남녀고용평등법상 배우자출산휴가, 난임치료휴가, 가족돌봄휴가 기간 - 예비군훈련기간(「예비군법」 제10조)[21] - 공민권행사를 위한 휴무일(「공직선거법」 제6조)[22] - 민방위대원으로 동원 · 교육 · 훈련 받는 기간(「민방위기본법」 제27조)[23] - 기타 이에 준하여 해석할 수 있는 날(기간)	

ex. 가족돌봄휴직을 사용한 경우에 연차유급휴가 일수 산정 사례[24]: 연간 소정근로일수 240일, 연간 소정근로일수 중에서 90일을 가족돌봄휴직으로 사용하고 나머지 소정근로일수 150일을 모두 개근하였다면 연차유급휴가 일수는?

→ 연차유급휴가일수 = 15일 × 150일(연간 소정근로일수에서 가족돌봄휴직일수를 제외하고 실제로 출근한 일수) ÷ 240일(연간 소정근로일수) = 9.375일

(2) 계속근로기간 1년 미만인 경우

계속근속기간이 1년 미만인 근로자는 1개월 단위로 개근여부를 판단하고, 1개월의 소정근로일을 개근하는 월마다 1일의 연차유급휴가가 발생한다.[25] 따라서 이론상으로 계속근로기간이 1년 미만인 기간에 개근할 수 있는 월의 수는 11개월이므로 최대 11일의 연차유급휴가가 발생할 수 있다.

근로기준법 제60조 제1항은 최초 1년간 80% 이상 출근한 근로자가 그 다음 해에도 근로관계를 유지하는 것을 전제로 하여 2년차에 15일의 유급휴가를 부여하는 것이어서, 1년 기간제 근로계약을 체결하여 1년의 근로계약기간이 만료됨과 동시에 근로계약관계가 더 이상 유지되지 아니하는 근로자에게는 근로기준법 제60조 제2항에 따라 최대 11일의 연차휴가만 부여될 수 있을 뿐 근로기준법

21) 제10조【직장 보장】 다른 사람을 사용하는 자는 그가 고용한 사람이 예비군대원으로 동원되거나 훈련을 받을 때에는 그 기간을 휴무로 처리하거나 그 동원이나 훈련을 이유로 불리한 처우를 하여서는 아니 된다.

22) 제6조【선거권행사의 보장】 ③공무원 · 학생 또는 다른 사람에게 고용된 자가 선거인명부를 열람하거나 투표하기 위하여 필요한 시간은 보장되어야 하며, 이를 휴무 또는 휴업으로 보지 아니한다.

23) 제27조【직장 보장】 타인을 고용하는 자는 고용하는 자가 민방위 대원으로 동원되거나 교육 또는 훈련을 받은 때에는 그 기간을 휴무로 하거나 이를 이유로 불이익이 되는 처우(處遇)를 하여서는 아니 된다.

24) 고용노동부 2020.5.7., 여성고용정책과-1845. 가족돌봄휴직을 사용한 경우에는 가족돌봄휴직기간을 제외한 나머지 소정근로일수와 연간 총 소정근로일수의 비율에 따라 산정한 연차유급휴가를 부여한다.

25) 입사 후 1년 미만 기간에 대해서는 매월(1개월) 단위로 개근하면 1일의 연차유급휴가가 발생하지만, 1년 이상이 되면 매월 단위의 개근여부와 무관하게 1년 단위로 80% 이상 출근한 경우만 연차유급휴가가 발생함에 주의하여야 한다. 즉 '계속근로기간 1년 미만인 근로자'의 연차유급휴가는 해당 사업장에 입사 후 단 한 번(최대 11개월)만 적용되는 기준이고, 계속근로기간이 1년 이상이고 잔여 개월 수가 1년 미만인 기간이 있더라도 잔여 개월 수에 대해서는 연차유급휴가가 발생하지 않는다.

제60조 제1항에서 정한 15일의 연차휴가가 부여될 수는 없다. 그러나 1년을 초과하되 2년 이하의 기간 동안 근로를 제공한 근로자에 대하여는 최초 1년 동안의 근로제공에 관하여 근로기준법 제60조 제2항에 따른 11일의 연차휴가가 발생하고, 최초 1년의 근로를 마친 다음 날에 근로기준법 제60조 제1항에 따른 15일의 연차휴가까지 발생함으로써 최대 연차휴가일수는 총 26일이 된다(대법원 2022.9.7. 선고 2022다245419 판결).

(3) 1년간 소정근로일 중 80% 미만 출근인 경우

연차유급휴가는 1년간의 소정근로일 중 80% 이상 출근한 근로자에게만 발생하는 것이 원칙이다. 다만, 1년간의 소정근로일 중 80% 미만 출근하더라도 월단위 출근율을 고려하여 1개월 개근시 1일의 연차유급휴가 발생한다.

ex. 근로자가 연간 소정근로일수(300일로 가정) 중에서 210일을 출근하여 출근율이 80% 미만(210일÷300일=70%)이더라도, 특정월(7월, 8월)을 개근하였다면 2일의 연차유급휴가가 발생함.

2) 가산휴가

「근로기준법」

제60조【연차 유급휴가】 ④ 사용자는 3년 이상 계속하여 근로한 근로자에게는 제1항에 따른 휴가에 최초 1년을 초과하는 계속 근로 연수 매 2년에 대하여 1일을 가산한 유급휴가를 주어야 한다. 이 경우 가산휴가를 포함한 총 휴가 일수는 25일을 한도로 한다.

계속근로기간이 3년 이상인 근로자에게는 기본휴가(15일)에 최초 1년을 초과하는 계속근로연수 매 2년에 대하여 1일을 가산한 유급휴가를 주어야 하고, 이 경우 가산휴가를 포함한 총 휴가일수는 25일을 한도로 한다.

〈근속연수별 연차유급휴가일수: 연간 소정근로일의 80% 이상 출근한 경우 기준〉

연수	1년	2년	3년	5년	7년	9년	11년	13년	15년	17년	19년	21년	25년
휴가	15일*	15일	16일	17일	18일	19일	20년	21일	22일	23일	24일	25일	25일**
※ 계속근로기간 1년 이상이고 80% 이상 출근한 경우 연차유급휴가일수 계산방법 → 근속연수가 '홀수년(A)'인 경우 그 다음해 연차유급휴가일수: 15+〔(A－1)÷2〕 → 근속연수가 '짝수년(B)'인 경우 그 다음해 연차유급휴가일수: 15+〔(B－2)÷2〕													

*계속근로기간 1년 미만인 경우에는 최대 11일의 연차유급휴가가 별도로 발생함.

** 가산휴가를 포함한 연차유급휴가는 25일이 최대이므로, 근속연수가 25년인 경우 사용자가 25일의 연차유급휴가만 부여하더라도 법 위반이 아님.

〈연차유급휴가의 발생원리〉

구 분	발생요건	휴가 일수
근로기간 1년 이상	1년간 소정근로일 중 80% 출근	기본휴가 15일 + 가산휴가(2년마다 1일 추가) = 최대 25일
근로기간 1년 미만	1개월 단위 개근	개근 월마다 1일 발생 ⇒ 최대 11일
1년간 80% 미만 출근		개근 월마다 1일 발생

3. 연차유급휴가의 사용

1) 사용 방법

「근로기준법」

제60조【연차 유급휴가】 ⑤ 사용자는 제1항부터 제4항까지의 규정에 따른 휴가를 근로자가 청구한 시기에 주어야 하고, 그 기간에 대하여는 취업규칙 등에서 정하는 통상임금 또는 평균임금을 지급하여야 한다. 다만, 근로자가 청구한 시기에 휴가를 주는 것이 사업 운영에 막대한 지장이 있는 경우에는 그 시기를 변경할 수 있다.

연차유급휴가는 근로자가 특정일 또는 특정 기간으로 지정하여 청구한 시기에 부여해야 한다(시기지정권). 다만, 근로자가 청구한 시기에 연차유급휴가를 부여하는 것이 사업운영에 막대한 지장이 있는 경우에는 사용자가 근로자의 청구 시기를 변경할 수 있다(시기변경권). 연차유급휴가는 원칙적으로 1일 단위로 사용하는 것이지만, 노사가 합의하여 1일의 일부를 시간단위(반차 등)로 사용할 수도 있다.[26)]

※ 〈근로자가 청구할 경우 연차유급휴가를 시간단위로 사용할 수 있는지〉와 관련하여, 연차유급휴가는 근로제공의 의무를 면제하는 것이며 원칙적으로 "일" 단위로 부여해야 하나 당사자 간 합의로 "일"의 일부를 분할하여 부여할 수도 있을 것임(근기 68207-934, 2003.7.23)(고용노동부 2017.4.7., 근로기준정책과-2431).

26) 통상근로자와 달리 단시간근로자는 연차유급휴가를 시간단위로 사용하는 것이 원칙이다(근로기준법 제18조, 근로기준법 시행령 제9조 및 별표2).

2) 사용 기간

「근로기준법」

제60조【연차 유급휴가】 ⑦ 제1항 · 제2항 및 제4항에 따른 휴가는 1년간(계속하여 근로한 기간이 1년 미만인 근로자의 제2항에 따른 유급휴가는 최초 1년의 근로가 끝날 때까지의 기간을 말한다) 행사하지 아니하면 소멸된다. 다만, 사용자의 귀책사유로 사용하지 못한 경우에는 그러하지 아니하다.

1년간 80% 이상 출근 또는 1년간 80% 미만 출근이지만 1개월 단위로 개근하여 발생하는 연차유급휴가는 발생시점부터 1년간 행사하지 않으면 소멸되고, 계속근로기간이 1년 미만인 기간에 1개월 단위로 개근하여 발생하는 연차유급휴가는 근로자의 입사일부터 1년 동안 사용하지 않으면 소멸된다. 다만, 사용자의 귀책사유로 사용하지 못한 경우에는 1년이 지나더라도 소멸되지 않고 이월되거나 수당으로 청구할 수 있다.

근로기준법 제60조 제7항에 따라 사용자의 귀책사유로 근로자가 연차유급휴가를 사용하지 못한 경우에는 휴가청구권 발생일로부터 1년이 지나더라도 휴가청구권은 소멸되지 않고 이월됨(고용노동부 2009.2.20., 근로조건지도과-1046).

3) 사용 촉진

「근로기준법」

제61조【연차유급휴가의 사용촉진】 ① 사용자가 제60조 제1항 · 제2항 및 제4항에 따른 유급휴가(계속하여 근로한 기간이 1년 미만인 근로자의 제60조 제2항에 따른 유급휴가는 제외한다)의 사용을 촉진하기 위하여 다음 각호의 조치를 하였음에도 불구하고 근로자가 휴가를 사용하지 아니하여 제60조 제7항 본문에 따라 소멸된 경우에는 사용자는 그 사용하지 아니한 휴가에 대하여 보상할 의무가 없고, 제60조 제7항 단서에 따른 사용자의 귀책사유에 해당하지 아니하는 것으로 본다.
1. 제60조 제7항 본문에 따른 기간이 끝나기 6개월 전을 기준으로 10일 이내에 사용자가 근로자별로 사용하지 아니한 휴가 일수를 알려주고, 근로자가 그 사용 시기를 정하여 사용자에게 통보하도록 서면으로 촉구할 것
2. 제1호에 따른 촉구에도 불구하고 근로자가 촉구를 받은 때부터 10일 이내에 사용하지 아니한 휴가의 전부 또는 일부의 사용 시기를 정하여 사용자에게 통보하지 아니하면 제60조 제7항 본문에 따른 기간이 끝나기 2개월 전까지 사용자가 사용하지 아니한 휴가의 사용 시기를 정하여 근로자에게 서면으로 통보할 것
② 사용자가 계속하여 근로한 기간이 1년 미만인 근로자의 제60조 제2항에 따른 유급휴가의 사용을 촉진하기 위하여 다음 각호의 조치를 하였음에도 불구하고 근로자가 휴가를 사용하지 아니하여 제

60조 제7항 본문에 따라 소멸된 경우에는 사용자는 그 사용하지 아니한 휴가에 대하여 보상할 의무가 없고, 같은 항 단서에 따른 사용자의 귀책사유에 해당하지 아니하는 것으로 본다.
1. 최초 1년의 근로기간이 끝나기 3개월 전을 기준으로 10일 이내에 사용자가 근로자별로 사용하지 아니한 휴가 일수를 알려주고, 근로자가 그 사용 시기를 정하여 사용자에게 통보하도록 서면으로 촉구할 것. 다만, 사용자가 서면 촉구한 후 발생한 휴가에 대해서는 최초 1년의 근로기간이 끝나기 1개월 전을 기준으로 5일 이내에 촉구하여야 한다.
2. 제1호에 따른 촉구에도 불구하고 근로자가 촉구를 받은 때부터 10일 이내에 사용하지 아니한 휴가의 전부 또는 일부의 사용 시기를 정하여 사용자에게 통보하지 아니하면 최초 1년의 근로기간이 끝나기 1개월 전까지 사용자가 사용하지 아니한 휴가의 사용 시기를 정하여 근로자에게 서면으로 통보할 것. 다만, 제1호 단서에 따라 촉구한 휴가에 대해서는 최초 1년의 근로기간이 끝나기 10일 전까지 서면으로 통보하여야 한다.

연차유급휴가의 사용촉진은 사용자가 연차유급휴가의 사용을 촉진하기 위하여 일정한 조치를 하였음에도 불구하고 근로자가 연차유급휴가를 사용하지 않아 소멸된 경우, 사용자는 근로자가 사용하지 않은 연차유급휴가에 대하여 수당으로 보상할 의무가 없고 연차유급휴가 청구권이 소멸되는 것이다.

- *2003.9.15 개정된 근로기준법 제59조의2(현행 제61조)는 사용자가 연차유급휴가의 사용을 촉진하기 위하여 동조항에 규정된 조치를 하였음에도 근로자가 휴가를 사용하지 아니하는 경우 미사용휴가에 대한 보상의무를 면제하고 있는 바, 사용자가 동조항을 반드시 실시해야 할 의무가 있는 것은 아님. 따라서 사용자가 동법에 의한 휴가사용촉진조치를 하지 아니하고, 근로자도 휴가사용시기를 지정하지 아니하여 휴가를 사용하지 않았을 경우 사용자는 미사용 휴가에 대하여 연차휴가근로수당을 지급하여야 할 것임(고용노동부 2004.1.7., 근로기준과-161).*
- *연차유급휴가 사용촉진조치를 취할 때 사용자로 하여금 '서면'으로 촉구 또는 통보하도록 규정한 것은 휴가사용촉진 조치가 명확하게 이행되도록 하여 근로자의 권리보호를 보다 충실하게 하고 불명확한 조치로 인한 당사자간의 분쟁을 방지하려는 취지로 볼 수 있는 것임. 따라서 회사 내 E-mail을 활용하여 통보하거나 근로자별 미사용 휴가일수를 게재한 공문을 사내 게시판에 게재하는 것은 그러한 방법이 근로자 개인별로 '서면'촉구 또는 통보하는 것에 비하여 명확하다고 볼 수 없는 한 인정되기 어려움(고용노동부 2004.7.27., 근로기준과-3836).*
- *'종이로 된 문서' 외에 전자문서로서 연차유급휴가 사용촉진이 가능하기 위해서는 회사가 전자결재체계를 완비하여 전자문서로 모든 업무의 기안, 결재, 시행과정이 이루어져 근로자 개인별로 명확하게 촉구 또는 통보되는 경우에 한하여 서면 촉구 또는 통보로 인정될 수 있음(고용노동부 2010.11.16., 근로기준과-1983).*

- *연차사용촉진 기간은 제60조 제7항 본문에 따른 기간이 끝나기 전 하도록 규정되어 있고, 연차사용촉진에 따른 효과는 "보상의무가 소멸"되는 것이지, 연차휴가 자체가 소멸되는 것으로는 볼 수 없으며, 노사간 연차수당을 지급하는 대신 이월하여 사용토록 하거나, 사용기간을 연장하는 합의도 유효하므로, 2020.3.31. 개정된 근로기준법에 따라 사용자가 계속 근로한 기간이 1년 미만인 근로자에 대하여 연차사용촉진을 한 경우, 해당 연차휴가에 대한 보상의무는 "최초 1년의 근로기간이 끝"난 후에 소멸되나, 노사합의에 따른 사용기간까지는 여전히 사용이 가능하다고 보는 것이 타당할 것(고용노동부 2020.6.16., 임금근로시간과-1276).*

〈연차유급휴가 사용촉진 절차(1월 1일 입사자 기준)〉[27]

구 분		〈1차 사용촉진〉 (사용자 → 근로자)	(근로자 → 사용자)	〈2차 사용촉진〉 (사용자 → 근로자)
		미사용연차일수 고지 및 사용시기 지정 · 통보 요구	사용시기 지정 · 통보	근로자의 사용시기 미통보 시 사용자가 사용시기를 지정 · 통보
계속근로기간 1년 이상		7.1.~7.10. (6개월 전, 10일간)	1차 촉진 받은 날부터 10일 이내 (7.11.~7.20.)	7.21.~10.31까지 (휴가사용기간 종료 2개월 전까지)
계속 근로기간 1년 미만	연차휴가 9일	10.1.~10.10. (3개월 전, 10일간)	1차 촉진 받은 날부터 10일 이내 (10.11.~10.20.)	10.21.~11.30까지 (최초 1년의 근로가 끝나기 1개월 전까지)
	연차휴가 2일	12.1.~12.5. (1개월 전, 5일간)	1차 촉진 받은 날부터 10일 이내 (12.6.~12.15.)	12.16.~12.21까지 (최초 1년의 근로가 끝나기 10일 전까지)

※ 계속근로기간 1년 미만 근로자는 먼저 발생한 연차 9일과 이후 발생한 연차 2일의 사용촉진 시기가 다름에 유의.

4) 대체 사용

「근로기준법」

제60조【연차 유급휴가】 ⑦ 제1항 · 제2항 및 제4항에 따른 휴가는 1년간(계속하여 근로한 기간이 1년 미만인 근로자의 제2항에 따른 유급휴가는 최초 1년의 근로가 끝날 때까지의 기간을 말한다) 행사하지 아니하면 소멸된다. 다만, 사용자의 귀책사유로 사용하지 못한 경우에는 그러하지 아니하다.

---

27) 고용노동부, "근로기준법, 산업안전보건법, 한국고용노동교육원법 등 5개 제 · 개정 법률 공포안 국무회의 의결 보도자료", 2020.3.24. 11쪽.

사용자는 근로자대표와 서면합의에 따라 연차유급휴가일을 대신하여 특정한 근로일에 근로자를 휴무시킬 수 있다.[28] 근로자대표와 서면합의가 없거나 근로일이 아닌 날에 휴무하게 하는 것은 연차유급휴가를 대체한 것이 아니다.

- *연차유급휴가의 대체는 「근로기준법」 제62조에서 규정된 바와 같이 근로자대표와의 서면합의에 따라 사업장 전체에 걸쳐 실시하는 집단적 성질의 휴가 실시 제도임. 따라서 유급휴가의 대체를 도입하면서 근로자대표와의 서면합의가 아닌 근로자의 개별적 서면 동의를 받는 경우에는 법적 요건을 충족하지 못한 것으로 보아야 할 것임(근로개선정책과-997, 2012.1.31, 근로기준정책과-2694, 2015.6.23. 등 참조)(고용노동부 2019.5.29., 임금근로시간과-336).*
- *근로기준법상 유급휴가 대체일수에 대한 한도는 규정되어 있지 않으므로 원칙적으로 노사간의 합의를 따라야 할 것임. 다만, 너무 많은 일수를 유급휴가일로 대체토록 하는 것은 근로자가 필요한 날에 유급휴가를 사용할 수 없게 되는 결과를 초래할 우려가 상당하여 연차유급휴가제도의 취지에 반하므로 바람직하지 않다고 사료됨(2006.8.25, 임금근로시간정책팀-2425 참조). 사용자가 근로자대표와의 서면합의에 의하여 연차유급휴가를 대체할 경우에는 원칙적으로 대체할 근로일을 특정하여야 한다는 의미로 해석됨(2004.10.12, 근로기준과-5454 참조). 다만, 동 합의서는 향후 노사간에 합의가 있을 경우 연차유급휴가의 특정근로일 대체가 가능하다는 근거를 규정한 것으로서 해석함이 타당하며, 추후 특정근로일을 연차유급휴가로 대체하여 휴무케 할 경우에는 노사간에 별도의 합의절차를 거쳐야 할 것임(고용노동부 2011.9.19., 근로개선정책과-3099).*
- *'특정근로일'이란 소정근로일을 말하는데, 일요일이 근기법에 의한 주휴일이라면 소정근로일이 아니므로 연차유급휴가를 대체할 수 없으며, 토요일의 경우 취업규칙 · 단체협약 등에서 휴일로 정한 경우에는 소정근로일이 아니므로 연차유급휴가를 대체할 수 없으며, 취업규칙 · 단체협약 등에서 휴일로 정하지는 않았으나 업무량 감소 등에 따라 휴무를 실시하고 있는 경우라며 소정근로일에 해당되므로 연차유급휴가를 대체할 수 있음(고용노동부 2002.2.27., 근기 68207-812).*

4. 연차유급휴가와 임금

1) 연차유급휴가 수당

「근로기준법」

제60조【연차 유급휴가】 ⑤ 사용자는 제1항부터 제4항까지의 규정에 따른 휴가를 근로자가 청구한 시기에 주어야 하고, 그 기간에 대하여는 취업규칙 등에서 정하는 통상임금 또는 평균임금을 지급하

28) 연차유급휴가의 대체는 사용자가 근로자대표와 서면합의를 통해서 집단적으로 시행하는 것이므로, 연차유급휴가의 대체를 반대하는 근로자에게도 적용된다.

여야 한다.

「근로기준법 시행령」

제33조【휴가수당의 지급일】 법 제60조 제5항에 따라 지급하여야 하는 임금은 유급휴가를 주기 전이나 준 직후의 임금지급일에 지급하여야 한다.

연차유급휴가는 유급이므로 근로자가 휴가를 사용하여 근로를 제공하지 못하더라도 임금이 보장되어야 하는데, 이때 유급으로 보장되는 임금을 연차유급휴가 수당이라고 한다. 연차유급휴가 수당은 취업규칙 등에서 정하는 평균임금 또는 통상임금을 기준으로 지급하여야 하고, 지급시기는 연차유급휴가를 주기 전 또는 준 직후의 임금지급일에 지급하여야 한다.

- *연차유급휴가수당 청구권은 재직근로자가 일정 기간 근로의 대가로 발생한 연차유급휴가를 사용할 경우 그 기간에 대하여 사용자에게 수당 지급을 요청할 수 있는 권리이며, 이와 같이 지급되는 연차유급휴가수당은 임금에 해당함(고용노동부, 2021.12.15., 임금근로시간과-2861).*
- *근로기준법 제60조 제5항 본문은 "사용자는 제1항부터 제4항까지의 규정에 따른 휴가를 근로자가 청구한 시기에 주어야 하고, 그 기간에 대하여는 취업규칙 등에서 정하는 통상임금 또는 평균임금을 지급하여야 한다."라고 정하고 있다. 이와 같이 연차휴가기간에 근로자가 근로를 제공하지 않더라도 근로를 제공한 것으로 보아 지급되어야 하는 연차휴가수당은 취업규칙 등에서 산정 기준을 정하지 않았다면, 그 성질상 통상임금을 기초로 하여 산정하여야 한다(대법원 2019.10.18. 선고 2018다239110 판결).*

〈연차유급휴가 청구권, 연차유급휴가 수당 및 연차유급휴가 미사용수당〉

구분	내 용
연차유급휴가 청구권	근로자가 일정한 요건에 따라 발생한 연차유급휴가를 본인이 원하는 시기에 사용할 수 있도록 1년 동안 청구할 수 있는 권리
연차유급휴가 수당	근로자가 연차유급휴가를 사용할 경우에 유급으로 지급되는 수당으로, 휴가사용일에 대하여 통상임금 또는 평균임금으로 지급하는 수당
연차유급휴가 미사용수당	근로자가 발생된 연차유급휴가를 1년간 사용하지 않고 근로를 제공한 경우에 연차유급휴가청구권(1년)이 소멸된 이후 발생하는 수당으로, 통상임금 또는 평균임금으로 지급하는 수당(다만, 사용자가 근기법 제61조에 따라 연차유급휴가 사용촉진을 한 경우에는 연차유급휴가 미사용수당이 소멸)

2) 연차유급휴가 미사용 수당

(1) 개 념

근로자가 연차유급휴가를 사용하지 못하여 휴가청구권이 소멸하더라도 임금청구권은 소멸하지 않는데 이러한 임금청구권을 연차유급휴가 미사용 수당이라고 한다. 연차유급휴가 미사용 수당은 임금에 해당하므로 연차유급휴가 청구권이 소멸한 날의 다음 날부터 3년간 행사하여야 한다(근기법 제49조). 연차유급휴가 미사용수당은 근로자가 사용하지 못한 연차유급휴가일수에 대하여 취업규칙 등에서 정하는 바에 의하여 통상임금 또는 평균임금으로 지급하여야 하고, 연차유급휴가 청구권이 소멸된 날 이후 첫 임금지급일에 지급하면 된다.[29)]

연차유급휴가 미사용수당 청구권은 근로자가 일정 기간의 근로의 대가로 발생한 연차유급휴가를 사용하지 아니하고 근로를 제공한 경우 그 미사용 연차유급휴가일수에 해당하는 연차유급휴가 미사용 수당을 사용자에 대하여 청구할 수 있는 권리로서, 연차유급휴가청구권이 소멸된 시점에 발생. 또한 퇴직 등 근로관계가 종료되는 근로자가 이로 인해 사용하지 못하는 미사용 연차휴가일수에 해당하는 수당을 사용자에 대하여 청구할 수 있는 권리임. 다만, 사용자가 근로기준법에 따른 연차유급휴가 사용촉진을 한 경우 연차유급휴가 미사용수당 청구권이 소멸됨(고용노동부, 2021.12.15., 임금근로시간과-2861).

〈연차유급휴가 미사용 수당의 산정방법〉

연차유급휴가 미사용수당 = 연차유급휴가 미사용 일수×일급 통상임금(1일 소정근로시간×시간급 통상임금*)

*시간급 통상임금 = 통상임금 ÷ 월 통상임금 산정 기준시간 수(일반적으로 209시간[30)])

〈연차유급휴가 미사용 수당 산정 사례〉

구 분	내 용
연차유급휴가 미사용 일수	10일

29) 사용하지 못한 연차유급휴가에 대한 금전보상 대신 이월하여 사용토록 노사 간에 합의하는 것도 가능하다(고용노동부 2009.2.20., 근로조건지도과-1047).

30) 근로기준법 시행령 제6조 제2항 제4호에 따라, 월 통상임금 산정 기준시간 수는 '월급 금액으로 정한 임금은 그 금액을 월의 통상임금 산정 기준시간 수(1주의 통상임금 산정 기준시간 수에 1년 동안의 평균주의 수를 곱한 시간을 12로 나눈 시간)로 나눈 금액'으로 계산한다. 일반적으로 1일 8시간 및 1주 40시간인 사업장에서 토요일을 무급휴일, 일요일을 법정 주휴일로 정하면 월 통상임금 산정 기준시간 수는 209시간(≒(40+0+8)×365÷7÷12)이다.

구 분	내 용
휴일	토요일은 무급휴일, 일요일은 법정 주휴일
근로일 및 근로시간	1주 5일 근무 / 1일 8시간 및 1주 40시간
임금	월급 209만원(전액 통상임금)
월 통상임금 산정 기준시간 수	209시간 ≒ (40+0+8)×365÷7÷12

- 시간급 통상임금: 통상임금(월급 209만원)÷월 통상임금 산정 기준시간 수(209시간)=1만원
- 일급 통상임금: 시간급 통상임금(1만원)×8시간 = 8만원
- **연차유급휴가 미사용수당: 연차유급휴가 미사용일수(10일)×일급 통상임금(8만원)=80만원**

(2) 퇴직근로자의 연차유급휴가 미사용 수당

퇴직근로자의 경우에는 퇴직 전년도 1년(또는 1월)간의 소정근로일수 중 80% 이상 출근(또는 전월을 개근)하더라도 곧바로 퇴직하여 그 전년도 1년(또는 1월)간의 근로를 마친 다음 날에 근로관계가 유지되지 않는 경우에는 전년도 출근율(또는 전월의 개근)에 대한 연차유급휴가 청구권은 발생하지 않게 되어 사용자는 연차유급휴가 미사용 수당을 지급하지 않아도 된다. 즉 근로자는 일정한 요건을 충족하여 연차유급휴가가 발생하더라도 퇴직 등으로 근로관계가 종료되어 발생된 휴가를 사용할 수 없게 되면 연차유급휴가를 사용할 권리에 대한 보상으로서의 연차유급휴가 미사용 수당도 청구할 수 없다.[31)]

- *연차휴가를 사용할 권리 또는 연차휴가수당 청구권은 근로자가 전년도에 출근율을 충족하면서 근로를 제공하면 당연히 발생하는 것으로서, 연차휴가를 사용할 해당 연도가 아니라 그 전년도 1년간의 근로에 대한 대가에 해당한다. 근로기준법 제60조 제1항이 규정한 유급 연차휴가는 1년간 80퍼센트 이상 출근한 근로자에게 부여되는 것으로, 근로자가 연차휴가에 관한 권리를 취득한 후 1년 이내에 연차휴가를 사용하지 아니하거나 1년이 지나기 전에 퇴직하는 등의 사유로 인하여 더 이상 연차휴가를 사용하지 못하게 될 경우에는 사용자에게 그 연차휴가일수에 상응하는 임금인 연차휴가수당을 청구할 수 있다. 다만, 연차휴가를 사용할 권리는 다른 특별한 정함이 없는 한 그 전*

31) 대법원 2021.10.14. 선고 2021다227100 판결. 예를 들어 기간의 정함이 없는 근로자(정규직) 또는 기간제근로자(계약직) 모두 1년(365일 또는 윤년은 366일)만 근로 후 퇴직하면 1년간의 출근율로 발생하는 15일의 연차유급휴가에 대한 미사용 수당은 청구할 수 없지만, 1년을 초과(366일 또는 윤년은 367일 이상)하는 근로관계를 유지한 후 퇴직하면 연차유급휴가 15일에 대한 미사용 수당 모두를 청구할 수 있다. 또한 계속근로 1년 미만일 때 1개월 단위로 개근하면 1일씩 발생하는 연차유급휴가도 그 1개월의 근로를 마친 다음 날 이후에 근로관계를 유지한 후 퇴직해야 퇴직 전월의 개근에 대한 연차유급휴가 미사용 수당을 청구할 수 있다.

년도 1년간의 근로를 마친 다음 날 발생한다고 보아야 하므로. 그 전에 퇴직 등으로 근로관계가 종료한 경우에는 연차휴가를 사용할 권리에 대한 보상으로서의 연차휴가수당도 청구할 수 없다 (대법원 2021.10.14. 선고 2021다227100 판결).

- 퇴직근로자의 경우 퇴직 전년도(예: 2020년도) 출근율에 의하여 퇴직연도(예: 2021년)에 발생한 연차유급휴가청구권을 행사하지 않고 근로관계가 종료됨에 따라 발생하며 (1년 미만 근로 후 퇴직하는 경우에는 그 이전에 개근한 월에 의하여 발생한 연차유급휴가 청구권을 행사하지 않고 근로관계가 종료됨에 따라 발생), 이 경우 근로자는 전년도 근로를 마친 다음날 근로관계가 존속한 후에 퇴직해야 그 전년도(예: 2020년) 출근율 충족으로 부여받은 연차휴가일수에 대하여 연차유급휴가미사용수당 청구가 가능(1년 미만 근로 후 퇴직하는 경우에는 전월의 근로를 마친 다음날 근로관계가 존속한 후에 퇴직해야 그 전월의 개근으로 부여받은 연차휴가에 대하여 연차유급휴가미사용수당 청구가 가능). 다만, 전년도 1년간의 근로를 마치고 80% 출근율을 충족하더라도(또는 전월의 근로를 마치고 개근했더라도) 곧바로 퇴직하여 그 전년도 1년간의 근로를 마친 다음날(또는 전월의 근로를 마친 다음날) 근로관계가 존속하지 않는 경우에는 전년도 출근율(또는 전월의 개근)에 대한 연차유급휴가미사용수당 청구권이 발생하지 않음(고용노동부 2021.12.15., 임금근로시간과-2861).
- 〈기간제 및 퇴직자의 마지만 1년 근무에 대한 연차유급휴가 및 미사용 수당 발생 여부와 관련하여〉 최근 대법원은 「근로기준법」 제60조 제1항에 따른 연차유급휴가를 사용할 권리는 다른 특별한 정함이 없는 한 그 전년도 1년간의 근로를 마친 다음날 발생한다고 보아야 하므로 그 전에 퇴직 등으로 근로관계가 종료한 경우에는 연차휴가를 사용할 권리에 대한 보상으로서의 연차휴가수당도 청구할 수 없다고 판결하였음(2021.10.14. 선고2021다227100). 위와 같은 대법원 판결에 따라 현장의 혼란을 최소화하기 위해 아래와 같이 행정해석을 변경하였으니 이를 참조하시기 바람(임금근로시간과-2861, 2021.12.15).

  ① 법 제60조 제1항의 연차휴가 사용 권리는 전년도 1년간 근로를 마친 다음 날 발생하며, 법 제60조 제2항의 연차휴가 사용 권리도 1개월의 근로를 마친 다음 날 발생.

  ② 정규직 · 계약직 모두 1년(365일) 근로 후 퇴직하면 법 제60조 제1항의 15일 연차휴가 미사용수당을 청구할 수 없고, 다음 날인 366일째 근로관계 존속 후 퇴직하면 15일 연차휴가 전부에 대해 수당 청구 가능(법 제60조 제2항의 연차휴가도 그 1개월 근로를 마친 다음 날 근로관계 존속 후 퇴직해야 퇴직 전월의 개근에 대한 연차 미사용 수당 청구 가능).

  ③ 정규직이 마지막 근무하는 해에 1년(365일) 근무하고 퇴직하는 경우, 80% 출근율을 충족하더라도 제60조 제1항 · 제4항의 연차휴가가산휴가에 대한 미사용 수당 청구 불가(고용노동부 2021.12.20., 임금근로시간과-2885).

〈1년간 근로관계가 유지되고 퇴직한 경우의 연차유급휴가 미사용 수당〉[32]

기 존	변 경
1년간(365일) 근로관계가 존속하고, 그 중 80% 이상 출근하면 15일의 연차유급휴가가 주어지는데, 만약 1년(365일)의 근로를 마치고 바로 퇴직하는 경우에는 연차유급휴가를 사용할 수는 없지만, 그 15일분의 미사용 연차유급휴가를 수당으로 청구할 수 있음(대법원 2005.5.27. 선고 2003다48549, 2003다48556 판결).	1년간(365일) 근로관계가 존속하고, 80% 이상 출근해도, 그 1년의 근로를 마친 다음날(366일째) 근로관계가 있어야 15일의 연차유급휴가가 발생하고, 퇴직에 따른 미사용 연차유급휴가를 수당으로 청구할 수 있음⇒1년간 80% 이상 출근했다 하더라도 "연차유급휴가를 사용할 권리는 그 전년도 1년간의 근로를 마친 다음 날 발생"하므로, 366일째에 근로자의 지위에 있지 않은 1년 계약직 근로자는 연차유급휴가 미사용 수당을 청구할 수 없다고 본 판결(대법원 2021.10.14. 선고 2021다227100 판결)에 따라 기존 행정해석의 견해를 변경한 것임.
연차유급휴가를 사용할수 있는 날이 있었는지와는 관계없이 일단 연차유급휴가를 사용하지 못하게 되면 곧바로 "수당 청구권"이 인정(과거 근로에 대한 보상적 측면을 중시)	"수당 청구권"은 연차유급휴가 사용권에 부수되는 권리로서, 먼저 연차유급휴가를 사용할 수 있는 날이 있어야 하고, 그 연차유급휴가를 사용하지 못했을 때 수당으로 청구할 수 있음(과거 근로에 대한 휴식권 및 보상을 모두 고려) ex) 2025.1.1.~2025.12.31.까지 근무하고 2026.1.1.자 퇴직하는 경우(재직기간 동안 소정근로일 전부를 출근) ⇒ 1년간 근로 후 퇴직할 경우 1개월 개근시 발생하는 최대 11일분의 연차유급휴가 미사용 수당만 청구 가능. But 2025년 1년간의 소정근로일 80% 이상의 출근율로 발생한 15일에 대한 연차유급휴가에 대한 미사용수당은 청구할 수 없음.

5. 단시간근로자의 연차유급휴가와 임금

1) 연차유급휴가 산정 방식

「근로기준법」

제18조【단시간근로자의 근로조건】 ① 단시간근로자의 근로조건은 그 사업장의 같은 종류의 업무에 종사하는 통상근로자의 근로시간을 기준으로 산정한 비율에 따라 결정되어야 한다.

② 제1항에 따라 근로조건을 결정할 때에 기준이 되는 사항이나 그 밖에 필요한 사항은 대통령령으로 정한다.

32) 고용노동부, 「연차유급휴가청구권, 수당, 근로수당과 관련된 지침」, 2021.12.15., 임금근로시간과-2861.

「근로기준법 시행령」

제9조【단시간근로자의 근로조건 기준 등】 ① 법 제18조 제2항에 따른 단시간근로자의 근로조건을 결정할 때에 기준이 되는 사항이나 그 밖에 필요한 사항은 별표 2와 같다.

[별표 2]

4. 휴일 · 휴가의 적용

나. 사용자는 단시간근로자에게 법 제60조에 따른 연차유급휴가를 주어야 한다. 이 경우 유급휴가는 다음의 방식으로 계산한 시간단위로 하며, 1시간 미만은 1시간으로 본다.

통상근로자의 연차유급휴가일수×(단시간근로자의 소정근로시간÷통상근로자의 소정근로시간)×8시간

마. 나목의 경우에 사용자가 지급하여야 하는 임금은 시간급을 기준으로 한다.

③ 4주 동안(4주 미만으로 근로하는 경우에는 그 기간)을 평균하여 1주 동안의 소정근로시간이 15시간 미만인 근로자에 대하여는 제55조와 제60조를 적용하지 아니한다.

(1) 일반적인 경우

단시간근로자도 연차유급휴가를 적용 받고(4주간을 평균하여 1주간의 소정근로시간이 15시간 미만인 경우 제외), 연차유급휴가 산정은 통상근로자의 근로시간을 기준으로 산정한 비율에 따라 적용한다. 다만, 통상근로자의 연차유급휴가는 1일 단위로 산정하지만, 단시간근로자는 '시간 단위(1시간 미만은 1시간으로 봄)'로 산정한다.

〈단시간근로자의 연차유급휴가 시간 산정 방식〉[33)]

$$\text{통상근로자의 연차유급휴가 일수} = \frac{\text{단시간근로자의 1주 소정근로시간}}{\text{통상근로자의 1주 소정근로시간}} \times \text{8시간}$$

〈단시간근로자의 연차유급휴가 시간 산정 사례〉[34)]

▲ 근기법 시행령 제9조 별표2에 의거 단시간근로자의 연차유급휴가는 다음의 방식에 의하여 시간단위로 산정함(1시간 미만은 1시간으로 간주).

33) 소정근로시간이 당해 사업장의 동종업무에 종사하는 통상근로자보다 짧게 단시간으로 근로계약을 체결한 근로자라면, 규칙적으로 매일 2시간의 연장근로를 하였다 하더라도 주휴일수당 및 연차유급휴가수당의 계산에 대하여는 단시간근로자로 보아 연장근로를 제외한 소정근로시간으로 주휴일수당 및 연차유급휴가수당을 계산한다(고용노동부 2004.11.30., 근로기준과-6465).

34) 고용노동부 2002.12.17., 근기 68207-3373. 1주 44시간제에 대한 행정해석으로 통상근로자의 연차휴가일수와 소정근로시간을 1주 40시간제에 따라 수정한 것이다.

통상근로자의 연차유급휴가일수×(단시간근로자의 소정근로시간÷통상근로자의 소정근로시간)×8시간

▲ 단시간근로자(또는 통상근로자)의 소정근로시간은 1주간의 소정근로시간으로 하고(1주간 소정근로시간이 불규칙한 경우에는 4주간의 소정근로시간을 평균한 시간으로 함), 연차유급휴가는 "1일" 단위로 소정근로일에 부여하되, 동일의 소정근로시간만큼 연차유급휴가를 사용한 것임.

〈예 ①〉 1주간 1일 4시간씩 6일 근무하는 근로자의 경우

→ 연차유급휴가시간: 통상근로자의 연차휴가일수(15일)×[단시간근로자의 소정근로시간(24시간=4시간×6일))÷통상근로자의 소정근로시간(40시간)]×8시간=72시간

→ 3일을 연차유급휴가로 사용하였다면 12시간(4시간×3일)을 사용한 것이므로 연차유급휴가시간(72시간)에서 12시간을 공제한 60시간이 잔여 연차휴가 시간임.

〈예 ②〉 1주간 1일 8시간씩 3일(월, 수, 금)을 근무하는 근로자의 경우

→ 연차유급휴가시간은 위 〈예 ①〉과 같음

→ 2일을 휴가로 사용하였다면 16시간(8시간×2일)을 사용한 것이므로 연차유급휴가시간(72시간)에서 16시간을 공제한 56시간이 잔여 연차휴가 시간임. 다만, 단시간근로자의 휴가사용일수가 통상근로자의 휴가일수를 초과하는 경우에는 그 초과된 일수에 해당하는 휴가시간에 대해 휴가를 부여하지 않을 수 있음.

(2) 1주 소정근로시간이 15시간 미만과 이상을 반복하는 경우

1주 소정근로시간이 15시간 미만과 이상을 반복하는 경우, 1년 전체의 평균 주 소정근로시간이 주 15시간 이상이고, 총 소정근로일에 대한 출근율이 80% 이상이라면 근기법 제60조 제1항에 따라 15일의 연차유급휴가를 부여해야 한다. 다만, 1주 15시간 이상인 기간이 80% 미만이라면 1주 15시간 이상이면서 개근한 기간에 대해서만 비례하여 연차유급휴가를 산정하여 부여한다.

- 〈계속하여 근로한 기간 1년 중 한 달을 단시간근로(4주 동안을 평균하여 1주 동안의 소정근로시간이 15시간 미만)한 근로자에 대하여 연차유급휴가를 부여해야하는지에 관하여〉, 연차유급휴가의 발생요건으로 1년간 재직과 출근율 80% 이상일 것을 요건으로 정한 것은 근로자의 휴양의 필요성이 기본적으로는 상당기간 계속되는 근로의무의 이행과 불가분의 관계에 있는 점을 고려할 때(2013헌마619), 주 소정근로시간이 15시간 미만인 기간이 일부(1개월) 포함되어 있더라도 1년 전체의 평균 주 소정근로시간이 주15시간 이상이고 출근율이 80%이상이라면 근로기준법 제60조 제1항에 따른 연차유급휴가를 부여해야 할 것입니다(고용노동부 2017.11.22., 근로기준정책

과-7315).

- 4주 평균 1주 소정근로시간이 15시간 미만과 이상을 반복하는 경우, 1주 소정근로시간이 15시간 미만인 기간이 포함되어 있더라도 1년 전체의 평균 주 소정근로시간이 주 15시간 이상이고, 총 소정근로일에 대한 출근율이 80퍼센트 이상이라면 법 제60조 제1항에 따라 15일의 연차휴가를 부여함이 타당합니다(근로기준정책과-7315, 2017.11.22.). 다만, 주 15시간 이상인 기간이 80퍼센트 미만이라면 주 15시간 이상이면서 개근한 기간에 대해서만 비례하여 연차휴가를 산정하는 것이 타당하다고 사료됩니다(고용노동부 2018.2.5., 근로기준정책과-927).

〈1주 소정근로시간이 15시간 미만과 이상을 반복하는 단시간근로자의 연차유급휴가 발생 여부〉[35)]

① 연차유급휴가 발생하는 경우(연간 소정근로일 중 80% 이상 출근했다고 가정)

구 분	1월	2월	3월	4월	5월	6월	7월	8월	9월	10월	11월	12월	소계
근로시간	50H	50H	50H	70H	70H	70H	70H	70H	70H	80H	80H	80H	810H
근로유형	초단시간근로(3개월)			단시간 근로(9개월)									

→ 일부 기간이 4주 평균하여 1주 소정근로시간이 15시간 미만*이더라도, 1년 전체의 평균 주 소정근로시간이 주 15시간 이상**이면 연차유급휴가 발생.

* 4주의 총 소정근로시간이 60시간 이상이면 1주 평균 소정근로시간이 15시간 이상임(4주×15시간=60시간)

** 1년간 4주 평균을 대략 13회(365÷7÷4) 정도 산정할 수 있고, 연간 대략 782시간((365÷7×15) 이상이면 1주 평균 소정근로시간이 15시간 이상임

② 연차유급휴가 발생하지 않는 경우(연간 소정근로일 중 80% 이상 출근했다고 가정)

구 분	1월	2월	3월	4월	5월	6월	7월	8월	9월	10월	11월	12월	소계
근로시간	45H	45H	45H	50H	50H	50H	55H	55H	55H	80H	80H	80H	690H
근로유형	초단시간 근로(9개월)									단시간 근로(3개월)			

→ 일부 기간이 4주 평균하여 1주 소정근로시간이 15시간 이상이더라도, 1년 전체의 평균 주 소정근로시간이 주 15시간 미만이면 연차유급휴가 발생하지 않음. 다만, 계속근로기간이 1년 미만인 경우에는 3개월(10월~12월)을 매월 개근하였다면 최대 3일의 연차유급휴가는 발생함.

35) 단시간근로자의 연차유급휴가와 관련해서, 계속근로연수 1년간 전체에 대해 1주 동안의 소정근로시간(4주간 평균)이 15시간 이상인 근로자에게 적용된다(고용노동부 2008.10.9., 근로조건지도과-4378). 여기서 1주 15시간 이상에 해당하는지 여부는 그 산정사유가 발생한 날 이전 4주간(4주간 미만으로 근로한 경우는 그 주간)을 평균하여 1주간의 소정근로시간이 15시간 이상 여부에 따라 달라지므로, 단시간근로자의 고용관계가 지속되는 한 각 주별 근로시간이 어떻게 배분되는지와 관계없이 산정사유(주휴일, 연차유급휴가 등)가 발생한 날 이전 4주간을 기준으로 판단하면 된다(고용노

2) 연차유급휴가 미사용 수당

단시간근로자의 연차유급휴가 미사용 수당은 발생된 연차유급휴가 시간에서 사용한 연차유급휴가 시간을 공제하고 남은 연차유급휴가 시간에 대한 수당으로, 연차유급휴가 미사용시간에 시간급 통상임금을 곱하여 계산한다.

〈단시간근로자의 연차유급휴가 미사용 수당 산정 사례〉

구 분	내 용
통상근로자의 근로일 및 근로시간	1주 5일 근무 / 1일 8시간 및 1주 40시간
단시간근로자의 근로일 및 근로시간	1주 5일 근무 / 1일 4시간 및 1주 20시간
휴일(통상근로자 및 단시간근로자 공통)	토요일은 무급휴일, 일요일은 법정 주휴일
시간급 통상임금	1만원

→ 연차유급휴가시간: 15일×(20시간÷40시간)×8시간=60시간

→ 연차유급휴가 미사용수당: 연차유급휴가 미사용 시간(60H)×시간급 통상임금(1만원)=60만원

6. 연차유급휴가 미사용 수당의 실무상 쟁점

1) 연차유급휴가를 미리 부여하는 경우

근기법의 근로조건은 최저조건이므로 사용자와 근로자가 최저조건 이상으로 근로조건을 정할 수 있으므로(제3조), 취업규칙 또는 근로계약 등으로 발생하지 않은 연차유급휴가를 미리 부여하는 것은 가능하다. 다만, 미리 부여한 연차유급휴가와 관련하여 정산하는 과정에서 발생한 연차유급휴가에 비하여 사용한 일수가 많아 사용자가 약정된 임금에서 근로자의 동의를 얻지 않고 일방적으로 공제하는 것은 근기법상 임금의 전액지급 원칙(제43조 제1항)에 위반되는 문제가 발생할 수 있다.

근로기준법 제42조(현행 제43조) 제1항 본문에서 '임금은 통화로 직접 근로자에게 그 전액을 지급하여야 한다.'라고 규정하여 이른바 임금 전액지급의 원칙을 선언한 취지는 사용자가 일방적으로 임금을 공제하는 것을 금지하여 근로자에게 임금 전액을 확실하게 지급 받게 함으로써 근로자의 경제

동부 2017.4.4., 근로기준정책과-2430; 1997.4.24., 근기 68207-535).

생활을 위협하는 일이 없도록 그 보호를 도모하려는 데 있으므로, 사용자가 근로자에 대하여 가지는 채권을 가지고 일방적으로 근로자의 임금채권을 상계하는 것은 금지된다고 할 것이지만, 사용자가 근로자의 동의를 얻어 근로자의 임금채권에 대하여 상계하는 경우에 그 동의가 근로자의 자유로운 의사에 터잡아 이루어진 것이라고 인정할 만한 합리적인 이유가 객관적으로 존재하는 때에는 근로기준법 제42조(현행 제43조) 제1항 본문에 위반하지 아니한다고 보아야 할 것이고, 다만 임금 전액지급의 원칙의 취지에 비추어 볼 때 그 동의가 근로자의 자유로운 의사에 기한 것이라는 판단은 엄격하고 신중하게 이루어져야 한다(대법원 2001.10.23. 선고 2001다25184 판결).

2) 연차유급휴가 미사용 수당을 미리 지급하는 경우

연차유급휴가는 제도의 취지상 휴가로 사용하는 것이 원칙이고, 연차유급휴가 미사용 수당은 휴가로 사용하지 못하고 근로한 일수에 대한 보상적 차원에서 지급하는 것이다. 따라서 연차유급휴가 미사용 수당을 포괄임금제 또는 연봉제로 운용하면서 근로자의 연차유급휴가 사용권을 제한하거나 박탈하는 경우에는 무효가 될 수 있지만, 근로자가 연차유급휴가의 사용을 자유롭게 청구할 수 있고 이를 사용자가 제한하거나 거부하지 않는 등 근로자에게 불이익이 없다면 유효하다.

- *사용자가 근로자들에게 연차유급휴가 미사용수당을 미리 지급하였더라도, 이후 임금인상 등의 이유로 통상임금이 상승하여 연차유급휴가청구권이 소멸된 날의 다음날 기준으로 산정한 연차유급휴가 미사용수당과 차액이 발생할 경우에는 그 차액만큼은 지급하여야 할 것임(고용노동부 2012.6.13., 근로개선정책과-3077).*
- *연차유급휴가 청구권이 소멸되기 이전에 사용자가 미리 휴가수당을 지급하고 향후 그만큼 휴가를 부여치 않기로 하는 것은 실질적으로 근로자의 휴가청구권을 제한하는 효과를 가져 올 수 있어 근로기준법상의 휴가제도의 취지에 위반될 수 있을 것이나, 근로자의 자유로운 휴가사용을 보장하는 등 근로자의 휴가청구권을 제한하지 않는다면 법 위반으로 보기는 어려울 것임(고용노동부 2009.2.20., 근로조건지도과-1047).*
- *연차수당이 근로기준법에서 정한 기간을 근로하였을 때 비로소 발생하는 것이라 할지라도 당사자 사이에 미리 그러한 소정기간의 근로를 전제로 하여 연차수당을 일당 임금이나 매월 일정액에 포함하여 지급하는 것이 불가능한 것이 아니며, 포괄임금제란 각종 수당의 지급방법에 관한 것으로서 근로자의 연차휴가권의 행사 여부와는 관계가 없으므로 포괄임금제가 근로자의 연차휴가권을 박탈하는 것이라고 할 수 없다(대법원 1998.3.24. 선고 96다24699 판결 등 참조)(대법원 2023.11.30. 선고 2019다29778 판결)..*

- 연차유급휴가청구권은 근로자의 재직기간 및 출근률에 따라 그 발생 여부가 결정되고, 연차유급휴가 미사용수당 청구권도 연차유급휴가의 사용여부에 따라 발생여부가 결정되며, 근로자의 휴가청구권이 소멸된 후 지급 청구가 가능함. 그러나, 포괄임금제의 형태로 당사자가 미리 소정의 근로제공을 전제로 연차유급휴가미사용수당을 매월의 임금액에 포함시켜 지급하는 것이 불가능한 것은 아님(대법원 1998.3.24. 선고 96다24699 판결). 다만, 연차유급휴가 미사용수당이 미리 지급되었다고 하더라도 근로자의 휴가청구권 자체가 없어지는 것은 아니며, 사용자는 근로자가 휴가를 청구하는 경우 이를 거부할 수 없음(고용노동부,「연봉제 관련 노동관계법령의 적용기준」, 2007.11.22., 임금근로시간정책팀-3444).

3) 연차유급휴가 미사용 수당의 평균임금 산정 시 포함 여부[36)]

(1) 퇴직하기 전 이미 발생한 연차유급휴가 미사용 수당

퇴직 전전년도 출근율에 의하여 퇴직 전년도에 발생한 연차유급휴가 중 미사용하고 근로한 일수에 대한 연차유급휴가 미사용수당액(또는 퇴직 전년도에 입사하여 그 당시 1개월 개근 시마다 발생한 연차유급휴가 중 최초 1년의 근로가 끝날 때까지 미사용하고 근로한 일수에 대한 연차유급휴가 미사용 수당)의 3/12을 평균임금 산정을 위한 기준임금에 포함한다.

(2) 퇴직으로 인해 비로소 지급사유가 발생한 연차유급휴가 미사용 수당

퇴직 전년도 출근율에 의하여 퇴직 연도에 발생한 연차유급휴가를 미사용하고 퇴직함으로써 비로소 지급사유가 발생한 연차유급휴가 미사용 수당은 근기법 제2조 제1항 제6호의 평균임금의 정의상 산정사유 발생일 이전에 그 근로자에 대하여 지급된 임금이 아니므로 평균임금 산정을 위한 기준임금에 포함되지 않는다.

〈연차유급휴가 미사용수당의 평균임금 포함 사례 - 행정해석에 따름〉

퇴직 전전년도(2024년) 95% 출근으로 퇴직 전년도(2025년)에 사용할 수 있는 연차유급휴가가 16일(4년차:기본 15일+가산 1일) 발생하여 이 중 7일만 사용하고 9일의 연차유급휴가를 미사용하였으며, 퇴직 전년도(2025년) 95% 출근으로 17일(5년차:기본 15일+가산 2일)의 연차유급휴가가 발생하였으

36) '퇴직하기 전 이미 발생' 한 연차유급휴가 미사용수당이 평균임금 산정을 위한 임금총액에 포함되는지는 판례(대법원 2015.11.27. 선고 2012다10980 판결; 대법원 2011.10.13. 선고 2009다86246 판결)와 행정해석(고용노동부 2021.12.15., 임금근로시간과-2861; 2020.1.7., 근로기준정책과-136)의 견해가 서로 다른데, 여기서는 고용노동부의 행정해석에 따라 설명한다.

나 전부 미사용하고 2026년 2월 1일부로 퇴직하였다면, 퇴직 전전년도(2024년) 및 전년도(2025년) 연차유급휴가 미사용 수당액을 계산하고 그 수당액이 평균임금 산정을 위한 임금총액에 포함되는지?(퇴직 시점에 2024년 및 2025년의 출근율로 발생하고 미사용한 연차유급휴가 수당을 지급받음)

구 분	내 용
재직기간	2021년 1월 1일~2026년 1월 31일 (2026년 2월 1일자 퇴직)
휴일	토요일은 무급휴일, 일요일은 법정 주휴일
근로일 및 근로시간	1주 5일 근로 / 1일 8시간 및 1주 40시간 근로
임금	월급 209만원(전액 통상임금)
월 통상임금 산정 기준시간 수	209시간≒(40+0+8)×365÷7÷12

① 연차유급휴가 미사용 수당액

- 시간급 통상임금: 통상임금(월급 209만원)÷월 통상임금 산정 기준시간 수(209시간)=1만원
- 일급 통상임금: 시간급 통상임금(1만원)×8시간=8만원
- 2024년도 발생한 연차유급휴가의 미사용수당액: 9일×8만원=72만원
- 2025년도 발생한 연차유급휴가의 미사용수당액: 17일×8만원=136만원

② 평균임금 산정을 위한 기준임금 포함 여부

- 2024년도 발생한 연차유급휴가 미사용수당액: 18만원(72만원÷12월×3) → 2024년(퇴직 전전년)에 발생(16일)하고 2025년(퇴직 전년)에 사용(7일)하고 잔여일수(9일)에 대한 미사용수당을 지급한 것이므로 평균임금 산정을 위한 기준임금에 포함.
- 2025년도 발생한 연차유급휴가 미사용수당액: 136만원 → 2025년(퇴직 전년)도에 발생(17일)하고 2026년 퇴직이라는 사실관계로 인하여 잔여일수(17일)에 대한 연차유급휴가 미사용 수당을 정산한 것이므로 평균임금 산정을 위한 기준임금에 포함되지 않음.

제4절 연장 · 휴일 · 야간 근로와 임금

1. 가산임금

1) 개 념

가산임금은 근로자가 연장 · 야간 · 휴일 근로를 한 경우, 근기법 제56조에 따른 가산율(통

상임금의 50% 이상 또는 100% 이상)을 적용하여 실제 근로한 대가(100%) 외에 추가로 지급하여야 하는 임금이다. 가산임금을 지급하는 취지는 근로자의 연장 · 야간 · 휴일 근로에 대하여 보상하고 사용자에게 추가적인 임금을 부담하게 하여 장시간 근로를 제한하고자 하는 것이다.

〈연장 · 휴일 · 야간 근로에 대한 임금 및 가산임금〉

근로 구분	실근로에 대한 임금(100%)	가산임금	
		구 분	가산율
연장근로	연장근로 임금	연장근로 가산임금	통상임금의 50% 이상
야간근로	야간근로 임금	야간근로 가산임금	
휴일근로	휴일근로 임금	휴일근로 가산임금	① 8시간 이내: 통상임금의 50% 이상 ② 8시간 초과: 통상임금의 100% 이상

예) 상시근로자 100인 사업장에서 근로자가 09시~20시까지 근로(휴게시간을 제외하고 10시간 근로)한 경우에 지급해야 할 임금은?(통상시급은 1만원으로 가정함)

→ (8시간×1만원×1)+(2시간×1만원×1.5) = 8만원+3만원(실근로 2만원+가산임금 1만원) = 11만원

2) 적용대상

근기법 제56조의 연장 · 휴일 · 야간 근로에 대한 가산임금 규정은 상시근로자 5인 이상인 사업장에만 적용된다(근기법 제11조). 그러나 근기법상 근로시간 · 휴게 · 휴일에 관한 규정이 적용되지 않는 근기법 제63조 규정에 따른 근로자(농림 · 축산 · 양잠 · 수산 사업에 종사하는 근로자, 감시 · 단속적 근로에 종사하고 고용노동부장관의 승인을 얻은 근로자, 관리 · 감독 업무 또는 기밀을 취급하는 업무에 종사하는 근로자)에게는 가산임금 규정이 적용되지 않는다. 다만, 야간근로에 대한 가산임금은 근기법 제63조 규정에 따른 근로자에게도 적용된다.[37)]

〈연장 · 휴일 · 야간 근로에 대한 가산임금 규정의 적용 여부〉

구 분	5인 이상 사업장	5인 미만 사업장	근기법 제63조 근로자
연장근로 가산임금	○	×	×
휴일근로 가산임금	○	×	×
야간근로 가산임금	○	×	○

37) 고용노동부 2010.1.5., 근로기준과-27. 근로기준법 제63조에 해당하더라도 야간근로, 휴가, 생리휴가, 육아휴직 등의 규정은 통상의 근로자와 동일하게 적용된다.

※ 상시근로자 5인 미만 사업장, 근기법 제63조 적용 근로자도 취업규칙 · 근로계약 등에 따라 가산임금을 지급할 수 있음.

- 근로기준법 제61조(현행 제63조) 제4호 및 동법 시행령 제30조(현행 제34조)에 따른 '관리 · 감독 업무 종사 근로자'라 함은 사업의 종류에 관계없이 일반적으로 부장, 공장장 등 근로조건의 결정을 비롯한 노무관리에 있어 사용자와 일체적인 입장에 있는 자로서 명칭이 어떠하든지 간에 근무실태에 따라 판단하여야 할 것인데, 판례(대법원 1989.2.28. 선고 88다카 2974 판결)는 그 판단기준으로 첫째, 노무관리방침의 결정에 참여하거나 노무관리상의 지휘권한을 가지느냐의 여부 둘째, 자기의 근로에 대하여 자유재량권을 가지고 출 · 퇴근 등에 엄격한 제한을 받지 않는가의 여부 셋째, 그 지위에 따른 특별수당을 받고 있는 지의 여부를 들고 있음. 귀 질의내용만으로는 질의서상의 당해 근로자가 관리감독적 지위에 해당하는지 여부에 대한 명확한 답변이 어려우나, 건설회사 소속으로서 관리감독적 지위에 있으나 실제현장에서 육체적인 실무를 병행하였다고 할 때 당해 근로자를 관리감독적 근로자로 볼 수 있는지에 대해서는 당해 근로자의 노무관리상의 지위 및 권한, 주된 업무내용 등에 따라 결정될 것으로 사료됨(고용노동부 2005.2.24., 근로기준과-1112).
- 『근로기준법』에서 연장근로를 제한하는 것은 과중한 근로로 인해 근로자가 적절한 휴식을 취하지 못하는 것을 방지하기 위한 것이고, 야간근로를 제한하는 것은 야간 근무로 인해 심신의 피로가 가중되고 야간취침의 정상적인 생활습관이 파괴되는 것을 방지하기 위한 것이라는 점에서 연장근로 제한과 야간근로 제한은 그 보호 범위에 분명한 차이가 있다고 할 것인바, 「근로기준법」 제63조 제3호에서 감시 · 단속적인 근로자는 다른 일반근로자와 비교하여 노동강도가 낮고 신체적 피로나 정신적 긴장이 적다는 점에서 근로시간 등의 예외를 인정하고 있는 것이므로, 감시 · 단속적인 근로자라고 하더라도 야간근로로 인한 피로에 대해서는 일반근로자와 같은 보호가 필요하다고 할 것입니다. 이상과 같은 점을 종합해 볼 때, 「근로기준법」 제63조 제3호에 따른 감시 · 단속적 근로자가 야간근로를 하는 경우에도 같은 법 제56조에 따라 야간근로수당을 지급해야 한다고 할 것입니다(법제처, 2015.7.9., 법제처15-0344).

2. 연장근로와 가산임금

1) 가산임금의 기준

「근로기준법」

제56조 【연장 · 야간 및 휴일 근로】 ① 사용자는 연장근로(제53조 · 제59조 및 제69조 단서에 따라 연장된 시간의 근로를 말한다)에 대하여는 통상임금의 100분의 50 이상을 가산하여 근로자에게 지급하여야 한다.

연장근로란 법정근로시간을 초과하는 근로를 의미하므로, 실근로시간을 기준으로 1주 40

시간(연소근로자는 35시간) 또는 1일 8시간(연소근로자는 7시간)을 초과하는 경우 연장근로에 해당한다. 연장근로에 대해서는 통상임금의 100분의 50 이상을 가산하여 지급해야 한다. 즉 연장근로의 대가인 연장근로임금(100%) 및 연장근로에 대한 가산임금(50%)을 모두 지급하여야 한다.

※ 가산임금의 지급대상이 되는 연장근로는 시 · 분 · 초 단위로 계산하는 것이 정확한 방법임. 다만, 실무상에서는 주로 30분 또는 1시간 단위로 연장근로를 실시하고 이에 따라 산정하는 것이 일반적임.

2) 연장근로의 산정

(1) 소정근로일 또는 소정근로시간 중에 근로하지 못한 경우

소정근로일 또는 소정근로시간 중에 휴일이나 휴가 사용, 결근, 지각 · 조퇴 · 외출 등으로 근로하지 못한 시간은 근로시간 수 산정에서 제외한다. 따라서 그러한 시간을 제외하고 실제 근로한 시간이 1일 8시간 또는 1주 40시간을 초과한 경우에 연장근로에 해당하고 가산임금을 지급해야 한다.

ex. 소정근로시간이 1일 8시간 및 1주 40시간이고, 소정근로일이 1주 5일(월~금요일)이고, 일요일이 주휴일(토요일은 무급휴일)인 사업장에서 설명절기간 3일(수~금)을 매일 8시간씩 휴일근로 하였다면, 3일의 휴일근로가 1일 8시간 및 1주 40시간을 초과하지 않았다면 연장근로시간은 없음. 다만, 근기법 제56조 제2항에 따른 휴일근로 가산임금은 지급해야 함.

- *월요일부터 금요일까지 8시간을 근로하고 토요일에 4시간을 근로하는 주 44시간 근무체제하에서 토요일에 8시간을 근로하여 당해 1주간에 총 48시간을 근로하였다면, 1주 44시간을 초과하여 연장 근로한 4시간분에 대하여는 연장근로수당을 지급해야 함. 다만, 주중에 휴일 또는 휴가가 있어 근로를 제공하지 아니한 경우 그러한 휴일 또는 휴가기간은 실근로시간에 포함되지 아니함. 귀 질의의 경우 구체적인 사실관계 확인이 곤란하여 정확한 판단이 어려우나, 특정 주의 토요일에 8시간을 근로하였다고 하더라도 주중에 휴일 또는 휴가기간이 있어 당해 1주간의 총근로시간이 44시간을 초과하지 않은 경우에는, 당해 토요일에 행해진 8시간 근로에 대하여는 연장근로수당을 지급하지 않더라도 근로기준법 위반문제는 발생하지 아니함. 다만, 노사당사자 간 특약으로 특정요일(예: 토요일)의 소정근로시간(예: 4시간)을 정해놓고 이를 초과할 경우 연장근로수당을 지급한다고 규정하고 있다면 노사당사자는 그에 따라야 함(고용노동부 2000.9.28., 근기 68207-2990).*
- *연장근로 1시간을 포함하여 시업 · 종업시각을 정한 경우에도 근로시간 도중에 부분파업으로 인하여 실근로시간이 법정근로시간을 초과하지 않는다면 17:00~18:00 사이의 근로 또는 18:00 이후의 근로에 대하여 동법 제55조(현행 제56조)에 의한 연장근로가산임금을 지급할 의무는 없다고 사료됨. 다만, 당사자가 실근로시간이 법정근로시간을 초과했는지 여부를 불문하고 17:00 이후의*

근로에 대해서는 연장근로수당을 지급하다는 특약이 있는 경우에는 그에 따르면 될 것임(고용노동부 2002.8.21., 근기 68207-2776).

(2) 1일 및 1주 단위 연장근로가 경합하는 경우

1일 8시간을 초과하지 않더라도 1주 40시간을 초과하는 경우 또는 1주 40시간을 초과하지 않더라도 1일 8시간을 초과하는 경우는 연장근로에 해당한다. 따라서 1일 단위와 1주 단위의 근로시간이 경합하는 경우, 연장근로시간은 중복되지 않게 어느 쪽이든 근로자에게 유리한 것(연장근로시간이 많은 쪽)을 기준으로 산정하여 가산임금을 지급하면 된다.

ex. 1일 10시간씩 4일을 근로하는 경우, 1주 단위로는 40시간을 초과하지 않았지만, 1일 단위로는 8시간을 초과한 2시간씩 총 8시간(2H×4일)은 연장근로에 해당함.

연장근로에 대한 가산임금 지급방법은 근무시간이 1일 8시간을 초과하는 경우에는 그 초과시간에 대해 가산임금을 지급해야 하고, 1주 44시간(현행 40시간)을 초과하는 경우에는 그 초과시간에 대해서 가산임금을 지급하면 됨. 다만, 1일 8시간 초과 및 1주 44시간(현행 40시간) 초과한 부분이 상호 경합하는 경우에는 연장근로가 보다 많이 발생하는 쪽에 대해 가산임금을 지급하면 됨. 귀 질의의 주단위 근무시간표에 의하면, 귀사의 근로자는 근무조 편성에 따라 1주에 3일 또는 4일, 하루에 12시간씩 실근로를 행하게 되는 바, 1주 3일 근무조의 경우에는 주당 연장근로시간의 법정한도를 초과하지 않으나, 1일 8시간을 초과한 연장근로(4시간)에 대해서는 가산임금을 지급해야 하며 1주 4일 근무조는 1주에 16시간의 연장근로(1일 4시간×4일=16시간)를 행하게 되므로, 노사간에 연장근로에 합의한다 해도 근로기준법 제52조(현행 제53조)에 위반될 수 있음(고용노동부 1999.11.27., 근기 68207-735).

(3) 날짜를 바꾸어 근로한 경우

날짜를 바꾸어 다음날 소정근로시간대까지 연장근로를 계속한 경우에 다음날 시업시간까지만 연장근로로 보고 가산임금을 지급하면 된다. 즉 시업시간 이후의 근로는 근로계약 · 취업규칙 등에 의하여 당초 근로제공의무가 있는 소정근로시간이므로 전일 근로의 연장근로로 볼 수 없어 가산임금을 지급할 필요가 없다.

- 역일을 달리하여 계속적으로 근로가 이어지는 경우에는 이를 전일의 근로의 연장으로 보아 근로기준법 제55조(현행 제56조)에 의한 가산수당을 지급하여야 할 것이나, 익일의 소정근로시간대까지 계속 이어지는 경우에는 익일 시업 시각 이후의 근로는 근로계약 · 취업규칙 등에 의하여 당

초 근로제공 의무가 있는 소정근로이므로 이를 전일의 근로의 연장으로는 볼 수 없음(고용노동부 2003.3.31., 근기 68207-402).

- 취업규칙 등에 1일 근로시간에 대한 시업 및 종업시간이 규정되어 있더라도, 1일의 법정기준근로시간을 초과하여 철야로 근로함으로써 근로가 역일을 달리하여 익일에 미치는 경우에는 이를 1근무로 취급하여 시업시간이 속하는 날의 근로의 연속으로 보아야 하는 것인 바, 휴게시간을 제외한 실근로시간이 8시간을 초과한 경우에는 근로기준법 제46조(현행 제56조)에 의한 연장근로수당을 지급하여야 하고, 연장근로와 야간근로가 중복되는 경우에는 가산임금을 각각 산정하여야 하는 것임(고용노동부 1991.10.5. 근기 01254-14333).

〈날짜를 바꾸어 근로한 경우 임금 산정 사례〉

소정근로일이 1주 5일(월~금)이고, 소정근로시간대가 9시~18시(12~13시 휴게시간)인 사업장에서 근로자가 월요일 18시부터 다음날(화요일) 오전 11시까지 근무한 경우에 지급할 임금은?

(계산의 편의상 월요일 18시~화요일 11시까지 근무중에 휴게시간은 없다고 가정함/통상시급 1만원/5인 이상 사업장/월급제)

① 18시~22시: 연장근로(4시간)×시급(1만원)×가산율(1.5)=6만원

② 22시~06시: 〔연장근로(8시간)×시급(1만원)×가산율(1.5)〕+〔야간근로(8시간)×시급(1만원)×가산율(0.5)〕=12만원+4만원=16만원/또는 〔연장 및 야간 근로(8시간)×시급(1만원)×가산율(2)〕=16만원

③ 06시~09시: 연장근로(3시간)×시급(1만원)×가산율(1.5)=4.5만원

④ 09시~11시: 화요일의 소정근로시간대(09시~18시)에 해당되어, 연장근로가 아님. 소정근로시간에 대한 대가로 월급에 포함되어 있으므로 추가로 지급될 임금은 없음.

⇒ ① + ② + ③ = 6만원+16만원+4.5만원=26.5만원

(4) 명시적으로 지시하지 않은 연장근로

사용자가 명시적으로 연장근로를 지시하지 않았더라도, 사용자가 근로자의 노무를 수령함으로써 연장근로에 묵시적 동의 또는 추인[38]이 있었던 것으로 볼 수 있는 경우에는 연장근로에 해당하여 가산임금을 지급해야 한다.

근로기준법의 근로시간에 관한 규정은 사용자에 대한 의무규정인 바, 근로자가 스스로 근로시간을

38) '추인'은 어떤 행위가 있은 뒤에 그 행위에 대하여 동의하는 것으로, 일단 행하여진 불완전한 법률 행위를 뒤에 보충하여 완전하게 하는 의사표시이다. 민법에서는 취소할 수 있는 행위의 추인, 무권대리(無權代理) 행위의 추인, 무효 행위의 추인을 규정하고 있다.

연장하여 근무하더라도 그 자체만으로 근로자에 대해서는 근로기준법의 위반 여부를 따질 수 없음(자체징계는 별론으로 함). 한편, 근로기준법상의 근로시간 준수에 관한 사용자 책임을 따짐에 있어 사용자가 명시적으로 연장근로를 지시하지 않았다 하더라도 사용자가 근로자의 노무를 수령함으로써 경우에 따라서는 연장근로에 대한 묵시적 동의 또는 추인이 있었던 것으로 보게 될 경우도 있을 수 있는 바, 이 경우에 만일 사용자가 연장근로에 관한 절차나 한계를 지키지 않았다면 사용자에 대하여 근로기준법 위반의 문제가 발생할 수도 있을 것임.특히, 근로자(택시운전기사)가 법정근로시간을 초과 근로하여 얻은 수입금(사납금)을 사업주가 그 점을 알면서도 이를 납부받았다면 대부분의 경우 사업주는 당해 근로자의 연장근로를 추인하였거나 묵시적으로 동의(관행적으로 이루어진 경우)한 것으로 인정될 개연성이 큼(고용노동부 1997.10.1., 근기 68207-1314).

(5) 포괄임금제 또는 연봉제의 연장근로

포괄임금제 또는 연봉제를 도입하더라도 노동법상 규정은 당연히 적용되므로 연장근로에 대한 임금 및 가산임금이 지급되어야 하지만, 포괄임금제 또는 연봉제가 유효한 경우는 연장근로에 대한 임금 및 가산임금이 포함된 약정으로 별도로 지급할 임금은 없다. 다만, 이 경우에도 사전에 약정된 연장근로를 초과하여 추가로 근로하면 연장근로에 대한 임금 및 가산임금을 추가로 정산하여 지급해야 한다.[39)]

- 사용자가 근로계약을 체결할 때에는 근로자에 대하여 기본임금을 결정하고 이를 기초로 각종 수당을 가산하여 합산 지급하는 것이 원칙이다. 그러나 사용자와 근로자가 기본임금을 미리 정하지 아니한 채 법정수당까지 포함된 금액을 월급여액이나 일당임금으로 정하거나 기본임금을 미리 정하면서도 법정 제 수당을 구분하지 아니한 채 일정액을 법정 제 수당으로 정하여 이를 근로시간 수에 관계없이 지급하기로 약정하는 내용의 이른바 포괄임금제에 의한 임금 지급계약 또는 단체협약을 한 경우 그것이 근로기준법이 정한 기준에 미치지 못하는 근로조건을 포함하는 등 근로자에게 불이익하지 않고 여러 사정에 비추어 정당하다고 인정될 때에는 유효하다. 포괄임금제에 관한 약정이 성립하였는지는 근로시간, 근로형태와 업무의 성질, 임금 산정의 단위, 단체협약과 취업규칙의 내용, 동종 사업장의 실태 등 여러 사정을 전체적 · 종합적으로 고려하여 구체적으로 판단하여야 한다. 비록 개별 사안에서 근로형태나 업무의 성격상 연장 · 야간 · 휴일근로가 당연히 예상된다고 하더라도 기본급과는 별도로 연장 · 야간 · 휴일근로수당 등을 세부항목으로 나누어 지급하도록 단체협약이나 취업규칙, 급여규정 등에 정하고 있는 경우에는 포괄임금제에 해당하지 아니한다. 그리고 단체협약 등에 일정 근로시간을 초과한 연장근로시간에 대한 합의가 있다거나 기본급에 수당을 포함한 금액을 기준으로 임금인상률을 정하였다는 사정 등을 들어 바로 위와 같은 포괄임금제

39) 고용노동부, 「연봉제 관련 노동관계법의 적용기준」, 2007.11.22., 임금근로시간정책팀-3444.

에 관한 합의가 있다고 섣불리 단정할 수는 없다(대법원 2022.2.11. 선고 2017다238004 판결).
- 「근로기준법」 상 '연장근로'라 함은 같은 법 제50조의 규정에 의한 법정기준근로시간(1일 8시간, 1주 40시간)을 초과하여 행하는 근로를 말하며, 근로시간의 산정이 어려운 등의 사정이 없음에도 포괄임금제 방식으로 약정된 경우 그 포괄임금에 포함된 정액의 법정수당이 「근로기준법」이 정한 기준에 따라 산정된 법정수당에 미달하는 때에는 그에 해당하는 포괄임금제에 의한 임금 지급계약 부분은 근로자에게 불이익하여 무효라 할 것이고, 사용자는 「근로기준법」의 강행성과 보충성 원칙에 의해 근로자에게 그 미달되는 법정수당을 지급할 의무가 있음(대법원 2010.05.13. 선고 2008다6052 판결 참조). 귀 질의의 내용만으로는 구체적인 사실관계가 불분명하여 정확한 회신은 드리기 어려우나, 연장근로수당은 법정기준근로시간(1일 8시간, 1주 40시간)을 초과하여 근로를 한 경우에 지급하는 것으로 매월 고정급의 연장근로수당을 지급하기로 한 이른 바 포괄임금제에 의한 임금지급계약을 체결하였다고 하더라도 근로자가 쟁의행위 일환으로 연장근로를 거부하였다면 그 기간에 대해서는 연장근로수당을 지급할 의무는 없다고 사료됨(고용노동부 2013.5.8., 근로개선정책과-2761).

(6) 연장근로와 야간 및 휴일 근로가 중복된 경우

연장근로와 야간 및 휴일 근로가 중복된 경우는 각각을 가산하여 지급하여야 한다. 다만, 8시간 이내의 휴일근로에 대하여는 주 40시간을 초과하는 연장근로에 해당하더라도 근기법 제56조 제2항에 따라 휴일근로 가산임금만 지급하면 되고, 연장근로 가산임금을 추가로 지급할 필요가 없다.

- 사용자는 근로자가 연장근로 또는 야간근로를 한 경우에는 근로기준법 제46조(현행 제6조)에 의거 통상임금의 100분의 50 이상을 각각 가산하여 주어야 함(고용노동부 1987.5.12., 근기 01254-7592).
- 구 근로기준법 제55조와 제56조는 유급의 주휴일을 보장하고, 휴일근로에 대해 연장근로 및 야간근로와 동일한 가산율에 따른 가산임금을 규정하고 있다. 근로제공의무가 없는 휴일에 근무하는 것은 연장근로와 유사한 점이 있는데도 휴일근로를 연장근로와 별도로 규율하고 있는 것이다. 이와 같은 관련 규정의 내용과 규율방식에 비추어 볼 때, 구 근로기준법 제50조 제1항과 제53조 제1항에서 정한 1주 간 기준근로시간과 1주 간 연장근로시간은 휴일이 아닌 소정근로일을 대상으로 근로시간의 규제를 의도한 것으로 이해된다. 구 근로기준법상 '1주'에 휴일을 포함할 것인지 여부는 근본적으로 입법정책의 영역에 속하는 문제이다. 따라서 이에 관한 법 해석을 할 때에는 입법자의 의사를 최대한 존중하여 법질서의 통일성과 체계적 정당성을 유지하는 방향으로 하여야 한다. 그런데 근로기준법의 제정 및 개정 경위를 통해 알 수 있는 입법자의 의사는 휴일근로와 연장

근로를 명확히 구분하여 휴일근로시간을 연장근로시간에 포함하지 않겠다는 것임이 분명해 보인다. 휴일근로시간이 1주간 기준근로시간 및 1주간 연장근로시간에 포함되지 않는다는 것은 근로관계 당사자들 사이에서 일종의 사회생활규범으로 자리 잡았다고 평가할 수 있고, 이는 구 근로기준법상 관련 규정을 해석함에 있어서 중요하게 고려하여야 한다. 구 근로기준법과 근로기준법 시행령 규정의 내용과 체계 및 취지, 법률 규정의 제 · 개정 연혁과 이를 통해 알 수 있는 입법 취지 및 목적, 근로관계 당사자들의 인식과 기존 노동관행 등을 종합적으로 고려하면, 휴일근로시간은 구 근로기준법 제50조 제1항의 '1주간 기준근로시간 40시간' 및 제53조 제1항의 '1주간 연장근로시간 12시간'에 포함되지 않는다고 봄이 타당하다. 결국 구 근로기준법상 휴일근로시간은 1주간 기준근로시간 및 1주간 연장근로시간에 포함되지 않는다고 보아야 하므로, 당연한 논리적 귀결로 휴일근로에 따른 가산임금과 연장근로에 따른 가산임금은 중복하여 지급될 수 없다(대법원 2018.6.21. 선고 2011다112391 전원합의체 판결).

3) 법내 연장근로와 가산임금

(1) 개 념

법내(法內) 연장근로는 법정근로시간의 범위 내에서 근로자와 사용자 간에 약정한 소정근로시간을 초과하여 근로하는 것을 의미하고, 법정근로시간을 초과한 시간이 아니다. 따라서 법내 연장근로에 대하여 취업규칙 등에 특별히 가산임금을 지급한다는 규정이 없다면 근기법 제56조에 따른 가산임금을 지급하지 않아도 된다.

ex. 어떤 회사의 모든 근로자가 1일 7시간 및 1주 35시간이 소정근로시간인 경우, 1일 1시간 및 1주 5시간을 추가로 근로하더라도 법정근로시간(1일 8시간 및 1주 40시간)을 초과하지 않았으므로 법내 연장근로에 해당하고, 근기법 제56조에 의한 가산임금은 지급하지 않아도 법 위반이 아님.

토요일을 제외한 평일의 근무시간이 1시간 단축되어 7시간인 동절기에 있어서의 초과근로시간에 토요일의 4시간을 초과한 근무시간이나 평일의 7시간을 초과한 근무시간 부분이 포함되어 있는 경우, 그중 1일 8시간, 1주 44시간을 초과하지 않는 부분은 근로기준법 제42조(현행 제50조) 소정의 법정기준근로시간 범위 내의 근로시간이므로, 이 부분의 근로는 이른바 법내초과근로에 유사하여 할증임금이 지급되는 근로기준법 제46조(현행 제56조) 소정의 시간외근로에는 해당하지 않고, 따라서 취업규칙 등에서 법내초과근로 등에 대하여도 근로기준법 제46조(현행 제56조) 소정의 할증임금을 지급하도록 특별히 규정하지 아니한 이상 이 부분 근로에 대하여는 할증임금을 지급할 필요가 없다(대법원 1995.6.29. 선고 94다18553 판결).

(2) 단시간근로자의 연장근로와 가산임금

「기간제 및 단시간근로자 보호 등에 관한 법률」(약칭: 기간제법)

제6조【단시간근로자의 초과근로 제한】 ① 사용자는 단시간근로자에 대하여 「근로기준법」 제2조의 소정근로시간을 초과하여 근로하게 하는 경우에는 당해 근로자의 동의를 얻어야 한다. 이 경우 1주간에 12시간을 초과하여 근로하게 할 수 없다.

③ 사용자는 제1항에 따른 초과근로에 대하여 통상임금의 100분의 50 이상을 가산하여 지급하여야 한다. 〈신설 2014. 3. 18.〉

단시간근로자는 기간제법 제6조 제3항에 따라, 법내 연장근로라고 하더라도 소정근로시간을 초과한 근로는 가산임금을 지급해야 한다. 즉 단시간근로자가 소정근로시간을 초과하여 근로하면 연장근로에 해당하고, 해당 연장근로에 대해서는 통상임금의 100분의 50 이상의 가산임금을 지급하여야 한다.

ex. 어떤 회사의 단시간근로자가 1일 7시간 및 1주 35시간이 소정근로시간인 경우, 1일 1시간 및 1주 5시간의 초과근로를 하면 연장근로에 해당하고, 가산임금을 지급하여야 함.

【질 의】 1주간 소정근로시간이 20시간인 돌봄전담사가 40명, 14시간인 돌봄전담사가 104명 있는 경우 어떤 근로자가 통상근로자이고 어떤 근로자가 단시간근로자인지? 만약, 통상근로자에 해당하는 돌봄전담사는 법정근로기간을 기준으로 12시간까지 초과근로가 가능하고, 이 경우 법정 근로시간 이내의 초과근로에 대하여는 「기간제법」에 따른 가산임금을 지급하지 아니할 수 있는지?

【회 시】 기간제 및 단시간근로자 보호 등에 관한 법률」(이하 "기간제법"이라 함) 제6조 제3항에 따라 사용자는 단시간근로자에 대하여 「근로기준법」 제2조의 소정근로시간을 초과하여 근로하게 하는 경우에는 그 초과근로에 대하여 통상임금의 100분의 50 이상을 가산하여 지급하여야 합니다. 이때 단시간근로자는 「근로기준법」 제2조의 단시간근로자를 말하는데, 「근로기준법」 제2조 제8호(현행 제9호)에서는 "1주 동안의 소정근로시간이 그 사업장에서 같은 종류의 업무에 종사하는 통상근로자의 1주 동안의 소정근로시간에 비하여 짧은 근로자를 말한다."고 명시하고 있습니다. 귀 사례의 경우 1주 소정근로시간이 20시간인 돌봄전담사가 통상근로자에 해당하고, 그 근로자보다 1주 동안의 소정근로시간이 짧은 돌봄전담사(14시간)가 단시간 근로자에 해당한다고 사료됩니다. 이 경우 1주 소정근로시간이 20시간인 돌봄전담사는 단시간근로자에 해당하지 아니하므로 「근로기준법」 제53조에 따른 연장근로의 제한에는 해당되나, 「기간제법」 제6조(단시간근로자의 초과근로 제한)의 적용에는 해당 없다고 하겠습니다(고용노동부, 2014.10.27., 고용차별개선과-2108).

3. 휴일근로와 가산임금

1) 가산임금의 기준

「근로기준법」

제56조【연장 · 야간 및 휴일 근로】 ② 제1항에도 불구하고 사용자는 휴일근로에 대하여는 다음 각 호의 기준에 따른 금액 이상을 가산하여 근로자에게 지급하여야 한다. 〈신설 2018. 3. 20.〉
1. 8시간 이내의 휴일근로: 통상임금의 100분의 50
2. 8시간을 초과한 휴일근로: 통상임금의 100분의 100

휴일근로는 소정근로일이 아닌 날에 근로하는 것을 의미한다.[40] 8시간 이내의 휴일근로에 대하여는 통상임금의 100분의 50 이상을, 8시간을 초과하는 휴일근로에 대하여는 통상임금의 100분의 100 이상을 가산하여 지급해야 한다. 즉 휴일근로의 대가인 휴일근로임금(100%) 및 휴일근로에 대한 가산임금(50% 또는 100%)을 모두 지급하여야 한다.

구 근로기준법 제56조에 따라 휴일근로수당으로 통상임금의 100분의 50 이상을 가산하여 지급하여야 하는 휴일근로에는 구 근로기준법 제55조에 정해진 주휴일 근로뿐만 아니라 단체협약이나 취업규칙 등에서 휴일로 정한 날의 근로도 포함된다. 그리고 휴일로 정한 날인지는 단체협약이나 취업규칙 등에 있는 휴일 관련 규정의 문언과 그러한 규정을 두게 된 경위, 해당 사업장과 동종 업계의 근로시간에 관한 규율 체계와 관행, 근로제공이 이루어진 경우 실제로 지급된 임금의 명목과 지급금액, 지급액의 산정방식 등을 종합적으로 고려하여 판단하여야 한다(대법원 2020.1.30. 선고 2016다236407 판결).

〈휴일 종류별 적용대상〉[41]

구 분	법정휴일			약정휴일
	주휴일	공휴일 및 대체공휴일	근로자의 날	
적용 사업장	모든 사업장	5인 이상 사업장	모든 사업장	단체협약, 취업규칙 등에서 정함
적용 근로자	4주를 평균하여 1주 소정근로시간이 15시간 이상 (근기법 제18조 제3항)		모든 근로자	

40) 휴일근로에는 근기법 제55조의 ㈜휴일 및 공휴일(대체공휴일 포함), 「근로자의 날 제정에 관한 법률」상 근로자의 날 등 법정휴일의 근로뿐만 아니라 단체협약이나 취업규칙 등에 의하여 정하여진 약정휴일의 근로도 포함되고, 유급 및 무급휴일 구분 없이 모두 포함된다.

41) 고용노동부의 『핵심만 담은 노무관리 가이드 북』, (2020.3.)을 참고하여 정리하였다.

적용 제외자	① 농림 · 축산 · 양잠 · 수산 사업에 종사하는 근로자 ② 감시 · 단속적 근로에 종사하는 근로자로 고용노동부장관의 승인을 얻은 경우 ③ 관리 · 감독 업무 또는 기밀취급 업무에 종사하는 근로자 (근기법 제63조)		없음	
유 · 무급 여부	1주간 소정근로일을 개근한 경우에만 유급	유급	유급	

2) 휴일근로의 산정

(1) 날짜를 바꾸어 근로하는 경우

휴일(예: 근로자의 날)에 근로를 시작하여 소정근로일(예: 수요일)까지 계속된 경우, 소정근로일의 소정근로 시업시간 전까지에 대하여는 휴일근로의 연장으로 보아 근기법 제56조에 따른 휴일근로 임금을 지급해야 한다(소정근로일 시업시간 이후의 근로는 휴일근로와 연장근로로 볼 수 없음). 다만, 소정근로일(월요일)에 근로를 시작하여 휴일(예: 근로자의 날)까지 이어서 근로한 경우, 그 휴일의 시업시간 이전까지는 소정근로일 근로의 연장으로 보아 근기법 제56조에 따른 휴일근로 임금은 발생하지 않는다(연장근로에 대한 임금은 지급해야 함).

- *주휴일에 시작된 근로가 역일을 달리하여 계속되어 익일의 소정근로시간 종료 후 퇴근한 경우 그 익일의 소정근로시업시각 전까지에 대하여는 전일(휴일)의 근로의 연장으로 보아 근로기준법 제55조(현행 제56조)에 의한 휴일근로수당(연장 및 야간 근로에 해당되는 경우 동조에 의한 연장 · 야간 근로수당은 각각 별도 산정)을 지급하여야 하며, 월요일 시업시각 이후의 근로는 이를 휴일근로와 연장근로로 볼 수 없다고 사료됨(고용노동부 2003.3.31., 근기 68207-402).*
- *격일제 근로자가 주휴일 전일에 근로를 개시하여 역일상 휴일까지 근로를 하였더라도 이를 전일의 근로로 보아 휴일근로수당을 지급치 않아도 무방할 것임. 따라서 격일제 근로자가 '근로자의 날' 전일에 근로를 개시하여 익일까지 근로를 하였더라도 그 익일의 사업시작 이전까지는 전일 근로의 연장으로 보아 휴일근로수당을 지급하지 않아도 무방할 것임. 다만, '근로자의 날'에 근로를 시작하여 익일까지 근로가 계속된 경우에는 그 익일의 사업시작 이전까지는 전일근로의 연장으로 보아 휴일근로수당(연장 및 야간 근로에 해당되는 경우 연장 · 야간 근로수당은 각각 별도 산정)을 지급하여야 함(고용노동부 2012.8.25., 근로개선정책과-4304).*

(2) 휴일을 다른 소정근로일과 대체한 경우

지정된 휴일에 근로하는 대신 다른 소정근로일에 원래의 휴일을 사용하는 것을 대체휴일(또는 휴일대체)이라고 한다. 즉 휴일과 소정근로일이 변경된 것이므로, 휴일을 대체하여 원래 지정된 휴일에 근로하는 것은 휴일근로가 아니고 근기법 제56조에 따른 휴일근로에 대한 가산임금이 발생하지 않는다. 다만, 대체된 휴일에 근로하는 것은 휴일근로에 해당하여 가산임금을 지급하여야 한다.

> *근로기준법 제54조(현행 제55조)의 주휴일과 단체협약이나 취업규칙 등으로 정한 휴일(약정휴일)을 다른 날로 변경(대체)하고자 하는 경우, 단체협약이나 취업규칙 등에 그에 관한 요건과 절차 등을 정하고 있을 때에는 그에 따라야 할 것이나 그와 같은 정함이 없는 경우에는 노사 간의 합의가 있어야 할 것임. 따라서, 근로자의 동의를 휴일대체의 요건으로 단체협약에 규정하고 있음에도 근로자의 동의 없이 휴일을 다른 날로 대체하는 것은 휴일대체의 효력이 없으므로 당초의 휴일에 근로한 경우에는 근로기준법 제55조(현행 제56조) 소정의 휴일근로수당을 지급하여야 하나, 근로자의 동의가 있었거나 있었다고 볼 수 있는 경우에는 별도의 휴일근로수당을 지급할 필요가 없을 것임(고용노동부 2004.2.19., 근로기준과-829).*

3) 공휴일 및 대체공휴일 근로와 가산임금

> **「근로기준법」**
>
> **제55조【휴일】** ② 사용자는 근로자에게 대통령령으로 정하는 휴일을 유급으로 보장하여야 한다. 다만, 근로자대표와 서면으로 합의한 경우 특정한 근로일로 대체할 수 있다.
>
> > **「근로기준법 시행령」**
> >
> > **제30조【휴일】** ② 법 제55조 제2항 본문에서 "대통령령으로 정하는 휴일"이란「관공서의 공휴일에 관한 규정」제2조 각호(제1호는 제외한다)에 따른 공휴일 및 같은 영 제3조에 따른 대체공휴일을 말한다.

사용자는 근로자에게 「관공서의 공휴일에 관한 규정」 제2조의 공휴일(일요일은 제외[42]) 및 제3조의 대체공휴일을 유급으로 보장해야 한다. 따라서 공휴일 및 대체공휴일은 유급으로 휴일이 보장되어야 하고, 그러한 휴일의 근로는 휴일근로에 해당하므로 통상임금의 100분의 50 또는 100 이상을 가산하여 지급해야 한다. 다만, 상시근로자 4인 이하 사업장 및 4주 동안

42) '공휴일'을 민간기업에서 종사하는 근로자에게 법정휴일로 인정하면서 '일요일'을 제외한 이유는 근기법 제55조 제1항에서 1주에 평균 1일 이상을 주휴일로 부여하도록 규정하고 있기 때문이다.

을 평균하여 1주 동안의 소정근로시간이 15시간 미만인 근로자에게는 적용하지 않는다(근기법 제11조 제2항, 제18조 제3항).

- 관공서 공휴일을 근로기준법상 유급휴일로 보장하도록 한 법 개정 취지는 공무원과 일반근로자가 공평하게 휴식을 취할 수 있도록 하기 위한 것으로써, 근로자가 관공서 공휴일에 휴식을 취하더라도 임금의 삭감이 없도록 하여 온전히 휴식을 보장하기 위해 유급으로 정한 것입니다. 만약 휴무일 등과 같이 애초부터 근로제공이 예정되어 있지 않은 날이 관공서 공휴일과 겹칠 경우에 추가 휴일수당을 지급해야 한다고 해석할 경우, 법 개정 취지를 넘어 근로자가 실질적으로 누리는 휴일 수는 동일함에도 추가적인 비용부담만 강제하게 되는 불합리한 결과가 발생합니다. 따라서, 휴무일 등 애초부터 근로제공이 예정되어 있지 않은 날이 관공서 공휴일과 겹칠 경우 해당 일을 유급으로 처리하여야 하는 것은 아닙니다(고용노동부 2020.3.30., 임금근로시간과-743).
- 주휴일이 관공서공휴일 등 다른 유급휴일과 중복될 경우 취업규칙이나 단체협약 등에서 이날에 대하여 각각의 유급휴일을 보장한다는 별도의 정함이 없는 한 근로자에게 유리한 하나의 휴일만 인정하면 될 것입니다.(동일한 취지의 행정해석 임금근로시간과-637, 2021.3.19, 근로기준과-4267, 2005.8.17. 등 참조)(고용노동부 2021.5.25., 임금근로시간과-1129).
- 관공서 공휴일이 소정근로일과 겹치는 경우에 근로자가 해당 일에 휴식을 취했다 하더라도 출근한 것과 동일하게 인정하여 만근 여부를 판단하는 것이 타당할 것임.즉, 관공서 공휴일에 근로를 제공하지 않은 근로자를 출근하지 않은 것으로 본다면 해당 근로자는 법률에 따라 휴식을 취하고도 임금이 감소하게 되므로, 이는 관공서 공휴일을 유급휴일로 보장한 법 개정 취지에 부합하지 않는다고 할 것임(고용노동부 2021.3.16., 임금근로시간과-600).
- '월급제' 근로자의 경우에는 1개월의 소정근로일수에 관계없이 일정한 금액이 지급되므로 관공서 공휴일에 별도의 추가수당을 지급할 필요가 없으며(관공서 공휴일이 무급휴일과 중복되는 경우에도 동일), 다만 '시급제 · 일급제' 근로자의 경우에는 관공서 공휴일이 소정근로일인 경우 근로제공 없이도 소정근로를 제공했을 경우와 동일한 금액을 지급해야 하나, 관공서 공휴일이 무급휴(무)일과 중복되는 경우에는 애초부터 소정근로나 그에 따른 임금 수령이 전제되어 있지 않으므로 해당일을 무급으로 하더라도 임금감소가 없이 쉴 수 있다는 점에서 그 날을 유급으로 처리해야 하는 것은 아님(고용노동부 2021.5.13., 임금근로시간과-1081; 2021.3.22., 임금근로시간과-653; 2022.1.10., 임금근로시간과-76).
- 대체공휴일은 공휴일과는 별개의 휴일로서 보장된다고 보는 것이 관련 법령의 규정 체계에 부합함. 또한 「근로기준법」 제55조 제2항 본문 및 같은 법 시행령 제30조 제2항에 따르면 사용자는 근로자에게 공휴일 및 대체공휴일을 유급으로 보장해야 하고, 예외적으로 같은 법 제55조 제2항 단서에 따라 근로자대표와 서면으로 합의한 경우 공휴일 및 대체공휴일을 특정한 근로일로 대체하여 보장할 수 있을 뿐인바, 어떠한 사업장에서 노사합의에 따라 특정한 공휴일이 유급휴무일과 겹치는데도 불구하고 그 공휴일에 대해 휴일대체를 실시하였다는 우연한 사정이 있다고 하더라도, 공휴일이 근로자의 유급휴무일과 겹치는 경우 휴일대체를 실시하지 않는 것으로 노사합의의 내용을

변경하는 것은 별론으로 하고, 공휴일과는 별개의 법정 휴일인 대체공휴일에 대해서는 그 우연한 사정과 관계없이 「근로기준법」 제55조 제2항 본문이 적용된다고 보는 것이 타당함. 따라서 이 사안의 경우 관공서공휴일규정이 개정되어 새로 지정된 대체공휴일도 「근로기준법」 제55조 제2항 본문에 따라 유급휴일로 보장해야 함(2021.11.2., 법제처 21-0547).

〈「관공서의 공휴일에 관한 규정」상 공휴일의 종류〉

1. 일요일 ⇒ 민간기업의 근로자에게는 근기법 제55조 제1항의 주휴일 규정에 따라 적용하지 않음
2. 국경일[43] 중 3 · 1절, 광복절, 개천절 및 한글날
3. 1월 1일
4. 설날 전날, 설날, 설날 다음날 (음력 12월 말일, 1월 1일, 2일)
5. 부처님오신날 (음력 4월 8일)
6. 5월 5일 (어린이날)
7. 6월 6일 (현충일)
8. 추석 전날, 추석, 추석 다음날 (음력 8월 14일, 15일, 16일)
9. 12월 25일 (기독탄신일)
10. 「공직선거법」 제34조에 따른 임기만료에 의한 선거의 선거일
11. 기타 정부에서 수시 지정하는 날(임시공휴일)

※ 일요일, 선거일 및 임시공휴일을 제외한 공휴일 일수는 1년에 15일임.

〈대체공휴일을 적용하는 유형〉

유 형		대체공휴일 적용
A형	3 · 1절, 광복절, 개천절, 한글날, 부처님 오신날, 어린이날 및 기독탄신일이 토요일이나 일요일과 겹치는 경우	해당 공휴일 다음의 첫 번째 비공휴일
B형	설날연휴, 추석연휴가 일요일과 겹치는 경우	
C형	3 · 1절, 광복절, 개천절, 한글날, 설날연휴, 부처님 오신날, 어린이 날, 추석연휴 및 기독탄신일이 월~금요일 중의 다른 공휴일(일요일, 선거일 및 임시공휴일 제외)과 겹치는 경우	

43) 「국경일에 관한 법률」에 따른 국경일에는 3 · 1절, 제헌절(7월 17일), 광복절, 개천절 및 한글날이 규정되어 있으나, 「관공서의 공휴일에 관한 규정」에 따른 공휴일에는 제정 당시에 포함되었던 제헌절이 현재는 제외되어 있다. 한편 「각종 기념일 등에 관한 규정」에 따른 기념일의 종류는 53종(식목일, 대한민국 임시정부 수립 기념일, 어버이 날, 스승의 날 등)이 규정되어 있으나, 「관공서의 공휴일에 관한 규정」에 따른 공휴일에는 제정 당시에 포함되었던 식목일이 현재는 제외되어 있다.

D형	A형, B형, C형에 따른 대체공휴일이 같은 날에 겹치는 경우	그 대체공휴일 다음의 첫 번째 비공휴일까지
E형	A형, B형, C형, D형에 따른 대체공휴일이 토요일인 경우	그 다음의 첫 번째 비공휴일

※ 특정 공휴일이 다른 공휴일과 겹쳐 대체공휴일이 적용되는 경우 원래의 공휴일이 대체공휴일로 변경되는 것이 아니라 각각 공휴일로서 인정되는 것임(고용노동부 2014.8.27., 근로개선정책과-4792). 예를 들어 8월 15일(일요일) 광복절과 그 대체공휴일인 8월 16일(월요일)은 각각 법정 공휴일과 대체공휴일로서 각각 유급휴일임.

4) 근로자의 날 근로와 가산임금

「근로자의 날 제정에 관한 법률」
5월 1일을 근로자의 날로 하고, 이 날을 「근로기준법」에 따른 유급휴일(有給休日)로 한다.

근로자의 날 취지는 근로자들의 노고를 위로하고, 근무의욕을 높이기 위한 것으로 「국경일에 관한 법률」 또는 「관공서의 공휴일에 관한 규정」에서 정한 법정공휴일로 보기는 어려우나, 근기법의 적용을 받는 근로자에게 부여하는 주휴일과 같이 법정휴일이므로 해당일에 근로제공이 없더라도 임금을 지급하여야 한다.[44] 따라서 근로자의 날 근로는 휴일근로에 해당하고 통상임금의 100분의 50 또는 100 이상을 가산하여 지급해야 한다.

※ 근로자의 날은 상시근로자 4인 이하 사업장에도 적용되지만, 공무원법에 의한 공무원에게는 적용되지 않음.

- *근로자의 날이 주휴일 등 유급휴일과 겹칠 경우에는 1일분만 지급하면 될 것임. 따라서 사업장의 근무스케줄에 따라 주휴일이 정해졌고 일부 근로자의 해당 주휴일이 근로자의 날(5.1.)과 중복된 경우에는 근로자에게 유리한 하나의 휴일만 인정하면 되고 별도로 추가휴일을 부여할 의무는 없을 것임(고용노동부 2016.11.1., 근로기준정책과-6852).*
- *「근로자의 날 제정에 관한 법률」은 "5월 1일을 근로자의 날로 하고 이 날을 근로기준법에 의한 유급휴일로 한다"고 규정하고 있음. 여기서 '유급휴일'이라 함은 근로를 제공하였더라면 지급받을 수 있었던 금액을 지급받으면서 근로제공의 의무는 없는 것으로 정하여진 날임. 매월 고정적인 임금을 지급받는 월급제 근로자에게는 당해 월의 소정근로일수나 유급휴일수 또는 근로자의 날이 월요일에서 일요일 사이의 어느 날에 속하는지에 관계없이 소정의 월급금액을 지급하면 될 것임. 1*

44) 고용노동부, 「근로자의 날 관련 근로기준법 적용지침」, 2007.11.13., 임금근로시간정책팀-3356.

일 단위 또는 시간 단위로 임금을 계산 · 지급하는 일급제 또는 시급제 근로자에게는 당해 사업(장)의 통상의 1일 근로를 제공하였을 때 지급해야 할 임금을 지급하고 휴일을 부여해야 할 것임(고용노동부 2004.4.29., 근로기준과-2116).

- '근로자의 날'은 법률로서 특정한 날을 유급휴일로 정하고 있으므로 다른 날로 대체할 수 없으며, 다른 날로 대체하였더라도 근로자의 날에 근로한 경우에는 근로기준법 제55조(현행 제56조)에 의한 휴일근로수당을 지급하여야 한다고 사료됨(고용노동부 2004.2.19., 근로기준과-829).
- 근로자의 날은 평상적인 근로관계를 전제로 근로계약 기간 내에 있어야 유급휴일로 될 수 있는바, 일일단위로 근로계약이 체결되는 일용근로자의 경우 원칙적으로 유급휴일 부여문제가 발생하지 않는다 할 것임. 다만, 근로계약을 반복 갱신해 근로자의 날을 전후해 계속 근로한 것으로 인정될 수 있는 경우라면 그 기간 내 포함된 근로자의 날에 대해서는 유급휴일을 부여해야 할 것임(고용노동부 2014.11.12., 근로개선정책과-6257).
- 「근로기준법」 제18조 제3항은 1주 소정근로시간이 15시간 미만인 단시간근로자에 대하여 같은 법 제55조의 주휴일 적용을 제외하는 것으로서 근로자의 날 적용을 배제하는 것으로 보기는 어려움. 따라서 단시간근로자의 경우에도 근로자의 날이 근로계약 기간 내에 있는 경우 유급휴일이 보장되어야 할 것임(고용노동부 2015.9.10., 근로기준정책과-4361).

4. 야간근로와 가산임금

1) 가산임금의 기준

「근로기준법」

제56조【연장 · 야간 및 휴일 근로】 ③ 사용자는 야간근로(오후 10시부터 다음 날 오전 6시 사이의 근로를 말한다)에 대하여는 통상임금의 100분의 50 이상을 가산하여 근로자에게 지급하여야 한다.

야간근로는 오후 10시부터 다음날 오전 6시까지의 사이의 근로를 말하므로, 사용자는 실근로시간과 무관하게 야간근로에 대하여는 통상임금의 100분의 50 이상을 가산하여 지급해야 한다. 즉 야간근로의 대가인 야간근로임금(100%) 및 야간근로에 대한 가산임금(50%)을 모두 지급하여야 한다.

※ 야간근로에 대해서 처음부터 가산임금을 포함하여 임금을 정한 것이 확실한 경우에는 별도로 가산임금을 지급하지 않을 수 있음(대법원 1983.10.25. 선고, 83도1050 판결).

- 하오 10시부터 상오 6시까지는 야간근로에 해당한다고 규정한 같은 법 제46조(현행 제56조 제3항)는 매일 연속적으로 근로를 제공하는 경우에 한하지 않고, 1일 24시간 격일제로 근무하는 이른바 교대제 근무에도 적용되므로, 격일제 근무의 경우에는 시간외근로시간수나 야간근로시간수를 절반으로 나누어 계산하여야 한다거나 휴일이 근로일에 해당하여도 휴일근로수당을 별도로 지급할 필요가 없다는 취지의 주장은 이유 없다(대법원 1997.7.22. 선고 96다38995 판결).
- 아파트 경비원 또는 보일러공으로 1일 24시간씩 격일 근무하기로 하고 채용되어 소정 임금을 매월 지급받아 온 경우에 있어서 위 근로계약은 아파트 경비관리라는 근로형태의 특수성 때문에 근로기준법상의 기준근로시간을 초과한 연장근로와 야간 · 휴일 근무가 당연히 예상되는 근로계약이었으므로 위 지급임금에는 근로기준법상 기준근로시간인 1일 8시간, 주 48시간(현행 40시간) 근무에 대한 임금외의 연장근로와 휴일 · 야간 근로에 대한 수당도 포함된 것으로 보아야 할 것이다(대법원 1983.10.25. 선고 83도1050 판결).

2) 야간근로의 산정

야간근로는 소정근로시간, 휴일 및 휴가, 출퇴근시간, 근무형태 등과 상관없는 절대적 기준이므로 소정근로시간 이내의 근로라고 하더라도 야간근로에 해당하면 가산임금을 지급하여야 한다.

근로기준법 제63조 제3호에 해당하는 감시 · 단속적 근로자로서 고용노동부장관의 적용제외 승인을 얻은 경우에는 동법 제4장과 제5장에서 정한 근로시간, 휴게와 휴일에 관한 규정을 적용하지 않음. 따라서, 법정 근로시간을 초과한 연장근로 및 휴일근로에 대해서는 동법 제56조에 의한 가산수당을 지급할 필요가 없으나, 연장근로와 야간근로 제한은 그 보호범위에 차이가 있다고 할 것이고, 감시 · 단속적인 근로자라고 하더라도 야간근로로 인한 피로에서는 일반근로자와 같은 보호가 필요할 것으로 야간근로(오후 10시부터 다음 날 오전 6시 사이)에 대해서는 동조에 의한 가산수당이 지급되어야 할 것임(고용노동부 2019.11.17., 근로기준정책과-5975; 근기 68207-3172, 2001.9.20. 등).

5. 연장 · 휴일 · 야간 근로와 보상휴가제

「근로기준법」

제57조【보상휴가제】 사용자는 근로자대표와의 서면합의에 따라 제56조에 따른 연장근로 · 야간근로 및 휴일근로에 대하여 임금을 지급하는 것을 갈음하여 휴가를 줄 수 있다.

1) 개 념

보상휴가제는 사용자와 근로자대표가 서면합의에 따라 연장 · 야간 및 휴일 근로에 대해 임금을 지급하는 대신 유급휴가를 부여하는 것으로, 임금과 휴가에 대한 선택의 폭을 넓혀주는 제도이다. 보상휴가제를 도입하려면 근로자대표와 서면합의가 반드시 필요하고, 연장 · 야간 · 휴일에 근로한 시간과 그에 대한 가산시간까지 포함하여 휴가를 부여 해야 한다. 휴가부여대상(전체 또는 일부 근로자), 임금청구여부(휴가청구권 또는 임금청구권 선택), 보상휴가 부여기준(가산임금을 포함한 전체 임금 또는 가산임금만) 등 세부적인 사항은 노사가 자율적으로 서면합의에 반영하여 시행할 수 있다.

ex. 20시간의 연장근로에 대해서 보상휴가제를 도입한다면 가산임금을 고려한 30시간(연장근로 20시간 ×가산율 1.5)의 휴가를 부여해야 함.

2) 보상휴가제와 임금

보상휴가제는 연장근로 · 야간근로 · 휴일근로에 대하여 임금을 지급하는 대신 휴가를 부여하는 것으로 연차유급휴가의 사용촉진처럼 임금지급 의무를 면제받을 수는 없다. 따라서 보상휴가제에 따른 휴가를 사용하지 않았다면 반드시 연장근로 · 야간근로 · 휴일근로에 대한 임금 및 가산임금을 지급하여야 한다.

> *근로자대표와의 서면합의로 보상휴가제를 실시하는 경우, 합의 이후에는 임금청구권 대신 휴가사용권이 발생하는 것이므로 노사가 정한 사용기간내에 휴가를 사용하지 않은 경우 지급되는 임금은 휴가를 사용하지 않은데 대한 보상으로 보아야 할 것임(고용노동부 2014.1.24., 근로개선정책과-370).*

제5절 임금의 형태별 계산

1. 개 요

임금의 계산 및 정산과 관련하여, 근기법 제17조 제2항은 사용자는 근로계약을 체결할 때

임금의 계산방법과 지급방법을 서면에 명시하고 근로자에게 교부토록 규정하고 있고, 근기법 제43조 제1항은 임금을 지급할 때 근로자가 근로계약에 따른 근로를 하면 사용자는 원칙적으로 약정된 임금 전액을 지급하도록 규정하고 있다. 임금의 형태는 임금을 결정하는 단위에 따라 시급, 일급, 주급, 월급 등으로 구분할 수 있고, 이하에서는 임금형태에 따른 임금계산 방법을 살펴보도록 한다.

2. 시급제의 임금계산

시급제는 시간 당 임금을 정한 것으로, 근로자에게 지급될 전체 임금을 계산할 때는 근로계약으로 정한 시간 당 임금, 즉 시간급에 총근로시간을 곱하여 계산하면 된다. 다만, 시급제 근로자도 1주간의 소정근로일을 개근하면 근기법 제55조 제1항에 따른 유급 주휴일을 부여해야 하므로, 약정한 시간급에 1주간의 소정근로시간과 해당 주의 유급 주휴일수당을 고려하여 전체 임금을 계산해야 한다.

ex) 시급 1만원, 1일 8시간 및 1주 40시간 근로, 1주 5일 근로(토요일 무급휴일, 일요일 법정 주휴일)하는 근로자가 1주간의 소정근로일을 개근하면 1주간의 임금은?
→ 시급(1만원)×(1주 소정근로시간 40시간+유급 주휴일시간 8시간) = 48만원

3. 일급제의 임금계산

일급제는 1일의 근로시간에 대한 임금을 정한 것으로, 근로자에게 지급될 전체 임금을 계산할 때는 근로계약으로 정한 1일의 임금, 즉 일급에 총근로일수를 곱하여 계산하면 된다. 다만, 일급제 근로자도 1주간의 소정근로일을 개근하면 근기법 제55조 제1항에 따른 유급 주휴일을 부여해야 하므로, 매주 발생하는 유급 주휴일수당을 고려하여 전체 임금을 계산해야 한다.

ex) 일급 10만원, 1일 8시간 및 1주 40시간 근로, 1주 5일 근로(토요일 무급휴일, 일요일 법정 주휴일)하는 근로자가 1주간의 소정근로일을 개근하면 1주간의 임금은?
→ 일급(10만원)×1주 소정근로일(5일)+유급 주휴일수당(10만원) = 60만원

- *일당은 근본적으로 하루의 근로에 대한 대가로 발생할 수 있는 내역을 포함하여 지급할 수 있는 것으로서 월차 및 연차휴가수당을 포함하여 지급할 수 없고 이러한 것이 근로기준법에 위배되므로 (근기 68207-1696, 2000.6.2, 근기 68207-1844, 2000.6.16) 일당속에 연·월차유급휴가수당을 포함하여 지급하는 근로계약을 체결하였다 하더라도 근로자에게 연·월차휴가수당을 지급하였다*

고 볼 수 없으므로 실제 휴가를 사용하지 않고 근로를 제공한 것에 대한 연·월차유급휴가근로수당을 추가로 지급하여야 할 것임(고용노동부 2004.6.23. 근로기준과-3118).

- 공공근로사업 참여자가 1일 단위 또는 시간 단위로 임금을 계산하여 매월 지급하는 일급제 또는 시급제 근로자인 경우라면 당해 사업(장)의 통상의 1일 근로를 제공하였을 때 지급해야 할 임금을 지급하고 휴일을 부여해야 할 것이며, 만일, 유급휴일인 근로자의 날에 근로를 제공하는 경우에는 근로제공이 없더라도 지급받을 수 있었던 임금(100%)에 근로기준법 제55조(현행 제56조)의 규정에 의한 휴일근로가산임금(150%)을 추가 지급하여야 할 것임(고용노동부 2004.4.29. 근로기준과-848).

4. 주급제의 임금계산

주급제는 1주간의 근로시간에 대한 임금을 정한 것으로, 근로자에게 지급될 전체 임금을 계산할 때는 근로계약으로 정한 1주간의 임금, 즉 주급을 지급하면 된다. 다만 주급제 근로자도 1주간의 소정근로일을 개근하면 근기법 제55조 제1항에 따른 유급 주휴일을 부여해야 하므로, 매주 발생하는 유급 주휴일수당을 고려하여 전체 임금을 계산해야 한다. 만약 주급에 유급 주휴일수당이 포함되어 있다면 정해진 주급으로만 임금을 계산하면 된다.

ex) 주급 50만원, 1일 8시간 및 1주 40시간 근로, 1주 5일 근로(토요일 무급휴일, 일요일 법정 주휴일)하는 근로자가 1주간의 소정근로일을 개근하면 1주간의 임금은?

→ 주급(50만원) + 유급 주휴일수당(10만원) = 60만원

5. 월급제의 임금계산

1) 개 요

월급은 임금이 월단위로 결정되어 월의 근로일수나 근로시간의 많고 적음에 관계없이 일정한 임금이 지급되는 임금형태이고, 근로자에 대한 임금을 월급으로 지급할 경우 그 월급에는 근기법 제55조의 유급 주휴일에 대한 임금도 포함된 것이다.[45] 다만, 임금을 월급으로 약정하더라도 산정기간(예: 1일부터 말일, 입사일부터 1개월 등)과 지급시기(예: 5일, 10일 등)가 다를 수 있고, 월 중도에 입사 또는 퇴사하거나 결근 등으로 월간 소정근로일을 전부 근무하지 못

45) 대법원 2024.2.28. 선고 2018다206899·206912 판결; 대법원 1990.12.6. 선고 90다카12493 판결 등 다수.

한다면 통상적으로 약정된 임금 전액이 아니라 실제 근무일수 및 유급 주휴일을 고려하여 일할 계산을 하여야 한다. 그러나 월 총일수(28일~31일)의 차이로 인하여 실제 근로일수가 달라질 수 있음에도 불구하고, 월급의 일할계산 방법에 대해서는 노동법에 별도로 규정된 바가 없다. 따라서 월급의 일할계산에 대해서는 취업규칙이나 근로계약 등에서 정한 방식에 따르면 되며, 일할계산을 하기 위해서는 월급을 시간급 또는 일급 임금으로 산정하는 과정일 필요하다.

- *근로자에 대한 임금을 월급으로 지급할 경우 월급 통상임금에는 근로기준법 제45조(현행 제55조 제1항) 소정의 유급휴일에 대한 임금도 포함된다. '월급'이라 함은 임금이 월단위로 결정되어 월의 근로일수나 근로시간의 많고 적음에 관계없이 일정한 임금이 지급되는 임금형태를 뜻한다 할 것이다(대법원 1994.5.24. 선고 93다32514 판결).*
- *월급근로자에게는 그달의 근로일수와 밀접한 관계없이 고정급이 지급되고 있으므로 별단의 규정이 없는 한 근로기준법 제45조(현행 제55조)에 의한 주휴일의 임금은 월급에 포함되는 것으로, 월급금액을 일급금액으로 산정하고자 하는 경우에는 월일수(일반적으로 30일)로 나누고, 시급금액으로 산정하고자 하는 경우에는 240시간으로 나누어 계산하여야 할 것임(고용노동부 1986.9.28., 근기 01254-15854).*
- *임금은 근로의 대가로 지급되는 것으로 월급제 근로자라도 별도의 자체규정이 없는 한 근로일수에 대하여 일할계산 지급할 수 있으며, 별도의 자체규정에 명시된 바 있다면 동 규정에 따라야 함(고용노동부 1981.8.11., 근기 1455-24422).*
- *월급제 임금지급 형태하에서 특정 근무월의 도중에 퇴직하는 근로자에게 당해 근무월의 임금을 전액 지급할 것인지, 아니면 근무일수에 해당하는 임금을 일할계산하여 지급할 것인지는 법령에 명시적인 규정이 없고 노사 쌍방이 정한 바에 따르면 될 것인바, 취업규칙이나 근로계약 등에서 특정 근무월의 도중에 퇴직하는 근로자에게 당해 근무월의 임금을 전액 지급한다고 정해지지 않은 한 당해 근로자에게 퇴직일까지의 실제 근로일수에 해당하는 임금을 일할계산하여 지급하는 것은 무방함(고용노동부 1990.3.24., 근기 68207-690).*

2) 월급제의 시간급 계산방법

임금을 월급으로 정하더라도 일할계산을 하거나 연차유급휴가 미사용수당, 연장 · 야간 · 휴일 근로 수당 등 추가적인 임금 지급을 위해서는 월급을 시간급으로 환산하여야 한다. 월급을 시간급으로 환산할 경우 월의 일수 차이로 인하여 매월의 소정근로일수가 변화될 수 있고 결과적으로 매월의 실제 근로시간이 달라질 수 있는데, 근기법은 이러한 점을 고려하여 시행령 제6조에서 평균방식으로 월 통상임금 산정기준 시간수를 산정하도록 규정하고 있으므로 그에 따라 월급을 시간급으로 산정한 후 실제 근무일수와 유급 주휴일을 고려하여 임금을 계산하면 된다. 다만, 근기법상 시간급 계산방식과 다르게 실무상에는 재직일수에 따라 시간급이 아니라 일급을 계산하는 방식으로 임금을 계산하기도 한다.

〈'월급제'의 통상임금 시간급 계산방식〉

■ 개요

월급제는 임금이 월단위로 결정되어 월의 근로일수나 근로시간의 많고 적음에 관계없이 일정한 임금이 지급되는 임금형태를 의미함. 다만, 월급제를 적용하는 사업장이더라도 특정 월에 대한 통상임금 시급 계산에서 매월의 일수가 최소 28일부터 최대 31일까지 차이가 있고 또한 매월 주(週)의 수가 달라서, 매월 소정근로일수의 변화로 인하여 실제근로시간이 매월마다 다르다는 점을 고려해야 함.

■ 근기법상 통상임금 시간급 계산방식

근기법은 매월의 일수 및 주의 수가 다른 점을 고려하여 '평균방식'을 규정하고 있음(근기법 시행령 제6조 제2항 제4호). 즉 (1주간의 소정근로시간+소정근로시간 외 유급처리 시간)×365÷7÷12방식으로 월 통상임금 산정기준 시간 수(통상적으로 209시간)를 산정하고 이를 월임금(통상임금)에서 나누어 시간급을 산정함.

■ 실무상 통상임금 시간급 계산방식

실무상 월급제 형태에서 시간급은 월임금(통상임금) 총액을 월의 일수(28~31일)로 나누어 일급을 계산한 후, 이를 다시 1일 소정근로시간(8시간)으로 나누는 방식으로 시간급 임금을 계산하는데, 이것은 근기법상 시간급 계산방식과 달라서 시간급에 차이가 발생하게 됨. 다만, 근기법상 시간급 계산방법은 매주 단위의 소정근로시간 및 유급 주휴일시간의 발생 여부를 판단하여야 하지만, 실무상 시간급 계산방법은 매주 단위의 소정근로시간 및 유급 주휴일시간 발생 여부를 고려하지 않고 단순히 재직기간 전부를 반영하여 일할계산하므로 근기법상 시간급과 차이가 없어 가능한 방법임.

■ **근기법과 실무상 시급 계산방식 비교**

- 월급: 300만원(전액 통상임금)
- 1주 5일 근무(월~금요일) / 주 40시간 및 1일 8시간 근무
- 토요일 무급휴일, 일요일 유급주휴일

근기법상 시간급 계산방식	실무상 시간급 계산방식
300만원 ÷ 209시간 ≒ 14,354원	300만원 ÷ 30일 ÷ 8시간 ≒ 12,500원

※ 209시간은 소정근로일과 유급 주휴일만 포함된 1년 평균값이고, 30일은 소정근로일과 유급 및 무급휴일이 모두 포함된 것 즉, 해당월의 모든 일수에 해당하는 값임.

3) 월급제의 일할계산

(1) 재직일수에 따른 방법

일반적으로 일할계산은 월급여액을 해당월의 총일수로 나누고, 해당월의 전체 일수에서 근로자가 재직했던 일수를 곱하여 산정한다. 다만, 사업장의 취업규칙, 근로계약 등에 해당월의 총일수의 많고 적음에 상관없이 30일로 정하였다면 그에 따르면 된다.

월 급여총액 ÷ 해당 월의 총일수 × 해당 월 총재직일수

※ 총재직일수는 휴가, 휴일 등 실근무와 무관하게 재직일수 모두를 포함해야 함.

〈재직일수에 따른 일할계산 사례〉

구 분	내 용
월 급여총액	300만원
소정근로시간	1주 40시간 및 1일 8시간 / 주 5일 근무
휴일	토요일 무급휴일, 일요일 법정 주휴일
일할계산 기간	7월 1일(월요일)부터 14일(일요일)까지 재직하고 7월 15일 퇴직함 (소정근로일 모두를 출근함)

→ 7월분(7.1~7.14) 임금: 월 급여총액(300만원)÷해당월 총일수(31일)×해당월 총재직일수(14일)≒ 1,354,839원

(2) 실제 근로일수에 따른 방법

실제 근로일수에 따른 날짜 계산 방식은 월급여액을 통상임금 산정기준 시간 수(통상 209시간)로 나누고 1일 소정근로시간을 곱하고 실제 근로일수와 유급 주휴일수를 합한 후 곱하여 산정한다.

월 급여총액 ÷ 통상임금 산정기준 시간 수 × 1일 소정근로시간 × (실제 근로일수 + 법정 주휴일수)

〈실제 근로일수에 따른 일할계산 사례〉

구분	내 용
월 급여총액	300만원
소정근로시간	1주 40시간 및 1일 8시간 / 주 5일 근무
휴일	토요일 무급휴일, 일요일 법정 주휴일
일할계산 기간	7월 1일(월요일)부터 14일(일요일)까지 재직하고 7월 15일 퇴직함 (소정근로일 모두를 출근함)

→ 7월분(7.1~7.14) 임금: 월 급여총액(300만원)÷통상임금 산정기준 시간 수(209시간)×1일 소정근로시간(8시간)×〔실제 근로일수(10일)+유급 주휴일 수(2일)〕≒1,377,990원

*209시간: (8시간×5일+8시간)×365일÷7일÷12월

*유급 주휴일 수: 소정근로일을 모두 개근하였으므로 7월 1주(1일~7일) 및 2주(8일~14일)에 대한 법정 주휴일 수는 2일임

제8장

임금의 지급

제1절 임금의 지급방법

제2절 도급사업에 대한 임금 지급

제3절 금품청산

제4절 임금 등 미지급에 대한 구제

제1절 임금의 지급방법

1. 임금지급의 4대 원칙

1) 개 요

「근로기준법」

제43조【임금 지급】 ① 임금은 통화(通貨)로 직접 근로자에게 그 전액을 지급하여야 한다. 다만, 법령 또는 단체협약에 특별한 규정이 있는 경우에는 임금의 일부를 공제하거나 통화 이외의 것으로 지급할 수 있다.

② 임금은 매월 1회 이상 일정한 날짜를 정하여 지급하여야 한다. 다만, 임시로 지급하는 임금, 수당, 그 밖에 이에 준하는 것 또는 대통령령으로 정하는 임금에 대하여는 그러하지 아니하다.

「근로기준법 시행령」

제23조【매월 1회 이상 지급하여야 할 임금의 예외】 법 제43조 제2항 단서에서 "임시로 지급하는 임금, 수당, 그 밖에 이에 준하는 것 또는 대통령령으로 정하는 임금"이란 다음 각호의 것을 말한다.

1. 1개월을 초과하는 기간의 출근성적에 따라 지급하는 정근수당
2. 1개월을 초과하는 일정 기간을 계속하여 근무한 경우에 지급되는 근속수당
3. 1개월을 초과하는 기간에 걸친 사유에 따라 산정되는 장려금, 능률수당 또는 상여금
4. 그 밖에 부정기적으로 지급되는 모든 수당

근기법은 근로자에게 임금이 예상가능하고 확실하게 지급하도록 하기 위하여 통화지급의 원칙, 직접지급의 원칙, 전액지급의 원칙 및 매월 1회 이상 정기지급의 원칙이라는 소위 임금지급의 4대 원칙을 규정하고 있다(위반하면 3년 이하의 징역 또는 3천만원 이하의 벌금[1]).

---

1) 임금지급의 4대 원칙을 위반하면 근기법 제109조 제2항에 따라 근로자(피해자)의 의사에 반하여 처벌하지 않는 소위 '반의사불벌죄'가 적용되므로, 근로자의 의사에 반하여 사용자에게 형사처벌을 할 수 없다(고용노동부, 「반의사불벌제도 등 달라진 체불행정 업무처리요령」, 2005.7.5., 근로기준과-3527). 참고로 근기법상 반의사불벌죄가 적용되는 경우에는 ㉮ 퇴직 또는 사망으로 근로관계가 종료한 근로자에 대하여 임금 · 보상금 기타 일체의 금품을 지급사유가 발생한 때로부터 14일 이내에 전부 또는 일부를 지급하지 아니한 경우(제36조), ㉯ 임금을 통화로 직접 그 전액을 정기지급일에 지급하지 못하였을 경우(제43조), ㉰ 직상수급인이 하수급인과 연대하여 임금지급의 책임을 지는 경우(제44조, 제44조의2), ㉱ 사용자의 귀책사유로 인하여 휴업한 기간에 대한 휴업수당의 전부 또는 일부를 지급하지 아니한 경우(제

- 근로기준법 제43조에 의하면, 임금은 통화로 직접 근로자에게 그 전액을 지급하여야 하고(제1항), 매월 1회 이상 일정한 날짜를 정하여 지급하여야 한다(제2항). 그리고 근로기준법 제109조 제1항은 근로기준법 제43조를 위반한 행위를 처벌하도록 정하고 있다. 이는 사용자로 하여금 매월 일정하게 정해진 기일에 근로자에게 근로의 대가 전부를 직접 지급하게 강제함으로써 근로자의 생활안정을 도모하려는 데에 그 입법취지가 있으므로, 사용자가 어느 임금의 지급기일에 임금 전액을 지급하지 아니한 경우에는 위 각 규정을 위반한 죄가 성립한다고 보아야 한다(대법원 2003.4.11. 선고 2002도4323 판결 등 참조)(대법원 2017.7.11. 선고 2013도7896 판결).
- 근로기준법 제109조, 제30조(현행 제43조) 위반의 범죄는 근로자에 대하여 일정 기일까지 임금을 지급받게 하기 위한 취지이므로, 근로자가 수인일 경우 그 범의가 단일한 것이라고 인정하기 어려울 때에는 지급을 받을 수 없었던 근로자 각자마다에 대하여 같은법조 위반의 범의(근로자별로 1죄가 성립)가 있다고 인정하여야 한다(1995.4.14. 선고 94도1724 판결).

2) 통화지급의 원칙

(1) 개 념

임금은 법령이나 단체협약에 특별한 규정이 있는 경우를 제외하고는 「한국은행법」[2]에 따라 한국은행에서 발행한 강제통용력이 있는 화폐(지폐, 동전 등 지불수단이 되는 것)로 지급되어야 한다. 따라서 실질임금이 보장되지 않는 가격이 불명확하고 환가가 불편한 물건 등으로 지급하는 현물급여(truck-system), 주식, 어음, 은행의 지급보장이 없는 당좌수표[3] 등으로 지급하는 것은 통화지급의 원칙에 위반된다.

- 「근로기준법」 제43항 제1항에 따른 통화는 강제통용력이 있는 국내 화폐를 의미하는 것으로 같은 항 본문에서 임금을 통화로 지급하도록 규정하고 있는 취지는 임금의 현물급여를 금지함으로써 실질임금의 확보를 보장하려는 것임(2019.3.27., 법제처 18-0687).
- 사용자는 임금은 통화(通貨)로 직접 근로자에게 그 전액을 지급하여야 한다. 다만, 법령 또는 단

46조), ㉤ 탄력적 근로시간제에서 근로한 기간이 단위기간보다 짧은 경우 가산임금을 지급하니 아니한 경우(제51조의 3), ㉥ 선택적 근로시간제에서 1개월을 초과하는 정산기간을 정한 경우 가산임금을 지급하지 아니한 경우(제52조 제2항 제2호), ㉦ 연장 · 야간 · 휴일 근로에 대한 가산임금의 전부 또는 일부를 지급하지 아니한 경우(제56조)가 있다.

2) 제47조 【화폐의 발행】 화폐의 발행권은 한국은행만이 가진다.
제48조 【한국은행권의 통용】 한국은행이 발행한 한국은행권은 법화(法貨)로서 모든 거래에 무제한 통용된다.

3) '당좌수표'는 법인이나 사업자등록증을 가진 자가 은행에 당좌예금을 개설하고 발행한 수표로, 은행이 지급 보증을 하지 않고 개설된 계좌의 수표자금 범위 내에서 발행되므로 부도처리 가능성이 높다. 반면에 '자기앞수표(보증수표)'는 은행이 발행하는 수표로, 발행인과 지급인이 모두 은행이므로 지급에 관한 안정성이 보장되어 부도의 위험을 방지할 수 있어 통화지급의 원칙에 위반되지 않는다.

체협약에 특별한 규정이 있는 경우에는 임금의 일부를 공제하거나 통화 이외의 것으로 지급할 수 있다. 그럼에도 피고인은 2015.6.경부터 2016.9.경까지 자신의 사업장에서, 법령 또는 단체협약에 특별한 규정이 없음에도 근로자인 J의 임금 중 480,000원을 '우유쿠폰'으로, 1,000,000원을 '식사권'으로 지급하는 등 근로자 254명의 임금 총 207,140,000원을 위와 같이 통화가 아닌 쿠폰과 식사권으로 지급하였는바, 이는 통화불 원칙 위반에 따른 근로기준법 위반이다(춘천지방법원 2018.1.17. 선고 2017고단979 판결).

- 근로기준법 제42조(현행 제43조)의 규정에 의거 임금은 통화로 직접 근로자에게 그 전액을 지급하여야 하며, 법령 또는 단체협약에 특별한 규정이 있는 경우에는 임금의 일부를 공제하거나 통화 외의 것으로 지급할 수 있도록 하고 있음. 여기서 직접 · 통화불의 원칙은 국내에서 강제 통용력이 있는 화폐(한국은행법 제48조)로 지급되는 것을 말하는 것이며, 금융제도가 매우 발달되어 있는 현대에서는 은행에 의해 그 지급이 보증되는 보증수표로 임금을 지급하여도 직접 · 통화불 원칙에 위배되지 않는 것으로 보고 있음. 노사당사자 간에 근로자의 임금을 유로(EURO)화로 지급하기로 정한 경우에는 동 유로(EURO)화는 은행 등을 통하여 별도로 환전절차를 거쳐야 하는 등 국내에서 강제통용력이 있는 화폐로 보기 어려울 것이므로 근로기준법의 규정에 의한 임금의 직접 · 통화불 원칙에 위배되는 것으로 보아야 할 것임. 반면에 유로(EURO)화를 기준으로 임금을 책정하고 이를 임금지급 시점의 환율에 의하여 원화로 환가 · 지급하기로 정한 경우에는 근로기준법 위반의 문제는 발생되지 않는 것으로 보아야 할 것임(고용노동부 2002.7.29., 임금 68207-552).
- 사용자는 임금 통화불의 원칙에 따라 근로자에게 강제통용력이 있는 화폐(「한국은행법」 제48조)로 임금을 지급해야 함. 해외에서 근무하는 근로자에게 임금을 원화로 송금하는 경우 근로자가 현지에서 환전하여 사용해야 하는 번거로운 사정 등을 감안하여 근로자의 임금을 외화로 지급하였다면 「근로기준법」 위반에 해당한다고 보기는 어려울 것임. 다만, 원화를 기준으로 정한 임금을 외화로 지급한다면 임금 지급 시점마다 환율 변동에 따른 환가금액이 달라지게 되어 매월의 임금액에 변동이 생기는 결과가 초래될 수 있으므로 근로자 동의하에 외화로 정한 임금을 외화로 송금하는 것이 적절하다고 판단됨(고용노동부 2023.2.10., 근로기준정책과-451).
- 건설회사에서 건설현장이 지방 또는 도서 지역일 경우 일정 사유(신용 불량자 · 불법 체류자 · 파산한 자 등)가 있는 일용 근로자는 계좌 거래의 어려움이 있어, 임금지급 방법으로 우편환제도[4]를 활용할 경우에, 근로기준법 제43조에서는 임금은 통화로 직접 근로자에게 그 전액을 지급해야 하나 법령 또는 단체협약에서 특별한 규정이 있는 경우에는 임금의 일부를 공제하거나 통화 이외의 것으로 지급할 수 있다고 규정돼 있음. 위에서 규정한 통화불의 원칙은 국내에서 강제 통용력이 있는 한국은행법에 의한 화폐를 의미하고, 직접지급의 원칙은 임금이 확실하게 근로자 본인에게 들어가게 하여 생활을 보호하는 데 그 취지가 있다 할 것으로, 귀 질의상의 우편환제도는 이에 적합하지 않는 것으로 판단됨(고용노동부 2008.10.6., 근로조건지도과-4262).

4) '우편환'은 「우편환법」(1961.1.1. 제정)에 따라 금융기관의 계좌 없이 우편을 이용해 현금을 전달하는 증서로, 은행의 온라인 계좌이체 서비스가 생겨나기 전인 1969년부터 우체국에서 운용 중인 대표적인 경조금 배달서비스이다. 다만,

(2) 통화지급 원칙의 예외

법령 또는 단체협약에 특별한 규정이 있는 경우에는 통화지급의 예외가 인정되어 통화 이외의 것으로 지급할 수 있다. 다만, 임금은 근로자와 그 부양가족의 생존의 기초를 이루는 것으로서 근로조건 중에서도 가장 핵심적인 부분이므로 임금의 통화지급 원칙의 예외 사유는 엄격하게 적용되어야 한다.

「근로기준법」의 입법목적은 근로자의 기본적 생활을 보장하고 향상시키며 균형 있는 국민경제의 발전을 꾀하는 데 있고(제1조), 「근로기준법」에서 정하는 근로조건은 최저기준(제3조)으로 임금은 근로자와 그 부양가족의 생존의 기초를 이루는 것으로서 근로조건 중에서도 가장 핵심적인 부분이므로(대법원 2010.5.20. 선고 2007다90760 판결례 참조), 임금의 통화지급 원칙의 예외 사유는 가능한 한 엄격하게 해석해야 함. 「근로기준법」 제43조 제1항 단서에서 임금의 일부를 공제하거나 통화 외의 것으로 지급할 수 있는 근거로 법령을 명시한 것은, 근로기준의 하나인 임금의 지급과 관련하여 통화지급이라는 전국적으로 통일적이고 일관된 원칙이 정해져 있음을 전제로 그 예외를 적용하기 위해서는 전국의 근로자에게 동일한 효력이 미치는 법령의 형식으로 근거를 마련하도록 하려는 취지로 보아야 함. 그렇다면 지방자치단체가 그 자치입법권에 근거해서 자주적으로 지방의회의 의결을 거쳐 제정하는 법규로서 지방자치단체의 관할 구역에 한정해서 효력이 미치는 조례는 「근로기준법」 제43조 제1항 단서에 따른 "법령"에 해당하지 않음(법제처 2019.3.27., 18-0687).

3) 직접지급의 원칙

(1) 개 념

중간착취 등의 폐해를 방지하고 임금수령을 확실하게 하여 근로자의 기초 생활을 보장하기 위하여 임금은 근로자에게 직접 지급해야 한다.[5] 따라서 근로자가 제3자에게 임금수령을 위임 또는 대리하게 하는 것은 직접지급의 원칙에 위반된다. 직접지급의 원칙은 통화지급의 원칙 및 전액지급의 원칙과는 달리 법령 또는 단체협약에 의한 예외가 인정되지 않는다.

- 임금은 「근로기준법」 제43조에 따라 반드시 근로자 본인에게 지급하여야 하나, 근로자의 희망에 따라 근로자 본인의 계좌에 입금하는 것은 직접지급의 원칙에 반하지 않을 것임(근기 01254-

---

최근에는 다양한 송금서비스가 확장 및 보급됨에 따라 우편환의 이용실적은 감소하는 추세이다.

5) 근기법의 직접지급의 원칙에도 불구하고, 「선원법」상 선박소유자는 선원이 청구하거나 법령이나 단체협약에 특별한 규정이 있는 경우에는 임금의 전부 또는 일부를 그가 지정하는 가족이나 그 밖의 사람에게 통화로 지급하거나 금융회사 등에 예금하는 등의 방법으로 지급할 수 있다(선원법 제52조 제3항).

18305, 1985.10.17. 참조)(고용노동부 2022.7.4., 근로기준정책과-2084).

- *근로자의 임금은 근로기준법 제36조(현행 제43조)에 따라 통화로 직접 근로자에게 전액을 지급하여야 하는 것임. 다만, 사용자가 임금정기지급일 이전에 금융기관에 근로자의 임금전액을 불입하여 근로자가 즉시 현금으로 인출할 수 있다면 무방함(고용노동부 1985.10.17., 근기 01254-18305).*
- *임금은 법령 또는 단체협약에 특별한 규정이 있는 경우를 제외하고는 통화로 직접 근로자에게 그 전액을 지급하여야 한다. 따라서 사용자가 근로자의 임금 지급에 갈음하여 사용자가 제3자에 대하여 가지는 채권을 근로자에게 양도하기로 하는 약정은 그 전부가 무효임이 원칙이다. 다만, 당사자 쌍방이 위와 같은 무효를 알았더라면 임금의 지급에 갈음하는 것이 아니라 그 지급을 위하여 채권을 양도하는 것을 의욕하였으리라고 인정될 때에는 무효행위 전환의 법리 민법(제138조)에 따라 그 채권양도 약정은 임금의 지급을 위하여 한 것으로서 효력을 가질 수 있다(대법원 2012.3.29. 선고 2011다101308 판결).*
- *근로자의 주거가 불명하여 임금채무의 현실제공이 어려울 때라면 일반적으로 미불임금의 지불준비를 완료하고 그 수령을 최고하면 되는 것임(고용노동부 1969.6.11., 기준 1455.9-6482)*

(2) 임금채권의 양도

근로자가 사용자에 대하여 가지고 있는 임금채권에 대하여 양도를 금지하는 법률 규정이 없으므로, 임금채권을 근로자가 제3자에게 양도하는 것은 가능하다. 다만, 근로자가 임금채권을 제3자에게 양도하더라도, 임금채권을 청구할 수 있는 권리는 여전히 근로자에게 있으므로 사용자는 제3자에게 임금을 지급해서는 안 되며 근로자에게 직접 지급해야 한다.

- *근로자가 그 임금채권을 양도한 경우라 할지라도 그 임금의 지급에 관하여는 근로기준법 제36조(현행 제43조) 제1항에 정한 임금 직접지급의 원칙이 적용되어 사용자는 직접 근로자에게 임금을 지급하지 아니하면 안 되고, 그 결과 비록 적법 유효한 양수인이라도 스스로 사용자에 대하여 임금의 지급을 청구할 수 없으며, 그러한 법리는 근로자로부터 임금채권을 양도받았거나 그의 추심을 위임받은 자가 사용자의 집행 재산에 대하여 배당을 요구하는 경우에도 그대로 적용된다(대법원 1996.3.22. 선고 95다2630 판결).*
- *근로자의 임금채권의 양도를 금지하는 법률의 규정이 없으므로 이를 양도할 수 있다는 원심의 판단부분에 잘못이 있다고 할 수는 없다. 그러나 근로기준법 제36조(현행 제43조) 제1항에서 임금 직접지급의 원칙을 규정하고 그에 위반하는 자는 처벌을 하도록 하는 규정(같은 법 제109조)을 두어 그 이행을 강제하고 있는 이유는 임금이 확실하게 근로자 본인의 수중에 들어가게 하여 그의 자유로운 처분에 맡기고 나아가 근로자의 생활을 보호하고자 하는데 있는 것이므로, 이와 같은 근*

로기준법의 규정의 취지에 비추어 보면 근로자가 그 임금채권을 양도한 경우라 할지라도 그 임금의 지급에 관하여는 같은 원칙이 적용되어 사용자는 직접 근로자에게 임금을 지급하지 아니하면 안되는 것이고 그 결과 비록 양수인이라고 할지라도 스스로 사용자에 대하여 임금의 지급을 청구할 수는 없다고 해석하여야 할 것이며, 그렇게 하지 아니하면 임금직접지급의 원칙을 정한 근로기준법의 규정은 그 실효를 거둘 수가 없게 될 것이다(대법원 1988.12.13. 선고 87다카2803 전원합의체 판결).

4) 전액지급의 원칙

(1) 개 념

사용자가 근로자에게 지급하여야 할 임금을 임의로 공제하면 임금을 유일한 생계수단으로 하는 근로자는 생활에 위협을 받게 되고 인신구속을 강요받을 우려가 있으므로, 임금은 근로자에게 전액을 지급하여야 한다. 다만, 법령 또는 단체협약에 특별한 규정이 있는 경우에는 임금의 일부를 공제하고 지급할 수 있다.

- *임금은 직접 근로자에게 전액을 지급하여야 하는 것이므로 사용자가 근로자에 대하여 가지는 채권으로써 근로자의 임금채권과 상계를 하지 못하는 것이 원칙이지만, 계산의 착오 등으로 임금이 초과 지급되었을 때 그 행사의 시기가 초과 지급된 시기와 임금의 정산, 조정의 실질을 잃지 않을 만큼 합리적으로 밀접되어 있고 금액과 방법이 미리 예고되는 등 근로자의 경제생활의 안정을 해할 염려가 없는 경우나 근로자가 퇴직한 후에 그 재직 중 지급되지 아니한 임금이나 퇴직금을 청구할 경우에는, 사용자가 초과 지급된 임금의 반환청구권을 자동채권으로 하여 상계하는 것은 허용되므로, 근로자가 일정 기간 동안의 미지급 시간외수당, 휴일근로수당, 월차휴가수당 등 법정수당을 청구하는 경우에 사용자가 같은 기간 동안 법정수당의 초과 지급 부분이 있음을 이유로 상계나 충당을 주장하는 것도 허용된다(대법원 1998.6.26. 선고 97다14200 판결).*
- *근로자에 대한 임금은 직접 근로자에게 전액을 지급하여야 하는 것이므로 초과지급된 임금의 반환채권을 제외하고는 사용자가 근로자에 대하여 가지는 대출금이나 불법행위를 원인으로 한 채권으로써 근로자의 임금채권과 상계를 하지 못한다고 함이 대법원의 확립된 입장이므로(1998.6.26 대법 97다14200, 1995.12.21 대법 97다26721 전원합의체 판결 등 참조), 피고인이 이 사건 근로자들에 대하여 그 주장하는 바와 같은 반대채권을 가지고 있다는 사정은 피고인의 근로자들에 대한 임금 및 퇴직금 부지급에 따른 근로기준법 위반행위를 정당화할 수 있는 사유가 될 수 없다고 할 것이다(대법원 1999.7.13. 선고 99도2168 판결).*

〈임금의 일부를 공제할 수 있는 경우〉

구 분	내 용
법령에 따른 공제	-「소득세법」 등에 의한 근로소득세와 지방소득세 -「국민연금법」 등 4대 사회보험 법령에 따른 근로자 부담분 -「민사소송법」에 의한 압류 또는 행정관청이 「국세징수법」에 의하여 임금을 압류한 경우 사용자가 이를 일괄 공제하여 납부하는 경우
단체협약에 따른 공제	복리후생시설 이용비, 조합비 일괄공제제도(check-off system),[6] 대부금, 사택사용료 등을 단체협약으로 정한 경우
기타 공제	- 가불임금을 공제하는 경우(고용노동부 1993.11.6., 근기 68207-2289) - 계산의 착오 등으로 초과 지급한 임금을 공제하는 경우(대법원 1995.12.21. 선고 94다26721 전원합의체 판결)

(2) 임금채권의 상계

① 관련 규정

> **「근로기준법」**
>
> **제21조【전차금 상계의 금지】** 사용자는 전차금(前借金)이나 그 밖에 근로할 것을 조건으로 하는 전대(前貸)채권과 임금을 상계하지 못한다.
>
> **「민법」**
>
> **제497조【압류금지채권을 수동채권으로 하는 상계의 금지】** 채권이 압류하지 못할 것인 때에는 그 채무자는 상계로 채권자에게 대항하지 못한다.

사용자가 근로자에 대해서 가지는 채권으로 근로자의 사용자에 대한 임금채권을 상계[7]하는 것은 금지된다. 그러나 사용자가 근로자의 자유로운 의사에 따라 상계가 이루어진 것이라고 인정할 만한 합리적인 이유가 객관적으로 존재하는 때에는 근기법상 전액지급의 원칙에 위반되지 않는다. 다만, 상계에 대한 근로자의 동의가 근로자의 자유로운 의사에 기한 것이라는 판단은 엄격하고 신중하게 이루어져야 한다.

---

6) '조합비 일괄공제'는 사용자가 노동조합의 조합원(근로자) 임금에서 조합비를 공제하여 일괄적으로 노동조합에게 인도하는 것을 말한다. 단체협약에 조합비 일괄공제 제도가 규정되어 있고, 노조규약에 근거가 있거나 총회(대의원회) 의결이 있는 경우에는 개별 조합원이 거부하더라도 공제가 가능하다(고용노동부, "조합비 일괄공제(CHECK-OFF) 요건 변경", 2004.4.10., 임금정책과-1249).

7) '상계'는 채권과 채무를 대등액으로 소멸시키는 것이고, '자동채권'은 상계권을 행사하는 자가 가지고 있는 채권이고, '수동채권'은 상계를 당하는 자의 채권이다.

근로기준법 제42조(현행 제43조) 제1항 본문에서 '임금은 통화로 직접 근로자에게 그 전액을 지급하여야 한다.'라고 규정하여 이른바 임금 전액지급의 원칙을 선언한 취지는 사용자가 일방적으로 임금을 공제하는 것을 금지하여 근로자에게 임금 전액을 확실하게 지급 받게 함으로써 근로자의 경제생활을 위협하는 일이 없도록 그 보호를 도모하려는 데 있으므로, 사용자가 근로자에 대하여 가지는 채권을 가지고 일방적으로 근로자의 임금채권을 상계하는 것은 금지된다고 할 것이지만, 사용자가 근로자의 동의를 얻어 근로자의 임금채권에 대하여 상계하는 경우에 그 동의가 근로자의 자유로운 의사에 터잡아 이루어진 것이라고 인정할 만한 합리적인 이유가 객관적으로 존재하는 때에는 근로기준법 제42조(현행 제43조) 제1항 본문에 위반하지 아니한다고 보아야 할 것이고, 다만 임금 전액지급의 원칙의 취지에 비추어 볼 때 그 동의가 근로자의 자유로운 의사에 기한 것이라는 판단은 엄격하고 신중하게 이루어져야 한다(대법원 2001.10.23. 선고 2001다25184 판결).

② 위약금 또는 손해배상금과의 상계

「근로기준법」

제20조【위약 예정의 금지】 사용자는 근로계약 불이행에 대한 위약금 또는 손해배상액을 예정하는 계약을 체결하지 못한다.

「민법」

제390조【채무불이행과 손해배상】 채무자가 채무의 내용에 좇은 이행을 하지 아니한 때에는 채권자는 손해배상을 청구할 수 있다. 그러나 채무자의 고의나 과실없이 이행할 수 없게 된 때에는 그러하지 아니하다.

제750조【불법행위의 내용】 고의 또는 과실로 인한 위법행위로 타인에게 손해를 가한 자는 그 손해를 배상할 책임이 있다.

근로자가 근무 도중에 사용자에게 손해를 입힐 것을 대비하여 사고발생 당시의 실제 손해액과 관계없이 일정액을 미리 정하여 근로자에게 배상케 하는 근로계약을 체결하거나 동 배상액을 사용자가 일방적으로 임금 또는 퇴직금과 상계할 수는 없다. 다만, 민사절차에 의해 손해배상을 청구하는 것은 근기법과는 무관하므로 손해배상의 청구 여부 및 절차는 민법, 민사소송법 등 관련 법령에 따라야 한다.

- 피고인과 김○○ 사이에 작성된 근로계약서에는 무사고승무수당 200,000원을 매월 고정적으로 지급하는 것으로 기재되어 있고 달리 김○○의 실제 근무성적에 따라 그 지급 여부와 지급액이 달라

지는 것은 아니므로, 위 무사고승무수당도 근로기준법에서 정하는 '임금'에 해당한다고 봄이 상당하다. 그런데 근무 중 교통사고가 발생한 경우 실제 손해 발생 여부 및 손해의 액수에 관계없이 3개월 동안 매월 무사고승무수당 200,000원을 임금에서 공제하기로 하는 약정은 근로기준법 제20조가 금지하는 근로계약 불이행에 대한 위약금 또는 손해배상액의 예정에 해당할 뿐만 아니라 근로기준법 제43조가 정하는 임금의 전액 지급 원칙에도 반하므로 무효이다(대법원 2019.6.13. 선고 2018도17135 판결).

- 근로기준법 제20조에 의해 사용자는 근로계약 불이행에 대한 위약금 또는 손해배상액을 예정하는 계약을 체결할 수 없음. 귀 질의의 경업금지에 대한 약정이 근로계약 불이행에 따른 위약금 또는 손해배상액을 예정한 것이 아니라 퇴직 후에 유사업종에 종사함으로써 영업비밀 유출에 대한 위약금 또는 손해배상액을 예정한 것이라면 근로기준법 제20조 위반으로 보기는 어려울 것으로 사료됨(고용노동부 2002.6.17., 근기 68207-2217 참조). 다만, 경업금지의 약정이 과도하다면 민법상 계약의 신의성실원칙에 위반될 소지가 있음(고용노동부 2013.4.18., 근로개선정책과-2396).
- 근로기준법 제24조(현행 제20조)는 위약예정을 금지하고 있고, 동법 제36조(현행 제43조)는 임금의 전액을 근로자에게 지급하도록 규정하고 있으므로, 근로자가 근무 도중에 사용자에게 피해를 입힐 것을 대비하여 사고발생시의 실제 손해액과 관계없이 일정액을 미리 정하여 근로자에게 배상케 하는 근로계약을 체결하거나 동 배상액을 사용자가 일방적으로 임금 또는 퇴직금과 상계할 수는 없을 것이나, 민사절차에 의해 손해배상을 청구하는 것은 근로기준법과는 무관하다 할 것이므로 손해배상의 청구 여부 및 절차는 민사소송법에 따라야 할 것임(고용노동부 1993.3.25., 근기 01254-455).

(3) 임금 및 퇴직급여 채권의 압류

「민사집행법」

제246조【압류금지채권】 ① 다음 각호의 채권은 압류하지 못한다.

4. 급료 · 연금 · 봉급 · 상여금 · 퇴직연금, 그 밖에 이와 비슷한 성질을 가진 급여채권의 2분의 1에 해당하는 금액. 다만, 그 금액이 국민기초생활보장법에 의한 최저생계비를 고려하여 대통령령이 정하는 금액에 미치지 못하는 경우 또는 표준적인 가구의 생계비를 고려하여 대통령령이 정하는 금액을 초과하는 경우에는 각각 당해 대통령령이 정하는 금액으로 한다.
5. 퇴직금 그 밖에 이와 비슷한 성질을 가진 급여채권의 2분의 1에 해당하는 금액

「민사집행법 시행령」

제3조【압류금지 최저금액】 법 제246조 제1항 제4호 단서에서 "「국민기초생활 보장법」에 의한 최저생계비를 감안하여 대통령령이 정하는 금액"이란 월 185만원을 말한다.

제4조【압류금지 최고금액】 법 제246조 제1항 제4호 단서에서 "표준적인 가구의 생계비를 감안하

여 대통령령이 정하는 금액"이란 제1호에 규정된 금액 이상으로서 제1호와 제2호의 금액을 합산한 금액을 말한다.
1. 월 300만원
2. 법 제246조 제1항 제4호 본문에 따른 압류금지금액(월액으로 계산한 금액을 말한다)에서 제1호의 금액을 뺀 금액의 2분의 1

「근로자 퇴직급여 보장법」(약칭: 퇴직급여법)

제7조【수급권의 보호】 ① 퇴직연금제도의 급여를 받을 권리는 양도하거나 담보로 제공할 수 없다.

근로자에 대한 채권자(예: 은행)는 그 채권확보를 위하여 근로자가 사용자에게 받을 임금 및 퇴직급여(퇴직금 또는 퇴직연금) 채권에 대하여 「민사집행법」에 따라 일정한 금액까지는 압류[8)]할 수 있다. 다만, 퇴직급여 중에서 퇴직연금 채권에 대한 압류가 「민사집행법」(제246조 제1항 제4호)에 따라 2분의 1까지 가능하더라도, 퇴직급여법상 퇴직연금의 양도를 금지하는 규정은 「민사집행법」에 대하여 특별법의 관계에 있으므로, 퇴직연금에 대한 압류명령은 실체법상 무효에 해당하여 퇴직연금은 그 전액에 관하여 압류가 금지된다.[9)]

※ 퇴직급여 중에서 '퇴직금' 채권은 퇴직연금과 달리 양도를 금지하는 규정이 없으므로, 「민사집행법」에 따라 퇴직금의 2분의 1까지는 압류가 가능함.

- *"압류금지채권의 목적물이 채무자의 예금계좌에 입금된 경우에는 그 예금채권에 대하여 더 이상 압류금지의 효력이 미치지 아니하므로, 그 예금은 압류금지채권에 해당하지 아니한다(대법원 1999.10.6. 선고 99마4857 판결)"는 판례의 태도에 비추어보면 '퇴직금 그 밖에 이와 비슷한 성질을 가진 급여채권'에 해당하지 아니함. 개인퇴직계좌는 정부가 주는 세제혜택을 받을 수 있는 노후용 개인통장으로서, 근로자는 퇴직 또는 직장을 옮길 때 받은 퇴직금을 세제혜택을 받으면서 자기 명의 계좌에 적립했다가 연금 등 노후자금으로 활용할 수 있고 가입 여부는 근로자의 자유임. 특히 사용자로부터 이미 지급이 완료된 퇴직금을 적립한 것에 불과하며, 민사집행법상 사용자로부터 지급될 급여'채권'이 아니라 이미 지급된 금전으로서 사용자를 채무자로 하는 채권이 아님. 즉 사용자로부터 근로의 대가로서 지급되는 후불임금의 성격을 가지는 퇴직금과는 그 성질이 다를 뿐만 아니라 그와 유사한 성질을 가진 급여채권이라고도 볼 수 없음. 다만, 압류가능하다고 보더라도 채무자로서는 민사집행법 제246조 제2항에 따라 자신의 생활형편 그 밖의 사정을 이*

8) '압류'는 채권자 등의 신청을 받은 법원이 강제로 다른 사람의 재산처분이나 권리행사를 못하게 하는 것으로, 압류의 대상은 환가가 가능한 채무자의 현존 재산으로서 압류금지품(과거의 재산, 압류금지채권 등)이 아니어야 한다.
9) 대법원 2014.1.23. 선고 2013다1180 판결.

유로 압류명령의 전부 또는 일부의 변경을 구할 수 있으므로 이에 의해 보호받을 수 있음(법무부 2005.12.23., 법무심의관실-7076).

- 근로기준법 제42조(현행 제43조) 제1항에 임금은 통화로 직접 근로자에게 그 전액을 지급하여야 한다고 하여 임금전액 지불원칙을 규정하고 있는 바, 이는 사용자가 근로자의 임금이나 퇴직금 등 임금채권을 사용자의 근로자에 대한 다른 채권으로 상계할 수 없다는 것이며, 근로자에 대한 채권 확보를 위한 수단으로 민사소송법 제579조 제4호(현행 민사집행법 제246조) 규정에 따라 근로자의 임금채권(1/2 한도 내)에 대하여 압류를 하였을 때에 압류된 임금을 지급하지 않는 것까지 금지하는 것은 아님(고용노동부 1997.3.29., 임금 68207-184).
- 「근로자퇴직급여보장법」은 제7조에서 퇴직연금제도의 급여를 받을 권리에 대하여 양도를 금지하고 있으므로 위 양도금지 규정은 강행법규에 해당한다고 볼 것이다. 따라서 퇴직연금제도의 급여를 받을 권리에 대한 압류명령은 실체법상 무효이고, 제3채무자는 그 압류채권의 추심금 청구에 대하여 위 무효를 들어 지급을 거절할 수 있다. 한편 「민사집행법」은 제246조 제1항 제4호에서 퇴직연금 그 밖에 이와 비슷한 성질을 가진 급여채권은 그 1/2에 해당하는 금액만 압류하지 못하는 것으로 규정하고 있으나, 이는 위 「근로자퇴직급여보장법」상의 양도금지 규정과의 사이에서 일반법과 특별법의 관계에 있으므로, 「근로자퇴직급여보장법」상의 퇴직연금채권은 그 전액에 관하여 압류가 금지된다(대법원 2014.1.23. 선고 2013다1180 판결).
- 민사집행법 제246조 제1항 5호에 의하여 '퇴직금'에 대하여는 2분의 1까지 압류가 가능한 바, 귀 질의와 같이 사업주가 근로자의 퇴직금에 대하여 적정 절차를 거쳐 가압류하였다면 동 액수만큼의 지급유예가 가능할 것입니다(고용노동부 2006.1.26., 퇴직급여보장팀-284).

〈임금 및 퇴직급여의 압류 가능 범위〉

구 분	범 위	압류가능금액(압류한도액)
임 금	185만원 이하	0 (전액 압류 금지)
	185만원 초과 370만원 이하	급여 - 185만원
	370만원 초과 600만원 이하	월급여의 2분의 1 (즉, 50% 압류 가능)
	600만원 초과	급여 -【300만원 + 〈[(급여/2) - 300만원]/2〉】
퇴직급여	퇴직금	금액의 2분의 1
	퇴직연금	0 (전액 압류 금지)

※ 해당 급여는 제세공과금을 제외한 실수령액을 기준으로 하고, 채무자(근로자)가 여러 회사에서 채권이 발생하면 해당 금액을 모두 합산하여 적용함.

〈임금채권에 대한 압류 가능 금액 예시표〉[10] (단위:만원)

임금	**185**	250	300	**370**	400	500	**600**	700	800	900	1000
압류가능액	0	65	115	185	200	250	300	375	450	525	600
근로자 지급액	185	185	185	185	200	250	300	325	350	375	400

※ 압류금지채권의 목적물이 채무자(근로자)의 예금계좌에 입금된 경우에는 그 예금채권에 대하여 더 이상 압류금지의 효력이 미치지 아니하므로 그 예금은 일반채권으로 변경되어 압류가 가능함(대법원 2014.7.10. 선고 2013다25552 판결 등).

(4) 임금채권의 포기

임금채권을 사전에 포기한다는 근로자와 사용자의 합의는 강행법규인 근기법상 근로조건을 위반하는 것으로 무효이다. 그러나 이미 발생한 임금채권에 대하여 근로자 스스로가 포기하여 사용자가 이를 지급하지 않는다면 전액지급의 원칙에 어긋나지 않는다. 다만, 임금채권의 포기는 근로자의 개별적인 동의나 수권이 있어야 한다.

- *원고들의 2010.9.16.부터 2010.10.15.까지의, 2010.10.16.부터 2010.11.15.까지의, 2010.11.16.부터 2010.12.15.까지의 각 임금은 각 그 지급기일이 2010.10.25., 2010.11.25., 2010.12.25.로서, 원고들이 2010.9.30.부터 2010.10.4.까지 사이에 피고에게 임금피크제 선택 여부 확인서를 제출할 당시 이미 구체적으로 그 지급청구권이 발생한 것이 아니고, 임금청구권을 사전에 포기하는 것은 강행법규인 근로기준법에 위배되어 무효이므로, 그 소급삭감은 효력이 없다(대법원 2015.12.23. 선고 2013다209039 판결).*
- *퇴직금은 사용자가 일정기간을 계속근로하고 퇴직하는 근로자에게 그 계속근로에 대한 대가로서 지급하는 후불적 임금의 성질을 띤 금원으로서 구체적인 퇴직금청구권은 계속근로가 끝나는 퇴직이라는 사실을 요건으로 하여 발생된 것인바, 최종 퇴직 시 발생하는 퇴직금청구권을 사전에 포기하거나 사전에 그에 관한 민사상 소송을 제기하지 않겠다는 부제소특약을 하는 것은 강행법규인 구 근로기준법(1997.3.13. 법률 제5305호로 폐지되기 전의 법률)에 위반되어 무효임이다(대법원 1998.3.27. 선고 97다49732 판결).*
- *원고들이 한 부제소 합의는 원고들이 채용을 기다리기로 한 1999.6.30까지 자신의 순번까지 채용되지 않고 그 채용내정이 확정적으로 취소된다 하더라도 채용내정의 취소, 즉 해고에 관하여 이의를 제기하지 아니하고 해고의 적법여부와 효력, 해고와 관련된 채무불이행이나 불법행위책임 등에 관해 민사소송 등을 제기하지 않는다는 취지로 엄격하게 해석함이 상당함. 따라서 원고들이 피고회사의 종업원의 지위를 취득한 사이에 피고회사에 대해 가지는 임금청구권은 채용내정의 취소, 즉 해고와 관계없이 당연히 발생하는 권리이므로 사전에 이에 관해 부제소합의를 하였거나 또는 그 기*

10) 법원 전자민원센터(www.scourt.go.kr).

> *간 동안의 임금청구권을 포기한 것으로 볼 수 없다(대법원 2002.12.10. 선고 2000다25910 판결).*
> - *이미 구체적으로 그 지급청구권이 발생한 임금(상여금 포함)이나 퇴직금은 근로자의 사적 재산영역으로 옮겨져 근로자의 처분에 맡겨진 것이기 때문에 노동조합이 근로자들로부터 개별적인 동의나 수권을 받지 않는 이상, 사용자와 사이의 단체협약만으로 이에 대한 포기나 지급유예와 같은 처분행위를 할 수는 없다(대법원 2000.9.29. 선고 99다67536 판결).*

5) 매월 1회 이상 정기지급의 원칙

(1) 개 념

임금은 매월 1회 이상 일정한 날짜를 정하여 지급해야 한다.[11] 이는 사용자로 하여금 적어도 매월 한 번은 일정한 날짜를 미리 정하여 근로의 대가를 지급하게 함으로써 근로자의 생활안정을 도모하기 위한 것이다.[12]

> *근로기준법 제109조 및 제36조(현행 제43조) 제2항에 의한 임금의 일정기일 지급의 원칙은 사용자로 하여금 매월 일정하게 정해진 기일에 근로의 대가를 근로자에게 어김없이 지급하게 강제함으로써 근로자의 생활안정을 도모하고자 하는 데에 그 입법취지가 있는 바, 사용자가 임금지급을 위하여 최선의 노력을 다하였으나 경영부진으로 인한 자금사정의 악화 등으로 도저히 임금 지급기일을 지킬 수 없었던 불가피한 사정이 인정되는 경우에는 임금체불의 죄책을 물을 수 없다(대법원 1985.10.18. 선고 85도12620 판결).*

(2) 매월 1회 이상 정기지급 원칙의 예외

임시로 지급되는 다음의 임금이나 수당은 매월 1회 이상 정기적으로 지급하지 않을 수 있다(근기법 시행령 제23조).

〈매월 1회 이상 정기지급 원칙의 예외가 적용되는 임금〉

> ㉮ 1월을 초과하는 기간의 출근성적에 의해 지급하는 정근수당
> ㉯ 1월을 초과하는 일정기간의 계속근무에 대하여 지급하는 근속수당
> ㉰ 1월을 초과하는 기간에 걸친 사유에 의해 산정되는 장려금 · 능률수당 · 상여금
> ㉱ 기타 부정기적으로 지급되는 제 수당

11) '매월'은 달력상 1일부터 말일을 의미하고, '일정한 날짜'는 주기적으로 도래하는 특정일(매월 5일, 10일, 15일 등)을 의미한다. 한편 '임금지급일(시기)'은 취업규칙의 필요적 기재사항이지만(근기법 제93조 제2호), 통상적으로 근로계약서에 특정일을 임금지급일로 명시하는 것이 일반적이다.

12) 고용노동부, "임금의 매월 1회 이상 정기지급 원칙에 관한 해석기준"(지침), 2011.4.14. 제정, 근로개선정책과-836.

(3) 임금지급일 변경

임금지급일의 변경은 원칙적으로 근로자의 동의가 필요하다. 따라서 임금지급일 변경에 대한 동의 없이 약정된 임금지급일에 임금을 지급하지 않는다면, 약정된 임금지급일 이후에 임금의 일부 또는 전부를 지급했더라도 임금 미지급에 대한 형사책임을 면할 수 없다.

> - *근로기준법 제36조(현행 제43조) 제2항에 임금은 매월 1회 이상 일정한 기일을 정하여 지급하여야 한다고 규정하고 있음은 1월간의 근로의 대가를 월 1회 이상 정기적으로 지급하도록 규제한 것으로써, 종래 1일부터 기산하여 말일까지의 1월분 임금을 이월 5일에 지급하던 것을 지급일을 매월 25일로 변경함으로써 변경된 당월분 임금을 1일부터 기산하여 20일까지에 해당되는 20일분만 지급하여도 무방하나 단, 임금지급일 변경은 노사 간에 합의가 있어야 할 것(고용노동부 1970.1.1., 근기 1455.9-12287).*
> - *근로기준법 제112조(현행 제109조) 및 제42조(현행 제43조) 제2항에 의한 임금의 일정 기일 지급의 원칙은 사용자로 하여금 매월 일정하게 정해진 기일에 근로의 대가를 근로자에게 어김없이 지급하게 강제함으로써 근로자의 생활안정을 도모하고자 하는 데에 그 입법취지가 있으므로, 사용자가 임금의 지급기일에 임금을 지급하지 아니함으로써 위 각 법규정을 위반한 죄가 성립된다고 할 것이다(대법원 2003.4.11. 선고 2002도4323 판결).*

2. 임금의 비상시 지급

> **「근로기준법」**
>
> **제45조【비상시 지급】** 사용자는 근로자가 출산, 질병, 재해, 그 밖에 대통령령으로 정하는 비상(非常)한 경우의 비용에 충당하기 위하여 임금 지급을 청구하면 지급기일 전이라도 이미 제공한 근로에 대한 임금을 지급하여야 한다.
>
> > **「근로기준법 시행령」**
> >
> > **제25조【지급기일 전의 임금 지급】** 법 제45조에서 "그 밖에 대통령령으로 정한 비상(非常)한 경우"란 근로자나 그의 수입으로 생계를 유지하는 자가 다음 각호의 어느 하나에 해당하게 되는 경우를 말한다.
> > 1. 출산하거나 질병에 걸리거나 재해를 당한 경우
> > 2. 혼인 또는 사망한 경우
> > 3. 부득이한 사유로 1주 이상 귀향하게 되는 경우

1) 개 념

임금은 원칙적으로 근기법 제43조 제2항에 따라 정기지급일에 지급하여야 한다. 그러나 예외적으로 사용자는 근로자 본인이나 근로자의 수입으로 생계를 유지하는 사람이 '출산하거나 질병에 걸리거나 재해를 당한 경우, 혼인 또는 사망한 경우, 부득이한 사유로 1주일 이상 귀향하게 되는 경우'의 비용에 충당하기 위하여 임금 지급을 청구하면, 임금지급일 전이라도 이미 제공한 근로에 대한 임금을 지급하여야 한다.[13)]

2) 요 건

(1) 근로자의 청구

근로자의 청구가 있는 경우에만 지급의무가 있으므로, 근로자에게 출산 · 질병 · 재해 등의 지급사유가 있다 하더라도 근로자의 청구가 없으면 사용자에게 지급의무가 없다.

(2) 이미 제공한 근로에 대한 임금

사용자가 지급하여야 할 임금은 '이미 제공한 근로에 대한 임금'에 한정되며, 그에 상당하는 임금 전액을 지급하는 것이 원칙이다. 따라서 취업규칙이나 단체협약에 별도의 규정이 없는 한 아직 제공되지 않은 근로에 대한 임금을 지급할 의무는 없다.

3. 도급근로자의 임금 지급

「근로기준법」

제47조【도급 근로자】 사용자는 도급이나 그 밖에 이에 준하는 제도로 사용하는 근로자에게 근로시간에 따라 일정액의 임금을 보장하여야 한다.

1) 개 념

도급제에서 근로자는 근로시간과 무관하게 특정한 일의 완성 여부에 따라 임금을 지급받는 것이 원칙이다. 다만, 근로자의 책임 없는 사유(자재공급 지연, 사업장의 내부 사정, 사용자

13) 「선원법」에 따른 선박소유자는 선원이나 그 가족의 출산, 질병, 재해 등 비상한 경우의 비용에 충당하기 위하여 선원이 임금 지급을 청구하는 경우에는 임금지급일 전이라도 이미 제공한 근로에 대한 임금을 지급하여야 한다(선원법 제53조).

의 귀책사유 등)로 일의 완성이 지연되거나 불가능하게 되면 임금을 지급받지 못하는 경우가 발생할 수 있다. 이러한 경우를 고려하여 사용자는 도급제 또는 도급제에 준하는 제도(성과급제, 능률급제 등)로 사용하는 근로자에게 근로시간에 따라 일정액의 임금을 지급하여야 한다.

2) 보호내용

도급제 또는 도급제에 준하는 제도로 근로하는 근로자에게는 근로시간에 따른 임금 이외에 퇴직금, 해고, 금품청산, 근로시간, 휴일 및 휴가 등 근기법상 모든 규정이 적용된다.[14)]

> *석제품 제조업체에서 도급형태로 근로계약을 체결하고 그 계약에 의거 작업형편상 일정 인원이 1개조가 되어 근로를 제공한 자들에 대하여 일괄적으로 보수를 지급하였더라도 이는 기업에 노무관리 편의상 일괄 지급한 것으로 사료되는 바, 이는 근로기준법상 도급근로자에 해당되므로 형식상으로는 도급의 형태를 취하였다고 하나 그 실체에 있어서 도급공들이 회사에서 제공하는 장비 및 자재를 가지고 회사에서 제공하는 장소에서 근로를 제공하였다면 그 수급인은 도급근로자로서 근로기준법의 적용을 받는 근로자이므로 퇴직금을 지급하여야 함(고용노동부 1988.02.19. 근기 01254-2731).*

4. 임금대장 및 임금명세서

> **「근로기준법」**
>
> **제48조【임금대장 및 임금명세서】** ① 사용자는 각 사업장별로 임금대장을 작성하고 임금과 가족수당 계산의 기초가 되는 사항, 임금액, 그 밖에 대통령령으로 정하는 사항을 임금을 지급할 때마다 적어야 한다.
>
> ② 사용자는 임금을 지급하는 때에는 근로자에게 임금의 구성항목 · 계산방법, 제43조 제1항 단서에 따라 임금의 일부를 공제한 경우의 내역 등 대통령령으로 정하는 사항을 적은 임금명세서를 서면(「전자문서 및 전자거래 기본법」 제2조제1호에 따른 전자문서를 포함한다)으로 교부하여야 한다.

1) 임금대장의 작성

사용자는 각 사업장별로 임금대장을 작성하고 임금액 등 일정한 사항(근기법 시행령 제27조)을 근로자에게 임금을 지급할 때마다 기재해야 한다.

14) 하갑래, 『근로기준법』(제37판), 중앙경제, 2025, 396쪽.

〈임금대장의 필수 기재사항 및 예외〉[15]

필수 기재사항	기재 예외
① 성명	-
② 고용 연월일	-
③ 종사하는 업무	-
④ 근로일수	-
⑤ 임금의 일부를 공제한 경우에는 그 금액	-
⑥ 기본급, 수당, 그 밖의 임금의 내역별 금액 (통화 이외의 것으로 지급된 임금이 있는 경우에는 그 품명 및 수량과 평가총액)	-
⑦ 생년월일, 사원번호 등 근로자를 특정할 수 있는 정보	사용기간이 30일 미만인 일용근로자
⑧ 임금 및 가족수당의 계산기초가 되는 사항	
⑨ 근로시간수	상시 4명 이하의 근로자를 사용하는 사업(장) 또는 근기법 제63조에 해당하는 근로자
⑩ 연장 · 야간 · 휴일 근로를 시킨 경우에는 그 시간수	

2) 임금명세서 작성 및 교부

사용자는 임금을 지급하는 때에는 근로자에게 임금의 구성항목, 계산방법 등 일정한 사항(근기법 시행령 제27조의2)을 기재한 임금명세서를 서면(전자문서 및 전자거래 기본법」 제2조 제1호에 따른 전자문서를 포함)으로 교부[16]하여야 한다(위반하면 500만원 이하의 과태료).[17]

- *「근로기준법」 제42조에 따라 사용자는 근로자 명부와 대통령령으로 정하는 근로계약에 관한 중요한 서류를 3년간 보존하여야 하고, 같은 법 시행령 제22조제1항에서 근로계약에 관한 중요한 서류*

15) 임금대장은 근기법 시행규칙 별지 제17호에 따른 법정서식이 정해져 있다.

16) 임금명세서를 교부하는 방법으로는 ① 서면 임금명세서 직접 교부, ② 사내 전산망의 정보처리 시스템, 애플리케이션 등을 통한 전달, ③ 전자임금명세서를 작성하고 자동으로 송 · 수신 되도록 구축된 정보처리시스템을 활용하여 전송, ④ 전자임금명세서를 작성하고 공인전자주소, 포털사이트 등에서 제공하는 이메일 등 각종 전자적 방법을 이용하여 전송, ⑤ 임금총액 등 근기법상 기재사항을 포함하여 휴대전화 문자메세지로 전송하는 방식 등이 있다(고용노동부 "2021.11.19. 시행 개정 「근로기준법」 설명자료, 2021.11.)

17) 임금명세서 교부의무 위반이 확인되면, 임금명세서 교부 및 법령상 필수 기재사항이 제대로 기재될 수 있도록 '25일 이내'의 시정기간을 부여하여 시정지시하고, 사용자의 시정의지가 있는 경우 가급적 시정기간 연장 등을 통해 추가적인 시정기회를 부여해야 한다(고용노동부, 「임금명세서 교부 관련 사건 처리 및 사업장 지도 지침」, 2021.11.16.).

를 열거하고 있음. 「근로기준법」이 개정됨에 따라 2021.11.19.부터 사용자가 임금을 지급할 때에 근로자가 교부하여야 하는 임금명세서는 「근로기준법」 제42조에서 정한 보존 대상 서류에는 해당하지 않으나, 임금명세서 교부 의무화는 근로자로 하여금 지급받은 임금의 세부사항을 알게 하고, 임금 체불에 대한 노사분쟁을 예방하는데 그 취지가 있으므로, 근로자에게 교부한 임금명세서를 보존하는 것이 바람직할 것으로 판단됨(고용노동부 2021.9.24., 근로기준정책과-3006).

- 「질서위반행위규제법」 제13조 제2항에서는 2이상의 질서위반행위가 경합하는 경우에는 각 질서위반행위에 대하여 정한 과태료를 각각 부과하고, 다만, 다른 법령에 특별한 규정이 있는 경우에는 그 법령으로 정하는 바에 따라야 한다고 규정하고 있음. 따라서 수 개의 질서위반행위에 대하여 각각의 과태료를 부과하는 것이 원칙임. 임금명세서 교부 의무의 경우 「근로기준법」 제48조 제2항에서 임금명세서의 교부시기("임금을 지급할 때에")와 교부대상("근로자에게")을 명확하게 규정하고 있고, 임금명세서의 구체적인 내역은 월별로 크게 달라질 수 있어 근로자 1명에 대하여 임금명세서를 수회 반복하여 미교부하는 경우 수 개의 법익침해 효과가 발생한다고 볼 수 있으므로, 임금명세서 교부 의무는 근로자 1명에 대하여 임금지급일마다 각각 발생한다고 봄이 타당할 것으로 사료됨. 다만, 과태료 부과는 법 위반사실에 대한 고의가 있어야 하므로 단순 착오에 의해 임금명세서를 잘못 기재하여 교부한 경우에는 달리 판단할 사정이 없다면 과태료를 부과하기는 어려울 것임. 또한, 「질서위반행위규제법」 제13조 제2항의 단서조항에서 정한 바와 같이 근로기준법령에서 임금명세서를 수회 이상 미교부하는 경우 과태료를 부과하는 기준에 대해 별도로 정한 바가 없어 근로자 1명에 대하여 매월 발생하는 임금명세서 교부 의무를 위반하는 경우 각각의 과태료를 산정하여야 할 것이고, 수회 반복된 임금명세서 미교부 행위를 하나의 위반행위로 보는 경우 수회 이상 위반한 사용자와 1회 미교부한 사용자에 대해 동일한 과태료(30만원)가 부과되고, 수회 위반한 사용자보다 1년 이내에 2차 적발된 사용자에게 보다 중한 과태료(50만원)가 부과되는 등 제재 기준에 대한 형평성 논란이 제기될 수 있는 점도 고려하여야 할 것으로 판단됨(고용노동부 2022.04.20. 근로기준정책과-1304).

〈임금명세서의 기재사항〉

① 성명, 생년월일, 사원번호 등 근로자를 특정할 수 있는 정보
② 임금지급일
③ 임금 총액
④ 기본급, 각종 수당, 상여금, 성과금, 그 밖의 임금의 구성항목별 금액(통화 이외의 것으로 지급된 임금이 있는 경우에는 그 품명 및 수량과 평가총액을 말함)
⑤ 임금의 구성항목별 금액이 출근일수 · 시간 등에 따라 달라지는 경우에는 임금의 구성항목별 금액의 계산방법(연장근로, 야간근로 또는 휴일근로의 경우에는 그 시간 수를 포함)
⑥ 임금의 일부를 공제한 경우에는 임금의 공제 항목별 금액과 총액 등 공제내역

제2절 도급사업에 대한 임금 지급

1. 일반도급 사업에 대한 임금 지급

「근로기준법」

제44조【도급 사업에 대한 임금 지급】 ① 사업이 한 차례 이상의 도급에 따라 행하여지는 경우에 하수급인(下受給人)(도급이 한 차례에 걸쳐 행하여진 경우에는 수급인을 말한다)이 직상(直上) 수급인(도급이 한 차례에 걸쳐 행하여진 경우에는 도급인을 말한다)의 귀책사유로 근로자에게 임금을 지급하지 못한 경우에는 그 직상 수급인은 그 하수급인과 연대하여 책임을 진다. 다만, 직상 수급인의 귀책사유가 그 상위 수급인의 귀책사유에 의하여 발생한 경우에는 그 상위 수급인도 연대하여 책임을 진다.

② 제1항의 귀책사유 범위는 대통령령으로 정한다.

「근로기준법 시행령」

제24조【수급인의 귀책사유】 법 제44조 제2항에 따른 귀책사유 범위는 다음 각 호와 같다.

1. 정당한 사유 없이 도급계약에서 정한 도급 금액 지급일에 도급 금액을 지급하지 아니한 경우
2. 정당한 사유 없이 도급계약에서 정한 원자재 공급을 늦게 하거나 공급을 하지 아니한 경우
3. 정당한 사유 없이 도급계약의 조건을 이행하지 아니하여 하수급인이 도급사업을 정상적으로 수행하지 못한 경우

1) 개 념

사업이 한 차례 이상의 도급[18]으로 행하여지는 경우 하수급인(또는 수급인)이 직상수급인(또는 도급인)의 귀책사유로 근로자에게 임금을 지급하지 못할 경우에는 그 직상수급인(또는 도급인)은 그 하수급인(또는 수급인)과 연대하여 임금지급 책임을 진다.[19] 다만, 직상 수급인

18) '도급'은 당사자의 일방이 어느 일을 완성할 것을 약정하고, 그 상대방이 일의 결과에 대하여 보수를 지급할 것을 약정하는 계약이다(민법 제644조).

19) '연대책임'은 책임 당사자뿐만 아니라 같은 집단의 다른 사람들까지도 함께 책임을 지는 것을 의미한다. 도급사업에 대한 임금지급 연대책임은 도급인(또는 상위수급인)에 대한 의존도나 종속도가 매우 높은 도급사업의 특수성을 감안한 것으로, 하수급인 소속 근로자가 임금을 제대로 지급받지 못할 경우에 하수급인 또는 직상수급인 중 한쪽을 택하거나 양쪽에 대하여 동시에 또는 순차적으로 임금채권의 전부나 일부의 이행을 청구할 수 있는 것이다.

의 귀책사유가 그 상위수급인[20]의 귀책사유에 의하여 발생한 경우에는 그 상위수급인도 연대하여 임금지급 책임을 진다(위반하면 3년 이하의 징역 또는 3천만원 이하 벌금, 반의사불벌죄).

※ 도급사업에 대한 임금지급 연대책임 규정은 상시근로자 4인 이하 사업장에도 적용되며(근기법 제11조 제2항), 귀책사유 있는 직상수급인은 근기법 적용범위와 무관하게 적용됨.

> *근로기준법 제36조의2(현행 제44조)의 규정은 사업이 수차의 도급에 의하여 행하여지는 경우에 하수급인이 직상수급인의 귀책사유로 근로자에게 임금을 지급하지 못한 때에는 그 직상수급인에게도 책임을 지도록 하여 근로자의 임금채권을 보장하고 있는 바, 동 규정은 직상수급인의 법정책임을 규정한 특별규정으로 동법 제10조(현행 제11조)에서 규정하고 있는 근로기준법의 적용범위와는 무관한 것임. 따라서 사업이 수차에 걸쳐 행하여지는 도급에 있어 근로자를 사용하는 당해 수급인은 당연히 근로기준법의 적용을 받는 사용자이어야 하나, 귀책사유있는 직상수급인은 반드시 동법의 적용대상이어야 할 필요는 없음(고용노동부 1994.3.8. 근기 68207-396).*

2) 최저임금 지급

> **「최저임금법」**
>
> **제6조【최저임금의 효력】** ⑦ 도급으로 사업을 행하는 경우 도급인이 책임져야 할 사유로 수급인이 근로자에게 최저임금액에 미치지 못하는 임금을 지급한 경우 도급인은 해당 수급인과 연대(連帶)하여 책임을 진다.
>
> ⑧ 제7항에 따른 도급인이 책임져야 할 사유의 범위는 다음 각호와 같다.
>
> 1. 도급인이 도급계약 체결 당시 인건비 단가를 최저임금액에 미치지 못하는 금액으로 결정하는 행위
> 2. 도급인이 도급계약 기간 중 인건비 단가를 최저임금액에 미치지 못하는 금액으로 낮춘 행위
>
> ⑨ 두 차례 이상의 도급으로 사업을 행하는 경우에는 제7항의 "수급인"은 "하수급인(下受給人)"으로 보고, 제7항과 제8항의 "도급인"은 "직상(直上) 수급인(하수급인에게 직접 하도급을 준 수급인)"으로 본다.

---

20) 도급이 두 차례 이상 행하여진 경우에는 단서 조항의 상위수급인에는 처음 도급을 한 자, 즉 최초 도급인이 포함되지 않는다. 최초 도급이인 포함되지 않는 구체적인 이유는 ① 단서 조항의 상위 수급인에 해당하려면 먼저 수급인, 즉 도급이나 하도급을 받은 자가 되어야 하는데, 최초 도급인은 문언상 수급인에 해당한다고 볼 수 없고, ② 도급이 한 차례만 이루어져 도급인과 수급인만이 있는 경우에는 도급인을 직상 수급인으로 보지 아니하면 수급인의 근로자는 어느 누구에게도 위 조항에 따른 연대책임을 구할 수 없어 위 조항의 입법 취지를 전혀 달성할 수 없게 되므로 부득이 도급인을 직상 수급인으로 보아야 할 필요가 있다. 이와 달리 도급이 두 차례 이상 행하여진 경우는 이미 하수급인 근로자가 귀책사유 있는 직상 수급인 혹은 상위 수급인에 대하여 연대책임을 물을 수 있고, 최초 도급인은 사업자가 아닌 경우도 많다는 점까지 고려하면, 수급인이라는 문언을 벗어나 확장 해석을 할 필요가 있다고 보이지 아니한다(대법원 2024.7.25. 선고 2022다233874 판결).

도급으로 사업을 행하는 경우 도급인(또는 직상수급인)의 책임있는 사유로 근로자에게 최저임금액에 미달하는 임금을 지급한 때에는 도급인은 해당 수급인(또는 하수급인)과 연대하여 책임을 진다.[21)]

2. 건설도급 사업에 대한 임금 지급

1) 개 념

> **「근로기준법」**
>
> **제44조의2【건설업에서의 임금 지급 연대책임】** ① 건설업에서 사업이 2차례 이상 「건설산업기본법」 제2조 제11호에 따른 도급(이하 "공사도급"이라 한다)이 이루어진 경우에 같은 법 제2조 제7호에 따른 건설사업자가 아닌 하수급인이 그가 사용한 근로자에게 임금(해당 건설공사에서 발생한 임금으로 한정한다)을 지급하지 못한 경우에는 그 직상 수급인은 하수급인과 연대하여 하수급인이 사용한 근로자의 임금을 지급할 책임을 진다.
>
> ② 제1항의 직상 수급인이 「건설산업기본법」 제2조 제7호에 따른 건설사업자가 아닌 때에는 그 상위 수급인 중에서 최하위의 같은 호에 따른 건설사업자를 직상 수급인으로 본다.

건설업에서 2차례 이상 「건설산업기본법」 제2조 제11호에 따른 도급[22)]이 이루어진 경우에 건설사업자(「건설산업기본법」 또는 다른 법률에 따라 등록을 하고 건설공사[23)]를 업으로 하는 자)가 아닌 하수급인이 사용한 근로자에게 해당 건설공사에서 발생한 임금을 지급하지 못하였다면, 그 하수급인의 직상수급인은 자신에게 귀책사유가 있는지 여부 또는 하수급인에게 대금을 지급하였는지 여부와 관계없이 하수급인과 연대하여 하수급인이 사용한 근로자의 임

---

21) 사내하도급(명칭에 관계없이 도급사업주가 물건의 제조 · 건설 · 수리 또는 서비스의 제공, 그 밖의 업무를 다른 사업주에게 맡기고 도급사업주가 제공하거나 지정한 경우로서 도급사업주가 지배 · 관리하는 장소를 포함한 자신의 사업장에서 해당 업무를 이행하도록 하는 것) 수급사업주는 최저임금 등을 고려하여 도급대금이 적정하게 결정되도록 노력하여야 한다(고용노동부, 「사내하도급 근로자 고용안정 및 근로조건 보호 가이드라인」, 2021.11.).

22) '도급'이란 원도급, 하도급, 위탁 등 명칭과 관계없이 건설공사를 완성할 것을 약정하고, 상대방이 그 공사의 결과에 대하여 대가를 지급할 것을 약정하는 계약을 말한다(건설산업기본법 제2조 제11호). 즉 도급계약 중에서 건설업에서 이루어지는 도급을 의미한다.

23) '건설공사'란 토목공사, 건축공사, 산업설비공사, 조경공사, 환경시설공사, 그 밖에 명칭과 관계없이 시설물을 설치 · 유지 · 보수하는공사(시설물을 설치하기 위한 부지조성공사를 포함한다) 및 기계설비나 그 밖의 구조물의 설치 및 해체공사 등을 말한다. 다만, 「전기공사업법」에 따른 전기공사, 「정보통신공사업법」에 따른 정보통신공사, 「소방시설공사업법」에 따른 소방시설공사, 「국가유산수리 등에 관한 법률」에 따른 국가유산 수리공사는 포함하지 아니한다(건설산업기본법 제2조 제4호).

금을 지급할 책임을 부담한다.[24)]

> *구 근로기준법 제44조의2는 근로자 보호를 위하여 마련된 조항으로서 개인의 의사에 의하여 그 적용을 배제할 수 없는 강행규정으로, 근로자가 임금 수령권한을 하수급인에게 위임하였다는 이유로 직상수급인이 임금 상당액을 하수급인에게 지급했는데 나중에 하수급인은 근로자에게 임금을 지급하지 않았을 때, 직상수급인이 이미 근로자에게 임금을 지급하였다고 보아 구 근로기준법 제44조의2에 따른 책임을 면하는 것은 근로자가 현실적으로 임금을 지급받도록 확실히 담보하고자 하는 위 조항의 취지에 반한다(대법원 2021.6.10. 선고 2021다217370 판결 참조). 그러므로 위와 같은 경우에 직상수급인이 근로자로부터 임금 수령권한을 위임받은 하수급인에게 임금 상당액을 지급하였다는 사정만으로는 구 근로기준법 제44조의2에 따른 임금지급의무를 이행하였다고 할 수 없다. 또한 직접 근로자에게 임금을 지급하지 않은 이상, 위 임금 상당액이 근로자에게 임금으로 전달되도록 담보하는 확실한 조치를 취하였다는 등의 특별한 사정이 없는 한, 위와 같은 사정만으로 임금 미지급으로 인한 근로기준법 위반의 고의가 부정되는 것은 아니다(대법원 2024.06.27. 선고 2024도4055 판결).*

2) 임금 지급 특례

> **「근로기준법」**
>
> **제44조의3【건설업의 공사도급에 있어서의 임금에 관한 특례】** ① 공사도급이 이루어진 경우로서 다음 각호의 어느 하나에 해당하는 때에는 직상수급인은 하수급인에게 지급하여야 하는 하도급 대금 채무의 부담 범위에서 그 하수급인이 사용한 근로자가 청구하면 하수급인이 지급하여야 하는 임금(해당 건설공사에서 발생한 임금으로 한정한다)에 해당하는 금액을 근로자에게 직접 지급하여야 한다.
>
> 1. 직상 수급인이 하수급인을 대신하여 하수급인이 사용한 근로자에게 지급하여야 하는 임금을 직접 지급할 수 있다는 뜻과 그 지급방법 및 절차에 관하여 직상 수급인과 하수급인이 합의한 경우
> 2. 「민사집행법」 제56조 제3호에 따른 확정된 지급명령, 하수급인의 근로자에게 하수급인에 대하여 임금채권이 있음을 증명하는 같은 법 제56조 제4호에 따른 집행증서, 「소액사건심판법」 제5조의7에 따라 확정된 이행권고결정, 그 밖에 이에 준하는 집행권원이 있는 경우
> 3. 하수급인이 그가 사용한 근로자에 대하여 지급하여야 할 임금채무가 있음을 직상 수급인에게 알려주고, 직상 수급인이 파산 등의 사유로 하수급인이 임금을 지급할 수 없는 명백한 사유가 있다고 인정하는 경우
>
> ②「건설산업기본법」 제2조 제10호에 따른 발주자의 수급인(이하 "원수급인"이라 한다)으로부터 공

24) 근기법 제44조의2는 건설업에서 직상수급인이 건설업 등록이 되어 있지 않아 건설공사를 위한 자금력 등이 확인되지 않는 자에게 건설공사를 하도급하는 위법행위를 함으로써 하수급인의 임금지급의무 불이행에 관한 추상적 위험을 야기한 잘못에 대하여, 실제로 하수급인이 임금지급의무를 이행하지 않아 이러한 위험이 현실화되었을 때 그 책임을 묻는 취지이다(대법원 2021.07.08. 선고 2020다296321 판결).

사도급이 2차례 이상 이루어진 경우로서 하수급인(도급받은 하수급인으로부터 재하도급 받은 하수급인을 포함한다. 이하 이 항에서 같다)이 사용한 근로자에게 그 하수급인에 대한 제1항 제2호에 따른 집행권원이 있는 경우에는 근로자는 하수급인이 지급하여야 하는 임금(해당 건설공사에서 발생한 임금으로 한정한다)에 해당하는 금액을 원수급인에게 직접 지급할 것을 요구할 수 있다. 원수급인은 근로자가 자신에 대하여 「민법」 제404조에 따른 채권자대위권을 행사할 수 있는 금액의 범위에서 이에 따라야 한다.

③ 직상 수급인 또는 원수급인이 제1항 및 제2항에 따라 하수급인이 사용한 근로자에게 임금에 해당하는 금액을 지급한 경우에는 하수급인에 대한 하도급 대금 채무는 그 범위에서 소멸한 것으로 본다.

(1) 직상수급인의 지급

건설업에서 공사도급이 이루어진 경우로서 일정한 요건(근기법 제44조의3 제1항)에 해당하면, 직상수급인은 하도급채무의 부담범위에서 그 하수급인이 사용한 근로자가 청구하면 하수급인이 지급해야 하는 임금(해당 건설공사에서 발생한 임금으로 한정)에 해당하는 금액을 하수급인이 사용한 근로자에게 직접 지급해야 한다.

〈직상수급인이 하수급인 근로자에게 직접지급해야 하는 사유 - 근로자의 청구 필요〉

㉮ 직상수급인과 하수급인이 합의한 경우(직상수급인의 직접지급 의사, 지급방법 및 절차)
㉯ 확정된 지급명령, 집행증서, 확정된 이행권고결정, 기타 집행권원
㉰ 하수급인이 소속근로자의 임금채무 있음을 직상수급인에게 고지 + 하수급인이 임금지급을 할 수 없음을 직상수급인이 인정

(2) 원수급인의 지급

건설업에서 「건설산업기본법」 제2조 제10호에 따른 발주자[25]의 수급인(원수급인)으로부터 공사도급이 2차례 이상 이루어진 경우로서 일정한 요건(제44조의3 제1항 제2호)에 해당하면, 하수급인의 근로자는 하수급인이 지급해야 할 임금(해당 건설공사에서 발생한 임금으로 한정)에 해당하는 금액의 지급을 원수급인에게 직접 요구할 수 있고, 원수급인은 민법 제404조에 따른 채권자대위권[26]을 행사할 수 있는 금액의 범위에서 이에 따라야 한다.

25) '발주자'란 건설공사를 건설사업자에게 도급하는 자를 말한다. 다만, 수급인으로서 도급받은 건설공사를 하도급하는 자는 제외한다(건설산업기본법 제2조 제10호).

26) '채권자대위권'은 채권자가 자신의 채권을 확보하기 위하여 자신의 채무자가 가지는 권리를 대신하여 행사할 수 있는

(3) 하도급채무의 소멸

직상수급인 또는 원수급인이 하수급인의 근로자에게 임금을 지급하면, 하수급인에 대한 하도급대금 채무는 그 범위에서 소멸한다.

제3절 금품청산

1. 금품청산제도

「근로기준법」

제36조【금품청산】 사용자는 근로자가 사망 또는 퇴직한 경우에는 그 지급 사유가 발생한 때부터 14일 이내에 임금, 보상금, 그 밖에 일체의 금품을 지급하여야 한다. 다만, 특별한 사정이 있을 경우에는 당사자 사이의 합의에 의하여 기일을 연장할 수 있다.

「근로자 퇴직급여 보장법」(약칭: 퇴직급여법)

제9조【퇴직금의 지급】 사용자는 근로자가 퇴직한 경우에는 그 지급사유가 발생한 날부터 14일 이내에 퇴직금을 지급하여야 한다. 다만, 특별한 사정이 있는 경우에는 당사자 간의 합의에 따라 지급기일을 연장할 수 있다.

1) 개 념

근로자의 퇴직 · 해고 · 사망 등으로 근로관계가 종료된 후 임금 · 퇴직금 등의 지급이 지연되면 퇴직근로자와 그 가족의 생활은 위협을 받을 수 있고, 시간의 경과에 따라 임금 등을 확보하기에 불편함과 위험이 따를 수 있다. 이를 방지하기 위하여 근기법 제43조의 임금지급원칙과는 별개로 금품청산 의무를 규정하여 사용자가 근로관계 종료 후 일정한 기간 내에 금품을 청산하도록 강제하고 이를 위반하면 형사적인 제재(3년 이하의 징역 또는 3천만원 이하

권리이다(민법 제404조 및 제405조).

제404조【채권자대위권】 ① 채권자는 자기의 채권을 보전하기 위하여 채무자의 권리를 행사할 수 있다. 그러나 일신에 전속한 권리는 그러하지 아니하다. ② 채권자는 그 채권의 기한이 도래하기 전에는 법원의 허가없이 전항의 권리를 행사하지 못한다. 그러나 보전행위는 그러하지 아니하다.

의 벌금, 반의사불벌죄)를 부과하고 있다.

> - *근기법 제36조 소정의 금품청산제도는 근로관계가 종료된 후 사용자로 하여금 14일 내에 근로자에게 임금이나 퇴직금 등의 금품을 청산하도록 하는 의무를 부과하는 한편, 이를 불이행하는 경우 형사상의 제재를 가함으로써 근로자를 보호하고자 하는 것이다(대법원 2011.10.31. 선고 2011다24051 판결).*
> - *근기법 제36조 본문(사용자는 근로자가 사망 또는 퇴직한 경우에는 그 지급사유가 발생한 때로부터 14일 이내에 임금·보상금 그밖에 일체의 금품을 지급하여야 한다) 및 같은 법 제43조 제2항 본문(임금은 매월 1회 이상 일정한 날짜를 정하여 지급하여야 한다)에 의하여 사용자에게 부과된 의무의 내용 및 이해시기와 입법취지 등을 종합하여 보면, 위 각 조항 위반죄는 실체적 경합관계[27] 에 있는 것으로 보아야 한다(대법원 2005.5.13. 선고 2004도8620 판결).*

2) 청구권자

금품청산의 청구권자는 해고·퇴직의 경우에는 근로자 본인이 되고, 근로자가 사망한 경우에는 「민법」 제1000조(상속의 순위)[28]에 규정된 해당 근로자의 재산상속인이 된다. 단체협약·취업규칙 등으로 청구권자의 범위와 순위를 정했다면 그에 따르면 되고, 이 경우에 근기법 시행령 제48조(유족의 범위 등) 및 제49조(같은 순위자)[29]에 규정된 재해보상과 관련한 유

27) '실제적 경합'은 수 개의 죄가 동시에 형량에 적용되는 것이다. 반면에 '상상적(관념적) 경합'은 1개의 행위가 수 개의 죄에 해당되는 것을 말하고, 여러 개의 죄명 중에 가장 중한 것으로 처벌된다(형법 제40조).

28) **제1000조【상속의 순위】** ① 상속에 있어서는 다음 순위로 상속인이 된다.
1. 피상속인의 직계비속
2. 피상속인의 직계존속
3. 피상속인의 형제자매
4. 피상속인의 4촌 이내의 방계혈족

② 전항의 경우에 동순위의 상속인이 수인인 때에는 최근친을 선순위로 하고 동친 등의 상속인이 수인인 때에는 공동상속인이 된다. ③ 태아는 상속순위에 관하여는 이미 출생한 것으로 본다.

29) **제48조【유족의 범위 등】** ① 법 제82조 제2항에 따른 유족의 범위는 다음 각호와 같다. 이 경우 유족보상의 순위는 다음 각호의 순서에 따르되, 같은 호에 해당하는 경우에는 그 적힌 순서에 따른다.
1. 근로자가 사망할 때 그가 부양하고 있던 배우자(사실혼 관계에 있던 자를 포함한다), 자녀, 부모, 손(孫) 및 조부모
2. 근로자가 사망할 때 그가 부양하고 있지 아니한 배우자, 자녀, 부모, 손 및 조부모
3. 근로자가 사망할 때 그가 부양하고 있던 형제자매
4. 근로자가 사망할 때 그가 부양하고 있지 아니한 형제자매

② 유족의 순위를 정하는 경우에 부모는 양부모를 선순위로 친부모를 후순위로 하고, 조부모는 양부모의 부모를 선순위로 친부모의 부모를 후순위로 하되, 부모의 양부모를 선순위로 부모의 친부모를 후순위로 한다. ③ 제1항 및 제2항에도 불구하고 근로자가 유언이나 사용자에 대한 예고에 따라 제1항의 유족 중의 특정한 자를 지정한 경우에는 그에 따른다.

족의 범위를 참고할 수 있다.

> *근로자가 사망하였을 경우 퇴직금 등의 지불에 관하여 별단의 규정이 없는 경우에는 민법의 일반원칙에 의한 재산상속인에 지급하는 규정에 따라야 하는 것이며, 단체협약 또는 취업규칙 등의 규정으로 근로기준법시행령 제61조 및 제62조(현행 제48조 및 제49조) 규정의 순위에 의한다고 규정되었거나 또는 이와 별단의 규정이 있을 때에는 이에 따라야 하는 것이며, 동 순위의 상속인이 여러 명 있을 경우에도 지불에 관하여 별단의 규정이 있을 때는 이 규정에 의하고 별단의 규정이 없을 때에는 공동분할지급할 것임(고용노동부 1965.8.27., 노정근 1455-3382).*

3) 대상금품

사용자가 청산해야 할 대상금품은 명칭과 무관하게 근로계약으로 인하여 발생하여 근로자에게 귀속되는 일체의 금품이다. 즉 임금(근기법 제2조 제1항 제5호의 임금), 재해보상금(근기법 제8장의 요양보상, 휴업보상, 장해보상, 장의비 등 재해보상금 일체), 그 밖의 일체의 금품(적립금, 보증금, 연말정산 환급금, 저축금 등) 및 퇴직급여법에 따라 지급되어야 할 퇴직급여(명예퇴직금, 퇴직위로금 등 포함)이다.

> - *근로자와 사용자 간에 근로계약을 체결함에 있어 일정금액으로 근로계약을 명백히 체결하고 근로자에게 납부 의무가 부여된 사회보험료 및 각종 세금 등을 사용자가 부담하기로 하는 소위 '네트(net) 계약'을 체결한 경우라면, 동 금품은 그 액수와 관계없이 그 전액을 사용자가 부담하기로 한 점, 추징금이 발생한 경우 이는 사용자의 회계처리상 과소 납부로 인한 것이므로 사용자가 부담하여야 하는 것으로 보이는 점 등을 살펴보면 환급금 또한 사용자의 회계처리상 과다 납부로 인해 발생한 것이므로 법 제36조에 따른 기타 금품에 해당한다고 보기 어려울 것임(고용노동부 2015.4.6., 근로기준정책과-1340).*
> - *근기법 제36조에 규정된 '그 밖에 일체의 금품'이라 함은 명칭 여하를 불문하고 근로관계로부터 발생하여 근로자에게 귀속되는 일체의 금품이라 할 것이므로, 귀 질의의 '명예퇴직금'도 이에 해당한다 할 것임(고용노동부 1994.1.4., 임금 68207-5).*

4) 시 기

금품청산은 근로자의 퇴직 · 사망 등 근로관계가 종료한 때부터 14일[30] 이내에 지급되어

제49조【같은 순위자】 같은 순위의 유족보상 수급권자가 2명 이상 있는 경우에는 그 인원수에 따라 똑같이 나누어 유족보상을 한다.

30) 14일은 소정근로일과 휴일(휴무일)을 구분하지 않고 달력상 날짜에 따라 산정한다. 한편 근로자가 사직서를 제출한 경

야 한다. 다만, 특별한 사정이 있다면 사용자와 근로자의 합의[31]로 지급일을 연장할 수 있고, 이 경우 연장할 수 있는 기간은 별도의 제한이 없다.[32] 특별한 사정이라 함은 근로자가 받아들일 수 있는 사용자의 특별한 사정 즉, 천재 · 지변이나 그 밖의 이에 준하는 부득이한 사정이 있고, 사용자가 성의와 노력을 다하였음에도 불구하고 14일 이내에 금품청산이 불가능한 경우 등 사회통념상 인정되는 상황을 의미한다.

> - *소멸시효의 기산점인 "권리를 행사할 수 있을 때"라 함은 권리를 행사함에 있어서 이행기미도래, 정지조건미성취 등 법률상의 장애가 없는 경우를 말하는 것인데, 근기법 제36조 소정의 금품청산 제도는 근로관계가 종료된 후 사용자로 하여금 14일 내에 근로자에게 임금이나 퇴직금 등의 금품을 청산하도록 하는 의무를 부과하는 한편, 이를 불이행하는 경우 형사상의 제재를 가함으로써 근로자를 보호하고자 하는 것이지 사용자에게 위 기간 동안 임금이나 퇴직금지급의무의 이행을 유예하여 준 것이라고 볼 수는 없으므로, 이를 가리켜 퇴직금청구권의 행사에 대한 법률상의 장애라고 할 수는 없고, 따라서 퇴직금청구권은 퇴직한 다음날부터 이를 행사할 수 있다(대법원 2001.10.30. 선고 2001다24051 판결).*
> - *구)근로기준법 제112조 제1항, 제36조 위반죄는 사용자가 같은 법 제36조에 정한 근로자의 퇴직 등에 따른 퇴직금 등의 금품지급의무를 그 지급 사유가 발생한 때부터 14일 안에 이행하지 아니할 경우에 성립하는 것으로서, 그 중 근로자의 퇴직금지급청구권은 퇴직이라는 근로관계의 적법한 종료를 요건으로 하여 발생하는 것이므로 근로계약이 유효하게 존속하는 한 사용자의 퇴직금지급의무는 발생할 여지가 없어 위 죄가 성립하지 아니한다 할 것이고, 사용자가 그 해고처분을 취소함으로써 해고의 효력 및 그에 기한 퇴직금지급의무가 소급적으로 소멸하게 되는 경우에도 마찬가지라 할 것이다(대법원 2009.11.12. 선고 2009도7908 판결).*

2. 지연이자제도

> **「근로기준법」**
>
> **제37조 【미지급 임금에 대한 지연이자】** ① 사용자는 다음 각 호의 어느 하나에 해당하는 임금의 전부 또는 일부를 각 호에 따른 날까지 지급하지 아니한 경우 그 다음 날부터 지급하는 날까지의 지연

우, 사직서를 제출한 날이 아니라 회사의 취업규칙 등에서 정한 사직서 수리절차에 따라 사직서를 수리한 날이 14일의 기산일이다.

31) 합의는 서면으로 하는 것이 바람직하고, 구두로 하더라도 사용자가 이를 입증할 수 있다면 유효하다(고용노동부, 『체불사건 업무처리 요령』, 2016, 24쪽).

32) 금품청산의무의 위반은 그 지급사유 발생일로부터 14일이 지나면 성립한다. 따라서 사용자는 지급사유가 발생한 때로부터 14일 이내에 지급기일 연장에 합의해야 하며, 14일이 지나서 합의가 이루어지면 근기법 제36조(금품청산) 위반이 된다.

일수에 대하여 연 100분의 40 이내의 범위에서 「은행법」에 따른 은행이 적용하는 연체금리 등 경제 여건을 고려하여 대통령령으로 정하는 이율에 따른 지연이자를 지급하여야 한다.
1. 제36조에 따라 지급하여야 하는 임금 및 「근로자퇴직급여 보장법」 제2조제5호에 따른 급여(일시금만 해당된다): 지급 사유가 발생한 날부터 14일이 되는 날
2. 제43조에 따라 지급하여야 하는 임금: 제43조 제2항에 따라 정하는 날
② 사용자가 제1항제2호에 따른 임금을 지급하지 아니하여 지연이자를 지급할 의무가 발생한 이후 근로자가 사망 또는 퇴직한 경우 해당 임금에 대한 지연이자는 제1항 제2호에 따른 날을 기준으로 산정한다.
③ 제1항은 사용자가 천재 · 사변, 그 밖에 대통령령으로 정하는 사유에 따라 임금 지급을 지연하는 경우 그 사유가 존속하는 기간에 대하여는 적용하지 아니한다.

「근로기준법 시행령」

제17조【미지급 임금에 대한 지연이자의 이율】 법 제37조 제1항에서 "대통령령으로 정하는 이율"이란 연 100분의 20을 말한다.

1) 개 념

지연이자제도는 사용자가 지급하여야 할 임금 및 퇴직급여 일시금의 전부 또는 일부를 특정한 기한까지 지급하지 아니한 경우, 특정한 기한의 다음 날부터 지급하는 날까지의 지연일수에 대하여 연 100분의 20의 이율에 따른 지연이자를 지급하여야 하는 제도이다(위반 시 벌칙 없음).

〈재직 여부에 따른 지연이자의 대상금품 및 발생시점〉

재직 여부	지연이자의 대상금품	지연이자 발생시점
퇴직자	근기법 제36조에 따른 임금 및 퇴직급여법 제2조 제5호에 따른 급여 (일시금만 해당)	마지막 근로일 다음 날부터 14일이 지난 다음 날 (15일이 되는 날)
재직자[33)	근기법 제43조에 따른 임금	임금의 정기지급일이 지난 다음 날 (지연이자 발생 이후 사망 또는 퇴직도 포함)

※ 연 20%의 지연이자는 발생요건이 근로관계에서 비롯된 것이 아니라 민사상의 채권일 뿐이므로 금품청산대상이 아님. 따라서 지연이자를 지급하지 않으면 근기법 제36조(금품청산) 규정을 적용할 수도

33) 근로기준법 개정(2024.10.22.)으로 재직자에 대한 지연이자 규정은 2025년 10월 23일부터 적용한다.

없고 미지급에 대한 책임을 물을 수는 없음. 다만, 지연이자 미지급에 대한 민사상 청구권은 인정됨.

2) 적용범위

지연이자가 적용되는 금품은 임금 및 퇴직급여(일시금만 해당)만 해당하고, 근로관계 종료 후 지급해야 하는 보상금 또는 기타 금품은 지연이자가 적용되지 않는다.

- 근로기준법 제36조에 따라 근로자가 퇴직한 경우에는 그 지급사유가 발생한 때로부터 14일 이내에 임금 · 퇴직금 기타 일체의 금품을 지급하여야 하며, 다만 특별한 사정이 있는 경우에는 당사자 간의 합의에 의하여 기일을 연장할 수 있음. 당사자 간의 합의에 의하여 지급기일을 연장했을 경우 동 조의 위반은 면할 수 있으나, 동법 시행령 제13조의2(현행 제18조)에서 규정하고 있는 지연이자율 적용제외 사유에 해당하지 않는 한, 당사자 간의 합의만으로 동법 제36조의2(현행 제37조)에 따른 지연이자 지급의무를 면할 수 있는 것은 아님(고용노동부 2005.7.28., 근로기준과-3981).
- 「근로기준법」 제37조에 따른 미지급 임금에 대한 지연이자제의 대상 금품은 미지급된 임금(「근로기준법」 제2조제1항제5호) 및 퇴직금(「근로자퇴직급여 보장법」 제2조제2호의 급여 중 일시금)에 적용됨. 사용자의 귀책사유로 근로자가 근로를 할 수 없는 경우에 근로자의 생활보장을 목적으로 지급하는 휴업수당은 근로의 대가로 보기 어려우므로(휴업수당제도해석기준(2000.2.13.) 참조), 「근로기준법」 제37조에 따른 지연이자는 적용되지 않을 것으로 사료됨. 한편, 「근로기준법」 제37조 조항은 「민법」 제379조,[34] 「상법」 제54조[35] 및 「소송촉진 등에 관한 특례법」 제3조[36]에 대한 특별법적 성격을 가지는 것이므로, 「근로기준법」 제36조에 따라 지급하여야 하는 임금(「근로기준법」 제2조제1항제5호) 및 퇴직금(「근로자퇴직급여 보장법」 제2조제2호의 급여 중 일시금)에 대하여는 「근로기준법」 제37조가 우선 적용되어야 할 것임(고용노동부 2020.4.28., 근로기준정책과-1748).

3) 적용 제외

사용자에게 천재 · 사변 등 지연이자의 적용제외 사유(근기법 시행령 제18조)가 존재하는

34) 제379조【법정이율】 이자있는 채권의 이율은 다른 법률의 규정이나 당사자의 약정이 없으면 연 5분으로 한다.

35) 제54조【상사법정이율】 상행위로 인한 채무의 법정이율은 연 6분으로 한다.

36) 제3조【법정이율】 ① 금전채무의 전부 또는 일부의 이행을 명하는 판결(심판을 포함한다. 이하 같다)을 선고할 경우, 금전채무 불이행으로 인한 손해배상액 산정의 기준이 되는 법정이율은 그 금전채무의 이행을 구하는 소장(訴狀) 또는 이에 준하는 서면(書面)이 채무자에게 송달된 날의 다음 날부터는 연 100분의 40 이내의 범위에서 「은행법」에 따른 은행이 적용하는 연체금리 등 경제 여건을 고려하여 대통령령으로 정하는 이율(연 100분의 12)에 따른다. 다만, 「민사소송법」 제251조에 규정된 소(訴)에 해당하는 경우에는 그러하지 아니하다.

기간에 대해서는 임금 및 퇴직급여에 대한 연 20%의 지연이자는 적용되지 않는다.

〈지연이자의 적용제외 사유〉

① 천재 · 사변 – 「재난 및 안전관리 기본법」 제3조에 해당하는 재난
②「임금채권보장법」 제7조 제1항 각호의 어느 하나에 해당하는 경우
③「채무자 회생 및 파산에 관한 법률」, 「국가재정법」, 「지방자치법」 등 법령상의 제약에 따라 임금 및 퇴직금을 지급할 자금을 확보하기 어려운 경우
④ 지급이 지연되고 있는 임금 및 퇴직금의 전부 또는 일부의 존부(存否)를 법원이나 노동위원회에서 다투는 것이 적절하다고 인정되는 경우
⑤ 그 밖에 이에 준하는 사유가 있는 경우

제4절 임금 등 미지급에 대한 구제

1. 개 요

사용자가 근로자에게 임금이나 퇴직급여 등을 지급하지 않으면 노동법 위반으로 제재를 받는 것은 별론으로 하고, 근로자는 임금이나 퇴직급여 등의 채권을 확보하기 위하여 고용노동부에 민원을 제기하거나 법원에 민사소송 제기하는 등 다양한 구제 방법으로 대응할 수 있다.

2. 당사자 간 해결

1) 지급각서

지급각서는 사용자가 근로자에게 임금이나 퇴직급여 등 채권의 발생 여부, 금액, 지급방법이나 시기 등을 확정하는 문서를 말한다.[37] 이러한 지급각서를 활용하여 고용노동부에 체불임금 등을 신고하거나 법원에 소액재판 소송, 지급명령 신청, 가압류 및 가처분 신청 등을 할 수 있다.

37) 차용증, 체불임금 등 확인서, 지급 약정서 등 그 명칭을 불문하고 임금이나 퇴직급여 등의 발생사실과 지급에 대한 사항을 확인할 수만 있으면 지급각서와 같은 효력이 있다.

2) 공 증

공증이란 특정한 사실이나 법률관계의 존재를 공적으로 증명하는 행위이다.[38] 당사자 사이의 불필요한 분쟁을 예방하거나 분쟁이 발생하면 유력한 증거로 활용할 수 있고, 재판절차를 거치지 않고 간편하게 권리를 실행할 수 있는 장점이 있다.

3) 최 고

최고는 상대방에게 일정한 행위를 할 것을 요구하는 행위이다.[39] 임금이나 퇴직급여 등의 미지급에 대한 최고는 근로자가 사용자에게 지급의 이행을 촉구하는 행위를 말하며, 사용자가 최고에 응하지 않으면 이행지체가 되고 소멸시효 중단의 효과가 있다(다만, 최고 후에는 6개월 안에 소송제기 등의 조치를 해야 함).

3. 고용노동부를 통한 해결

1) 신 고

「근로기준법」

제104조【감독기관에 대한 신고】 ① 사업 또는 사업장에서 이 법 또는 이 법에 따른 대통령령을 위반한 사실이 있으면 근로자는 그 사실을 고용노동부장관이나 근로감독관에게 통보할 수 있다.
② 사용자는 제1항의 통보를 이유로 근로자에게 해고나 그 밖에 불리한 처우를 하지 못한다.

근로자는 임금이나 퇴직급여 등의 미지급 이유로 해당 사업장 소재지를 관할하는 고용노동부(근로감독관[40])에 사용자를 상대로 진정 · 고소 · 고발 등의 형식으로 신고할 수 있다. 근

38) 공증은 양 당사자가 신분증, 도장 등을 준비하여 공증인가를 받은 법무법인에 직접 방문하여 작성하는 것이 일반적이다.

39) 최고장을 작성하는 방식은 정해져 있지 않으며, 당사자의 관계, 독촉내용 및 금액, 독촉을 이행하지 않을 경우 이에 대한 향후 근로자의 조치사항 등의 내용을 포함하는 내용증명으로 하는 것이 일반적이다. 최고장은 원본을 3부 작성하여 우체국에서 내용증명제도(우편을 보내는 발송인이 그것을 받는 수취인에게 '어떠한 의사표시를, 언제 발송하였다'는 사실을 우체국에서 공적으로 증명해 주는 등기우편제도)를 활용하여 발송하면 효과적이다.

40) 고용노동부의 공무원 중 근로감독관은 「사법경찰관리의 직무를 수행할 자와 그 직무범위에 관한 법률」 및 「특별사법경찰관리에 대한 검사의 수사지휘 및 특별사법경찰관리의 수사준칙에 관한 규칙」에 따른 특별사법경찰관이다. 근로감독관은 「근로감독관 집무규정」(고용노동부 훈령 제517호, 2024.06.26. 개정)에 따라 임금체불 등의 신고사건(노동법의 위반행위로 권익을 침해당한 자 또는 제3자가 그 위반사항에 대하여 문서 · 구술 · 전화 · 우편 · 기타의 방법으로 진정 · 청원 · 탄원 · 고소 · 고발 등을 한 사건)을 처리한다. 근로감독관은 임금 등의 미지급 사건을 접수하면 사용자를 심문하고 검찰에 사건을 송치한다. 다만, 피해근로자가 사용자의 처벌을 원하지 않는다는 명시적인 의사표시를 하면 진정사건은 내사처리하고, 고소사건은 불기소의견(공소권 없음)으로 검찰에 송치하게 된다. 이 경우 사용자의 형사처벌

로자는 신고를 통하여 지급받지 못한 임금을 받을 수 있게 해달라고 요구하거나(진정), 사용자를 근기법 등 노동법 위반으로 처벌해 달라고 요구할 수 있다(고소, 고발).

〈고용노동부 진정사건 처리절차〉[41)]

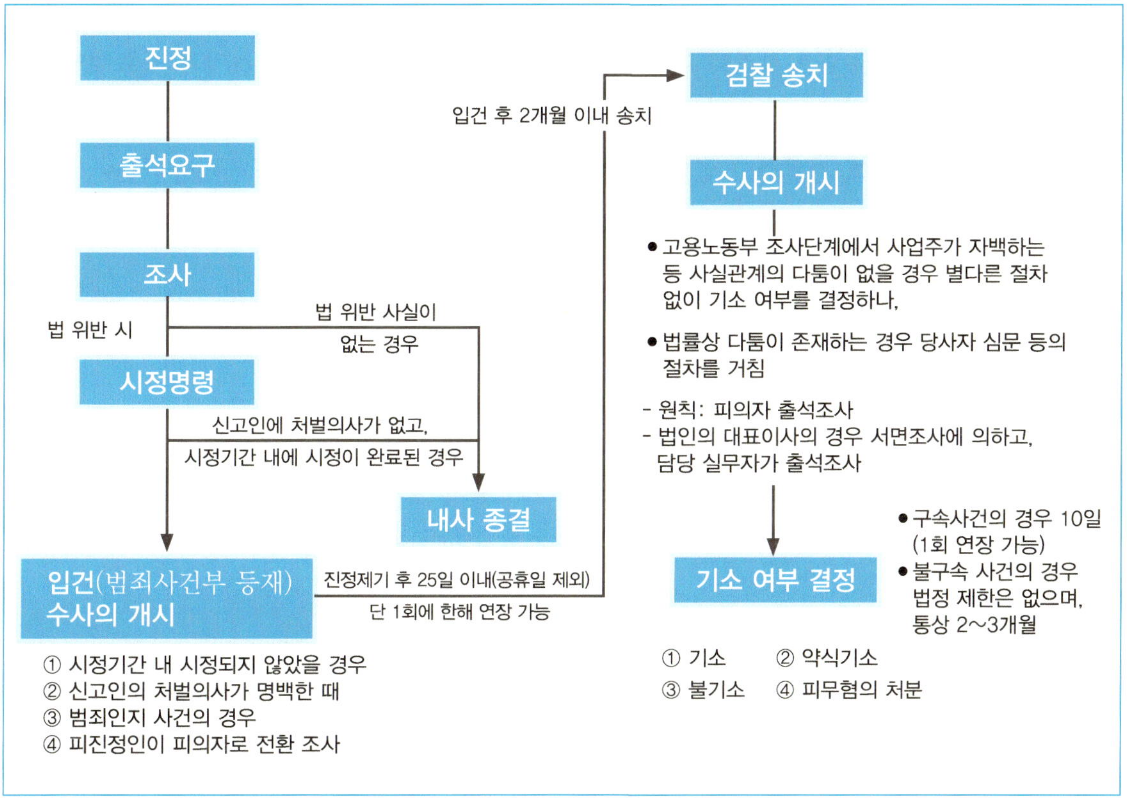

※ 신고사건의 처리기간은 고소 · 고발 · 범죄인지 사건은 접수 또는 범죄인지한 날로부터 2월 이내, 그 외의 사건(진정 등)은 25일(토요일 및 공휴일을 제외한 근무일 기준) 이내에 처리해야 함. 처리기간을 부득이 연기하고자 할 경우에는 25일 이내에서 연장이 가능하며, 연장된 기간에 사건처리가 곤란할 경우에는 신고인의 동의를 받아 25일 내에서 재연장이 가능함.

2) 대지급금 활용

대지급금은 「임금채권보장법」에 따라 근로자가 사용자로부터 임금 등을 지급받지 못한

은 할 수 없으며, 피해근로자는 추후 재진정이나 재고소를 할 수 없다(고용노동부, 『근로감독관 실무 지침서-체불사건 업무처리 요령』, 고용노동부, 2016, 11~15쪽.) 참고로 산업안전과 관련한 업무처리는 「근로감독관 집무규정(산업안전보건)」(고용노동부 훈령 제445호, 2023.03.17. 개정)에 따라 처리한다.

41) ㈜중앙경제, ISSUE & REPORT.

경우 국가(고용노동부)가 사용자를 대신하여 못한 임금 등에서 일정금액을 지급하고, 지급한 금액 한도에서 근로자의 임금청구권을 대신하여 사용자로부터 구상권을 행사하는 제도이다.

3) 무료법률지원 활용

고용노동부의 신고사건 처리에 따라 체불임금 등이 확정되고 피해근로자가 무료법률구조 지원을 원하는 경우 민사소송, 소액심판사건, 보전처분, 강제집행 등 모든 소송 서비스를 대한법률구조공단[42]을 통해 지원하고 있다. 다만, 체불 당시 최종 3개월분의 월평균임금이 400만원 미만인 근로자(국내거주 외국인 포함)가 무료법률지원 대상이다.

4. 법원을 통한 해결

1) 소액사건 재판

소액사건 재판이란 「소액사건심판법」에 따라 소송의 당사자가 소액사건(소송액이 3,000만원 미만)에 대하여 다른 민사사건보다 간편하게 소를 제기하고 소송을 수행하는 제도이다.

2) 민사조정

민사조정은 민사에 관한 분쟁을 간단한 절차에 따라 당사자 사이의 상호양해를 통하여 조리를 바탕으로 실정에 맞게 해결하기 위한 제도로서, 민사분쟁의 당사자는 법원에 조정을 신청할 수 있고 당사자 사이에 합의된 사항을 조서에 기재하여 조정이 성립된 경우 재판상의 화해와 같은 효력이 있다.

3) 보전처분

보전처분은 법원의 확정판결을 받기 전에 미리 사용자의 재산 등을 처분하지 못하도록 하거나 임시로 잠정적인 법률관계를 형성시키는 조치를 하여 나중에 확정판결을 받아 그 판결 내용에 따라 쉽게 집행하고 근로자가 입게 될지도 모를 손해를 예방하는 민사집행법상 조

42) 대한법률구조공단은 「법률구조법」에 의해 1987년에 설립되어 경제적으로 어렵거나 법률지식이 부족하여 법의 보호를 받지 못하는 사람들에게 법률상담, 변호사에 의한 소송대리 및 형사변호 등의 법률적 지원을 하기 위한 공공기관이다.

치로 가압류 및 가처분이 있다. 가압류는 금전채권이나 금전으로 환산할 수 있는 채권(매매대금, 대여금, 어음금, 수표금, 양수금, 공사대금, 임료, 손해배상청구권 등)의 집행을 보전할 목적으로 미리 채무자의 재산을 동결시켜 채무자로부터 그 재산에 대한 처분권을 잠정적으로 빼앗는 제도이다(「민사집행법」 제276조 제1항[43]). 가처분이란 금전채권 이외의 권리 또는 법률관계에 관한 확정판결의 강제집행을 보전하기 위한 제도이다(「민사집행법」 제300조[44]).

---

43) 제276조【가압류의 목적】① 가압류는 금전채권이나 금전으로 환산할 수 있는 채권에 대하여 동산 또는 부동산에 대한 강제집행을 보전하기 위하여 할 수 있다.

44) 제300조【가처분의 목적】① 다툼의 대상에 관한 가처분은 현상이 바뀌면 당사자가 권리를 실행하지 못하거나 이를 실행하는 것이 매우 곤란할 염려가 있을 경우에 한다. ② 가처분은 다툼이 있는 권리관계에 대하여 임시의 지위를 정하기 위하여도 할 수 있다. 이 경우 가처분은 특히 계속하는 권리관계에 끼칠 현저한 손해를 피하거나 급박한 위험을 막기 위하여, 또는 그 밖의 필요한 이유가 있을 경우에 하여야 한다.

제9장

임금의 보호

제1절 휴업수당

제2절 임금 및 퇴직급여 등의 우선변제

제3절 임금채권 보장제도

제4절 임금 및 퇴직금의 소멸시효

제5절 해고와 임금

제6절 임금의 반납, 삭감 및 동결

제1절 휴업수당

1. 개 요

1) 휴업수당의 개념

근로자는 사용자의 책임으로 근로를 제공하지 못하면, 「민법」 제538조 제1항[1)]에 따라 임금을 청구할 수 있다. 그러나 민법 규정에 따라 임금을 청구하려면 사용자의 고의 또는 과실 등이 인정되어야 하고, 민사소송절차에 따른 시간과 비용 등이 발생하게 되어 근로자의 생활이 불편해질 수 있다. 이러한 문제로 인하여 근기법 제46조는 '사용자의 귀책사유로 휴업하는 경우에 휴업기간 동안 평균임금의 70% 이상에 해당하는 수당을 지급'하도록 규정하고 있는데, 이를 휴업수당이라고 한다.

※ 휴업수당은 상시근로자 4인 이하 사업장에는 적용되지 않음(근기법 제11조 제2항).

- *근로기준법 제46조의 '휴업'이라 함은 사용자와 근로자 사이에 근로계약관계는 존재하면서 사업의 전부 또는 일부에 대하여 사용자의 책임 있는 사유로 인해 사용자가 근로자로부터 근로의 제공을 받을 수 없게 된 경우를 말함(고용노동부, 「휴업수당제도 해석 기준」, 2009.2.13., 근로기준과-387).*
- *근로기준법 제38조(현행 제46조)는 근로자의 최저생활을 보장하려는 취지에서 사용자의 귀책사유로 인하여 휴업하는 경우에는 사용자는 휴업기간 중 당해 근로자에게 그 평균임금의 100분의 70 이상의 수당을 지급하여야 한다고 규정하고 있고, 여기서의 '휴업'이란 개개의 근로자가 근로계약에 따라 근로를 제공할 의사가 있음에도 불구하고 그 의사에 반하여 취업이 거부되거나 또는 불가능하게 된 경우도 포함된다고 할 것이다(대법원 1991.6.28. 선고 90다카25277 판결).*

2) 무노동 무임금 원칙의 예외

휴업수당은 근로자의 귀책사유나 사용자에 대한 불가항력이 없는데도 근로를 제공할 수

1) 제538조【채권자귀책사유로 인한 이행불능】 ① 쌍무계약의 당사자 일방의 채무가 채권자의 책임있는 사유로 이행할 수 없게 된 때에는 채무자는 상대방의 이행을 청구할 수 있다. 채권자의 수령지체 중에 당사자쌍방의 책임없는 사유로 이행할 수 없게 된 때에도 같다.

없게 될 때 임금상실이라는 위험으로부터 근로자의 생활을 보호하기 위해 마련된 규정으로, 노동법의 대원칙인 무노동 무임금 원칙의 예외 규정이라고 할 수 있다.

> - *'무노동 무임금 원칙'은 근로하지 않은 기간에 상응하는 임금은 지급하지 않는다는 원칙으로 근로계약의 본질로부터 도출되는 것임(고용노동부 1998.11.25., 협력 68140-440).*
> - *근로기준법 제46조 제1항에서 정한 "사용자의 귀책사유로 휴업하는 경우"에 지급하는 휴업수당은 비록 현실적 근로를 제공하지 않았다는 점에서는 근로 제공과의 밀접도가 약하기는 하지만, 근로자가 근로 제공의 의사가 있는데도 자신의 의사와 무관하게 근로를 제공하지 못하게 된 데 대한 대상(대상)으로 지급하는 것이라는 점에서 임금의 일종으로 보아야 한다(대법원 2013.10.11. 선고 2012다12870 판결).*
> - *사용자의 근로자에 대한 해고처분이 무효인 경우에는 그동안 근로계약관계가 유효하게 계속되고 있었는데도 불구하고 근로자가 사용자의 귀책사유로 말미암아 근로를 제공하지 못한 것이므로 근로자는 계속 근로하였을 경우에 받을 수 있는 임금전부의 지급을 청구할 수 있다 할 것이다(대법원 1992.12.8. 선고 92다39860 판결).*

3) 사용자의 고의 또는 과실 무관

근기법상 휴업수당 규정은 민법과 달리 사용자의 고의 또는 과실과 관계없이 휴업에 따른 위험을 사용자가 부담하여 최소 평균임금의 70%에 해당하는 금액을 근로자에게 지급하게 하고, 이를 이행하지 않으면 벌칙(3년 이하의 징역 또는 3천만원 이하 벌금)을 부과하여 사용자에게 휴업수당의 이행을 담보케 하고 있다.

2. 사용자의 귀책사유

1) 개 념

사용자의 귀책사유란 원칙적으로 사용자의 세력범위 안에서 생긴 경영장애로서 자금난, 원자래 부족, 주문량 감소, 시장불황과 생산량 감소, 모회사의 경영난에 따른 하청공장의 자재 · 자금난에 의한 조업단축 등으로 인한 휴업을 말한다. 따라서 사용자의 귀책사유는 민법상의 귀책사유인 고의 또는 과실 이외에도 사용자의 세력범위 안에서 발생한 경영장애까지 포함되는 개념이다.

> - *귀책사유란, 사용자가 기업의 경영자로서 천재지변 · 재난 등과 같이 불가항력이라고 주장할 수 없는 모든 사유를 말하므로(대법원 2013.10.11. 선고 2012다12870 참고), 사용자의 귀책사유에는 고의 · 과실 이외에도 작업량 감소, 판매부진과 자금난, 원자재 부족, 원도급업체의 공사중단에 따른 하도급업체의 조업중단 등 사용자의 세력범위 안에서 발생한 경영장애까지 해당함(고용노동부 2020.3.12., 근로기준정책과-1078).*
> - *사용자의 귀책사유란 민법상의 귀책사유와는 달리 사용자의 고의 · 과실을 요하지 않으며, 불가항력적이 아닌 경우로서 사용자의 세력범위 내에서 발생한 경영장애로 인하여 근로자로부터 근로의 제공을 받을 수 없게 된 경우까지를 포함한다(중앙노동위원회 2018.8.10., 중앙2018휴업1).*

〈사용자의 귀책사유 예시〉[2]

사용자의 귀책사유 인정	사용자의 귀책사유 불인정
① 배급유통기구의 차질에 의한 작업량감소 ② 원도급업체의 공사중단에 따른 하도급업체의 조업중단 ③ 갱내 붕괴사고 ④ 공장의 소실 ⑤ 판매부진과 자금난 ⑥ 원자재의 부족 ⑦ 전력회사의 전력공급 중단 ⑧ 경영상의 휴업 · 공장이전	① 징계로서의 정직 또는 출근정지 ② 근로자가 요구에 따른 의원휴직 ③ 부당해고 또는 무효인 해고 ④ 천재지변 · 천재 등 불가항력적 사유

2) 사용자 귀책사유의 예외

천재지변 · 전쟁 등과 같은 불가항력적 사유, 기타 사용자의 세력범위에 속하지 않는 기업 외적인 사정과 통상 사용자로서 최대한의 주의를 하여도 피할 수 없는 사고 등 부득이한 사유로 인하여 사업계속이 불가능하게 된 경우에는 사용자에게 경영위험의 책임을 물을 수 없으므로 이러한 경우에는 사용자의 귀책사유로 볼 수 없다.

> *천재지변 · 전쟁 등과 같은 불가항력적인 사유로 휴업하는 경우에는 노동위원회의 승인 여부와 관계없이 근로기준법상의 휴업수당 지급대상이 아님(고용노동부 2000.2.28., 근기 68207-598).*

2) 고용노동부, 「휴업수당제도 해석 기준」, 2009.2.13., 근로기준과-387.

3. 휴업수당의 산정

1) 일반적인 경우

(1) 원 칙

「근로기준법」

제46조【휴업수당】 ① 사용자의 귀책사유로 휴업하는 경우에 사용자는 휴업기간 동안 그 근로자에게 평균임금의 100분의 70 이상의 수당을 지급하여야 한다. 다만, 평균임금의 100분의 70에 해당하는 금액이 통상임금을 초과하는 경우에는 통상임금을 휴업수당으로 지급할 수 있다.

사용자는 휴업수당으로 평균임금의 70% 이상을 근로자에게 지급하여야 한다. 따라서 휴업수당은 최소 근기법 제2조 제1항 제6호에 따라 산정한 평균임금의 70%를 기준으로 산정되어야 한다. 다만, 휴업수당이 통상임금을 초과하는 경우에는 통상임금을 휴업수당으로 지급할 수 있다. 즉 휴업수당(평균임금의 70%에 해당하는 금액)이 통상임금을 초과한다면 휴업수당(평균임금의 70%) 또는 통상임금(100%)으로 지급할 수 있다.

〈일반적인 경우의 휴업수당 산정 방식〉

구 분	산정 방식
원칙	휴업수당 = 평균임금 × 70% 이상
휴업수당이 통상임금을 초과하는 경우	휴업수당 = (평균임금 × 70% 이상) 또는 통상임금(100%)

ex. 1일 평균임금이 10만원인 근로자가 3일간 휴업한 경우

→ 1일분 휴업수당은 7만원(10만원×70%)이고, 3일간 휴업하였으므로 21만원(7만원×3일)을 휴업수당으로 지급해야 함.

ex. 1일 평균임금 10만원, 1일 통상임금 6만원인 근로자가 휴업한 경우

→ 원칙적인 1일분 휴업수당은 7만원(10만원×70%)이지만, 근기법 제46조 단서에 따라 휴업수당(7만원)이 통상임금(6만원)을 초과하는 경우에 해당하므로, 평균임금의 70%(7만원) 또는 통상임금 100%(6만원)를 휴업수당으로 지급할 수 있음.

2) 휴업기간 중에 임금의 일부를 받은 경우

「근로기준법 시행령」

제26조【휴업수당의 산출】 사용자의 귀책사유로 휴업한 기간 중에 근로자가 임금의 일부를 지급받

> 은 경우에는 사용자는 법 제46조 제1항 본문에 따라 그 근로자에게 평균임금에서 그 지급받은 임금을 뺀 금액을 계산하여 그 금액의 100분의 70 이상에 해당하는 수당을 지급하여야 한다. 다만, 법 제46조 제1항 단서에 따라 통상임금을 휴업수당으로 지급하는 경우에는 통상임금에서 휴업한 기간 중에 지급받은 임금을 뺀 금액을 지급하여야 한다.

근로자가 휴업기간 중에 사용자에게 임금의 일부를 지급받은 경우에는, '평균임금에서 지급받은 임금을 뺀 금액을 계산하여, 그 금액의 70% 이상에 해당하는 수당'을 휴업수당으로 지급한다. 다만, 통상임금을 휴업수당으로 지급하는 경우에는 통상임금에서 휴업기간 중에 지급받은 임금을 뺀 금액을 지급하여야 한다.

〈휴업기간 중에 임금의 일부를 받은 경우의 휴업수당 산정 방식〉

> **임금의 일부를 받은 경우의 휴업수당 = (평균임금 - 받은 임금) × 70%**
> **※ 다만, 통상임금을 휴업수당으로 지급하는 경우 = 통상임금 - 받은 임금**

ex. 1일 평균임금이 10만원이고 1일 통상임금이 6만원인 근로자가, 회사로부터 5만원의 임금을 지급받은 경우

→ 1일 평균임금(10만원)에서 지급받은 임금(5만원)을 뺀 금액(5만원=10만원-5만원)의 70%인 35,000원(5만원×70%)이 휴업수당임. 다만, 통상임금(6만원)을 휴업수당으로 지급하는 경우라면 통상임금(6만원)에서 지급받은 임금(5만원)을 뺀 금액(1만원=6만원-5만원)을 휴업수당으로 지급하면 됨.

3) 휴업기간 중에 중간수입이 있는 경우

휴업기간 중에 근로자에게 중간수입이 있는 경우, 휴업수당의 한도에서는 이를 중간수입 공제의 대상으로 삼을 수 없고 그 휴업수당을 초과하는 금액에서 중간수입을 공제해야 한다.[3)]

〈휴업기간 중에 중간수입이 있는 경우의 휴업수당 산정 방식〉

> **중간수입이 있는 경우의 휴업수당 = 휴업수당 - 휴업수당 초과 금액(중간수입 - 휴업수당)**

ex. 1일 평균임금이 10만원인 근로자가, 휴업기간 중 8만원의 수입이 있는 경우

→ 휴업수당 7만원(10만원×70%)을 초과하는 금액 1만원(8만원-7만원)을 휴업수당(7만원)에서 공제한 나머지 금액인 6만원(7만원-1만원)이 휴업수당임.

3) 대법원 2005.1.13. 선고 2004다37744 판결.

사용자의 귀책사유로 인하여 해고된 근로자가 해고기간 중에 다른 직장에 종사하여 얻은 이익(이른바 중간수입)은 민법 제538조 제2항에서 말하는 채무를 면함으로써 얻은 이익에 해당하므로, 사용자는 위 근로자에게 해고기간 중의 임금을 지급함에 있어 위의 이익의 금액을 임금액에서 공제할 수 있다. 공제에 있어서 근로자가 지급받을 수 있는 임금액 중 근로기준법 제38조(현행 제46조) 소정의 휴업수당의 한도에서는 이를 이익공제의 대상으로 삼을 수 없고, 그 휴업수당을 초과하는 금액에서 중간수입을 공제하여야 한다. 공제에 있어서 위 휴업수당을 초과하는 금액을 한도로 중간수입을 공제할 경우에도 중간수입이 발생한 기간이 임금지급의 대상으로 되는 기간과 시기적으로 대응하여야 하고 그것과는 시기적으로 다른 기간에 얻은 이익을 공제하여서는 안 된다(대법원 1991.6.28. 선고 90다카25277 판결).

4. 휴업수당의 감액

「근로기준법」

제46조【휴업수당】 ① 생략

② 제1항에도 불구하고 부득이한 사유로 사업을 계속하는 것이 불가능하여 노동위원회의 승인을 받은 경우에는 제1항의 기준에 못 미치는 휴업수당을 지급할 수 있다.

사용자에게 귀책사유가 있더라도 부득이한 사유로 사업을 계속하는 것이 불가능한 경우에는 노동위원회의 승인을 받아 평균임금의 70%에 미달(전혀 지급하지 않는 것도 가능)하는 휴업수당을 지급할 수 있다. 부득이한 사유로 사업을 계속하는 것이 불가능한 경우는 경기침체 등에 따라 지속적인 손실누적, 재무구조 악화, 부도발생 등으로 구조조정이 불가피한 사업장에서 근기법 제24조에 따른 경영상해고를 회피하기 위한 노력의 일환으로 조업을 중단할 수밖에 없는 정도이고, 사용자의 지배세력을 벗어나거나 불가항력적인 사유를 의미하는 것은 아니다.

- *사용자가 노동위원회로부터 기준미달 휴업수당지급 승인을 얻은 경우에는 평균임금의 70% 이하로 휴업수당을 지급하거나 수당을 전혀 지급하지 않을 수도 있다(대법원 2000.11.24. 선고 99다4280 판결).*
- *'부득이한 사유'라 함은 원칙적으로 경영악화 등이 당해사업의 외부 사정에 기인한 사유로써 사용자의 지배세력 범위에 있는 경우임. 그러나 경영악화 등을 초래한 원인이 순수하게 외부의 요인에 의해서만 발생하는 것은 아니므로 ① 내 · 외부 사정을 종합적으로 살펴 ② 사용자가 경영정상화를 위해 선량한 관리자로서 최선을 다하고 ③ 그것이 사회통념상 인정될 수 있는 경우에는 부득이*

한 사유가 있다고 볼 수 있을 것임. '사업계속이 불가능하다'는 것은 사용자로서 노력을 다하여도 조업을 일시 중지할 수밖에 없는 경우로써 기업도산이나 폐업 등에 이르는 상황을 요하는 것은 아님. 따라서 "부득이한 사유로 사업계속이 불가능"한 경우란 경기침체 등에 따라 지속적인 손실누적, 재무구조 악화, 부도발생 등으로 구조조정이 불가피한 사업장에서 경영상 해고회피 노력의 일환으로 조업을 중단할 수 밖에 없는 정도라고 봄이 상당하며, 사용자의 지배세력을 벗어나거나 불가항력적인 사유를 의미하는 것은 아님(고용노동부 2009.2.13., 근로기준과-387).

5. 휴업기간 중의 주휴일 및 연차유급휴가 부여방법

사용자의 귀책사유로 휴업한 기간 중의 주휴일 및 연차유급휴가는 다음의 기준에 따라 부여한다.

〈휴업기간 중의 주휴일 및 연차유급휴가 발생 여부〉[4]

구 분		적 용
주휴일	1주간의 소정근로일 일부만 휴업한 경우	휴업일을 제외한 1주의 소정근로일 전부를 개근하였다면 유급 주휴일 발생
	1주간의 소정근로일 전부를 휴업한 경우	1주간 전부를 휴업한 경우에는 유급주휴일은 발생하지 않음 (다만, 소정근로일 개근 시 부여하는 유급주휴일도 휴업기간에 포함하여 휴업수당을 산정[5])
연차유급휴가	소정근로일 일부만 휴업한 경우	휴업일을 제외한 소정근로일 전부를 개근하였다면 연차유급휴가 발생
	소정근로일 전부를 휴업한 경우	대상기간 전부를 휴업한 경우에는 연차유급휴가는 발생하지 않음

※ '휴업'은 근로자가 근로계약에 따라 근로를 제공할 의사가 있음에도 불구하고 그 의사에 반하여 근로를 제공하지 못한 경우를 말하는 것이므로, 토요일이 무급휴일(휴무일)로서 근로제공의무가 없는 날인 경우라면 근기법 제46조의 휴업에 해당하지 않으므로 달리 정한 바가 없다면 휴업수당 지급의무는 발생하지 않음(고용노동부, 2015.4.10., 근로기준정책과-1448).

4) 고용노동부, 「휴업수당제도 해석 기준(지침)」, 2009.2.13. 제정, 근로기준과-387; 고용노동부, 1998.6.5., 근기 68207-1138.

5) 사용자의 귀책사유로 휴업하는 휴업기간 중 유급휴일(약정휴일 포함)이 포함되었을 경우의 휴업수당은 해당 휴일을 포함하여 산정하여야 한다(고용노동부, 2009.3.10., 근로조건지도과-1418; 고용노동부 2008.7.16., 근로조건지도과-2582)

근로기준법 제46조에서 정하는 '휴업'은 근로자가 근로계약에 따라 근로를 제공할 의사가 있음에도 불구하고 그 의사에 반하여 근로를 제공하지 못하는 경우를 말하는 것이므로(같은 취지: 대법원 2009.9.10. 선고 2007다10440 판결 등 참조), 근로제공의무가 없는 날은 근로기준법 제46조의 휴업에 해당하지 않습니다(같은 취지: 근로기준정책과-1448, 2015.4.10. 참조). 한편, '휴일'은 일반적으로 사용자의 지휘명령으로부터 완전히 벗어나 근로를 제공하지 아니하는 날로서 근로제공의 의무가 없는 날을 말하며, '휴일의 대체'는 취업규칙 등에 정해진 휴일을 근로일로 하고 대신 통상의 근로일을 휴일로 교체하는 것으로, 휴일이 적법하게 대체되면 원래의 휴일(A)은 통상의 근로일이 되고, 대체하기로 한 다른 날(B)이 휴일이 됩니다. 질의 내용만으로는 구체적인 사실관계를 알 수 없어 명확한 답변은 어려우나, 적법하게 휴일로 대체된 다른 날(B)은 근로제공의 의무가 없는 날이므로 이 날에 사업장 영업을 중단하였다고 하여 근로기준법 제46조의 사용자의 귀책사유에 의해 휴업한 날이 된다고 보기는 어려울 것으로 사료됩니다(고용노동부 2020.10.27., 근로기준정책과-4258).

제2절 임금 및 퇴직급여 등의 우선변제

1. 개 요

사용자가 도산 또는 파산[6]하거나 사용자의 재산이 다른 채권자에 의해서 압류 등 채권보전절차의 대상이 되는 경우에 근로자의 임금 및 퇴직급여 등을 일반채권자의 채권 또는 조세 · 공과금보다 우선하여 변제를 받게 함으로써, 근로자의 임금 및 퇴직급여 등을 보호하기 위하여 근기법 제38조 및 퇴직급여법 제12조는 임금 및 퇴직급여 등에 대해 우선변제 및 최우선변제를 규정하고 있다.

임금채권의 우선변제는 근로자의 최저생활을 보장하고자 하는 공익적 요청에서 예외적으로 일반 담보물권의 효력을 일부 제한하고 임금채권의 우선변제권을 규정한 것이다(대법원 1996.2.9. 선고 95다719 판결).

6) '도산 또는 파산'은 채무자가 그 채무를 완전히 갚을 수 없는 상태가 된 경우에, 그 채무자의 총재산을 나누어 모든 채권자에게 공평히 갚도록 하는 것을 목적으로 하는 재판의 절차이다. 채권자의 신청에 의하여 법원이 선고하면 선고된 후는 「채무자 회생 및 파산에 관한 법률」에 규정된 절차에 의하여 집행된다.

2. 임금 및 퇴직급여 등의 우선변제

「근로기준법」

제38조【임금채권의 우선변제】 ① 임금, 재해보상금, 그 밖에 근로관계로 인한 채권은 사용자의 총재산에 대하여 질권(質權) · 저당권 또는 「동산 · 채권 등의 담보에 관한 법률」에 따른 담보권에 따라 담보된 채권 외에는 조세 · 공과금 및 다른 채권에 우선하여 변제되어야 한다. 다만, 질권 · 저당권 또는 「동산 · 채권 등의 담보에 관한 법률」에 따른 담보권에 우선하는 조세 · 공과금에 대하여는 그러하지 아니하다.

「근로자 퇴직급여 보장법」(약칭: 퇴직급여법)

제12조【퇴직급여등의 우선변제】 ① 사용자에게 지급의무가 있는 퇴직금, 제15조에 따른 확정급여형퇴직연금제도의 급여, 제20조 제3항에 따른 확정기여형퇴직연금제도의 부담금 중 미납입 부담금 및 미납입 부담금에 대한 지연이자, 제25조 제2항 제4호에 따른 개인형퇴직연금제도의 부담금 중 미납입 부담금 및 미납입 부담금에 대한 지연이자(이하 "퇴직급여 등"이라 한다)는 사용자의 총재산에 대하여 질권 또는 저당권에 의하여 담보된 채권을 제외하고는 조세 · 공과금 및 다른 채권에 우선하여 변제되어야 한다. 다만, 질권 또는 저당권에 우선하는 조세 · 공과금에 대하여는 그러하지 아니하다.

1) 개 념

임금, 퇴직급여, 재해보상금 그 밖에 근로관계로 인한 채권은 사용자의 총재산에 대해 질권 · 저당권[7] 또는 「동산 · 채권 등의 담보에 관한 법률」에 따른 담보권에 따라 담보된 채권 외에는 조세 · 공과금 및 다른 채권에 우선하여 변제되어야 한다. 다만, 질권 · 저당권 또는 「동산 · 채권 등의 담보에 관한 법률」에 따른 담보권에 우선하는 조세 · 공과금[8]에 대하여는 그러하지 아니하다.

2) 우선변제의 대상

우선변제의 대상은 근로제공을 하고 실제로 지급받지 못한 임금, 사용자의 재산을 청산해

7) '질권'은 동산을 담보로 채무를 변제할 때까지 그 물건을 채권자가 가지고 있으면서 일반채권에 우선하여 채무를 변제받을 권리이고, '저당권'은 부동산을 담보로 하여 그 부동산에 대하여 일반채권에 우선하여 채무를 변제받을 권리이다.

8) 질권 · 저당권 또는 담보권에 우선하는 '조세'는 그 재산에 관하여 부과된 국세(國稅)와 가산금을 말하고(상속세, 증여세, 종합부동산세 등), '공과금'은 국가 · 공공단체에 의해 국민 등에게 부과되는 공적 부담을 총칭한다(부역 · 현품 · 공공조합의 조합비 · 도로사용료 · 하천사용료 등).

야 할 당시에 입은 업무상재해에 대한 각종 재해보상금, 기타 근로관계로 인한 채권(휴업수당, 보증금, 적립금, 저축금, 예치 또는 보관한 금품 등)이다. 또한 근로관계가 종료된 날을 기준으로 산정된 퇴직금 및 확정급여형퇴직연금의 급여, 확정기여형퇴직연금의 미납입 부담금 및 미납입 부담금에 대한 지연이자, 개인형퇴직연금의 미납입 부담금 및 미납입 부담금에 대한 지연이자 전부가 해당한다.[9]

3) 사용자의 총재산

사용자의 총재산은 근로계약의 당사자로서 임금 및 퇴직급여 채무를 부담하는 사업주인 사용자의 총재산을 의미한다. 따라서 사용자가 법인(法人)인 경우에는 법인 자체의 재산만을 가리키며 법인의 대표자 등 사업경영담당자의 개인재산은 이에 포함되지 않는다.

> *'사용자의 총재산'이라 함은 근로계약의 당사자로서 임금채무를 1차적으로 부담하는 사업주인 사용자의 총재산을 의미한다 할 것이고, 따라서 사용자가 법인인 경우에는 법인 자체의 재산만을 가리키며 법인의 대표자 등 사업경영담당자의 개인재산은 이에 포함되지 않는다고 봄이 상당하다. 따라서 합자회사가 회사 재산으로 채무를 완제할 수 없거나 또는 회사 재산에 대한 강제집행이 주효하지 못하여 결국 합자회사의 무한책임사원이 근로자들에 대한 회사의 임금채무를 변제할 책임을 지게 되었다 하더라도, 보충적인 위 책임의 성질이나 일반 담보권자의 신뢰보호 및 거래질서에 미치는 영향 등을 고려할 때 이를 회사가 사업주로서 임금채무를 부담하는 경우와 동일하다고 보아 무한책임사원 개인 소유의 재산까지 임금 우선변제권의 대상이 되는 사용자의 총재산에 포함된다고 해석할 수는 없다(대법원 1996.2.9. 선고 95다719 판결).*

3. 임금 및 퇴직급여 등의 최우선변제

> **「근로기준법」**
>
> **제38조【임금채권의 우선변제】** ① 생략
>
> ② 제1항에도 불구하고 다음 각호의 어느 하나에 해당하는 채권은 사용자의 총재산에 대하여 질권 · 저당권 또는 「동산 · 채권 등의 담보에 관한 법률」에 따른 담보권에 따라 담보된 채권, 조세 · 공과금 및 다른 채권에 우선하여 변제되어야 한다.

9) 퇴직금 및 확정급여형퇴직연금의 급여는 '계속근로기간 1년에 대하여 30일분의 평균임금'으로 계산한 금액으로 하고, 확정기여형퇴직연금 및 개인형퇴직연금의 부담금은 '연간 임금총액의 12분의 1에 해당하는 금액'으로 계산한 금액으로 한다.

1. 최종 3개월분의 임금
2. 재해보상금

「근로자 퇴직급여 보장법」(약칭: 퇴직급여법)

제12조【퇴직급여등의 우선변제】 ① 생략
② 제1항에도 불구하고 최종 3년간의 퇴직급여 등은 사용자의 총재산에 대하여 질권 또는 저당권에 의하여 담보된 채권, 조세 · 공과금 및 다른 채권에 우선하여 변제되어야 한다.
③ 퇴직급여 등 중 퇴직금, 제15조에 따른 확정급여형퇴직연금제도의 급여는 계속근로기간 1년에 대하여 30일분의 평균임금으로 계산한 금액으로 한다.
④ 퇴직급여 등 중 제20조 제1항에 따른 확정기여형퇴직연금제도의 부담금 및 제25조 제2항 제2호에 따른 개인형퇴직연금제도의 부담금은 가입자의 연간 임금총액의 12분의 1에 해당하는 금액으로 계산한 금액으로 한다.

1) 개 념

우선변제와 관계없이 최종 3개월분의 임금, 최종 3년간의 퇴직급여 및 재해보상금은 사용자의 총재산에 대하여 질권 · 저당권 또는 「동산 · 채권 등의 담보에 관한 법률」에 따른 담보권에 따라 담보된 채권, 조세 · 공과금 및 다른 채권에 우선하여 변제되어야 한다.

2) 최우선변제의 대상

(1) 최종 3개월분의 임금

최종 3월분의 임금은 근로자와 사용자의 근로관계가 종료되었다면 그 날을 기준으로 소급하여 3개월 사이에 지급사유가 발생한 임금 중 미지급된 임금을 의미한다.

- *근로기준법 제37조(현행 제38조) 제2항의 규정에 의거 임금채권 우선변제가 되는 최종 3개월분의 임금이란 '근로자의 퇴직일 또는 사실상 근로관계가 종료된 날부터 소급하여 3개월간'의 근로로 인하여 지급사유가 발생한 일체의 임금을 말함(고용노동부, 2001.4.3., 임금 68207-241).*
- *근로기준법 제38조 제2항은 근로자의 최저생활을 보장하고자 하는 공익적 요청에서 일반 담보물권의 효력을 일부 제한하고 최종 3개월분의 임금과 재해보상금에 해당하는 채권의 우선변제권을 규정한 것이므로, 합리적 이유나 근거 없이 그 적용대상을 축소하거나 제한하는 것은 허용되지 아니한다. 그런데 근로기준법 제38조 제2항은 최종 3개월분의 임금채권은 같은 조 제1항에도 불구하고 사용자의 총재산에 대하여 질권 또는 저당권에 따라 담보된 채권에 우선하여 변제되어야 한*

다고 규정하고 있을 뿐, 사용자가 그 사용자 지위를 취득하기 전에 설정한 질권 또는 저당권에 따라 담보된 채권에는 우선하여 변제받을 수 없는 것으로 규정하고 있지 아니하므로, 최종 3개월분의 임금채권은 사용자의 총재산에 대하여 사용자가 그 사용자 지위를 취득하기 전에 설정한 질권 또는 저당권에 따라 담보된 채권에도 우선하여 변제되어야 한다(대법원 2011.12.8. 선고 2011다68777 판결).

(2) 재해보상금

사용자의 재산을 청산해야 할 당시에 입은 업무상재해와 관련한 각종 재해보상금이 해당한다.[10)]

(3) 최종 3년간의 퇴직급여

최종 3년간의 퇴직급여는 근로관계가 종료된 날을 기준으로 산정된 퇴직금 및 확정급여형퇴직연금의 급여, 확정기여형퇴직연금의 미납입 부담금 및 미납입 부담금에 대한 지연이자, 개인형퇴직연금의 미납입 부담금 및 미납입 부담금에 대한 지연이자 중에서 근로관계가 종료된 날을 기준으로 소급한 최종 3년간의 퇴직급여이다. 다만, 퇴직금 및 확정급여형퇴직연금의 급여는 '계속근로기간 1년에 대하여 30일분의 평균임금'으로 계산한 금액으로 하고, 확정기여형퇴직연금 및 개인형퇴직연금의 부담금은 '연간 임금총액의 12분의 1에 해당하는 금액'으로 계산한 금액으로 한다.

경매개시결정등기 전에 등기되고 매각으로 소멸하는 근저당권자는 배당요구를 하지 않더라도 당연히 배당을 받을 수 있는 채권자로서 배당요구 없이도 등기부상 기재된 채권최고액의 범위 내에서 그 순위에 따른 배당을 받을 수 있는데, 우선변제권이 있는 임금채권자가 현재 및 장래의 임금이나 퇴직금 채권을 피담보채권으로 하여 사용자의 재산에 관한 근저당권을 취득한 경우 배당요구의 종기까지 우선권 있는 임금채권임을 소명하지 않았다고 하더라도 배당표가 확정되기 전까지 그 피담보채권이 우선변제권이 있는 임금채권임을 소명하면 최종 3개월분의 임금이나 최종 3년간의 퇴직금 등에 관한 채권에 대하여는 선순위 근저당권자 등 보다 우선배당을 받을 수 있음. 다만 근저당권 설정 없이 우선변제권이 있는 임금채권자로서 배당요구의 종기까지 배당요구를 한 경우와 마찬가

10) 근로자를 사용하는 모든 사업장은 「산업재해보상보험법」의 당연적용 사업장이므로(농업, 벌목업을 제외한 임업, 어업 및 수렵업 중 법인이 아닌 자의 사업으로서 상시근로자 5명 미만 사업장은 당연적용 아님), 현실적으로 산업재해와 관련해서는 근기법 제8장(제78조~제92조)의 재해보상 규정보다는 특별법인 「산업재해보상보험법」이 우선 적용되어 재해보상금이 우선변제의 대상이 될 여지는 적다.

지로, 근저당권의 피담보채권이 우선권 있는 임금채권임을 소명함으로써 선순위 근저당권자 등 보다 우선배당을 받을 수 있는 최종 3개월분의 임금은 배당요구의 종기에 이미 근로관계가 종료된 근로자의 경우에는 근로관계 종료일부터, 배당요구의 종기 당시에도 근로관계가 종료되지 않은 근로자의 경우에는 배당요구의 종기부터 소급하여 3개월 사이에 지급사유가 발생한 임금 중 미지급분을 말하는 것이고, 최종 3년간의 퇴직금도 배당요구 종기일 이전에 퇴직금 지급사유가 발생하여야 한다(대법원 2015.8.19. 선고 2015다204762 판결).

〈임금 및 퇴직급여 등의 변제 순위〉

1순위: 최종 3월분의 임금, 최종 3년간의 퇴직급여, 재해보상금 → **최우선변제**
2순위: 질권 · 저당권 또는 「동산 · 채권 등의 담보에 관한 법률」에 따른 담보권에 우선하는 조세 · 공과금
3순위: 질권 · 저당권 또는 「동산 · 채권 등의 담보에 관한 법률」에 따른 담보권에 의하여 담보된 채권
4순위: 1순위(최우선변제) 외의 임금 · 퇴직급여, 기타 근로관계로 인한 채권 → **우선변제**
5순위: 일반 조세 · 공과금
6순위: 기타 채권(일반채권)

※ 근로자가 (최)우선변제의 권리를 주장하기 위해서는 「민사집행법 제88조 제1항」[11]에 따라 배당요구 종기시점까지 배당요구를 하여야 함.

〈임금변제 순위 및 금액 사례〉

■ 사실관계

- A회사는 2000년 1월 1일에 설립된 전자부품을 제조하는 곳으로, 경영상 어려움으로 2025년 1월 1일 폐업하면서, 10개월간 채용하였던 甲을 포함한 근로자 10명과 근로계약도 종료하였음.
- 폐업 당시 A회사 소유의 토지 및 건물이 있었으나, 이미 2023년 2월 1일에 은행(B)에 담보로 제공하고 1억원의 대출을 받았고, 대출금은 폐업일까지 전액 변제하지 못하였음.
- A회사가 폐업하자 은행(B)의 임의경매 신청으로 토지 및 건물은 2억원에 매각되었음.
- 경매절차에는 대한민국 정부가 국세(國稅) 5천만원의 배당신청을 하였음.
- 甲을 포함한 근로자 10명의 임금은 재직기간 동안 매월 300만원이었고, 甲을 포함한 근로자 10명은 재직기간 10개월 동안 임금을 전혀 지급받지 못하였음.

11) **제88조【배당요구】** ① 집행력 있는 정본을 가진 채권자, 경매개시결정이 등기된 뒤에 가압류를 한 채권자, 민법 · 상법, 그 밖의 법률에 의하여 우선변제청구권이 있는 채권자는 배당요구를 할 수 있다.

■ 변제 순위 및 금액
⇒ 1순위(최우선변제): 근로자 10명의 최종 3개월분 임금: 10명×300만원×3개월=9천만원
2순위: 대한민국 국세: 5천만원
3순위: 은행(B)에 의하여 담보된 채권: 6천만원(2억 - 9천만원 - 5천만원)
※ 4순위 이하 채권자는 토지 및 건물 매각대금에서 1~3순위 채권자가 (최)우선적으로 변제받은 후 잔액이 없어 변제받을 수 있는 금액이 없음.

제3절 임금채권 보장제도

1. 개 요

1) 대지급금의 개념

「임금채권보장법」(약칭: 임채법)

제1조【목적】 이 법은 경기 변동과 산업구조 변화 등으로 사업을 계속하는 것이 불가능하거나 기업의 경영이 불안정하여, 임금등을 지급받지 못하고 퇴직한 근로자 등에게 그 지급을 보장하는 조치를 마련함으로써 근로자의 생활안정에 이바지하는 것을 목적으로 한다.

근기법 제38조 및 퇴직급여법 제12조의 우선변제 및 최우선변제는 사업주가 변제능력이 없거나, 변제시에도 법원의 경매절차 등을 거쳐야 하는 관계로 임금이나 퇴직급여 채권을 확보하는데 한계가 있다. 이러한 한계를 극복하기 위하여 「임금채권보장법」(이하 '임채법'이라 함[12])에 따라 근로자가 기업의 도산 등으로 인하여 임금이나 퇴직급여 등을 받지 못한 경우 국가(고용노동부)가 사업주를 대신하여 일정 범위의 체불 임금이나 퇴직급여 등을 지급하고, 사업주에게 구상권을 행사하여 근로자의 기본적인 생활안정을 도모하는 것으로 '체불 임금 등 대지급금'(이하 '대지급금'이라 함)을 운용하고 있다.

12) 경기 변동과 산업구조 변화 등으로 사업을 계속하는 것이 불가능하거나 기업의 경영이 불안정하여, 임금 및 퇴직급여 등을 지급받지 못한 근로자 등에게 그 지급을 보장하는 조치를 마련함으로써 근로자의 생활안정에 이바지하는 것을 목적으로 근기법 및 퇴직급여법과는 별도로 「임금채권보장법」, (1998.2.20. 제정)을 1998.7.1.부터 시행하고 있다.

2) 대지급금의 보호

> **「임금채권보장법」(약칭: 임채법)**
> **제11조의2【수급권의 보호】** ① 제7조 또는 제7조의2에 따른 대지급금을 지급받을 권리는 양도 또는 압류하거나 담보로 제공할 수 없다.
> ② 대지급금의 수령은 대통령령으로 정하는 바에 따라 위임할 수 있다.
> ③ 미성년자인 근로자는 독자적으로 대지급금의 지급을 청구할 수 있다.
> ④ 대지급금수급계좌의 예금에 관한 채권은 압류할 수 없다.

대지급금의 권리는 양도 또는 압류(대지급금 수급계좌의 예금에 관한 채권 포함)하거나 담보로 제공할 수 없고, 미성년자인 근로자는 독자적으로 대지급금의 지급을 청구할 수 있다.

2. 대지급금의 적용범위

1) 대상 사업주

> **「임금채권보장법」(약칭: 임채법)**
> **제3조【적용 범위】** 이 법은 「산업재해보상보험법」 제6조에 따른 사업 또는 사업장(이하 "사업"이라 한다)에 적용한다. 다만, 국가와 지방자치단체가 직접 수행하는 사업은 그러하지 아니하다.
>
> > **「임금채권보장법 시행령」**
> > **제8조【사업주의 기준】** ① 근로자가 도산대지급금을 받을 수 있는 사업주는 법 제3조에 따라 법의 적용대상이 되어 6개월 이상 해당 사업을 한 후에 법 제7조 제1항 제1호부터 제3호까지의 어느 하나에 해당하는 사유가 발생한 사업주로 한다.

대지급금은 「산업재해보상보험법」 제6조[13]의 적용사업장으로 6개월 이상 해당 사업을 하고 회생절차 개시의 결정이나 파산선고의 결정(재판상 도산), 고용노동부장관이 정한 요건과 절차에 따라 미지급 임금 등을 지급할 능력이 없다고 인정한 경우(사실상 도산), 사업주가 근로자에게 미지급 임금 등을 지급하라라는 판결 등이 있는 경우에 적용한다.

---

13) 제6조【적용 범위】 이 법은 근로자를 사용하는 모든 사업 또는 사업장(이하 "사업"이라 한다)에 적용한다. 다만, 위험률 · 규모 및 장소 등을 고려하여 대통령령으로 정하는 사업에 대하여는 이 법을 적용하지 아니한다.

2) 대상 근로자

대지급금은 대상 사업장에서 퇴직한 근로자 또는 재직 중인 근로자 모두에게 적용된다(임채법 제7조 및 제7조의2).

3. 대지급금의 지급사유

고용노동부장관은 사업주가 다음 사유의 어느 하나에 해당하는 경우에 근로자가 받지 못한 임금 등의 지급을 청구하면 제3자의 변제에 관한 「민법」 제469조[14]에도 불구하고 그 근로자의 미지급 임금 등을 사업주를 대신하여 지급한다(임채법 제7조 제1항 및 제7조의2 제1항).

〈대지급금 지급 사유〉

퇴직근로자	재직근로자
① 「채무자 회생 및 파산에 관한 법률」에 따른 회생절차개시의 결정이 있는 경우 ② 「채무자 회생 및 파산에 관한 법률」에 따른 파산선고의 결정이 있는 경우 ③ 고용노동부장관이 정한 요건과 절차에 따라 미지급 임금 등을 지급할 능력이 없다고 인정하는 경우 ④ 사업주가 근로자에게 미지급 임금등을 지급하라는 다음 각 목의 어느 하나에 해당하는 판결, 명령, 조정 또는 결정 등이 있는 경우 가. 「민사집행법」 제24조에 따른 확정된 종국판결 나. 「민사집행법」 제56조 제3호에 따른 확정된 지급명령 다. 「민사집행법」 제56조 제5호에 따른 소송상 화해, 청구의 인낙(認諾) 등 확정판결과	① 사업주가 근로자에게 미지급 임금 등을 지급하라는 다음 각 목의 어느 하나에 해당하는 판결, 명령, 조정 또는 결정 등이 있는 경우 가. 「민사집행법」 제24조에 따른 확정된 종국판결 나. 「민사집행법」 제56조 제3호에 따른 확정된 지급명령 다. 「민사집행법」 제56조 제5호에 따른 소송상 화해, 청구의 인낙(認諾) 등 확정판결과 같은 효력을 가지는 것 라. 「민사조정법」 제28조에 따라 성립된 조정 마. 「민사조정법」 제30조에 따른 확정된 조정을 갈음하는 결정 바. 「소액사건심판법」 제5조의7 제1항에 따른 확정된 이행권고결정 ② 고용노동부장관이 근로자에게 체불임금 등과

14) 「민법」 제469조 【제삼자의 변제】 ① 채무의 변제는 제삼자도 할 수 있다. 그러나 채무의 성질 또는 당사자의 의사표시로 제삼자의 변제를 허용하지 아니하는 때에는 그러하지 아니하다. ② 이해관계 없는 제삼자는 채무자의 의사에 반하여 변제하지 못한다.

같은 효력을 가지는 것 마. 「민사조정법」 제30조에 따른 확정된 조정을 갈음하는 결정 바. 「소액사건심판법」 제5조의7 제1항에 따른 확정된 이행권고결정 ⑤ 고용노동부장관이 근로자에게 체불임금 등과 체불사업주 등을 증명하는 서류("체불 임금 등 · 사업주 확인서"라 함)를 발급하여 사업주의 미지급임금 등이 확인된 경우	체불사업주 등을 증명하는 서류("체불 임금 등 · 사업주 확인서"라 함)를 발급하여 사업주의 미지급임금 등이 확인된 경우

※ 퇴직 전 월평균보수가 350만원(퇴직일이 속하는 연도 기준) 이하이면서 상시근로자가 30명 미만인 사업장에서 퇴직한 근로자는 공인노무사로부터 대지급금 청구서 작성 등에 대하여 무료로 지원받을 수 있음.

4. 대지급금의 지급액

1) 개 요

대지급금의 종류는 도산대지급금과 간이대지급금으로 구분되며, 대지급금은 고용노동부가 고시[15]하는 기준에 따라 지급된다. 도산대지급금은 퇴직근로자에게만 지급되고, 간이대지급금은 퇴직근로자와 재직근로자 모두에게 지급된다.

2) 도산대지급금

도산대지급금의 범위는 최종 3개월분의 임금, 최종 3년간의 퇴직급여 등, 최종 3개월분 휴업수당, 최종 3개월분 출산전후휴가 급여이고, 근로자의 퇴직 당시의 나이 등을 고려하여 다음과 같이 보장된다.

〈도산대지급금의 범위〉 (단위: 만원)

퇴직당시 연령 항 목	30세 미만	30세 이상 40세 미만	40세 이상 50세 미만	50세 이상 60세 미만	60세 이상
임금	220	310	350	330	230

15) 고용노동부 고시 제2021-81호, '체불 임금등 대지급금 상한액 고시', 2021.10.14.

퇴직급여등	220	310	350	330	230
휴업수당	154	217	245	231	161
출산전후휴가기간 중 급여	310				

※ 임금 · 휴업수당 · 출산전후휴가기간 중 급여는 1월분, 퇴직급여 등은 1년분 기준임.

3) 간이대지급금

간이대지급금의 범위는 최종 3개월분의 임금 · 출산전후휴가기간 중 급여 · 휴업수당, 최종 3년간의 퇴직급여 등이고 근로자의 임금이나 소득수준 및 그 밖의 생활여건 등을 고려하여 다음과 같이 정한다.

〈간이대지급금의 범위〉 (단위: 만원)

항 목	상한액
임금 · 출산전후휴가기간 중 급여, 휴업수당	700
퇴직급여 등	700

※ 총상한액은 1,000만원으로 하고, 퇴직급여 등은 퇴직근로자에 한하여 적용됨.
※ 재직근로자에게 해당 사업장에 근로하는 동안 1회만 적용됨.

〈대지급금과 최우선변제 사례〉

■ 사실관계

- A회사는 2022년 1월 1일에 설립된 전자부품을 제조하는 곳으로, 경영상 어려움으로 2026년 1월 1일 폐업하였고, 4년(2022.1.1.~2025.12.31.)간 재직한 근로자(퇴직 당시 만 45세)와 근로계약도 종료하면서, 임금(6개월분)과 퇴직금(4년분) 전액을 지급하지 못하였음.
- 폐업 당시 A회사의 재산은 토지(100㎡)가 유일하였으나, 이미 2023년 1월 1일에 은행(B)에 토지를 담보로 제공하고 1억원의 대출을 받았으나, 대출금은 폐업일까지 전액 변제하지 못하였음
- A회사 폐업 후 은행(B)의 임의경매로 토지는 제3자에게 1억 5천만원에 매각되었음/경매절차에 대한민국 정부가 국세(國稅) 3천 5백만원의 배당신청을 하였음
- 근로자의 체불임금: 2025년 6개월분(7월~12월) 3천만원(500만원×6개월)
- 근로자의 체불퇴직금: 재직기간(4년)에 대한 2천만원(1년분 퇴직금은 500만원으로 가정함)

■ 대지급금액

⇒ 도산대지급액의 한도: 40세 이상~50세 미만: 350만원(임금은 1개월분, 퇴직금은 1년분 기준)

⇒ 임금에 대한 도산대지급액: 최종 3개월분 미지급 임금(1천 5백만원=500만원×3개월)에서 한도 금액(1천 5십만원=350만원×3월)까지 보호
⇒ 퇴직금에 대한 도산대지급액: 최종 3년분 미지급 퇴직금(1천 5백만원=500만원×3년)에서 한도 금액(1천 5십만원=350만원×3년)까지 보호

■ 최우선변제 순위 및 금액
⇒ 임의경매를 통한 토지 매각금액: 1억 5천만원
⇒ 1순위: 최종 3월분 임금: 1천 5백만원=500만원×3월
최종 3년분 퇴직금: 1천 5백만원=500만원×3년
2순위: 대한민국 국세: 3천 5백만원
3순위: 은행(B)에 의하여 담보된 채권: 8천 5백만원(1억 5천만원 - 3천만원 - 3천 5백만원)
4순위: 최우선변제 외의 임금 및 퇴직급여: 0원

■ 대지급금액과 최우선변제금액 비교

구 분	최종 3월(년) 임금(퇴직금)	최종 2월(년) 임금(퇴직금)	최종 1월(년) 임금(퇴직금)	3월(년) 임금(퇴직금) 초과	총체불 임금 (퇴직금)
체불액	500만원	500만원	500만원	1천 500만원	3천만원 (2천만원)
대지급금액	350만원	350만원	350만원	0	-
최우선변제액	500만원	500만원	500만원	0	-

제4절 임금 및 퇴직금의 소멸시효

1. 소멸시효

「근로기준법」

제49조【임금의 시효】 이 법에 따른 임금채권은 3년간 행사하지 아니하면 시효로 소멸한다.

「근로자 퇴직급여 보장법」(약칭: 퇴직급여법)

제10조【퇴직금의 시효】 이 법에 따른 퇴직금을 받을 권리는 3년간 행사하지 아니하면 시효로 인하여 소멸한다.

임금 및 퇴직금 채권은 3년간 행사하지 아니하면 시효[16]로 인하여 소멸한다. 소멸시효가 적용되는 임금의 범위는 근기법 제2조 제1항 제5호에 따른 임금을 의미하고, 퇴직금은 퇴직급여법 제8조에 규정된 법정 퇴직금을 의미한다.[17]

※ '퇴직연금제도'는 사용자가 퇴직급여 지급을 위한 재원을 사외(퇴직연금사업자)에 적립하고, 근로자는 퇴직 시 금융기관에서 적립금을 연금 또는 일시금으로 지급받는 제도로서 퇴직연금사업자와 자산관리 업무에 대해 근로자를 피보험자 또는 수익자로 하는 보험계약 또는 신탁계약을 체결하여 운영됨. 퇴직급여법에는 퇴직연금 가입 근로자가 퇴직연금사업자에게 퇴직급여를 청구할 수 있는 시효에 대해 별도로 정하고 있지 않으므로, 「보험업법」 및 「신탁법」에서 정하고 있는 보험계약과 신탁계약의 소멸시효를 적용할 수 있음(고용노동부 2020.4.22., 퇴직연금복지과-1822).

- *임금채권의 소멸시효는 근로기준법 제49조에 3년으로 규정되어 있는바, 이는 그 기간 내에 근로자가 임금채권을 행사하지 않으면 그 권리를 잃는다는 것을 의미함(고용노동부 2011.4.8., 근로개선정책과-702).*
- *시효제도의 존재이유는 영속된 사실상태를 존중하고 권리 위에 잠자는 자를 보호하지 않는다는 데에 있고 특히 소멸시효에 있어서는 후자의 의미가 강함((대법원 1992.3.31. 선고 91다32053 전원합의체 판결).*
- *「근로자퇴직급여 보장법」에는 퇴직연금 가입자가 퇴직급여를 청구할 수 있는 시효에 대해 별도로 정하고 있지 않으나, 퇴직연금은 퇴직급여제도의 한 종류이며 퇴직연금은 사용자가 근로자의 퇴직급여 수익을 위해 설정 · 가입하는 제3자를 위한 계약으로 사용자가 퇴직급여 지급의무에 해당하는 부담금을 전액 납입한 경우에는 퇴직금의 소멸시효(3년)를 적용할 수 있을 것으로 판단됩니다(고용노동부 2021.5.31., 퇴직연금복지과-2504).*
- *임금 및 퇴직금채권에 대한 단기소멸시효의 설정은 기업거래의 안전과 법적 안정성을 도모하기 위한 것으로서 그 입법목적의 정당성이 인정되며, 소멸시효기간을 3년으로 제한한 것은, 민법상 일반채권에 대한 소멸시효기간인 10년보다는 짧으나 민법상 급료채권 기타 1년 이내의 기간으로 정한 금전 또는 물건의 지급을 목적으로 하는 채권의 소멸시효기간 3년과 동일하고, 노역인 · 연예인의 임금 및 그에 공급한 물건의 대금채권의 소멸시효기간 1년보다 긴 점, 임금 내지 퇴직금채권에 대한 단기소멸시효기간이 1974. 12. 24. 개정으로 2년에서 3년으로 늘어난 점, 근로자명부 기타 근로계약에 관한 중요한 서류의 보존기간을 3년으로 규정하고 있는 점, 민법 제165조가 단기소*

16) 시효는 일정한 사실관계가 일정기간 계속되어 온 경우에 그 사실관계가 진정한 권리관계와 부합하는지를 묻지 않고 법률상 사실관계에 대응하는 법률효과를 인정하여 주는 제도이다. 시효는 소멸시효(권리가 소멸)와 취득시효(권리를 취득)가 있고, 노동법에는 소멸시효만 규정하고 있다. 취득시효와 관련해서는 「민법」 제245조 이하에서 규정하고 있는데 '부동산'은 20년간, '동산'은 10년간 소유의 의사로 평온 · 공연하게 점유(부동산은 등기 필요)하면 소유권을 취득한다.

17) 퇴직급여는 퇴직으로 인해 지급사유가 발생하므로 사용자가 부담금을 미납한 경우 미납 부담금에 대한 소멸시효는 퇴직일로부터 기산하여야 하고(고용노동부, 2019.2.27., 퇴직연금복지과-967), 확정기여형 퇴직연금제도(DC)에서 가입자(근로자)의 사용자에 대한 부담금 부족분의 청구권은 퇴직급여법 제20조 제5항에 의해 인정되는 법정청구권으로서, 민사채권의 소멸시효인 10년의 기간이 적용된다(고용노동부 2019.10.22., 퇴직연금복지과-4481).

멸시효에 걸리는 채권이라도 확정판결을 받은 경우에는 10년으로 시효소멸 되도록 규정하고 있어 필요한 경우 근로자가 소를 제기함으로써 그 소멸시효기간을 연장할 수 있는 점 등을 종합하면 특별히 짧다거나 불합리하다고 할 수 없으며, 따라서 입법재량의 범위를 현저히 일탈하였다거나 다른 일반채권들에 비하여 근로자에 대해서만 특별히 차별대우를 하고 있다고 볼 수 없다(헌법재판소 1998.6.25. 선고 96헌바27 결정).

2. 소멸시효의 기산일

임금 및 퇴직금의 소멸시효는 근기법 등 노동법에 규정되어 있지 않다. 따라서 임금 및 퇴직금의 소멸시효는 민법 제166조 제1항[18]에 따라 채권을 행사할 수 있는 날부터 기산한다.

- *〈사업주가 근로자에게 9년분 임금 전액을 지급하지 아니하여 근로기준법 제36조 위반혐의로 처벌할 경우 임금채권 소멸시효의 기산점 산정방법에 대하여〉 소멸시효의 기산점에 대해서는 근로기준법에 규정하고 있지 않으므로 민법 제166조에 의하여야 할 것인 바, 임금은 임금정기지급일이 기산일이 됨. 따라서, 귀 지청 질의 내용만으로 볼 때 임금정기지급일로부터 각각 소멸시효의 완성 여부를 산정하는 것이 타당함(고용노동부 2011.4.8., 근로개선정책과-702).*
- *임금채권의 소멸시효는 근로기준법 제48조(현행 제49조)에 3년으로 규정되어 있는 바, 이는 그 기간 내에 근로자(또는 대리인)가 임금채권을 행사하지 않으면 그 권리를 잃는다는 것을 의미함. 소멸시효의 기산점 및 소멸시효의 중단사유에 대해서는 근로기준법에 규정하고 있지 않으므로 민법에 의하여야 할 것이며, 임금채권의 행사(소멸시효의 완성 여부 등)도 민사상의 절차에 의하여야 할 것임(고용노동부 2001.11.27., 임금 68200-815).*
- *임금채권의 시효기간은 그 채권을 행사할 수 있는 날로부터 진행하므로 '상여금채권'은 그 상여금에 관한 권리가 발생하는 때부터, '월차 및 연차휴가'에 관한 권리는 근로자가 근로를 개시한 날에서 1일 또는 1년간의 근로를 마친 날로부터 진행된다(대법원 1980.5.13. 선고 79다2322 판결).*
- *직원인 근로자가 퇴직금 수령 등 일체의 퇴직절차를 행하지 않고 이사로 선임되어 근무기간의 단절없이 계속 근무하였다면 이사로 선임된 사실을 퇴직으로 볼 수는 없으며, 퇴직일은 이사로 근무하다 퇴직한 시점이 될 것이므로 이사로 선임된지 3년이 지났음을 이유로 임금채권의 소멸시효 문제는 발생하지 않음. 근로기준법 제34조에 규정한 퇴직금은 직원으로 근무한 기간(이사 근무기간 제외)에 대하여 지급하되, 직원으로 근무한 기간의 최종 3개월간의 임금총액을 그 기간의 총일수로 나누어 산정한 평균임금을 기초로 산정하여야 하며, 이사로 근무한 기간에 대한 퇴직금은 회사의 정관에서 규정한 퇴직금 지급기준에 의하여 처리하여야 할 것으로 사료됨(고용노동부 2000.9.30., 근기 68207-3003).*

18) 제166조 【소멸시효의 기산점】 ① 소멸시효는 권리를 행사할 수 있는 때로부터 진행한다.

〈금품별 소멸시효의 기산일〉

금품 구분	소멸시효의 기산일
임금	임금의 정기지급일 다음 날
상여금	상여금에 관한 권리가 발생한 때
연차유급휴가 미사용 수당	연차유급휴가 미사용 수당 청구권이 발생한 날
퇴직금	퇴직일(근로관계 종료일 다음날)

※ 「미지급 중간정산(중도인출) 퇴직급여의 소멸시효 기산일 변경」(2020.8.5.) 지침에 따르면 계산 착오 등으로 미지급된 중간정산 퇴직급여의 소멸시효(3년)는 중간정산일부터 기산되므로, 계산 착오 등으로 미지급된 중간정산 퇴직급여는 중간정산일로부터 3년 도과 시 체불 퇴직급여에 포함되지 않음(고용노동부 2021.7.5., 퇴직연금복지과-3065).

3. 소멸시효의 중단

소멸시효의 중단[19]은 소멸시효가 진행되는 도중에 근로자가 권리행사를 하거나, 사용자가 임금 및 퇴직금 채무의 존재를 승인하는 등 소멸시효의 진행을 중지하는 사정이 발생하면 더 이상 소멸시효가 진행되지 않고 멈추는 것을 말한다. 소멸시효의 중단에 대하여는 근기법 등 노동법에 규정되어 있지 않으므로 「민법」 제168조(소멸시효의 중단사유)부터 제177조(승인과 시효중단)의 규정에 따라 적용된다.

※ 소멸시효의 중단에 관한 입증책임은 근로자에게 있음.

- *소멸시효제도는 권리자가 그 권리를 행사할 수 있는데도 일정한 기간 동안 권리를 행사하지 않는 상태 즉 권리불행사의 상태가 계속되는 경우 그 자의 권리를 소멸시키는 제도인 만큼, 어떤 청구권을 가진 권리자가 그중 특정이 가능한 일부에 관하여만 청구를 하고 나머지 부분에 관하여는 청구를 하지 않은 경우 나머지 부분에 대하여는 시효중단의 효력이 발생하지 않는다(대법원 2012.11.15. 선고 2010두15469 판결).*
- *근로기준법 제41조(현행 제49조)에 따라 임금채권은 3년간 행사하지 아니한 때에는 시효로 인하여 소멸되는 것이며, 동 채권의 시효중단 사유에 대하여는 근로기준법령상 별도의 정함이 없으므로 민법 제168조(소멸시효 중단사유)에 따라 청구나 압류 또는 가압류, 가처분 및 승인의 경우에 한하는 것임(고용노동부 1987.10.13., 근기 01254-16276).*

19) 소멸시효의 '중단'은 중단사유 이전에 진행된 기간과 중단사유 이후에 진행된 기간을 합산하지 않고 이미 진행된 시효기간은 무효로 하고 새로이 시효기간이 진행된다. 반면에 소멸시효의 '정지'는 정지사유 이전에 진행된 기간과 정지사유 이후에 진행된 기간을 합산한다.

- *교직원의 학교법인을 상대로 한 의원면직처분무효확인청구의 소도 교직원의 학교법인에 대한 급여청구의 한 실현수단이 될 수 있어 소멸시효의 중단사유로서의 재판상 청구에 해당한다(대법원 1994.5.10. 선고 93다61606 판결).*

〈소멸시효의 중단사유〉

사 유	내 용	
청구	재판상 청구	채권자(근로자)가 채무자(사용자)를 상대로 소를 제기하는 것
	파산절차 참가	채권자(근로자)가 파산재단의 배당에 참가하기 위하여 그의 채권을 신고하는 것
	지급명령	채권자(근로자)의 청구의 취지에 일치하는 목적물의 지급을 명하는 내용의 재판
	화해신청과 임의출석	채권자(근로자)가 채무자(사용자)에게 화해를 신청한 때, 당사자 쌍방이 임의로 법원에 출석하여 구두로 소를 제기하고 변론
	최고	채무자(사용자)에 대하여 채무이행을 구한다는 채권자(근로자)의 의사통지로서, 상대방(사용자)에게 도달한 때에 시효중단의 효력이 발생
압류 · 가압류 · 가처분	압류	금전채권의 실행을 위해 집행기관이 확정판결, 그 밖의 집행권원에 기하여 채무자(사용자) 재산의 처분을 금하는 강제집행
	가압류	금전채권이나 금전으로 환산할 수 있는 채권을 집행을 보전하기 위하여 채무자(사용자)의 일반재산을 현상대로 유지시키는 것을 목적으로 행해지는 보전처분
	가처분	특정물에 대한 청구권을 가지는 채권자(근로자)가 장래의 집행보전을 위하여 채무자(사용자)의 처분을 금하고 그 보전에 필요한 조취를 취하는 것
승인	채무자(사용자)가 소멸시효의 완성으로 권리를 상실하게 될 사람(근로자)에게 그 권리가 존재함을 인식하고 있다는 뜻을 표시하는 것	

※ 고용노동부에 단순한 문의를 하거나, 진정 · 고소 등 신고사건 제기만으로는 시효가 중단되지 않음(고용노동부, 「체불사건 업무처리 요령」, 2016, 30쪽).

4. 공소시효

1) 개 념

공소시효는 범죄행위가 종료한 후 일정 기간이 경과할 때까지 그 범죄에 대하여 기소를 하지 않으면 소추권 및 형벌권을 소멸시키는 것이다.[20] 임금체불에 대한 공소시효는 5년이다(형사소송법 제249조 제1항 제5호).

> *공소시효는 형사소송법 제249조 제1항에 규정되어 있는 바, {장기 5년 미만의 징역 또는 금고, 장기 10년 이상의 자격정지 또는 다액 1만원 이상의 벌금에 해당하는 범죄}에 대하여는 3년(현행 5년)으로 정하고 있음.[21] 이는 어떤 범죄사건이 일정한 기간의 경과로 형벌권이 소멸된다는 것을 의미함(고용노동부 2001.11.27., 임금 68200-815).*

2) 기산일

임금체불에 대한 공소시효의 기산일은 범죄행위가 종료한 때로부터 진행한다(형사소송법 제252조 제1항). 따라서 근기법 제43조 제2항(임금의 정기지급 원칙) 위반죄는 임금의 정기지급일 다음날부터 공소시효가 기산되고, 근기법 제36조(금품청산) 위반죄는 근로관계 종료일부터 14일이 경과한 날부터 기산되어 5년이 경과하면 공소시효는 완성된다.

> - *공소시효의 기산점을 같은법 제252조는 "범죄행위가 종료한 때"로 정하고 있으며, 공소시효의 정지사유는 같은법 제253조에 "공소의 제기"로 규정되어 있음(고용노동부 2001.11.27., 임금 68200-815).*
> - *근로기준법 제42조(현행 제43조) 제2항(임금의 정기지급) 또는 제36조(금품청산) 관련 위반사항이라면, 근로기준법 제42조(현행 제43조) 제2항 위반범죄는 임금의 정기지급일로부터 공소시효가 기산되고, 제36조 위반범죄는 퇴직일로부터 14일이 경과한 날부터 기산되어 3년이 경과하면 공소시효는 완성됨. 다만, 위 경우 근로기준법 제36조 위반이 성립되기 위해서는 퇴직시 소멸시효가 완성되지 아니한 임금채권이 존재하고, 그 임금채권이 퇴직일로부터 14일 이내에 지급되지 않았어야 할 것임(고용노동부 2001.11.27., 임금 68200-815).*

※ 형사처분을 면할 목적으로 국외에 있는 경우 그 기간동안 공소시효는 정지됨(「형사소송법」 제253조 제3항).

3) 공소시효와 소멸시효의 관계

임금채권의 소멸시효(3년)와 임금체불에 대한 공효시효(5년)는 각각 별개의 제도이다. 따

20) '기소'는 검사가 특정한 형사사건에 대하여 법원의 심판을 요구하는 것으로, 공소의 제기라고도 한다. '소추권'은 검사가 특정한 사건에 관하여 공소(법원에 재판을 요구하는 것)를 제기할 수 있는 권한이고, '형벌권'은 범죄를 저지른 범죄인에 대하여 형벌을 부과하는 국가의 권리이다.

21) 2007.12.21.「형사소송법」 개정으로 근기법 제36조(금품청산) 등의 위반에 대한 공소시효는 3년에서 '5년'으로 연장되었다(형사소송법 제249조 제1항 제5호).

라서 임금채권의 소멸시효가 완성되더라도 공소시효가 남아 있는 경우에는 형사처벌이 가능하고, 반대로 임금체불에 대한 공소시효는 완성되더라도 소멸시효의 중단 등으로 임금채권의 소멸시효가 완성되지 않았다면 민사상의 절차에 의해서 임금채권의 청구권을 행사할 수 있다.

> - *공소시효는 완성되었더라도 소멸시효의 중단 등으로 임금채권의 소멸시효가 완성되지 않았다면 민사상의 절차에 의해서 임금채권을 행사할 수 있을 것으로 사료됨(고용노동부 2001.11.27., 임금 68200-815).*
> - *〈임금채권 시효 3년이 만료되었으나, 공소시효 5년이 만료되기 전 사건이 제기된 경우 근로기준법 제36조로 처벌이 가능한지 여부에 대하여〉 민법에 따른 소멸시효가 완성된 것과는 별개로 형사소송법에 따른 공소시효가 만료되지 않았다면 같은 법 제36조로 처벌할 수 있음(고용노동부 2011.4.8., 근로개선정책과-702).*
> - *근로기준법 제36조에 따라 사용자는 근로자가 퇴직한 때로부터 14일 이내에 임금 등 금품을 근로자에게 지급하여야 하는 바, 이때 임금은 같은 법 제48조(현행 제49조)의 규정에 의한 소멸시효가 완성된 것은 제외된다고 보아야 할 것임. 따라서 퇴직시 소멸시효가 완성되지 아니한 임금을 그때로부터 14일 이내에 근로자에게 지급하지 않을 경우 사용자는 같은 법 제112조(현행 제109조)의 규정에 의한 처벌을 받게 될 것인 바, 이때 근로기준법 위반의 죄에 대하여는 '공소시효는 범죄행위를 종료한 때로부터 진행한다'는 형사소송법 제252조의 규정에 따라 퇴직일로부터 14일이 경과한 날로부터 동법상 공소시효가 완성되지 아니한 시점까지는 그 처벌이 가능하다고 보아야 할 것임(고용노동부 2001.5.3., 임금 68207-315).*
> - *근로기준법 제42조(현행 제43조) 제2항 위반행위와 동법 제36조 위반행위는 그 구성요건이 다른 별개의 범죄이고 실체적 경합관계에 있다고 봄이 상당하므로, 공소시효는 각각 진행된다고 해석됨(법무부, "임금체불 행위의 공소시효 관련 해석", 2004-8-12, 법무심의관실-3484).*

제5절 해고와 임금

1. 해고의 개념

해고는 실제 사업장에서 불리는 명칭이나 절차와 상관없이 근로자의 의사에 반하여 사용자의 일방적인 의사에 따라 근로계약이 강제적으로 종료되는 것을 의미한다.[22] 그러한 이유로

22) 대법원 2011.3.24. 선고 2010다92148 판결 등.

해고는 근로자에게 예측하지 못한 금전적 · 정신적 손해를 초래할 수 있어, 노동법에 따라 엄격하게 행해져야 한다. 즉 해고는 실질적 요건(정당한 이유) 및 형식적 요건(해고예고, 서면통지)이 충족되어야만 정당한 해고가 된다.[23)]

근로계약의 종료사유는 근로자의 의사나 동의에 의하여 이루어지는 퇴직, 근로자의 의사에 반하여 사용자의 일방적 의사에 의하여 이루어지는 해고, 근로자나 사용자의 의사와는 관계없이 이루어지는 자동소멸 등으로 나눌 수 있고, 그 중 해고란 실제 사업장에서 불리는 명칭이나 절차에 관계없이 근로자의 의사에 반하여 사용자의 일방적 의사에 의하여 이루어지는 모든 근로계약관계의 종료를 의미한다(대법원 2011.03.24. 선고 2010다92148 판결).

2. 임금상당액

「민법」

제538조【채권자 귀책사유로 인한 이행불능】 ① 쌍무계약의 당사자 일방의 채무가 채권자의 책임있는 사유로 이행할 수 없게 된 때에는 채무자는 상대방의 이행을 청구할 수 있다. 채권자의 수령지체 중에 당사자쌍방의 책임없는 사유로 이행할 수 없게 된 때에도 같다.
② 전항의 경우에 채무자는 자기의 채무를 면함으로써 이익을 얻은 때에는 이를 채권자에게 상환하여야 한다.

근로자는 사용자의 해고에 대하여 노동위원회[24)] 또는 법원에서 다툴 수 있다. 만약 사용자가 행한 해고가 부당한 해고로 인정되면 사용자는 근로자에게 임금상당액, 즉 근로자가 해고기간 동안 정상적으로 근로를 제공하였다면 받을 수 있었던 임금의 전부(평균임금 산정의 기초가 되는 임금에 해당하는 금액)를 부당해고일(또는 다음날)부터 복직할 때까지의 기간으로 산정하여 지급하여야 한다.

---

23) 사용자는 정당한 이유 없이 근로자를 해고하지 못하며(근기법 제23조 제1항), 사용자가 경영상 이유에 의하여 근로자를 해고하려면 긴박한 경영상의 필요성, 해고회피노력, 합리적이고 공정한 해고기준 설정, 근로자대표와 사전협의(해고하려는 날의 50일 전)를 거쳐야 한다(근기법 제24조). 사용자가 근로자를 해고하려면 적어도 30일 전에 예고하거나 30일분 이상의 통상임금을 지급해야 하며(근기법 제26조), 해고는 해고사유 및 해고시기를 기재한 서면으로 하여야 효력이 있다(근기법 제27조).

24) 근로자는 노동위원회에 부당해고 구제신청을 하면서 통상적으로 ①원직복직 및 임금상당액 신청 또는 ②원직복직에 대신하여 금전보상명령(임금상당액+추가금액)을 신청할 수 있다.

- 사용자의 부당한 해고처분이 무효이거나 취소된 때에는 그동안 피해고자의 근로자로서의 지위는 계속되고 있었던 것이 되고, 근로자가 그간 근로의 제공을 하지 못한 것은 사용자의 귀책사유로 인한 것이라 할 것이니 근로자는 민법 제538조 제1항에 의하여 계속 근로하였을 경우에 받을 수 있는 임금 전부의 지급을 청구할 수 있는바, 여기에서 근로자가 지급을 청구할 수 있는 임금은 근로기준법 제2조에서 규정하는 임금을 의미하므로, 사용자가 근로의 대가로 근로자에게 지급하는 일체의 금원으로서, 근로자에게 계속적 · 정기적으로 지급되고 그 지급에 관하여 단체협약, 취업규칙, 급여규정, 근로계약, 노동관행 등에 의하여 사용자에게 지급의무가 지워져 있다면 그 명칭 여하를 불문하고 모두 이에 포함되며, 반드시 통상임금으로 국한되는 것은 아니다(대법원 2012.02.09. 선고 2011다20034 판결).
- 해고처분이 무효인 경우 근로자가 지급을 청구할 수 있는 임금은 근로기준법 제18조(현행 제2조 제1항 제5호)에서 규정하는 임금을 의미하므로 동법 제19조(현행 제2조 제1항 제6호)에서 말하는 평균임금산정의 기초가 되는 임금의 총액에 포섭될 임금이 전부 포함되고 통상임금으로 반드시 국한되는 것은 아니다(대법원 1993.12.21. 선고 93다11463 판결).

3. 임금상당액 산정

1) 중간수입이 있는 경우

근로자가 부당해고 기간에 다른 회사 등에 취업하여 소위 중간수입이 있다면 민법 제538조 제2항에 따라 근로자는 사용자에 대한 채무(근로제공의무)를 면함으로써 얻은 이익에 해당하여 근로자는 중간수입을 사용자에게 상환하여야 할 의무가 있는데, 사용자는 지급할 임금 상당액 중에서 근로자의 중간수입을 공제할 수 있다.[25] 다만, 근기법 제46조(휴업수당)[26] 규정에 따라 사용자는 근로자가 해고기간 중에 지급받을 수 있는 임금상당액 중 휴업수당(평균임금의 70% 이상)의 한도에서는 이를 공제의 대상으로 삼을 수 없고, 휴업수당을 초과하는 금액 범위에서만 공제할 수 있다. 이 경우에 중간수입이 발생한 기간이 임금지급의 대상으로 되는 기간과 시기적으로 일치하여야 하고, 그것과는 시기적으로 다른 기간에 얻은 이익을 공

25) 해고기간 동안의 수입(중간수입)이 일종의 부업적 수입으로 해고를 당하지 않았다면 당연히 취득할 수 있었던 것으로 보이는 경우, 이는 상환하여야 할 이익에 해당하지 아니하여 이를 해고기간 동안의 임금상당액에서 공제할 수 없다(대법원 1993.05.25. 선고 92다31125 판결). 다만, 중간수입이 부업 정도 인지는 해고기간 동안 종사한 일의 성질, 액수, 근무제공의 형태, 근무시간 등 여러 가지 사정을 종합하여 합리적으로 판단하여야 한다(사법연수원, 「해고와 임금」, 2010, 474쪽).

26) 근기법 제46조에서 말하는 '휴업'에는 개개인의 근로자가 근로계약에 따라 근로를 제공할 의사가 있음에도 불구하고 그 의사에 반하여 취업이 거부되거나 또는 불가능하게 된 경우도 포함된다(대법원 1991.12.13. 선고 90다18999 판결).

제할 수는 없다.[27)]

ex. 근로자가 해고기간에 정상적으로 근로제공을 했다면 받을 수 있는 월급이 60만원, 평균임금의 월 산정액이 70만원, 해고기간에 중간수입이 매월 50만원인 경우에 임금상당액은?

⇒ 해고기간 중에 근로자가 중간수입이 있는 경우에 공제를 할 수 있는 금액은 휴업수당을 초과하는 금액에 대해서만 공제할 수 있음. 따라서 월급(60만원)에서 휴업수당 49만원(70만원×70%)을 초과하는 11만원(60만원−49만원)은 월급(60만원)에서 공제할 수 있으므로, 매월 49만원 지급해야 함. 결과적으로 월급이 휴업수당을 초과(또는 휴업수당이 월급에 미달)한다면 공제를 해야 함.

- *사용자의 귀책사유로 인하여 해고된 근로자는 그 기간 중에 노무를 제공하지 못하였더라도 민법 제538조 제1항 본문의 규정에 의하여 사용자에게 그 기간 동안의 임금을 청구할 수 있고, 이 경우에 근로자가 자기의 채무를 면함으로써 얻은 이익이 있을 때에는 같은 법 제538조 제2항의 규정에 의하여 이를 사용자에게 상환할 의무가 있다고 할 것인데, 근로자가 해고기간 중에 다른 직장에 종사하여 얻은 수입은 근로제공의 의무를 면함으로써 얻은 이익이라고 할 것이므로 사용자는 근로자에게 해고기간 중의 임금을 지급함에 있어서 위의 이익 (이른바 중간수입)을 공제할 수 있다(대법원 1991.12.13. 선고 90다18999 판결).*
- *사용자의 귀책사유로 인하여 해고된 근로자가 해고기간 중에 다른 직장에서 근무하여 지급받은 임금은 민법 제538조 제2항에 규정된 자기의 채무를 면함으로써 얻은 이익에 해당하므로, 사용자는 근로자에게 해고기간 중의 임금을 지급함에 있어 위와 같은 이익(이른바 '중간수입')을 공제할 수 있는 것이기는 하지만, 근로자가 지급받을 수 있는 임금액 중 근로기준법 제38조(현행 제46조) 소정의 휴업수당의 범위 내의 금액은 중간수입으로 공제할 수 없고, 휴업수당을 초과하는 금액만을 중간수입으로 공제하여야 한다(대법원 1993.11.09. 선고 93다37915 판결).*

2) 금전보상명령을 신청한 경우

「민법」

제30조【구제명령 등】 ③ 노동위원회는 제1항에 따른 구제명령(해고에 대한 구제명령만을 말한다)을 할 때에 근로자가 원직복직(原職復職)을 원하지 아니하면 원직복직을 명하는 대신 근로자가 해고기간 동안 근로를 제공하였더라면 받을 수 있었던 임금 상당액 이상의 금품을 근로자에게 지급하도록 명할 수 있다.

「노동위원회 규칙」

제65조【금전보상 금액의 산정】 ① 노동위원회는 근로자가 금전보상명령을 신청한 경우에는 당사자에게 근로계약서, 임금대장 등 금액 산정에 필요한 자료를 제출하도록 명할 수 있다.
② 보상금액의 산정기간은 해고일로부터 당해 사건의 판정일까지로 한다.

27) 대법원 1991.06.28. 선고 90다카25277 판결.

근로자가 노동위원회에 부당해고 구제신청을 하면서 원직복직에 대신하여 금전보상명령을 신청할 수 있고, 부당해고로 인정되면 사용자는 금전보상을 할 수 있다.[28] 금전보상액은 임금상당액 및 추가금액(부당해고로 발생한 비용, 위로금 등)이다.

「근로기준법」 제30조 제3항은 "노동위원회는 근로자가 원직복직을 원하지 아니하면 원직복직을 명하는 대신 해고 기간 동안 근로를 제공하였더라면 받을 수 있었던 임금 상당액 이상의 금품을 근로자에게 지급하도록 명할 수 있다."라고 규정하고 있음. 여기서 "임금 상당액"이라 함은 근로자가 해고를 당하지 않고 계속 근로하였다면 받을 수 있었던 임금 전액을 말하며(대법원 2012.2.9. 선고 2011다20034 판결 참조), "임금 상당액 이상의 범위"는 임금 상당액 및 부당해고로 발생한 비용 등 추가지급이 필요한 금액을 말함. 따라서 노동위원회는 금전보상명령 시 당사자 주장 및 산정에 필요한 자료 등을 종합적으로 고려하여 임금 상당액의 범위를 판정할 수 있을 것임(고용노동부 2020.12.09. 근로기준정책과-4908).

〈금전보상액 산정기준〉[29]

① 금전보상액은 해고일로부터 당해 사건의 판정일까지 정상적으로 근로하였다면 받을 수 있었던 임금 상당액 및 판정일로부터 판정문이 당사자에게 송달되는데 일반적으로 약 1개월이 소요되는 것을 감안하여 1월분의 임금상당액을 더한 금액을 포함한다. 다만, 금전보상명령 이전에 근로계약기간 만료 · 정년도달 · 폐업 등의 이유로 근로관계가 종료된 경우 등 임금 상당액을 초과하는 보상금을 지급하는 것이 부당하다고 인정되는 경우에는 임금 상당액의 지급을 명할 수 있다.

② 1년 이상 근속한 근로자의 경우 근속연수 10년을 상한으로 하여 근속연수에 0.2를 곱한 수를 1월분의 임금 상당액에 곱한 금액(근속연수×0.2×1월분 임금 상당액)을 금전보상액에 포함한다. 다만, 1월분 임금 상당액의 범위 내에서 근로자와 사용자의 귀책사유 등을 감안하여 이를 감액하거나 증액할 수 있다.

③ 근로자가 다른 직장에 종사하여 얻은 중간수입이 있는 경우 대법원 판례의 법리에 따라 임금 상당액에서 공제할 수 있다.[30]

---

28) 근로자가 금전보상명령을 신청하더라도 금전보상명령을 할 것인지는 노동위원회의 재량사항이다. 즉 노동위원회는 사용자의 부당해고를 인정하면서 원직복직을 명할 수도 있고, 근로자가 금전보상명령을 신청하였으나 사용자가 근로자의 원직복직을 희망하면 실현가능성 등을 고려하여 금전보상이나 원직복직을 명할 수 있다.

29) 중앙노동위원회 금전보상위원회, 「금전보상액 산정기준」, 2020.11.30.

30) 노동위원회가 금전보상명령을 함에 있어 임금상당액은 중간수입금이 발생하였을 경우 중간수입금 중 휴업수당을 초과하는 금액을 공제하여 산정한 금액을 기준으로 하여야 한다(중앙노동위원회 2008.5.28. 2008부해203 판정).

3) 근로제공이 불가능한 경우

해고기간에 근로자에게 책임(구속, 질병, 군복무 등)이 있거나 사용자에게 책임 없는 사유(폐업 등)로 근로제공 자체가 불가능한 경우에는 임금상당액을 지급할 의무가 없다.

- *사용자의 근로자에 대한 해고가 무효인 경우 근로자는 근로계약관계가 유효하게 존속함에도 불구하고 사용자의 귀책사유로 인하여 근로제공을 하지 못한 셈이므로, 민법 제538조 제1항에 의하여 그 기간 중에 근로제공을 하였을 경우에 받을 수 있는 반대급부인 임금의 지급을 청구할 수 있지만, 해고기간 중 근로자가 징역형의 선고를 받아 상당기간 구속된 경우 해고가 무효라고 하더라도 구속기간 동안에는 근로자가 근로의 제공을 할 수 없는 처지였으므로 구속기간 동안의 임금을 청구할 수 없다(대법원 1995.1.24. 선고 94다40987 판결).*
- *사용자의 근로자에 대한 해고가 무효인 경우 근로자는 근로계약관계가 유효하게 존속함에도 불구하고 사용자의 귀책사유로 인하여 근로제공을 하지 못한 셈이므로 민법 제538조 제1항에 의하여 그 기간 중에 근로를 제공하였을 경우에 받을 수 있는 반대급부인 임금의 지급을 청구할 수 있다고 할 것이지만, 해고가 없었다고 하더라도 취업이 사실상 불가능한 상태가 발생한 경우라든가 사용자가 정당한 사유에 의하여 사업을 폐지한 경우에는 사용자의 귀책사유로 인하여 근로제공을 하지 못한 것이 아니므로, 그 기간 중에는 임금을 청구할 수 없다(대법원 1994.10.25. 선고 94다25889 판결).*

4) 해고기간에 임금이 인상된 경우

해고기간에 임금인상, 호봉승급 등이 되었다면 그에 따라 임금 상당액을 산정하여야 한다.

사용자의 근로자에 대한 해고처분이 무효인 경우에는, 그동안 근로계약관계가 유효하게 계속되고 있었는데도 불구하고 근로자가 사용자의 귀책사유로 말미암아 근로를 제공하지 못한 것이므로 근로자는 계속 근로하였을 경우에 받을 수 있는 임금 전부의 지급을 청구할 수 있는 것이므로, 단체협약서에 매년 단체교섭을 통하여 임금인상을 결정 · 시행하도록 되어 있어 이에 따라 매년 임금인상을 하여 왔다면 부당해고기간 동안의 근로자의 임금도 해고처분 이후에 체결된 단체협약서에 의하여 인상된 임금에 따라 산정하여야 한다(대법원 1993.9.24. 선고 93다21736 판결).

제6절 임금의 반납, 삭감 및 동결

1. 임금결정의 원칙

「근로기준법」

제4조【근로조건의 결정】 근로조건은 근로자와 사용자가 동등한 지위에서 자유의사에 따라 결정하여야 한다.

제5조【근로조건의 준수】 근로자와 사용자는 각자가 단체협약, 취업규칙과 근로계약을 지키고 성실하게 이행할 의무가 있다.

임금은 근로자와 사용자가 동등한 지위에서 자유의사에 따라 결정하는 것이므로, 근로자와 사용자는 적법한 절차에 따라 임금을 조정(삭감, 반납, 동결 등)할 수 있다. 그러나 임금의 반납이나 삭감은 평균임금 산정의 포함여부, 반환책임, 삭감의 수준 등과 관련하여 분쟁이 발생할 수 있으므로 사전에 요건이나 절차 등을 명확히 할 필요가 있다.[31)]

〈규범별 근로조건의 불이익 변경 절차〉

규 범	불이익 변경 절차
근로계약	근로계약만으로 임금수준을 정하고 있는 경우에는 개별 근로자의 동의를 받아 별도의 근로계약 체결, 계약갱신 등의 절차가 필요함(근기법 제17조)
취업규칙	근로자 과반수로 조직된 노동조합이 있는 경우에는 그 노동조합, 근로자 과반수로 조직된 노동조합이 없는 경우에는 근로자 과반수의 동의가 필요함(근기법 제94조)
단체협약	임금수준을 단체협약(임금협약 등)으로 정하고 있는 경우에는 노동조합과 단체교섭을 통해 그 협약을 갱신해야 함

2. 임금의 반납

1) 개 념

임금의 반납은 근로자가 기왕의 근로에 대하여 적법하게 발생한 임금청구권을 포기하기로 약정하고 사용자에게 반납하는 것으로, 적법한 절차에 따른 임금의 반납은 가능하다. 다만, 최종 퇴직 시 발생하는 퇴직금청구권을 사전에 포기하는 약정은 퇴직급여법 위반으로 무효이다.

31) 고용노동부, 2009.3.26., 「임금 반납, 삭감, 동결 등에 관한 해석기준」, 근로기준과-797.

- '임금의 반납'이란 기왕의 근로에 대하여 발생된 임금 또는 향후 근로에 대해 발생할 임금의 일부에 대한 청구권을 포기하기로 약정하고 회사에 반납하는 것을 말하며, 그 반납의 결정은 개별 근로자와 사용자 간의 명시적인 약정에 의하여야 할 것임(고용노동부 2009.7.22., 근로기준과-2599).
- 퇴직금청구권은 퇴직이라는 근로관계의 종료를 요건으로 하여 비로소 발생하는 것인 바, 퇴직금채권이 발생하기에 앞서 사전에 그 전부 또는 일부를 포기하는 것은 강행규정인 퇴직금규정에 위반하는 것으로서 무효이며, 퇴직금채권의 사전 포기 합의를 이유로 퇴직 시 근로자에게 퇴직금을 지급하지 않으면 「근로자퇴직급여 보장법」제9조를 위반하여 같은 법 제44조에 따라 3년 이하의 징역 또는 2천만원(현행 3천만원) 이하의 벌금에 처하게 됨(고용노동부 2016.9.28., 퇴직연금복지과-3539).
- 임금의 반납은 적법하게 발생한 임금청구권의 포기이며 「근로기준법」상 임금 전액불 원칙에 따라 임금 전액에 대한 처분권이 근로자 개인에게 있으므로 그 반납결정이 개별근로자와 사용자의 명시적인 계약에 따른 것이라면 유효하다 할 것입니다(고용노동부 2011.11.8., 근로복지과-2701).
- 퇴직금지급청구권은 퇴직이라는 근로관계의 종료를 요건으로 하여 비로소 발생하는 것으로 근로계약이 존속하는 한 퇴직금 지급의무는 발생할 여지가 없으므로 매일 지급받는 일당 속에 퇴직금이란 명목으로 일정한 금원을 지급하였다고 하여도 그것은 근로기준법 제34조(현행 퇴직급여법 제8조)에서 정하는 퇴직금의 지급으로서의 효력은 없을 뿐만 아니라, 최종 퇴직 시 발생하는 퇴직금청구권을 사전에 포기하는 약정은 근로기준법 제34조 제1항(현행 퇴직급여법 제8조)에 위반되어 무효이다(대법원 2002.7.26. 선고 2000다27671 판결).

2) 적법절차

근기법상 전액지급의 원칙에 의해 임금 전액에 대한 처분권은 근로자 개인에게 있으므로, 임금의 반납결정은 개별 근로자와 사용자 사이에 명시적인 계약이 있는 경우만 유효하다. 따라서 노동조합이나 근로자 대표와 집단적 의사결정 방식으로 합의를 하더라도 개별 근로자의 동의가 필요하고, 개별 근로자가 동의하지 않는 한 임금부분에 대한 집단적 합의는 무효이다.

- 이미 구체적으로 그 지급청구권이 발생한 임금(상여금 포함)이나 퇴직금은 근로자의 사적 재산영역으로 옮겨져 근로자의 처분에 맡겨진 것이기 때문에 노동조합이 근로자들로부터 개별적인 동의나 수권을 받지 않는 이상, 사용자와 사이의 단체협약만으로 이에 대한 포기나 지급유예와 같은 처분행위를 할 수는 없다(대법원 2014.12.24. 선고 2012다107334 판결).
- 임금의 반납은 '기왕의 근로에 대하여 발생된 임금 또는 향후 근로에 대해 발생할 임금의 일부에 대한 청구권을 포기하기로 약정하고 회사에 반납하는 것'(임금반납 · 삭감 · 동결 해석기준, 2009.3.26, 근로기준과-797 참조)을 말하는 것이므로, 노사 당사자가 임금 삭감과 반납의 의미를

이해한 가운데 단체협약으로 임금 삭감과 반납을 명확히 구분하여 체결한 경우라도 달리 볼 사정이 없는 한 임금반납에 있어서는 개별 근로자의 동의가 필요하다고 사료됨(고용노동부 2011.2.9., 근로기준과-630).

- 근로자 스스로 임금채권을 포기하는 경우, 임금포기가 근로자의 완전한 자유의사에 기한 것이라고 인정하기에 족한 합리적인 이유가 객관적으로 존재하고, 임금채권 포기에 대한 명백한 의사표시가 있는 경우라면 반납임금의 10%를 미리 공제한 후 지급하는 형식을 취하더라도 동법 제43조의 전액불의 원칙에 위배되지 아니한다고 사료됨(고용노동부 2009.7.22. 근로기준과-2599).
- {기왕의 근로에 대하여 이미 발생된 임금채권}의 반납은 개별근로자의 자유의사에 기초할 때 유효하므로 개별근로자의 동의를 받는 것이 원칙이며, 동의는 명시적이든 묵시적이든 상관없으나 반납의 의사가 사용자에게 수용된 뒤에는 철회하더라도 그 법적 효력이 인정되지 않음(고용노동부 2000.3.23., 근기 68207-871).
- 기왕의 근로에 대하여 이미 발생된 임금채권을 일부 반납하거나 앞으로 채권이 발생하면 그중 일부를 반납키로 약속하는 것은 확정된 자기의 권리를 행사하는 것이므로 개별근로자의 자유의사에 기초할 때만 유효함. 즉 노동조합 또는 근로자 대표와의 합의 등 집단적 의사결정 방법이 아닌 개별근로자와의 합의(동의)가 있으면 유효하며, 반납의 의사가 사용자에게 수용된 뒤에는 철회하더라도 그 법적 효력이 인정되지 않는 것임. 이미 발생된 임금의 반납이 아니라 앞으로의 근로조건으로서 임금 또는 상여금의 수준을 낮추거나 변경하기 위해서는 단체협약 또는 취업규칙 등의 변경을 통하여 실현되어야 하며 만일, 노조의 결의나 선언만 있고 회사가 후속조치로서 단체협약, 취업규칙 또는 근로계약 등을 변경치 아니했다면 그 효력은 인정될 수 없는 것임(고용노동부 1999.12.13., 근기 68207-843).

3) 평균임금 산정

근로자가 임금반납액을 사용자에게 반환청구를 할 수 없더라도 반납한 임금은 기왕의 근로에 대한 것이므로 평균임금 산정시 임금총액에는 포함하여야 한다.

- 퇴직금 산정을 위한 평균임금은 「근로기준법」제2조 제1항 제6호의 규정에 의거 이를 산정하여야 할 사유가 발생한 날 이전 3월간에 지급된 임금총액을 그 기간의 총 일수로 나눈 금액을 말합니다. 따라서, 임금이 삭감된 후 퇴직 또는 임금이 삭감된 후 근로자의 요구에 의하여 퇴직금 중간정산을 하는 경우, 법령에 달리 정한 기준이 없으므로 상기 기준에 의거 평균임금을 산정하여야 할 것으로 판단됩니다(고용노동부 2009.1.8., 퇴직연금복지과-67).
- 기왕의 근로에 대하여 이미 발생된 임금채권(연차유급휴가근로수당 등)의 반납이 개별근로자의 진의에 의한 자유의사에 따라 이루어진 경우라도 반납된 금액은 평균임금 산정시 임금총액에 산입

하여야 함이 타당하다고 사료됨(고용노동부 2002.5.9., 근기 68207-1875).
- 국제통화기금(IMF) 관리체제하의 어려운 회사 경영상황을 인식하고 그 고통분담의 차원에서 단체교섭의 합의내용에 따라 근로자가 급여의 일부를 회사에 반납한 사실이 있는 경우, 위 반납분은 그 금액만큼 근로자의 임금이 삭감된 것이 아니라, 일단 근로자의 소득으로 귀속되었다가 근로자가 자진하여 반납한 것으로 보는 것이 상당할 것이므로 위 반납분은 근로자의 일실수입 및 일실퇴직금산정의 기초가 되는 소득에 포함되어야 할 것이고, 그러한 결론은 위 반납분이 세무 당국에 근로소득으로 신고되지 아니한 사정이 있다 하더라도 마찬가지이다(대법원 2001.4.10. 선고 99다39531 판결).

4) 사용자의 반환책임

임금 반납액은 근로자의 소득으로 귀속되었다가 자진 반납한 것으로서, 별도의 특약이 없는 한 향후 사용자가 근로자에게 반납액을 반환(지급)할 의무는 없다. 즉 근로자의 임금반납에 대한 의사표시로 사용자의 임금채무는 면제되어 소멸한 것으로(민법 제506조[32]), 의사표시에 하자가 없는 한 근로자는 반납한 임금을 다시 청구할 수 없다.

회사의 부도라는 긴급한 상황을 맞아 회사의 갱생을 위하여 사무직 근로자들이 취업규칙상의 임금채권 중 일부를 회사의 경영이 정상화될 때까지 한시적으로 자진 반납한 것은 채권포기이므로 취업규칙 자체를 변경한 것도 아니다. 임금채권의 일부 포기는 단독행위이므로 근로기준법 제100조(현행 제94조)의 규정과도 관계가 없고, 달리 이러한 직원들의 회사 갱생을 위한 자발적인 노력을 부정하여야 할 아무런 합리적인 이유를 찾아보기도 어렵다(서울지방법원 2003.4.16. 선고 2002나20291 판결).

3. 임금의 삭감

1) 개 념

임금의 삭감은 동일한 근로제공에 대하여 장래 특정 시점 이후부터 종전보다 임금을 낮추어 지급하는 것으로서 노사가 자율적으로 결정할 사항이다. 다만, 임금이 삭감되더라도 최저임금법에 따른 최저임금 수준 미만으로 삭감할 수 없고, 근기법 등에서 규정하고 있는 법정수당

32) 제506조【면제의 요건, 효과】채권자가 채무자에게 채무를 면제하는 의사를 표시한 때에는 채권은 소멸한다. 그러나 면제로써 정당한 이익을 가진 제삼자에게 대항하지 못한다.

(주휴일수당, 연장 · 야간 · 휴일 근로수당 등)에 대해서는 법정기준 미만으로 삭감할 수 없다.

> *'임금의 삭감'은 장래 일정 시점 이후부터 현재와 동일한 내용의 근로제공에 대해 종전보다 임금을 낮추어 지급하는 것임(고용노동부 2009.3.26., 근로기준과-797).*

2) 적법절차

집단적으로 근로조건이 적용되는 경우에 임금의 삭감은 집단적 의사결정 방식에 의해 단체협약이나 취업규칙 변경 절차만으로 가능하며, 반드시 개별 근로자의 동의를 받아야 하는 것은 아니다. 따라서 단체협약이 적용되는 경우 단체협약 갱신만으로 가능하며, 단체협약이 없거나 단체협약이 적용되지 않는 근로자에게는 취업규칙 변경 절차를 거치거나, 근로계약으로 임금수준을 정하고 있는 경우에는 근로계약을 갱신하여야 한다.

> - *매년 기본연봉의 기준 및 연도별 연봉조정률을 사용자가 일방적으로 정하도록 하고 있는 점(노조의 임금인상률을 감안하여 조정률을 정한다고 하나 관련 규정에 의해 사용자를 구속하는 것은 아니라고 보여짐), 인사고과에 따라 임금이 삭감될 수도 있는 점(일의 내용으로 보면 삭감률도 매년 사용자가 정하는 것으로 보임) 등을 감안할 때, 근로자에게 불이익한 취업규칙 변경으로 보이며, 따라서 근로기준법 제97조에 의한 취업규칙 불이익변경의 절차를 거쳐야 할 것으로 사료됨(고용노동부 2002.3.6. 근기 68207-928).*
> - *이미 발생된 임금의 반납이 아니라, 앞으로의 근로조건으로서 임금 또는 상여금의 수준을 낮추거나 변경하기 위해서는 단체협약 또는 취업규칙 등의 변경을 통하여 실현되어야 하며 만일, 노조의 결의나 선언만 있고 회사가 후속조치로서 단체협약, 취업규칙 또는 근로계약 등을 변경치 아니했다면 그 효력은 인정될 수 없는 것임(고용노동부 1999.12.13., 근기 68207-843).*

3) 평균임금 산정

임금 삭감액은 근로자의 임금채권으로 볼 수 없으므로, 평균임금을 산정하는 임금총액에는 포함되지 않는다. 다만, 소위 '유리한 조건 우선 원칙'[33]에 따라 퇴직금을 계산함에 있어 삭감 전의 임금으로 평균임금을 산정하기로 근로자와 사용자 사이에 약정하면 삭감 전의 금액으로 퇴직금을 산정해야 한다.

33) '유리한 조건 우선적용 원칙'은 근로조건을 규율하는 법령과 하위규범(단체협약, 취업규칙, 근로계약 등) 중에서 하위규범이 근로자에게 더 유리한 경우에는 하위규범이 우선으로 적용되는 원칙이다.

- 퇴직금 산정을 위한 평균임금은 「근로기준법」 제2조 제1항 제6호의 규정에 의거 이를 산정하여야 할 사유가 발생한 날 이전 3월간에 지급된 임금총액을 그 기간의 총일수로 나눈 금액을 말함. 따라서, 임금이 삭감된 후 퇴직 또는 임금이 삭감된 후 근로자의 요구에 의하여 퇴직금 중간정산을 하는 경우, 법령에 달리 정한 기준이 없으므로 상기 기준에 의거 평균임금을 산정하여야 할 것으로 판단됨(고용노동부 2009.1.8. 퇴직연금복지과-67).
- 근로자가 재직 중(1999년) 기존 근로기간에 대한 퇴직금 20% 삭감(금전을 주고받은 사실이 없음)과 미지급 임금 반납에 대한 서약서를 회사에 제출하였는데 그 효력이 있는지와 관련하여, 근로자가 퇴직금 청구권을 퇴직금 발생 전 사전에 포기하는 것은 별다른 사정이 없는 한 「근로기준법」을 위반한 것으로 사료됨(고용노동부 2011.11.8., 근로복지과-2701).
- 이미 발생된 임금의 반납이 아니라, 앞으로의 근로조건으로서 임금 또는 상여금의 수준을 낮추거나 변경하기 위해서는 단체협약 또는 취업규칙 등의 변경을 통하여 실현되어야 하며 만일, 노조의 결의나 선언만 있고 회사가 후속조치로서 단체협약, 취업규칙 또는 근로계약 등을 변경치 아니했다면 그 효력은 인정될 수 없는 것임(고용노동부 1999.12.13., 근기 68207-843).

4) 근로시간의 단축

(1) 소정근로시간 자체를 단축하는 경우

기존의 소정근로시간을 단축하고, 단축된 소정근로시간만 근무하는 경우에는 실제 근로시간에 대해서만 임금을 지급하면 된다. 다만, 소정근로시간 단축에 따른 임금감소는 근로조건의 불이익변경에 해당하므로 단체협약, 취업규칙, 근로계약 등을 적법한 절차에 따라 변경해야 한다.

ex. 기존 소정근로시간인 1일 8시간을 취업규칙 변경 등 근로조건 변경절차를 거쳐 1일 6시간으로 단축하는 경우에, 줄어든 2시간은 소정근로시간이 아니므로 휴업에 해당하지 않음. → 임금지급=소정근로 6시간분.

(2) 소정근로시간의 변경없이 근로시간을 단축하는 경우

소정근로시간의 변경없이 소정근로시간 이내에서 근로시간을 단축하는 것은 부분휴업에 해당되어 근기법 제46조에 따른 휴업수당을 지급해야 한다.

ex. 소정근로시간은 1일 8시간으로 유지한 채 실근로시간만 일시적으로 1일 4시간으로 단축하는 경우에, 소정근로시간 중 근로하지 않은 4시간은 휴업에 해당되어 휴업수당 지급의무가 발생함. → 임금지급 =실근로 4시간+(부분휴업 4시간×평균임금 70%).

휴업수당은 사업장의 일부만 휴업하는 경우나, 1일 근로시간 중 일부 근로시간을 단축하는 경우에도 해당될 수 있음(부분휴업). 소정근로시간 이내에서 근로시간을 줄이는 경우, 줄어든 근로시간은 부분휴업에 해당하고 사용자 귀책사유가 있으면 휴업수당 발생(고용노동부 2009.2.13, 「휴업수당 제도 해석기준」, 근로기준과-387).

(3) 소정근로시간의 변경없이 연장근로시간을 단축하는 경우

소정근로시간의 변경없이 연장근로시간을 단축(미실시, 축소, 폐지)하는 것은 생산계획, 작업물량 등에 따라 사용자가 결정할 사항으로 근로조건의 불이익변경으로 볼 수 없으므로 연장근로수당 지급의무가 없다. 다만, 단체협약이나 취업규칙 또는 근로계약 등에 의해 고정적으로 일정한 시간을 연장근로한 것으로 인정하여 실질적인 연장근로 발생 여부와 관계없이 연장근로수당을 지급하고 있다면, 연장근로수당을 지급하지 않으려면 단체협약, 취업규칙, 근로계약 등의 적법한 변경절차가 필요하다.

ex. 기존 근로시간인 1일 10시간(소정근로 8시간+연장근로 2시간) 중 연장근로 2시간을 단축하고 소정근로시간인 8시간만 근로하는 경우에, 줄어든 연장근로 2시간은 소정근로시간이 아니므로 휴업에 해당하지 않음. → 임금지급=소정근로 8시간분.

- *사용자가 경영상의 이유 등으로 법정근로시간을 초과하는 연장근로를 축소 또는 폐지하는 것은 근로조건의 불이익변경에 해당하지 않으므로 그에 따른 취업규칙 변경 시 근로기준법 제97조(현행 제94조) 단서에 의해 근로자의 집단적 동의를 얻을 필요가 없고 의견만 청취하면 될 것으로 사료되며, 사용자가 기왕에 실시하던 연장근로를 폐지하겠다는 의사표시를 분명히 하고 노무수령 거부 등 실제 연장근로를 시키지 않았다면 연장근로수당을 지급할 필요가 없다고 사료됨(고용노동부 2003.3.13., 근기 68207-286).*
- *사용자가 근로기준법 또는 단체협약에서 정한 근로시간을 초과하는 연장근로를 단축 또는 폐지하는 것은 그간 연장근로를 관행으로 실시해 온 경우라도 근로기준법 위반으로 볼 수 없다고 사료됨(고용노동부 2002.11.16., 근기 68207-3235).*
- *사무직 근로자에 대하여 기왕에 실시하던 연장근로를 앞으로 실시하지 않겠다는 의사표시를 분명히 하고(예: 게시판 공고, 근로자 개별통지 등), 실제 연장근로를 시키지 않는다면 별도의 연장근로수당을 지급하지 않아도 근로기준법 위반문제는 발생하지 아니함(고용노동부 2000.10.12., 근기 68207-3155).*

5) 교대제 변경

교대제 변경(ex. 3조 3교대→4조 3교대)으로 실근로시간이 줄어 기존의 연장근로수당이 감소하는 경우 이를 불리한 변경이라 할 수 없으나, 소정근로시간이 단축되어 임금이 감소한다면 불리한 변경에 해당되어 관련 절차를 따라야 한다.

※ 교대제 근로형태의 변경이 불리한 변경인지 여부는 그 변경의 취지와 경위, 취업규칙 각 규정의 전체적인 체제 등 제반 사정을 종합적으로 고려하여 판단해야 함. 통상근무자(주간 또는 야간근무자)를 교대제로 전환하는 것은 근로자에게 불리한 변경에 해당할 수 있으므로 단체협약, 취업규칙, 근로계약 등의 적법한 변경절차를 따라야 함.

> *교대제 근로 등 "시업, 종업의 시각 및 취업교체에 관한 사항"은 근로기준법 제94조(현행 제93조) 규정에 따라 취업규칙을 작성함에 있어 필수적 기재사항이며, 취업규칙에 정한 교대제 근로형태를 변경하고자 할 경우에는 동법 제95조(현행 제94조)에 규정하고 있는 취업규칙의 변경절차를 거쳐야 하는 것임. 교대제 근로형태의 변경이 근로기준법 제95조(현행 제94조) 제1항 단서규정의 "근로자에게 불이익하게 변경하는 경우"에 해당하는지 여부는 그 변경의 취지와 경위, 취업규칙의 각 규정의 전체적인 체제 등 제반사정을 종합하여 구체적으로 판단되어져야 할 것이나, 교대제 근로형태를 3조 3교대제에서 4조 3교대제로 변경하는 경우, 실근로시간의 단축으로 연장근로가 줄게 되어 기존 3조 3교대제하에서 지급받던 연장근로수당이 감소하게 되나, 소정근로시간이 단축되고, 소정의 근로에 대한 기존의 임금은 감소되지 않는다면 이와 같은 제반사정을 볼 때 근로조건의 변경내용이 근로자에게 불이익한 변경에 해당하는 것으로 볼 수는 없음(고용노동부 1994.11.14., 근기 68207-1732).*

4. 임금의 동결

1) 개 념

임금의 동결은 임금을 인상하지 않고 현재의 임금수준을 장래에도 계속 유지시키는 것으로써 노사가 자율적으로 결정할 사항이다. 다만, 임금이 동결되더라도 「최저임금법」에 따른 최저임금 수준 이상이어야 한다.

> *정기호봉 승급을 동결한 경우 임금체불에 해당하는지 여부는 근로계약, 취업규칙, 단체협약 등에서 정한 바에 따라 사용자에게 지급의무가 부과되어 있는지, 그러한 정기호봉승급이 임금지급과 관련하여 관행이 형성된 것인지 여부 등을 종합적으로 고려하여 판단하여야 할 것임. 귀 질의서상 첨부*

된 관련 회사의 인사규정 제23조에서 정기승급은 매년 1월 1일과 7월 1일에 실시하고 승급에 필요한 최저 소요기간은 1년으로 한다라고 규정하고 있으며 그에 근거하여 매년 정기적 · 일률적으로 호봉승급을 실시하여 왔다면 이는 임금지급과 관련하여 일응 관행이 성립된 것으로 보아야 할 것임. 이 경우 근로자의 집단적 의사결정방식에 의한 적법한 절차를 거치지 아니하고 사용자가 일방적으로 정기승급을 동결하였다면 각 근로자별 정기승급이 이루어지는 달의 임금 정기지급일에 정기승급으로 인하여 가산되는 임금이 전액 지급되지 아니한 것으로 봄이 타당하다고 사료됨(고용노동부 2000.12.05., 임금 68200-649).

2) 적법절차

집단적으로 근로조건이 적용되는 경우 임금의 동결은 집단적 의사결정 방식에 의해 단체협약이나 취업규칙 변경절차에 따라 결정이 가능하며, 반드시 개별 근로자의 동의를 받아야 하는 것은 아니다. 따라서 단체협약이 적용되는 경우 단체협약 갱신만으로 가능하며, 단체협약이 없거나 단체협약이 적용되지 않는 근로자에게는 취업규칙 변경(불이익변경) 절차를 거치면 된다.

3) 동결방식

(1) 정기 호봉승급 규정은 있으나 호봉승급을 동결한 경우

취업규칙으로 정하고 있는 경우에는 근로조건 불이익변경에 해당하는 적법한 절차에 따라 정기 호봉승급을 동결(중지)할 수 있다. 단체협약으로 정하고 있는 경우에는 단체협약 갱신이나 노동조합과 별도의 협약 등을 통해 호봉승급을 동결할 수 있다.

(2) 정기 호봉승급 규정은 있으나 호봉승급만 인정하고 임금인상률은 동결한 경우

임금인상률은 물가상승률, 기업경영 사정 등을 고려하여 사용자 재량으로 결정하는 것이므로, 임금인상률을 동결하는 것은 근로조건의 불이익변경이 아니므로, 근로자가 임금인상을 요구하더라도 사용자가 이에 응할 법적의무는 없다. 노동조합이 임금인상을 위한 단체협약을 요구할 경우 경영악화 등을 이유로 교섭 자체를 거부하는 것은 부당노동행위에 해당할 수 있지만, 사용자는 반드시 임금인상에 응할 의무는 없다.

(3) 정기 호봉승급 규정이 없고 호봉승급을 동결한 경우

사용자가 호봉승급과 임금인상을 하지 않더라도 당연히 법 위반으로 볼 수 없다. 다만, 매년 일정시기에 관행적으로 호봉승급과 임금인상을 한 경우에는 분쟁예방 차원에서 집단적 합의를 거치는 것이 바람직하다.

제10장

퇴직급여

제1절 개 요

1. 퇴직급여제도의 개념

「근로기준법」

제34조【퇴직급여 제도】 사용자가 퇴직하는 근로자에게 지급하는 퇴직급여 제도에 관하여는 「근로자퇴직급여 보장법」이 정하는 대로 따른다.

「근로자 퇴직급여 보장법」(약칭: 퇴직급여법)

제1조【목적】 이 법은 근로자 퇴직급여제도의 설정 및 운영에 필요한 사항을 정함으로써 근로자의 안정적인 노후생활 보장에 이바지함을 목적으로 한다.

퇴직급여제도는 근로자의 안정적인 노후생활 보장을 위하여 퇴직급여법에 따라 사용자가 퇴직하는 근로자에게 퇴직급여를 지급할 목적으로 설정한 제도이다. 예전에는 퇴직급여와 관련하여 퇴직금제도[1]만 운용되었으나, 퇴직급여법(2005년 1월 27일 제정)이 2005년 12월 1일부터 시행되면서 현재는 퇴직금과 퇴직연금제도가 함께 운용되고 있다.

〈상시근로자 4명 이하 사업장의 퇴직급여 산정방법〉[2]

■ 상시근로자 4명 이하 사업장에서 '06.1.1. 입사하여 '20.12.31.까지 근로 후 퇴직하는 경우
⇒ 퇴직급여 산정을 위한 계속근로기간: '10.12.1.~'20.12.31.(10년 1개월)
- 100분의 50 적용기간: '10.12.1.~'12.12.31.(761일)
- 100분의 100 적용기간: '13.1.1.~'20.12.31.(2,920일)

1) 퇴직금제도는 기업이 도산이나 폐업을 하게 되면 퇴직금 전부를 보장받을 수 없는 문제가 있고, 급속한 고령화와 평생직업 개념의 확대로 동일한 회사에서의 근속기간이 짧게 되어 퇴직금이 노후생활을 안정적으로 보장하기에는 부족한 면이 있다. 또한 사용자는 근속기간 전부에 대한 퇴직금을 일시금으로 지급할 수 있게 사내에 적립해야 하는 등 재원 마련이 경영상의 큰 부담으로 작용하고 있다. 한편 법제처는 「근로자퇴직급여 보장법」의 제정 이유를 "인구 고령화에 대응하여 현재 일시금 위주로 운영되고 있는 퇴직금제도를 퇴직연금제도로 전환할 수 있도록 하여 노후 소득재원 확충을 통한 근로자의 노후 생활안정에 기여하도록 하는 한편, 상시근로자 4인 이하 사업장에 대하여 퇴직급여제도를 확대 적용하도록 하려는 것임"이라고 밝히고 있다.

2) 퇴직급여는 1962년 근로기준법에 처음으로 도입되어 상시근로자 30인 이상 사업장에 적용되다가 2010년 12월 1일부터는 1인 이상 모든 사업장으로 확대하여 적용되고 있다. 다만, 퇴직급여의 산정과 관련해서는 2010년 12월 1일부터

※ '10.12.1.전부터 근로한 경우라도 '10.12.1.부터 기산하여 1년 이상 계속근로하고 퇴직하여야 퇴직급여 지급대상이 됨(2010년 11월 30일까지는 상시근로자 5인 이상 사업장만 퇴직급여가 적용되었음).

⇒ 퇴직급여 산정: (30일분 평균임금×761일÷365일÷2)+(30일분 평균임금×2,920일÷365일)

계속근로기간	퇴직금 및 DB제도 퇴직급여 수준	DC제도 부담금 수준
'10.12.1.~'12.12.31.	계속근로기간 1년에 대하여 30일분 이상의 평균임금×1/2	연간 임금총액의 1/12 이상×1/2
'13.1.1.~'20.12.31.	계속근로기간 1년에 대하여 30일분 이상의 평균임금	연간 임금총액의 1/12 이상

2. 퇴직급여제도의 종류

퇴직급여제도는 퇴직금제도 및 퇴직연금제도로 구분된다. 퇴직금제도는 사용자가 근로자의 1년 이상의 계속근로를 전제로 사내에 퇴직금 재원을 마련하고 근로자가 퇴직하면 사용자가 직접 일시금으로 지급하는 제도이다. 퇴직연금제도는 사용자가 퇴직급여 지급을 위한 재원을 퇴직연금사업자(퇴직연금제도의 운용관리업무 및 자산관리업무를 수행하는 자로 주로 금융기관이 해당)에게 일정한 금액 이상을 적립하고 근로자는 퇴직한 후 매월 또는 매년 연금을 받거나 일시금을 받을 수 있는 제도로, 사용자가 퇴직연금사업자와 자산관리업무에 대해 근로자를 피보험자 또는 수익자로 하는 보험계약이나 신탁계약을 체결하여 운용된다. 퇴직연금제도에는 확정급여형 퇴직연금제도(DB, Defined Benefit), 확정기여형 퇴직연금제도(DC, Defined Contribution), 중소기업 퇴직연금기금제도, 개인형 퇴직연금제도(IRP, Individual Retirement Pension) 및 상시근로자 10인 미만 사업장에 대한 특례제도가 있다.

2012년 12월 31일까지는 법정퇴직급여의 50%, 2013년 1월 1일부터 퇴직까지는 법정퇴직급여의 100%로 산정한다(퇴직급여법 부칙 제8조).

상시근로자 수	적용기간	퇴직급여의 종류
30명 이상	1962. 03. 04. ~ 1975. 04. 27.	퇴직금제도
5명 이상	1989. 03. 29. ~ 2010. 11. 30.	퇴직금제도 또는 퇴직연금제도(2005.12.01.부터 적용)
1명 이상	2010. 12. 01. ~ 현재	퇴직금제도 또는 퇴직연금제도

〈퇴직급여의 종류와 내용〉

종 류		내 용	근 거
퇴직금		사용자가 근로자에게 1년 이상의 계속근로를 전제로 하여 일정한 금액을 퇴직 후에 지급하는 제도 (퇴직금은 계속근로기간 1년에 대하여 30일분 이상의 평균임금으로 산정함)	퇴직급여법 제8조
퇴직연금	확정급여형 퇴직연금(DB)	근로자가 지급받을 급여수준(퇴직금과 동일함. 즉 계속근로기간 1년에 대하여 30일분 이상의 평균임금)이 사전에 확정되며, 사용자의 부담금은 적립금 운용결과에 따라 변동되는 제도	퇴직급여법 제2조 제7호
	확정기여형 퇴직연금(DC)	급여의 지급을 위한 사용자의 부담금(근로자의 연간 임금총액의 12분의 1 이상)이 사전에 확정되고, 근로자의 급여수준은 적립금 운용결과에 따라 변동되는 퇴직연금제도	퇴직급여법 제2조 제8호
	개인형 퇴직연금(IRP)	퇴직급여제도의 일시금을 수령한 자 등이 그 수령액을 적립 · 운용하기 위하여 퇴직연금사업자에게 설정한 저축계정	퇴직급여법 제2조 제10호
	중소기업퇴직연금기금제도	둘 이상의 중소기업(상시 30인 이하 사업장만 해당) 사용자 및 근로자가 납입한 부담금 등으로 공동의 기금을 조성 및 운영하여 근로자에게 급여를 지급하는 제도 (사용자는 연간 임금총액의 12분의 1 이상을 부담금으로 매년 납입하고, 공단은 기금을 관리 및 운용)	퇴직급여법 제2조 제14호
	상시근로자 10명 미만 사업장에 대한 특례	상시 10명 미만의 근로자를 사용하는 사업에서 사용자가 개별 근로자의 동의를 받거나 근로자의 요구에 따라 해당 근로자에 대하여 IRP제도를 설정한 경우 해당 근로자에 대하여 퇴직급여제도를 설정한 것으로 보는 제도	퇴직급여법 제25조
	개인형 퇴직연금제도(IRP)	가입자의 선택에 따라 가입자가 납입한 일시금이나 사용자 또는 가입자가 납입한 부담금을 적립 · 운용하기 위하여 설정한 퇴직연금제도로서 급여의 수준이나 부담금의 수준이 확정되지 아니한 제도	퇴직급여법 제2조 제10호

3. 퇴직연금제도 개요

1) 퇴직연금제도의 운영체계

퇴직연금제도는 '퇴직연금규약 작성(근로자대표 동의 필요) → 규약신고(지방노동관서) → 사용자와 퇴직연금사업자 간에 계약체결 → 연금자산의 운용 및 급여지급' 순서로 운영된다.

〈퇴직연금제도의 운영체계〉[3)]

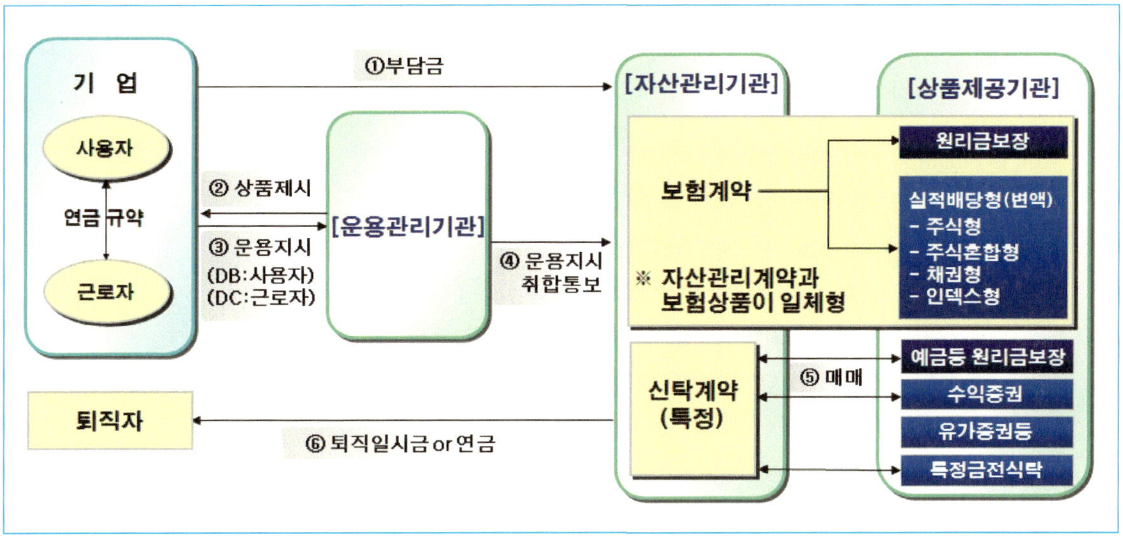

2) 퇴직연금규약의 작성 및 신고

「근로자 퇴직급여 보장법」(약칭: 퇴직급여법)

제13조 (확정급여형퇴직연금제도의 설정) 확정급여형퇴직연금제도를 설정하려는 사용자는 제4조 제3항 또는 제5조에 따라 근로자대표의 동의를 얻거나 의견을 들어 다음 각호의 사항을 포함한 확정급여형퇴직연금규약을 작성하여 고용노동부장관에게 신고하여야 한다.

제19조 (확정기여형퇴직연금제도의 설정) ① 확정기여형퇴직연금제도를 설정하려는 사용자는 제4조 제3항 또는 제5조에 따라 근로자대표의 동의를 얻거나 의견을 들어 다음 각호의 사항을 포함한 확정기여형퇴직연금규약을 작성하여 고용노동부장관에게 신고하여야 한다.

퇴직연금규약은 해당 사업장의 퇴직연금제도 운영에 관한 사항을 노사간에 약정한 것이다. 사용자가 확정급여형 퇴직연금제도 또는 확정기여형 퇴직연금제도를 설정하려면 퇴직연금규약을 작성하여 고용노동부장관에게 신고하여야 한다. 퇴직연금규약을 작성할 때는 근로자대표의 의견청취 또는 동의가 필요하며, 퇴직연금규약을 변경하는 경우에는 근로자대표의 의견청취만으로 가능하다(불이익한 변경의 경우에는 근로자대표의 동의가 필요).

3) 고용노동부, 『퇴직급여제도 업무매뉴얼』, 2022.8, 106쪽.

〈퇴직연금규약 필수기재 사항〉

구분	필수기재사항
공통사항	- 퇴직연금사업자 선정에 관한 사항 - 가입자에 관한 사항 - 가입기간에 관한 사항 - 급여의 종류 및 수급요건 등에 관한 사항 - 운용관리업무 및 자산관리업무의 수행을 내용으로 하는 계약의 체결 및 해지와 해지에 따른 계약의 이전(移轉)에 관한 사항 - 운용현황의 통지에 관한 사항 - 가입자의 퇴직 등 급여 지급사유 발생과 급여의 지급절차에 관한 사항 - 퇴직연금제도의 폐지 · 중단 사유 및 절차 등에 관한 사항 - 부담금의 산정(부담) 및 납입에 관한 사항 - 운용관리업무 및 자산관리업무의 수행에 대한 수수료 부담에 관한 사항 - 가입자에 대한 교육의 방법 및 절차 등에 관한 사항
DB제도	- 급여수준에 관한 사항 - 급여 지급능력 확보에 관한 사항 - 복수의 퇴직연금사업자와 운용관리업무에 관한 계약을 체결한 경우 업무의 처리방안에 관한 사항(가입자가 개인형퇴직연금계정등을 지정하지 않은 경우 급여를 이전할 퇴직연금사업자의 지정에 관한 사항 포함)
DC제도	- 부담금 부담에 관한 사항 - 적립금의 운용에 관한 사항 - 적립금의 운용방법 및 정보의 제공 등에 관한 사항 - 사전지정운용제도에 관한 사항 - 적립금의 중도인출에 관한 사항

※ 퇴직연금규약에는 퇴직급여법 제13조 및 제19조의 내용이 모두 포함되어야 하고, 그 외의 사항에 대해서는 노사가 자율적으로 정할 수 있음.

3) 수급권의 보호

「근로자 퇴직급여 보장법」(약칭: 퇴직급여법)

제7조【수급권의 보호】 ① 퇴직연금제도의 급여를 받을 권리는 양도하거나 담보로 제공할 수 없다.
② 제1항에도 불구하고 가입자는 주택구입 등 대통령령으로 정하는 사유와 요건을 갖춘 경우에는 대통령령으로 정하는 한도에서 퇴직연금제도의 급여를 받을 권리를 담보로 제공할 수 있다. 이 경우 제26조에 따라 등록한 퇴직연금사업자는 제공된 급여를 담보로 한 대출이 이루어지도록 협조하여야 한다.

퇴직연금제도의 급여를 받을 권리는 양도하거나 담보로 제공할 수 없다.[4] 다만, 퇴직연금제도의 급여를 받을 권리는 일정한 사유와 요건(퇴직급여법 시행령 제2조)이 충족되면 일정한 한도에서 담보로 제공할 수 있다.

- 「근로자퇴직급여 보장법」 제7조, 같은법 시행령 제8조 및 같은법 시행규칙 제2조에 따라 일정한 사유와 요건을 갖춘 경우 규정된 한도내에서 퇴직연금의 수급권을 담보로 제공하는 것이 가능함. 또한, 수급권을 담보로 제공 할 수 있는 자에 대해서는 관련 법령에서 별도로 정한 바가 없으므로 근로자의 수급권 보장을 약화시킬 우려가 있는 등 특별한 사정이 없는 한 당해 사업장 사용자에게 담보로 제공 하는 것도 가능할 것으로 판단됨(고용노동부, 2007.3.8., 퇴직급여보장팀-970).
- 법률에 의해 양도가 금지된 채권은 압류대상 적격이 없어 압류명령은 무효이며, 전액 압류가 금지됩니다(※대법원 2014.1.23. 선고 2013다71180 판결: 법률에 의해 양도 금지된 '퇴직급여를 받을 권리'는 압류대상 적격이 없어 전액 압류가 금지됨). 「근로자퇴직급여 보장법」 제7조제1항에 의해 양도 금지된 퇴직연금 급여채권은 피압류 적격이 없습니다. 따라서 퇴직연금제도에 의해 근로자가 연금 또는 일시금을 받을 권리에 대한 압류는 무효이며 전액 압류가 금지됩니다. 또한, 확정급여형(DB형)은 퇴직연금사업자가 적립금의 범위에서 지급의무가 있는 급여 전액을 지급하여야 하고, 확정기여형(DC형)은 부담금 미납 시 사용자가 그 미납부담금과 지연이자를 DC형 계정에 납입하도록 정하고 있으므로, 미적립 부담금 및 사용자가 직접 개인형퇴직연금제도로 지급하는 급여도 퇴직연금제도 가입기간에 발생한 급여로서 퇴직연금제도의 급여를 받을 권리에 해당하여 전액 압류가 금지되는 것이 타당할 것으로 사료됩니다(고용노동부 2015.9.7., 퇴직연금복지과-2999).

〈퇴직연금액 수급권의 담보제공 사유〉

① 무주택자인 가입자가 본인 명의로 주택을 구입하는 경우
② 무주택자인 가입자가 주거를 목적으로 「민법」 제303조에 따른 전세금 또는 「주택임대차보호법」 제3조의2에 따른 보증금을 부담하는 경우(하나의 사업장에 근로하는 동안 1회로 한정)
③ 가입자가 6개월 이상 요양이 필요한 다음의 어느 하나에 해당하는 사람의 질병이나 부상에 대한 의료비(「소득세법 시행령」 제118조의5 제1항 및 제2항에 따른 의료비)를 부담하는 경우
  ㉠ 가입자 본인
  ㉡ 가입자의 배우자
  ㉢ 가입자 또는 그 배우자의 부양가족(「소득세법」 제50조 제1항 제3호에 따른 부양가족)
④ 담보를 제공하는 날부터 거꾸로 계산하여 5년 이내에 가입자가 「채무자 회생 및 파산에 관한 법률」에 따라 파산선고를 받은 경우

4) 「민사집행법」 제264조 제1항 제4호의 규정(퇴직연금채권의 2분의 1에 해당하는 금액은 압류하지 못함)에도 불구하고, 퇴직급여법 제7조 제1항에 따라 양도 및 담보가 금지된 퇴직연금급여 채권은 피압류 적격이 없어 압류명령은 무효이며, 전액 압류가 금지된다(대법원 20134.1.23. 선고 2013다71180 판결).

⑤ 담보를 제공하는 날부터 거꾸로 계산하여 5년 이내에 가입자가 「채무자 회생 및 파산에 관한 법률」에 따라 개인회생절차개시 결정을 받은 경우
⑥ 다음의 어느 하나에 해당하는 사람의 대학등록금, 혼례비 또는 장례비를 가입자가 부담하는 경우
㉠ 가입자 본인
㉡ 가입자의 배우자
㉢ 가입자 또는 그 배우자의 부양가족
⑦ 사업주의 휴업 실시로 근로자의 임금이 감소하거나 재난(「재난 및 안전관리 기본법」 제3조 제1호에 따른 재난)으로 피해를 입은 경우로서 고용노동부장관이 정하여 고시하는 사유와 요건[5]에 해당하는 경우

※ 위 사유 ①~⑥은 가입자별 적립금액의 100분 50까지, ⑦은 가입자의 피해정도 등을 고려하여 고용노동부장관이 정하여 고시하는 한도까지 담보제공이 가능함.

4) 폐지와 중단

「근로자 퇴직급여 보장법」(약칭: 퇴직급여법)

제38조【퇴직연금제도의 폐지 · 중단 시의 처리】 ① 퇴직연금제도가 폐지되거나 운영이 중단된 경우에는 폐지된 이후 또는 중단된 기간에 대하여는 제8조 제1항에 따른 퇴직금제도를 적용한다.
② 사용자는 퇴직연금제도가 폐지된 경우 지체 없이 적립금으로 급여를 지급하는 데에 필요한 조치로서 미납 부담금의 납입 등 대통령령으로 정하는 조치를 하여야 한다.
③ 사용자와 퇴직연금사업자는 제35조 제2항에 따른 사유 등으로 퇴직연금제도가 중단된 경우에 적립금 운용에 필요한 업무 등 대통령령으로 정하는 기본적인 업무를 유지하여야 한다.
④ 사용자와 퇴직연금사업자는 퇴직연금제도가 폐지되어 가입자에게 급여를 지급하는 경우에 가입자가 지정한 개인형퇴직연금제도의 계정으로 이전하는 방법으로 지급하여야 한다. 다만, 가입자가 개인형퇴직연금제도의 계정을 지정하지 아니한 경우에는 제17조 제5항을 준용한다.
⑤ 가입자가 제4항에 따라 급여를 받은 경우에는 제8조 제2항에 따라 중간정산되어 받은 것으로 본다. 이 경우 중간정산 대상기간의 산정 등에 필요한 사항은 대통령령으로 정한다.

사용자는 폐업이나 도산 등의 사유로 더 이상 퇴직연금제도를 운영하지 못하는 경우에는 근로자대표의 동의를 얻어 퇴직연금제도를 폐지할 수 있고, 폐지 이후부터는 퇴직금제도가 적용되고 지급되는 급여는 근로자가 지정한 IRP 계정으로 이전하는 방법으로 지급하여야 한다

5) 고용노동부고시 제2020-139호(2020.12.1.), "퇴직연금제도 수급권의 담보제공 및 퇴직금 중간정산 사유와 요건, 담보한도 등에 관한 고시"; 재난은 국민의 생명 · 신체 · 재산과 국가에 피해를 주거나 줄 수 있는 것으로, 자연재난(태풍, 홍수, 호우, 강풍, 풍랑, 해일, 대설, 한파, 낙뢰, 가뭄, 폭염, 지진, 황사등)과 사회재난(화재 · 붕괴 · 폭발 · 교통사고(항공사고 및 해상사고를 포함) · 화생방사고 · 환경오염사고 등)이 있다.

(급여를 받은 경우에는 퇴직금 중간정산으로 봄). 한편 퇴직연금규약에 명시된 제도 운영의 중단 사유가 발생하거나 퇴직연금규약 위반에 따른 고용노동부의 시정명령을 사용자가 이행하지 않는 경우에는 퇴직연금제도가 중단될 수 있다. 퇴직연금제도가 중단된 기간은 퇴직금제도가 적용되고(중단사유가 소멸되면 다시 퇴직연금제도가 적용), 사용자의 부담금 납입 및 급여 지급능력 확보 등의 업무는 이행되지 않는다.

- *「근로자퇴직급여 보장법」 제13조 제6호에 따라 확정기여형퇴직연금제도를 설정하고자 하는 사용자는 퇴직연금규약에 퇴직연금의 폐지 · 중단사유 등을 명시하여야 하므로 귀하의 질의 내용에서의 휴업이 동 사업장의 퇴직연금규약에 폐지사유로 기재 되었는지 확인하여야 할 것임(고용노동부, 2007.1.22, 퇴직급여보장팀-315).*
- *사업장의 폐업 · 도산 등으로 퇴직연금 제도가 사실상 중단 · 폐지된 것으로 볼 수 있는 경우에는 선관주의 의무[6]에 따라 미지급 적립금의 청구절차 안내 등 근로자 수급권 보호 조치를 한 후 미납 부담금 통지업무를 중단할 수 있을 것으로 사료됩니다(고용노동부 2020.10.16., 퇴직연금복지과-4680).*

제2절 퇴직급여제도의 설정과 운영

1. 퇴직급여제도의 설정

「근로자 퇴직급여 보장법」(약칭: 퇴직급여법)

제2조【정의】 이 법에서 사용하는 용어의 뜻은 다음과 같다.

1. "근로자"란 「근로기준법」 제2조 제1항 제1호에 따른 근로자를 말한다.

제3조【적용범위】 이 법은 근로자를 사용하는 모든 사업 또는 사업장(이하 "사업"이라 한다)에 적용한다. 다만, 동거하는 친족만을 사용하는 사업 및 가구 내 고용활동에는 적용하지 아니한다.

제4조【퇴직급여제도의 설정】 ① 사용자는 퇴직하는 근로자에게 급여를 지급하기 위하여 퇴직급여제도 중 하나 이상의 제도를 설정하여야 한다. 다만, 계속근로기간이 1년 미만인 근로자, 4주간을 평균하여 1주간의 소정근로시간이 15시간 미만인 근로자에 대하여는 그러하지 아니하다.

6) '선관주의 의무'는 채무자가 자신의 직업이나 지위 등에 따라 일반적으로 요구되는 주의 수준을 다해야 하는 의무를 말한다. 이는 민법 제61조(이사의 주의의무), 제324조(유치권자의 주의의무) 등에 규정되어 있고, 채무불이행 시 과실 판단의 기준으로 활용된다.

1) 대 상

근로자[7])를 사용하는 모든 사업장(동거하는 친족만을 사용하는 사업 및 가구내 고용활동[8]) 은 제외)의 사용자는 퇴직하는 근로자에게 급여를 지급하기 위하여 퇴직급여제도 중 하나 이상의 제도를 반드시 설정하여야 한다. 다만, 계속근로기간이 1년 미만인 근로자 또는 4주간을 평균하여 1주간의 소정근로시간이 15시간 미만인 근로자에 대하여는 퇴직급여제도가 적용되지 않는다.

※ 근기법에 따른 근로자가 아닌 임원은 퇴직급여제도의 적용대상은 아니지만, 법인정관 등에 따라 임의로 퇴직급여제도를 적용할 수 있음. 다만, 근로자가 아닌 임원이 퇴직급여제도에 가입하더라도 퇴직급여법상 퇴직연금의 급여를 받을 권리의 압류금지 등 근로자를 보호하기 위한 규정은 적용받지 않음.

- *특별한 사정이 없는 한 외국인 근로자에 대하여도 근로기준법이 적용된다 할 것이다. 따라서 불법체류외국인 근로자에게도 근로기준법상의 퇴직금 규정이 적용된다(대법원 1997.8.26. 선고 97다18875 판결).*
- *사립학교 교직원의 근무관계는 본질적으로 사법상의 고용계약관계라고 할 것이므로 사립학교 교직원에 대한 보수, 복무 등 근로조건에 관한 사항 중 「사립학교교직원법」에서 정하고 있는 퇴직급여 등을 제외하고는 「근로기준법」이 적용됩니다. 이에 따라 사립학교 교직원이 아닌 종사자의 퇴직급여에 관한 사항은 「근로자퇴직급여 보장법」을 적용하고, 사립학교 교직원은 「사립학교교직원*

---

7) 퇴직급여가 적용되는 근로자는 근기법 제2조 제1항에 따른 '직업의 종류와 관계없이 임금을 목적으로 사업 또는 사업자에 근로를 제공하는 사람'이다. 그러나 공무원, 군인, 사립학교 교직원, 선원 등 관련법령에 따라 별도로 퇴직급여제도가 적용되는 근로자에게는 퇴직급여법상 퇴직급여가 적용되지 않는다(고용노동부 2022.2.4., 퇴직연금복지과-512).

8) 헌법재판소는 '가구 내 고용활동'에 대하여 퇴직급여법을 적용하지 않는 것이 합리적 이유가 있는 차별로서 헌법상 평등원칙에 위배되지 않는다고 결정하였는데(헌법재판소 2022.10.27. 선고 2019헌바454 결정), 결정의 요지는 다음과 같다. ① 가사사용인도 근로자에 해당하지만, 제공하는 근로가 가정이라는 사적 공간에서 이루어지는 특수성이 있다. 그런데 퇴직급여법은 사용자에게 여러 의무를 강제하고 국가가 사용자를 감독하고 위반 시 처벌하도록 규정하고 있다. 가구 내 고용활동에 대하여 다른 사업장과 동일하게 퇴직급여법을 적용할 경우 이용자 및 가족의 사생활을 침해할 우려가 있음은 물론 국가의 관리감독이 제대로 이루어지지도 어렵다. ② 퇴직급여법을 적용할 경우 이용자에게는 퇴직금 또는 퇴직연금 지급을 위한 직접적인 비용 부담 외에도 퇴직급여제도 설정 및 운영과 관련한 노무관리 비용과 인력의 부담도 발생한다. 그런데 가사사용인 이용 가정의 경우 일반적인 사업 또는 사업장과 달리 퇴직급여법이 요구하는 사항들을 준수할만한 여건과 능력을 갖추지 못한 경우가 대부분인 것이 현실이다. 이러한 현실을 무시하고 퇴직급여법을 가사사용인의 경우에도 전면 적용한다면 가사사용인 이용자가 감당하기 어려운 경제적 · 행정적 부담을 가중시키는 부작용을 초래할 우려가 있다. ③ 최근 가사사용인에 대한 보호필요성이 높아짐에 따라 이용 가정의 사생활 침해를 최소화하면서도 가사사용인의 보호를 도모하기 위하여 「가사근로자의 고용개선 등에 관한 법률」(이하 '가사근로자법'이라 함)이 제정되었다. 이 법에 의하면 인증받은 가사서비스 제공기관과 근로계약을 체결하고 이용자에게 가사서비스를 제공하는 사람은 가사근로자로서 퇴직급여법의 적용을 받게 된다(제6조 제1항). 이에 따라 가사사용인은 가사서비스 제공기관을 통하여 가사근로자법과 근로 관계 법령을 적용받을 것인지, 직접 이용자와 고용계약을 맺는 대신 가사근로자법과 근로 관계 법령의 적용을 받지 않을 것인지 선택할 수 있다.

연금법」에서 별도로 정하고 있는 부분에 한해 「근로자퇴직급여 보장법」의 적용이 배제되는 것입니다(고용노동부 2013.3.18., 근로복지과-961).

- 소정근로시간이 1주간 15시간 미만인 이른바 '초단시간근로'는 일반적으로 임시적이고 일시적인 근로에 불과하여, 해당 사업 또는 사업장에 대한 기여를 전제로 하는 퇴직급여제도의 본질에 부합한다고 보기 어렵다. 소정근로시간이 짧은 경우에는 고용이 단기간만 지속되는 현실에 비추어 볼 때에도, '소정근로시간'을 기준으로 해당 사업 또는 사업장에 대한 전속성이나 기여도를 판단하도록 규정한 것 역시 합리성을 상실하였다고 보기도 어렵다. 따라서 심판대상조항은 헌법 제32조 제3항에 위배되는 것으로 볼 수 없다(헌법재판소 2021.11.25. 선고 2015헌바334, 2018헌바42 결정).
- 4주간 평균하여 1주 소정근로시간이 15시간 이상과 미만을 반복하는 단시간근로자인 경우에는 퇴직일을 기준으로 이전 4주 단위씩 역산하여 1주 소정근로시간을 구하면 될 것으로 사료됩니다. 귀하의 질의 내용상 정확한 사실관계를 파악할 수 없어 명확한 답변은 어려우나, 퇴직일을 기준으로 역산하여 4주 단위로 1주 소정근로시간을 파악하여, 1주 소정근로시간이 15시간 이상인 경우는 4주를 산입하고, 15시간 미만인 경우는 산입하지 않는 방식으로, 산입된 주의 합계가 52개 주를 초과한다면 해당 근로자의 계속근로기간은 1년 이상이라고 볼 수 있으므로 퇴직금 지급 대상인 것으로 사료됩니다(근로기준정책과-4361, 2015.09.10. 참고)(고용노동부 2019.12.09., 퇴직연금복지과-5254).
- 근로자퇴직급여 보장법은 "퇴직금제도를 설정하려는 사용자는 계속근로기간 1년에 대하여 30일분 이상의 평균임금을 퇴직금으로 퇴직 근로자에게 지급할 수 있는 제도를 설정하여야 한다."라고 규정하고 있다(제8조 제1항). 따라서 계속근로기간이 1년에 미달하는 경우에는 근로자퇴직급여 보장법에 의한 퇴직금청구권이 발생하지 아니한다(대법원 2016.12.29. 선고 2016다236285 판결).
- 「시용이란 본 근로계약 체결 이전에 해당 근로자의 직업적 능력, 자질, 인품, 성실성 등 업무적격성을 관찰 · 판단하고 평가하기 위해 일정기간 시험적으로 고용하는 것을 말한다. 근속기간 중에 직종 등 근로제공의 형태가 변경된 경우와 마찬가지로, 시용기간 만료 후 본 근로계약을 체결하여 공백 기간 없이 계속 근무한 경우에도 시용기간과 본 근로계약기간을 통산한 기간을 퇴직금 산정의 기초가 되는 계속근로기간으로 보아야 한다(대법원 1995.7.11. 선고 93다26168 전원합의체 판결 등 참조)(대법원 2022.2.17. 선고 2021다218083 판결).

2) 차등설정 금지

「근로자 퇴직급여 보장법」(약칭: 퇴직급여법)

제4조【퇴직급여제도의 설정】 ② 제1항에 따라 퇴직급여제도를 설정하는 경우에 하나의 사업에서 급여 및 부담금 산정방법의 적용 등에 관하여 차등을 두어서는 아니 된다.

퇴직급여제도를 설정하는 경우에 하나의 사업에서 근로자 상호간에 합리적인 이유없이 퇴직급여의 지급기준, 지급율 등의 적용에 있어서 차등할 수 없다.[9] 다만, 하나의 사업장에 서로 다른 유형의 퇴직급여제도를 복수로 설정하거나(예: 퇴직금제도 및 퇴직연금제도 동시 운용), 근로자대표의 동의를 얻어 근로자집단별로 서로 다른 퇴직급여제도를 설정하는 것(예:신규 입사자와 기존 재직자, 정규직과 기간제)은 차등에 해당하지 않는다.

- *퇴직급여제도의 차등설정이라 함은 하나의 사업 내에서 직종, 직위, 업종 등에 따라 서로 다른 퇴직금 제도를 두거나, 근로자의 입사일자에 따라 지급률에 차등을 두는 것을 의미함(대법 2001다778970, 2002.6.28. 참고). 기업의 합병으로 인한 근로조건의 승계는 합병의 효력이 과거에까지 소급되는 것은 아니므로 합병 당시 경과적 조치로 퇴직금 계산방법에 대해 특별히 정한 바가 없다면 합병 전 퇴직금 제도를 적용하여 합병 이전 B사 근로자와 A사 근로자 간 퇴직금 지급률에 차이가 발생하더라도 퇴직급여의 차등설정으로 볼 수는 없다고 사료됨(고용노동부, 2017.5.31., 퇴직연금복지과-2392).*
- *퇴직급여제도의 차등금지원칙은 동일한 근로자에게 하나의 사업 내에서 직종, 직위, 직급 등에 따라 합리적 이유 없이 퇴직급여의 지급기준이나 지급률을 달리하여 정하는 것을 금지하는 것으로서, 일정한 연령, 근속연수에 도달하면 해당 사업(장)의 모든 근로자에게 임금피크제를 적용하고, 이에 따라 퇴직급여가 감소하는 근로자에게 확정기여형퇴직연금제도를 적용하는 것은 차등금지를 위반한 것으로 볼 수 없을 것으로 사료됨(고용노동부, 2016.12.20., 퇴직연금복지과-4868).*
- *근로자퇴직급여 보장법 제4조 제1항은 사용자가 퇴직하는 근로자에게 급여를 지급하기 위하여 퇴직급여제도중 하나 이상의 제도를 설정하도록 규정하고 있는 바, 복수의 노동조합 조합원에게 각기 다른 퇴직급여제도를 적용하는 것은 '퇴직급여제도 차등설정 금지'해당할 수 없는 것으로 사료됩니다(고용노동부 2012.2.24., 근로복지과-624).*
- *근로기준법 제28조(현행 퇴직급여법 제4조) 제2항은 하나의 사업내에 차등있는 퇴직금제도의 설정을 금하고 있으나, 변경된 취업규칙의 퇴직금제도가 기존근로자의 기득이익을 침해하는 것이어서 이들에게는 그 효력이 미치지 않고 부득이 종전제도의 적용을 받게 됨으로써 이러한 기득이익이 없는 취업규칙변경 후의 취업근로자에게 적용되는 퇴직금제도와 별개의 퇴직금제도를 적용하는 결과가 되었다고 하여도, 이러한 경우까지 위 법조에서 금하는 차등있는 퇴직금제도를 설정한 경우에 해당한다고 볼 수는 없는 것이다(대법원 1992.12.22. 선고 91다45165 전원합의체 판결).*

3) 설정절차

「근로자 퇴직급여 보장법」(약칭: 퇴직급여법)

제4조【퇴직급여제도의 설정】 ③ 사용자가 퇴직급여제도를 설정하거나 설정된 퇴직급여제도를 다른

9) 퇴직급여의 차등설정 금지 규정은 근로자 상호 간에 적용되는 것으로, 근기법상 근로자가 아닌 임원과 근로자 간에는 적용되지 않는다.

종류의 퇴직급여제도로 변경하려는 경우에는 근로자의 과반수가 가입한 노동조합이 있는 경우에는 그 노동조합, 근로자의 과반수가 가입한 노동조합이 없는 경우에는 근로자 과반수(이하 "근로자 대표"라 한다)의 동의를 받아야 한다.
④ 사용자가 제3항에 따라 설정되거나 변경된 퇴직급여제도의 내용을 변경하려는 경우에는 근로자 대표의 의견을 들어야 한다. 다만, 근로자에게 불리하게 변경하려는 경우에는 근로자 대표의 동의를 받아야 한다.

사용자가 퇴직급여제도를 설정하거나 설정된 퇴직급여제도를 다른 종류의 퇴직급여제도로 변경[10)]하려면 근로자대표의 동의를 얻어야 한다. 다만, 사용자가 설정되거나 변경된 퇴직급여제도의 내용을 변경하려면 근로자대표의 의견을 들어야 한다(근로자에게 불리한 변경일 경우에는 근로자대표의 동의 필요).

- *하나의 사업장에서 퇴직금 및 퇴직연금제도를 모두 도입할 수 있고, 도입된 제도 내에서 근로자의 선택에 따라 당해 근로자의 퇴직급여제도가 결정되며, 근로자의 자유의사에 따라 타 퇴직급여제도로 변경이 가능하고, 제도간 변경절차 및 횟수 등은 노사가 합의하여 도입된 퇴직연금규약에 정하는 것이 타당하다고 사료됨(고용노동부 2006.10.2., 퇴직급여보장팀-3723).*
- *근로자 대표의 동의를 얻어 DC형에서 DB형으로 변경이 가능하지만, DB형 제도로 전환하는 시기는 DC형 제도의 성격상 제도전환 이후의 근무기간에 대해서만 전환 가능함(고용노동부 2017.8.29., 퇴직연금복지과-3596).*
- *DB형에서 DC형으로 변경함에 따라 DB형 제도에 가입된 근로자가 없고 DB형 제도에 적립된 적립금이 이전되어 적립금이 없어 사실상 DB형 제도 운영이 중단된 것으로 볼 수 있는 경우에도, 근퇴법 제4조 제1항에 따라 복수의 퇴직급여제도 설정이 가능하다는 점, 근퇴법에서 퇴직급여제도 변경 시 종전의 제도를 폐지하도록 의무화하고 있지 않는 점, 당해 사업장은 향후 새로이 입사한 근로자가 DB형 제도에 가입하고자 하는 경우에 대비하여 DB형 제도를 유지하고자 하는 점 등을 고려하면 DB형 제도의 폐지 여부는 사업장이 자율적으로 결정할 수 있음(고용노동부 2012.9.17., 근로복지과-3209).*
- *근로자 과반수의 동의를 얻는 방식은 사용자측의 개입이나 간섭이 배제된 상태에서 집단적 회의방식에 의한 의사결정 방식이어야 하며, 근로자의 찬반의사 표시에 관한 동의방식은 무기명도 가능할 것임(고용노동부, 2006.1.16., 퇴직급여보장팀-147).*

10) 퇴직급여제도의 변경에는 종류의 변경(근로자대표의 동의 필요)과 내용의 변경(근로자대표의 의견청취 필요. 다만, 불리한 변경은 근로자대표의 동의 필요)이 있다. 종류의 변경은 퇴직급여제도 간의 변경을 의미하는데 종전 제도를 폐지한 후 새로운 제도를 설정하거나 종전 제도를 유지하면서 새로운 제도를 추가하여 설정하는 방법이 있고, 내용의 변경은 퇴직금수준이나 퇴직연금규약의 내용을 변경하는 것이 있다.

- 사용자는 퇴직급여제도의 종류를 선택하거나 변경하고자 하는 경우에는 당해 사업의 근로자대표의 동의를 받도록 규정되어 있음. 확정기여형 퇴직연금제도를 도입하면서 이 제도의 가입대상을 신규 근로자로 한정하고자 한다면 기존 근로자에 대한 퇴직급여제도에는 변경되지 아니하므로 근로자 대표의 동의 없이 도입이 가능할 것으로 보임. 단, 제도 시행일 이전 기존 근로자에 대해서도 추가로 퇴직연금제도를 적용하고자 할 경우에는 기존 근로자 대표의 동의를 얻어야 할 것임(고용노동부, 2007.3.8., 퇴직급여보장팀-971).

〈과거근로기간을 소급하는 경우 퇴직급여제도 간 변경〉[11)]

퇴직급여제도의 변경 (근로자에게 선택권 부여의 경우)	가부	비 고
DB제도 → DC제도	○	소급하기로 결정한 시점 직전 연간 임금총액의 1/12 이상에 해당하는 부담금을 기준으로 DB제도 가입기간을 소급하여 DC제도로 변경(But 소급기간 1년에 대하여 평균임금의 30일분 이상이 되어야 함)
DB제도, 퇴직금제도 → 혼합형제도	○	-
퇴직금제도 → DB제도	○	퇴직금제도 적용기간을 DB제도 가입기간에 포함
퇴직금제도 → DC제도	○	소급하기로 결정한 시점 직전 연간 임금총액의 1/12 이상에 해당하는 부담금을 기준으로 퇴직금제도 적용기간을 소급하여 DC제도로 변경(But 소급기간 1년에 대하여 평균임금의 30일분 이상이 되어야 함)
혼합형제도 → DC제도	○	-
DB제도 → 퇴직금제도	×	변경시점 이후의 근무시간에 대해 퇴직금제도를 적용하는 것은 가능
DC제도 → DB제도	×	변경시점 이후의 근무기간에 대해 DB로 가입하는 것은 가능(DC제도 적립금은 DB로 이전 불가)
DC제도 → 퇴직금제도	×	변경시점 이후의 근무긴간에 대해 퇴직금제도를 적용하는 것은 가능
DC제도 → 혼합형제도	×	변경시점 이후의 근무기간에 대해 혼합형제도로 가입하는 것은 가능(DC제도 적립금은 혼합형제도로 이전 불가)
혼합형제도 → DB제도	×	변경시점 이후의 근무기간만을 혼합형제도로 가입하는 것은 가능(혼합형제도 적립금은 DB제도로 이전 불가)

11) 고용노동부, 『퇴직급여제도 업무매뉴얼』, 2022.8, 30쪽.

※ 퇴직급여제도 간 변경방식은 퇴직연금규약에 정하여야 하고, 제도 설정 이전에 해당 사업에서 근로를 제공한 기간(과거근로기간)을 소급하여 제도 변경이 가능함.

4) 미설정 및 신설사업에 대한 적용

> **「근로자 퇴직급여 보장법」(약칭: 퇴직급여법)**
>
> **제5조【새로 성립된 사업의 퇴직급여제도】** 법률 제10967호 근로자퇴직급여 보장법 전부개정법률 시행일 이후 새로 성립(합병 · 분할된 경우는 제외한다)된 사업의 사용자는 근로자대표의 의견을 들어 사업의 성립 후 1년 이내에 확정급여형퇴직연금제도나 확정기여형퇴직연금제도를 설정하여야 한다.
>
> **제11조【퇴직급여제도의 미설정에 따른 처리】** 제4조 제1항 본문 및 제5조에도 불구하고 사용자가 퇴직급여제도나 제25조 제1항에 따른 개인형퇴직연금제도를 설정하지 아니한 경우에는 제8조 제1항에 따른 퇴직금제도를 설정한 것으로 본다.
>
> ② 제1항에 따라 퇴직급여제도를 설정하는 경우에 하나의 사업에서 급여 및 부담금 산정방법의 적용 등에 관하여 차등을 두어서는 아니 된다.

사용자가 퇴직급여제도나 개인형퇴직연금제도를 설정하지 아니한 경우에는 퇴직금제도를 설정한 것으로 본다. 다만, 퇴직급여법 전부 개정으로 2012년 7월 26일 이후 새로 성립(합병 · 분할된 경우는 제외함)된 사업의 사용자는 근로자대표의 의견을 들어 사업의 성립 후 1년 이내에 확정급여형 퇴직연금제도나 확정기여형 퇴직연금제도를 설정하여야 한다(위반 시 벌칙 없음).

> *<u>근로자 과반수 대표의 동의를 받아서 퇴직금제, DB 및 DC 등 세 가지 퇴직급여제도를 모두 설정한 후 근로자가 이중 하나를 선택하도록 하는 것은 가능</u>할 것으로 판단됨. 또한, 퇴직급여제도중 DB를 설정하고자 하는 사용자는 DB규약을, DC를 설정하고자 하는 사용자는 DC규약을 각각 작성하여 지방노동관서에 신고하여야 함(고용노동부, 2005.11.24., 퇴직급여보장팀-828).*

2. 계속근로기간의 산정

퇴직급여는 계속근로기간이 1년 이상인 경우에만 적용되므로, 계속근로기간의 판단은 퇴직급여 산정에서 가장 중요한 요소이다. 계속근로기간은 근로계약을 체결하여 해지될 때까지의 기간을 의미하는 것으로서, 실제 근로연수 및 개근이나 출근율과 관계없이 해당 사업장에 소속되어 있다면 퇴직급여 산정을 위한 계속근로기간에 포함되는 것이 원칙이다. 다만, 근로자의 개인사정이나 귀책사유로 휴직한 기간에 대해서는 단체협약 또는 취업규칙에서 해당 기간에 대하여 계속근로기간에서 제외하기로 정하였다면 그에 따른다.

- '계속근로기간'이란 근로자가 계속하여 근로를 제공한 기간으로 근로계약을 체결하여 해지될 때까지의 기간을 의미하는 것으로 사용자와의 사용종속관계가 유지되고 있는 한 그 기간은 퇴직금을 산정하기 위한 계속근로기간에 포함되는 것이 원칙임. 귀 질의 내용과 같이 개인질병 또는 학업 등 근로자의 귀책사유로 인한 휴직기간은 근로관계가 일시 중지될 뿐 근로관계가 소멸(단절)되는 것은 아니므로 동 기간을 배제할 수 없으나, 병역법에 따른 병역의무기간과 근로자의 개인사정이나 귀책 사유로 인한 휴직기간에 대하여 단체협약 또는 취업규칙에서 이를 제외하기로 한 경우에는 그러하지 아니함(고용노동부 2014.7.24., 근로복지과-2767).
- 당사자가 자율적으로 채용한 근로계약기간의 만료로 근로관계가 유효하게 종료되었다면, 퇴직금 산정을 위한 계속근로기간에 포함되지 아니할 것임. 그러나, 기간제 근로자로 계속 근로관계를 유지하고 있는 상태에서 무기계약직 근로자로 전환된 경우라면, 이는 기간제에서 무기계약직으로 고용형태만 변경된 것에 불과하므로 기간제 근로자로 근무한 기간도 퇴직금 산정을 위한 계속근로기간에 포함되어야 할 것임(고용노동부 2016.3.4., 퇴직연금복지과-867).
- 근로자의 자발적인 의사에 따라 일용직 사직의사 표시와 사용자의 사직 수리가 이루어진 이후에 정규직(기능직)으로 환직을 위한 시험 응시 등 임용절차를 거친 경우라면 근로관계는 유효하게 단절된 것으로 볼 수 있으나, 기왕의 일용직에 대한 근로관계를 계속 유지하고 있는 상태에서 특별채용절차를 밟아 채용이 확정된 후에 일용직 사직서를 제출한 후 정규직으로 채용이 이루어진 경우라면 이는 일용직에서 정규직으로 환직된 것에 불과한 것이므로 근로간계가 유효하게 단절되었다고 볼 수 없을 것으로 판단됨(고용노동부 2009.6.15., 임금복지과-591).
- 근로기준법 제18조 제3항에 따라 4주 동안을 평균해 1주 동안의 소정근로시간이 15시간 미만인 근로자에 대해서는 연차유급휴가, 퇴직금 규정 등이 적용되지 않음. 이때 소정근로시간이라 함은 법정근로시간의 범위에서 근로자와 사용자 사이에 정한 근로 시간을 말하므로, 귀 질의처럼 실제 근로시간이 이에 미달되거나 연장 근로가 발생한다 하더라도 달리 볼 수는 없을 것으로 사료됨. 단시간근로자의 퇴직금과 관련해서는 퇴직금 지급을 위한 계속근로연수에 1주 동안의 소정근로시간(4주간 평균)이 15시간 이상인 기간 전체가 포함되고, 연차유급 휴가와 관련해서는 계속근로 연수 1년간 전체에 대해 1주 동안의 소정 근로 시간(4주간 평균)이 15시간 이상인 근로자에게 적용된다 할 것임(고용노동부 2008.10.9., 근로조건지도과-4378).
- 〈2006.12.20.부터 2007.12.18.까지 근로를 제공(2007.12.19. 대통령선거일로 인하여 사업장 휴무)하였을 경우 퇴직금을 지급받을 수 있는지 여부와 관련하여〉 귀 질의 내용만으로 볼 때, 근로계약기간(서면 · 구도계약)을 2006.12.20.부터 2007.12.19.까지로 정하였을 경우, 2007.12.19. 근로제공의무가 면제된 날(사업장 휴무일)이어서 근로를 제공하지 못하였다 하더라도 근로관계는 존속되는 기간으로 보아야 할 것이며, 근로자의 퇴사일은 2006.12.20.이 될 것이므로 사용자

는 근로자에게 퇴직금을 지급하여야 함. 다만, 근로계약기간(서면 · 구두계약)이 2006.12.20.부터 2007.12.18.까지인 경우라면 법 제8조 제1항에 따른 계속근로기간 1년에 해당하지 아니하므로 사용자의 퇴직금 지급의무는 발생하지 않는다고 판단됨(고용노동부 2008.7.1., 퇴직연금복지과-274).

- *계속근로연수는 근로계약기간으로 판단하는 것이 아니라 임시 · 일용 등 고용계약기간과 관계없이 실제로 계속해서 고용관계가 1년 이상 지속되는지 여부로 판단해야 함(고용노동부 2005.11.11., 퇴직급여보장팀-701).*
- *근로자가 일용직 신분을 계속 유지하고 있는 상태에서 정규직 채용절차를 밟아 채용이 확정된 후에 일용직 사직서를 제출한 경우에, 이는 내부적 절차 및 기준에 따라 일용직에서 정규직으로 환직된 것에 불과하다고 볼 수 있어 퇴직금 계산을 위한 계속근로연수는 실제 근로를 제공한 시점부터 기산함이 타당하다고 사료됨(고용노동부 2000.11.14., 임금 68207-581).*
- *최소한 1개월에 4~5일 내지 15일 정도 계속해서 근무하였다면 근로기준법상 퇴직금 지급의 전제가 되는 근로자의 상근성 · 계속성 · 종속성의 요건을 충족시켰다고 볼 수 있다(대법원 1995.7.11. 선고 93다26168 판결).*

〈계속근로기간 판단〉[12]

구 분	판단기준
개 념	계속근로기간은 원칙적으로 근로관계의 존속기간(근로계약관계 개시일에서 종료일)을 말하며, 실제 근로여부로 판단할 것은 아님
기산일	초일 불산입 원칙(민법 제157조)에도 불구하고 입사일(출근개시일)을 기산일로 함
종료일	계약 해지일, 근로자의 사망 다음 날, 계약기간 만료일 다음 날, 정년 도달일
반복 · 갱신된 기간제 근로계약	- 해당 근로계약이 수차례 갱신되어 체결되었는지 - 해당 근로자 및 동종 근로자의 근무실태와 계약갱신 관행 - 해당 근로자가 속한 사업의 계속여부 및 운영방식 - 계약기간을 정한 취지 - 근로계약이 이루어지게 된 동기 및 경위 - 근로계약, 취업규칙 또는 단체협약 등에 계약갱신의 기준 등 갱신에 관한 요건이나 절차의 설정여부 및 그 실태를 고려(대법원 2011.4.14. 선고 2007두1729 판결; 대법원 2017.10.12. 선고 2015두59907 판결)
사업의 합병 · 분할	근로자의 고용이 포괄적으로 승계된 경우에는, 사업의 분할 · 합병 이전의 근로기간도 계속근로기간에 포함

12) 고용노동부, 『소규모사업장 담당자를 위한 12가지 인사관리 실무기법』, 2010.10, 246쪽.

구 분		판단기준
사업의 양도 · 양수		사업양도는 사업이 인적 · 물적 동일성을 유지하면서 일체로서 이전되는 것으로, 영업양도가 이루어진 경우에는 원칙적으로 해당 근로자들의 근로기간도 양수기업에 포괄적으로 승계되어 계속근로기간에 포함됨
정년퇴직자 재고용		정년에 도달한 경우라면 원칙적으로 정년퇴직으로 근로관계도 종료됨. 정년퇴직자를 기간제 근로자로 재고용하는 경우에는 당사자 간 합의에 의해 계속근로기간을 새롭게 기산할 수 있음(「고용상 연령차별금지 및 고령자 고용촉진에 관한 법률」 제21조)
사례	포함	- 수습사용기간, 정직기간 - 출산전후휴가 및 육아휴직기간 - 업무상 부상 또는 질병으로 요양을 위해 휴업한 기간 - 사용자 귀책사유에 의한 휴업기간 - 사용자가 승인한 근로자 개인사유로 인한 휴업기간(단, 단체협약 · 취업규칙 등에 포함하지 않는 것으로 정했다면 계속근로기간에서 제외할 수 있음) - 영업의 (포괄적) 양도 · 양수관계에 따른 종전 근로기간 - 국내회사와 사용종속관계가 유지되는 해외파견기간 - 쟁의행위기간(불법 · 적법을 불문), 노조전임기간, 부당해고기간
	불포함	- 병역법에 따른 의무복무로 인한 휴직기간(단, 승진에 있어서는 근무기간으로 봄(병역법 제74조 제2항[13]). - 퇴직금을 미리 정산하여 지급한 기간 - 정년퇴직 후 재입사한 경우 이전 근로기간 - 별도의 고용승계에 관한 약정 없이 용역업체 변경에 따른 종전 근로기간

3. 퇴직급여 등의 우선변제

「근로자 퇴직급여 보장법」(약칭: 퇴직급여법)

제12조【퇴직급여등의 우선변제】 ① 사용자에게 지급의무가 있는 퇴직금, 제15조에 따른 확정급여형퇴직연금제도의 급여, 제20조 제3항에 따른 확정기여형퇴직연금제도의 부담금 중 미납입 부담금 및 미납입 부담금에 대한 지연이자, 제25조 제2항 제4호에 따른 개인형퇴직연금제도의 부담금 중

13) 제74조【복직보장 등】 ② 국가기관, 지방자치단체의 장 또는 고용주는 제1항에 따라 휴직한 사람에 대하여는 승진에서 의무복무기간을 실제근무기간으로 산정(算定)하여야 하며, 군(軍)이나 의무복무기관에서 지급하는 보수와 입영 또는 소집 등에 의한 승선근무예비역, 보충역 또는 대체복무요원 복무 전(前) 보수의 차액의 범위에서 상당한 보수를 지급할 수 있다. 다만, 소집 등에 의한 승선근무예비역, 보충역 또는 대체복무요원의 의무복무기간을 마친 사람의 의무복무기간을 실제근무기간으로 산정하여야 할 기간은 징집에 의하여 입영한 육군 현역병의 복무기간의 범위에서 대통령령으로 정한다.

미납입 부담금 및 미납입 부담금에 대한 지연이자(이하 "퇴직급여 등"이라한다)는 사용자의 총재산에 대하여 질권 또는 저당권에 의하여 담보된 채권을 제외하고는 조세 · 공과금 및 다른 채권에 우선하여 변제되어야 한다. 다만, 질권 또는 저당권에 우선하는 조세 · 공과금에 대하여는 그러하지 아니하다.
② 제1항에도 불구하고 최종 3년간의 퇴직급여 등은 사용자의 총재산에 대하여 질권 또는 저당권에 의하여 담보된 채권, 조세 · 공과금 및 다른 채권에 우선하여 변제되어야 한다.

사용자에게 지급의무가 있는 퇴직금, 확정급여형 퇴직연금제도의 급여, 확정기여형 퇴직연금제도의 부담금 중 미납입 부담금 및 미납입 부담금에 대한 지연이자, 개인형 퇴직연금제도의 부담금 중 미납입 부담금 및 미납입 부담금에 대한 지연이자(이하 '퇴직급여 등'이라 함)는 사용자의 총재산에 대하여 질권 또는 저당권에 의하여 담보된 채권을 제외하고는 조세 · 공과금 및 다른 채권에 우선하여 변제되어야 한다(질권 또는 저당권에 우선하는 조세 · 공과금은 제외). 우선변제에도 불구하고 최종 3년간의 퇴직급여 등은 사용자의 총재산에 대하여 질권 또는 저당권에 의하여 담보된 채권, 조세 · 공과금 및 다른 채권보다 최우선으로 변제되어야 한다.

〈퇴직급여 등의 변제순위〉

① 최종 3년간의 퇴직급여 등 → **최우선변제**
② 질권 · 저당권 또는 「동산 · 채권 등의 담보에 관한 법률」에 따른 담보권에 우선하는 조세 · 공과금
③ 질권 · 저당권 또는 「동산 · 채권 등의 담보에 관한 법률」에 따른 담보권에 의하여 담보된 채권
④ 최종 3년간의 퇴직급여 등을 제외한 그 이전의 퇴직급여 등 → **우선변제**
⑤ 퇴직급여 등과 관련한 채권을 제외한 일반채권

※ 퇴직금 및 확정급여형 퇴직연금은 계속근로기간 1년에 대하여 30일분의 평균임금으로 산정하고, 확정기여형 및 개인형 퇴직연금은 근로자의 연간 임금총액의 12분의 1로 산정함.

4. 퇴직급여의 감소 예방

「근로자 퇴직급여 보장법」(약칭: 퇴직급여법)

제32조【사용자의 책무】 ⑤ 확정급여형퇴직연금제도 또는 퇴직금제도를 설정한 사용자는 다음 각 호의 어느 하나에 해당하는 사유가 있는 경우 근로자에게 퇴직급여가 감소할 수 있음을 미리 알리고

근로자 대표와의 협의를 통하여 확정기여형퇴직연금제도나 중소기업퇴직연금기금제도로의 변경, 퇴직급여 산정기준의 개선 등 근로자의 퇴직급여 감소를 예방하기 위하여 필요한 조치를 하여야 한다.
1. 사용자가 단체협약 및 취업규칙 등을 통하여 일정한 연령, 근속시점 또는 임금액을 기준으로 근로자의 임금을 조정하고 근로자의 정년을 연장하거나 보장하는 제도를 시행하려는 경우
2. 사용자가 근로자와 합의하여 소정근로시간을 1일 1시간 이상 또는 1주 5시간 이상 단축함으로써 단축된 소정근로시간에 따라 근로자가 3개월 이상 계속 근로하기로 한 경우
3. 법률 제15513호 근로기준법 일부개정법률 시행에 따라 근로시간이 단축되어 근로자의 임금이 감소하는 경우
4. 그 밖에 임금이 감소되는 경우로서 고용노동부령으로 정하는 경우

퇴직급여제도 중에서 퇴직금제도 또는 확정급여형 퇴직연금제도는 퇴직 당시의 평균임금을 기준으로 퇴직급여의 급여수준이 결정되므로 소정근로시간의 단축 등으로 임금이 감소되면 근로자의 퇴직급여에 중대한 영향을 미칠 수 있다. 따라서 퇴직금제도 또는 확정급여형 퇴직연금제도를 설정한 사용자는 특정한 사유가 있는 경우에는 해당 근로자에게 퇴직급여가 감소할 수 있음을 사전에 알리고 근로자대표와 협의를 통해 퇴직급여 산정기준의 개선 등 퇴직급여의 감소를 예방할 수 있는 조치를 하여야 한다.

- *"「근로자퇴직급여 보장법」 제32조 제4항 제3호에 따라 법률 제15513호 「근로기준법」 일부개정법률 시행에 따라 근로시간이 단축되어 근로자의 임금이 감소되는 경우"의 구체적 판단기준은 근로시간 단축입법 시행일 전 3개월 동안 법률 제15513호 「근로기준법」 일부개정법률에 따른 근로시간 한도를 초과하여 근로하였던 주가 있었고, 근로시간 단축입법 시행 이후의 임금이 근로시간 단축 전 3개월 동안의 임금에 비해 감소(근로시간 단축으로 인한 감소를 말함)되는 경우를 말합니다. 아울러, 사용자가 퇴직급여감소 방지대책을 마련하였다는 사실은 퇴직연금규약, 취업규칙, 임금대장, 퇴직급여 지급 서류 등을 통해 확인 할 수 있을 것으로 사료됩니다(고용노동부 2018.8.13., 퇴직연금복지고-3247).*
- *사용자는 근로시간 단축으로 인하여 임금이 감소하고 그 결과 퇴직급여가 감소될 수 있는 경우에 위의 고지의무를 이행하여야 하며, 근로시간이 단축되었으나 사용자의 임금보전 등으로 퇴직급여가 감소되지 않는 근로자는 고지대상에 해당하지 않을 것으로 판단됩니다. 위와 같은 경우 사용자의 고지의무는 퇴직급여가 감소 할 수 있는 개별 근로자에 대하여 각각 발생하므로, 개인에게 우편, 전자메일, 서면 등의 방법으로 개별 통지를 하여야 하고 근로자 대표를 통한 통지나 사내 게시판을 통한 공지 등으로 개별 통지를 갈음하는 것은 적절하지 않은 것으로 판단됩니다. 고지의 내용에는 「근로자퇴직급여 보장법」 제32조 제4항 각호의 사유 발생 사실 및 퇴직급여 감소의 가능성*

이 포함되어야 하고, 더불어 의무사항인 근로자 대표와의 협의 및 퇴직급여 감소의 예방조치 등의 후속조치 계획이 함께 고지되는 것이 바람직 할 것으로 사료됩니다(고용노동부, 2018.7.25., 퇴직연금복지과-2994).

제3절 퇴직금제도

1. 퇴직금제도의 설정

퇴직금제도[14]는 사용자가 근로자에게 계속근로를 전제로 하여 일정한 금액을 퇴직 이후에 지급하는 제도로, 하나의 사업에서 퇴직금 산정방법의 적용 등에 관하여 차등을 둘 수 없다. 다만, 계속근로기간이 1년 미만이거나 4주간을 평균하여 1주간의 소정근로시간이 15시간 미만인 근로자는 퇴직금제도가 적용되지 않는다.

근로기준법상의 퇴직금제도는 근로자가 1년 이상의 기간 계속 근로를 제공하고 퇴직할 경우에, 사용자가 근로자의 근로 제공에 대한 임금 일부를 지급하지 아니하고 축적하였다가 이를 기본적 재원으로 하여 근로자가 퇴직할 때 이를 일시금으로 지급하는 것으로서, 퇴직금은 본질적으로는 후불적 임금의 성질을 지닌 것이다(대법원 2007.3.30. 선고 2004다8333 판결).

2. 퇴직금의 산정

「근로자 퇴직급여 보장법」

제8조【퇴직금제도의 설정 등】 ① 퇴직금제도를 설정하려는 사용자는 계속근로기간 1년에 대하여 30일분 이상의 평균임금을 퇴직금으로 퇴직근로자에게 지급할 수 있는 제도를 설정하여야 한다.

---

14) 퇴직금제도의 법적 성격과 관련하여 대법원(대법원 2007.3.30. 선고 2004다8333 판결; 대법원 2005.10.13. 선고 2004다13755 판결; 대법원 1975.7.22. 선고 74다1840 판결 등 다수)은 "근로기준법상 퇴직금제도는 근로자가 1년 이상의 기간 계속근로를 제공하고 퇴직할 경우에, 사용자가 근로자의 근로제공에 대한 임금 일부를 지급하지 아니하고 축적하였다가 이를 기본적 재원으로 하여 근로자가 퇴직할 때 이를 일시금으로 지급하는 것으로서, 퇴직금은 본질적으로 후불적 임금의 성질을 지닌 것"이라고 하여 임금후불설의 입장이다.

퇴직금은 계속근로기간 1년에 대하여 30일분 이상의 평균임금(평균임금이 통상임금보다 적으면 통상임금을 평균임금으로 간주)으로 산정한다. 계속근로기간은 근로계약을 체결하여 해지될 때까지의 계속된 기간으로, 계속근로기간이 1년 이상이라면 몇 월 며칠에 대하여도 퇴직금을 비례하여 산정해서 지급해야 한다.

〈퇴직금 산정 방법〉

퇴직금액 = 평균임금 × 30일(이상) × 총재직일수 ÷ 365일

※ 평균임금은 평균임금으로 산정해야 하는 사유가 발생하기 이전 3개월간의 임금총액을 3개월간 총일수로 나누어 산정하고(근기법 제1항 제6호), 산정된 평균임금이 통상임금보다 적으면 통상임금을 평균임금으로 간주하여 적용함(근기법 제2조 제2항).

- *법정퇴직금제도는 사용자가 퇴직하는 근로자에게 지급해야 할 퇴직금의 하한선을 규정한 것이므로, 노사합의로 정한 피고공사의 퇴직금 규정 등에서 식대보조비를 퇴직금 산정의 기초임금에서 제외하고 있다고 하더라도, 그 퇴직금 규정 등에 따라 산정한 퇴직금액이 누진적인 지급률을 택한 결과 법이 보장하는 하한선을 상회한 경우에는 위 퇴직금 규정 등을 법에 저촉되는 위법한 규정이라고 볼 수 없다(대법원 2003.4.11. 선고 2001다9380 판결).*
- *「근로자퇴직급여 보장법」 제4조 제1항 단서의 "근로기간이 1년 미만"이란, 계속근로기간이 전체적으로 1년 미만인 경우를 말하는 것이지, 근로기간이 몇 년, 몇 월, 며칠인 경우에 있어서의 1년이 못 되는 몇 월 며칠을 뜻하는 것이 아니므로 계속근로기간이 몇 년 며칠인 경우에 있어서는 1년 미만 단수인 몇 월, 며칠에 대하여도 퇴직금을 비례하여 산정 지급해야 함(고용노동부 예규 제602호, 근로자퇴직급여보장법 제4조 제1항 단서 해석기준, 2009.9.25.).*

〈퇴직금 산정 사례〉

■ 사실관계

- 근로자(A)는 ㈜안산에서 2023.01.01.~2025.12.31.까지 재직하고 2026.01.01.부로 퇴사하였음 (재직기간중 계속근로기간이 단절될 사유는 발생하지 않음)
- A의 근로조건: 1주 5일근로(1일 8시간 및 1주 40시간) / 토요일 무급휴일, 일요일 법정주휴일
- 2025년도 임금: 월급 350만원(전액 통상임금).
- 연도별 재직일수는 계산의 편의상 1년을 365일로 함.
- 평균임금 및 퇴직금 계산에서 소숫점 이하는 올림하여 자연수로 계산.

■ 퇴직금 산정

① 평균임금
→ 근기법 제2조 제1항 제6호는 평균임금 산정방법에 대하여 '이를 산정하여야 할 사유가 발생한 날 이전 3개월 동안에 그 근로자에게 지급된 임금의 총액을 그 기간의 총일수로 나눈 금액을 말한다. 근로자가 취업한 후 3개월 미만인 경우도 이에 준한다.'고 규정하고 있음. 따라서 2026.01.01.부로 퇴직을 하여 평균임금을 계산하여야 할 사유가 발생하여 2025년 10월, 11월, 12월의 3개월 동안 지급받은 임금총액 1,050만원(350만원×3개월)을 그 기간의 총일수인 92일(10월:31일, 11월:30일, 12월:31일)로 나누면 평균임금이 계산됨. 즉 평균임금은 1,050만원(350만원×3개월)÷92일(31일+30일+31일)=114,131원임(114,130.43원에서 소숫점 이하는 올림).

② 통상임금의 계산 및 평균임금과 통상임금의 비교
→ 일급 통상임금: A의 통상임금 산정기준시간 수는 209시간〔(40+8)×365÷7÷12〕이 되고, 그에 따른 시급통상임금은 월통상임금(350만원)÷209≒16,747원이고, 일급통상임금은 시급(16,747원)×1일 소정근로시간(8시간)=133,976원임.
→ 평균임금과 통상임금의 비교: 근기법 제2조 제2항에 따라 '평균임금이 해당 근로자의 통상임금보다 적으면 그 통상임금액을 평균임금으로 적용'하여야 하므로. 평균임금(114,131원)이 통상임금(133,976원)보다 적으므로 통상임금을 퇴직금 산정을 위한 평균임금으로 적용해야 함.

③ 퇴직금: 사용자는 계속근로기간 1년에 대하여 30일분 이상의 평균임금을 퇴직금으로 퇴직근로자에게 지급하여야 하므로(퇴직급여법 제8조), 1년분 퇴직금액=평균임금×30일(이상) 임. 또한 1년 이상의 계속근로기간에 대한 퇴직금액=평균임금×30일×총재직일수÷365일. 다만, ②와 같이 통상임금을 평균임금으로 적용해야 함.
따라서 퇴직금은 133,976원(평균임금)×30일×1,095일(총재직일수: 365일×3년)÷365일=12,057,840원임.

3. 퇴직금의 지급

「근로자 퇴직급여 보장법」

제9조【퇴직금의 지급 등】 ① 사용자는 근로자가 퇴직한 경우에는 그 지급사유가 발생한 날부터 14일 이내에 퇴직금을 지급하여야 한다. 다만, 특별한 사정이 있는 경우에는 당사자 간의 합의에 따라 지급기일을 연장할 수 있다.
② 제1항에 따른 퇴직금은 근로자가 지정한 개인형퇴직연금제도의 계정 또는 제23조의8에 따른 계정(이하 "개인형퇴직연금제도의 계정 등"이라 한다)으로 이전하는 방법으로 지급하여야 한다. 다만, 근로자가 55세 이후에 퇴직하여 급여를 받는 경우 등 대통령령으로 정하는 사유가 있는 경우에는 그러하지 아니하다.
③ 근로자가 제2항에 따라 개인형퇴직연금제도의 계정 등을 지정하지 아니한 경우에는 근로자 명의의 개인형퇴직연금제도의 계정으로 이전한다.

1) 지급 기한 및 방법

사용자는 근로자가 퇴직한 경우에 그 지급사유가 발생한 날부터 14일(특별한 사정이 있는 경우에는 당사자 간의 합의에 따라 지급기일을 연장 가능) 이내에 퇴직금을 지급하여야 한다. 사용자는 퇴직금을 근로자가 지정한 개인형퇴직연금제도(IRP)의 계정 등으로 지급해야 한다. 다만, 특정한 사유(퇴직급여법 시행령 제3조의2)가 있는 경우에는 근로자의 급여통장 등으로 퇴직금을 지급할 수 있다.

〈퇴직금의 IRP제도 계정 등으로의 지급 예외 사유〉

1. 근로자가 55세 이후에 퇴직하여 급여를 받는 경우
2. 퇴직금이 300만원 이하인 경우
3. 근로자가 사망한 경우
4. 「출입국관리법 시행령」 제23조 제1항에 따라 취업활동을 할 수 있는 체류자격으로 국내에서 근로를 제공하고 퇴직한 근로자가 퇴직 후 국외로 출국한 경우
5. 다른 법령에서 급여의 전부 또는 일부를 공제하도록 한 경우(공제 후 남은 금액은 근로자가 지정한 IRP제도의 계정 등으로 지급해야 함)

※ 사용자는 근로자에게 퇴직금 수령을 위한 개인형퇴직연금제도 계좌를 개설하도록 안내하고, 지급기일 이내에 퇴직금을 세전 금액으로 지급해야 함.

2) 미지급 시 제재

(1) 지연이자 부과

사용자는 근기법(제37조)에 따라 근로자가 퇴직한 날부터 14일 이내에 퇴직금의 전부 또는 일부를 지급하지 않으면, 그 다음 날부터 지급하는 날까지의 지연일수에 대하여 연 20%의 지연이자를 지급하여야 한다(위반 시 형사처벌 없음). 다만, 천재 · 사변 등의 사유(근기법 시행령 제18조)가 있으면 지연이자가 적용되지 않는다.

※ 당사자 간에 퇴직금 지급기일 연장에 합의하더라도, 지연이자는 발생함.

(2) 형사적 제재

「근로자 퇴직급여 보장법」(약칭: 퇴직급여법)

제44조【벌칙】 다음 각호의 어느 하나에 해당하는 자는 3년 이하의 징역 또는 3천만원 이하의 벌금

에 처한다. 다만, 제1호 및 제2호의 경우 피해자의 명시적인 의사에 반하여 공소를 제기할 수 없다.
1. 제9조 제1항을 위반하여 퇴직금을 지급하지 아니한 자

사용자가 퇴직금을 퇴직일부터 14일 이내에 지급하지 않으면, 3년 이하의 징역 또는 3천만 원 이하의 벌금에 처한다. 다만, 당사자 간에 지급기일을 연장하거나, 근로자가 명시적으로 사용자의 형사처벌을 원하지 않는다는 의사표시를 하면 형사처벌을 할 수 없다(반의사불벌죄).

4. 퇴직금의 시효 및 보호

1) 퇴직금의 시효

「근로자 퇴직급여 보장법」(약칭: 퇴직급여법)
제10조【퇴직금의 시효】 이 법에 따른 퇴직금을 받을 권리는 3년간 행사하지 아니하면 시효로 인하여 소멸한다.

퇴직금을 받을 권리는 3년간 행사하지 않으면 시효로 인하여 소멸한다.

퇴직금은 임금의 일종으로서 그 청구권은 근로기준법 제41조(현행 퇴직급여법 제10조)에 의하여 2년(현행 3년)간 행사하지 아니하면 소멸시효가 완성된다(대법원 1969.1.21. 선고 68다2130 판결).

2) 퇴직금의 보호

「민사집행법」
제246조【압류금지채권】 ① 다음 각호의 채권은 압류하지 못한다.
5. 퇴직금 그 밖에 이와 비슷한 성질을 가진 급여채권의 2분의 1에 해당하는 금액

근로자의 퇴직금에 대한 수급권을 보호하여 퇴직 후 생활을 보장하기 위하여, 퇴직금은 「민사집행법」에 따라 2분의 1에 해당하는 금액은 압류가 금지된다.

- 민사집행법 제246조 제1항 5호에 의하여 퇴직금에 대하여는 2분의 1까지 압류가 가능한 바, 귀 질의와 같이 사업주가 근로자의 퇴직금에 대하여 적정 절차(법원의 결정)를 거쳐 가압류하였다면 동액수만큼의 지급유예가 가능할 것임(고용노동부 2006.1.26., 퇴직급여보장팀-284).

- *근로자의 귀책사유에 의해 사용자에게 손해를 보게 한 책임과 사용자의 퇴직금지급의무는 다르므로, 징계해고 등 어떠한 경우라도 그 지급을 제한하여 손해배상액을 빼고 지급할 수 없다(대법원 1975.7.22. 선고 74다1840 판결).*
- *근로자가 받을 퇴직금은 임금의 성질을 가지는 것으로서 사용자는 그 수령권자에게 직접 전액을 지급해야 하는 것이므로, 사용자가 자기 책임으로 근무하다가 사망한 근로자의 퇴직금에 대하여 사용자에 대한 대출금 채권으로 상계하여 충당할 수 없다(대법원 1990.5.8. 선고 89다카26413 판결).*

5. 퇴직금의 중간정산

「근로자 퇴직급여 보장법」(약칭: 퇴직급여법)

제8조【퇴직금제도의 설정 등】 ② 제1항에도 불구하고 사용자는 주택구입 등 대통령령으로 정하는 사유로 근로자가 요구하는 경우에는 근로자가 퇴직하기 전에 해당 근로자의 계속근로기간에 대한 퇴직금을 미리 정산하여 지급할 수 있다. 이 경우 미리 정산하여 지급한 후의 퇴직금 산정을 위한 계속근로기간은 정산시점부터 새로 계산한다.

1) 개 념

사용자는 주택구입 등 일정한 법정사유로 근로자가 요구하는 경우에는 근로자가 퇴직하기 전에 해당 근로자의 계속근로기간에 대한 퇴직금을 미리 정산하여 지급할 수 있는데, 이를 '퇴직금 중간정산'이라고 한다.[15] 퇴직금을 중간정산한 경우에는 퇴직금 산정을 위한 계속근로기간은 중간정산 이후부터 새롭게 기산한다.

※ 퇴직금 중간정산은 개별 근로자의 요구와 사용자의 승낙에 의해서만 가능한 것으로, 사용자는 근로자의 퇴직금 중간정산 사유가 퇴직급여법에 규정된 사유라고 하더라도 반드시 응할 의무는 없음(고용노동부 2013.2.7., 근로복지과-529).

- *근로자퇴직급여 보장법 제4조 제1항 단서의 "근로기간이 1년 미만"이란 계속 근로기간이 전체적으로 1년 미만인 경우를 말하는 것이므로 계속근로기간이 몇 년 며칠인 경우에 있어서는 1년 미만 단수인 몇 월, 며칠에 대하여도 퇴직금을 비례하여 산정 지급해야 함(고용노동부 예규 제602호, "근로자퇴직급여 보장법 제4조 제1항 단서 해석기준"). 따라서 퇴직금 중간정산 이후 퇴직금 산정*

15) 사용자가 퇴직금 중간정산하여 지급한 경우 근로자가 퇴직한 후 5년이 되는 날까지 관련 증명 서류를 보존하여야 한다(퇴직급여법 시행령 제3조 제2항).

을 위한 계속근로년수가 1년 미만인 경우에도 전체 계속근로년수는 1년 이상이므로 중간정산 이후의 1년 미만이 되는 몇 월, 며칠에 대해서 1년간의 퇴직금에 비례하여 퇴직금을 지급해야 함(고용노동부 2012.9.12., 근로복지과-3162).

- 1년 이상 계속 근로한 근로자는 누구든지 기왕에 근로한 기간에 대하여 중간정산을 신청할 수 있으므로, 연봉제 시행대상 근로자이든 아니든 관계없이 중간정산을 신청할 수 있는 것임. 반면, 사용자는 근로자의 퇴직금 중간정산 요구가 있는 경우, 개개 근로자별로 요청사유와 관계없이 중간정산 요청에 응하거나 응하지 아니할 수 있는 것임. 아울러, 퇴직금 중산정산 요구는 반드시 서면으로 하여야 효력이 있는 것은 아니며 구두 등의 방법도 무방하나, 중간정산 이후 퇴직금 산정을 위한 계속근로연수는 정산시점부터 새로이 기산하게 되므로 차후 다툼의 소지를 없애기 위하여 서면으로 함이 바람직할 것임(고용노동부 2005.7.5., 근로기준과-3530).

2) 중간정산 사유

근로자가 퇴직급여법 시행령 제3조 제1항에서 규정한 사유로 퇴직금 중간정산을 요청하면 근로자가 실제로 퇴직하기 전이라도 사용자는 퇴직금을 미리 정산하여 지급할 수 있다.

〈퇴직금 중간정산 사유〉

① 무주택자인 근로자가 본인 명의로 주택을 구입하는 경우

② 무주택자인 근로자가 주거를 목적으로 「민법」 제303조에 따른 전세금 또는 「주택임대차보호법」 제3조의2에 따른 보증금을 부담하는 경우(근로자가 하나의 사업에 근로하는 동안 1회로 한정)

③ 근로자가 6개월 이상 요양을 필요로 하는 다음의 어느 하나에 해당하는 사람의 질병이나 부상에 대한 의료비를 해당 근로자가 본인 연간 임금총액의 1천분의 125를 초과하여 부담하는 경우
가. 근로자 본인
나. 근로자의 배우자
다. 근로자 또는 그 배우자의 부양가족

④ 퇴직금 중간정산을 신청하는 날부터 거꾸로 계산하여 5년 이내에 근로자가 「채무자 회생 및 파산에 관한 법률」에 따라 파산선고를 받은 경우

⑤ 퇴직금 중간정산을 신청하는 날부터 거꾸로 계산하여 5년 이내에 근로자가 「채무자 회생 및 파산에 관한 법률」에 따라 개인회생절차개시 결정을 받은 경우

⑥ 사용자가 기존의 정년을 연장하거나 보장하는 조건으로 단체협약 및 취업규칙 등을 통하여 일정나이, 근속시점 또는 임금액을 기준으로 임금을 줄이는 제도를 시행하는 경우

⑦ 사용자가 근로자와의 합의에 따라 소정근로시간을 1일 1시간 또는 1주 5시간 이상 변경하여 그 변경된 소정근로시간에 따라 근로자가 3개월 이상 계속 근로하기로 한 경우

⑧ 근기법 시행에 따른 근로시간의 단축(주 52시간)으로 근로자의 퇴직금이 감소되는 경우
⑨ 재난으로 피해를 입은 경우로서 고용노동부장관이 정하여 고시[16]하는 사유에 해당하는 경우

※ 퇴직금 중간정산 사유 중에서 ②의 사유를 제외하고는 횟수 제한 없음.

제4절 확정급여형 퇴직연금제도

1. 개념 및 설정

「근로자 퇴직급여 보장법」(약칭: 퇴직급여법)

제2조【정의】 이 법에서 사용하는 용어의 뜻은 다음과 같다.
8. "확정급여형퇴직연금제도"란 근로자가 받을 급여의 수준이 사전에 결정되어 있는 퇴직연금제도를 말한다.

제13조【확정급여형퇴직연금제도의 설정】 확정급여형퇴직연금제도를 설정하려는 사용자는 제4조 제3항 또는 제5조에 따라 근로자대표의 동의를 얻거나 의견을 들어 다음 각호의 사항을 포함한 확정급여형퇴직연금규약을 작성하여 고용노동부장관에게 신고하여야 한다.
1~11. 생략

확정급여형 퇴직연금제도(DB, Defined Benefit)는 근로자가 받을 급여의 수준이 사전에 결정되어 있는 제도이다. DB형 연금제도를 설정하려는 사용자는 근로자대표의 동의를 얻거나 의견을 들어 퇴직연금규약을 작성하고 사업장 소재지를 관할하는 지방고용노동관서에 신고하여야 한다. 사용자는 매년 부담금을 퇴직연금사업자에 적립하여 운용하며, 근로자는 퇴직 시 사전에 확정된 급여를 연금 또는 일시금으로 수령하게 된다.

2. 가입기간 및 급여수준

1) 가입기간

16) 고용노동부고시 제2020-139호, "퇴직연금제도 수급권의 담보제공 및 퇴직금 중간정산의 사유와 요건, 담보 한도 등에 관한 고시", 2020.12.21

「근로자 퇴직급여 보장법」(약칭: 퇴직급여법)

제14조【가입기간】 ① 제13조 제3호에 따른 가입기간은 퇴직연금제도의 설정 이후 해당 사업에서 근로를 제공하는 기간으로 한다.
② 해당 퇴직연금제도의 설정 전에 해당 사업에서 제공한 근로기간에 대하여도 가입기간으로 할 수 있다. 이 경우 제8조 제2항에 따라 퇴직금을 미리 정산한 기간은 제외한다.

DB형 연금제도의 가입기간은 제도 설정 이후 해당 사업에서 근로를 제공하는 기간으로 한다. 다만, DB형 연금제도 설정 이전에 해당 사업에서 근로를 제공한 과거 근로기간도 가입기간에 포함할 수 있으며(소급하기로 한 기간에 퇴직금을 중간정산 한 기간이 있을 경우 해당 기간은 가입기간에서 제외함),[17] 이 경우 근로자대표의 동의를 얻어 퇴직연금규약에 반드시 이를 명시하여야 한다.

- *과거 소급기간에 대한 부담금이 전액 납부되지 않았다는 이유로, 일부 납입된 소급분에 대하여 퇴직급여액이 확정되지 않은 부분을 미리 납부한 것이라는 주장은 인정될 수 없으므로, 사업장은 퇴직연금규약에 따른 과거 소급분에 대한 부담금이 미납된 상태로 봄이 타당함(고용노동부 2013.7.8., 근로복지과-2351)..*
- *퇴직연금제도의 설정시점은 퇴직연금규약에 명시된 시행일이라 할 것으로 노사 합의에 따라 퇴직연금제도를 소급 적용하고자 한다면 이를 가입기간에 명시하면 될 것으로 판단됨. 따라서 가입기간은 시행일 이후에 가입자가 제공한 기간으로 하되, 과거 근로기간에 대하여 적용을 하고자 할 경우에는 이를 따로 명시하면 될 것으로 판단됨(고용노동부 2007.1.29., 퇴직급여보장팀-424).*

2) 급여수준

「근로자 퇴직급여 보장법」(약칭: 퇴직급여법)

제15조【급여수준】 제13조제4호의 급여 수준은 가입자의 퇴직일을 기준으로 산정한 일시금이 계속근로기간 1년에 대하여 30일분 이상의 평균임금이 되도록 하여야 한다.

퇴직금제도와 동일하게 DB형 연금제도 가입자의 퇴직일을 기준으로 산정한 일시금이 계속근로기간 1년에 대하여 30일분 이상의 평균임금에 상당하는 금액이 되도록 하여야 한다.

17) 예를 들어 근로자의 입사일은 2010년 1월 1일이고 퇴직연금제도 설정일이 2018년 12월 31일이고 중간정산 기간이 2010년 1월 1일~2015년 12월 31일인 경우, 전체 근무기간을 소급하여 가입한 근로자의 제도 설정일 당시 가입기간은 3년이다(2016년 1월 1일~2018년 12월 31일).

〈DB형 연금제도의 일시금 산정 방법〉

DB형의 일시금 = 평균임금 × 30일(이상) × 총재직일수 ÷ 365일

※ 노사가 합의하여, DB형 퇴직급여수준을 퇴직급여법에서 정한 최저수준 이상으로 퇴직연금규약에 정하는 것도 가능함(고용노동부 2010.2.9., 임금복지과-701).

3. 적립금 운용

1) 운용주체

DB형 연금제도의 적립금 운용주체는 사용자이다. 따라서 사용자는 DB형 연금제도 계정의 적립금을 사용자의 책임하에 분산투자 등 안정적 방법과 기준으로 운용하여야 한다. 한편 퇴직연금사업자는 사용자에게 적립금 운용방법을 제시하고, 운용방법별 이익 및 손실의 가능성에 관한 정보 등 사용자가 적립금의 운용방법을 선정하는 데 필요한 정보를 제공하여야 한다.

2) 적립금 수준

「근로자 퇴직급여 보장법」(약칭: 퇴직급여법)

제16조【급여 지급능력 확보 등】 ① 확정급여형퇴직연금제도를 설정한 사용자는 급여 지급능력을 확보하기 위하여 매 사업연도 말 다음 각호에 해당하는 금액 중 더 큰 금액(이하 "기준책임준비금"이라 한다)에 100분의 60 이상으로 대통령령으로 정하는 비율을 곱하여 산출한 금액(이하 "최소적립금"이라 한다) 이상을 적립금으로 적립하여야 한다. 다만, 제14조 제2항에 따라 해당 퇴직연금제도 설정 이전에 해당 사업에서 근로한 기간을 가입기간에 포함시키는 경우 대통령령으로 정하는 비율에 따른다.

DB형 연금제도를 설정한 사용자는 급여 지급능력을 확보하기 위하여 매 사업연도 말 기준책임준비금[18]에 일정한 비율 이상을 곱하여 산출한 금액(최소적립금) 이상을 적립금으로 적립하여야 한다. 다만, DB형 연금제도 설정 이전에 해당 사업에서 근로한 기간을 가입기간에 포함시키는 경우에는 고용노동부장관이 고시한 비율[19]에 따른다.

---

18) '기준책임준비금'은 사용자가 DB형 연금제도의 급여 지급능력을 확보하기 위하여 적립하여야 하는 기준이 되는 금액이고, 매 사업연도 말일을 기준으로 산정한 ① 계속기준(예상 퇴직급여액의 현재가치-부담금 수입 예상액의 현재가치) 또는 ② 비계속기준(해당 사업연도 말까지의 퇴직급여 예상액)에 해당하는 금액 중 더 큰 금액을 의미한다.

19) 고용노동부 고시, 제2022-37호, "과거근로기간에 대한 확정급여형퇴직연금제도의 최소적립비율", 2022.4.13. 최소적

재정검증 시 동법 제14조 제2항에 따라 퇴직연금제도 설정 전에 제공한 과거근로기간을 DB형 퇴직연금제도의 가입기간으로 포함시키는 경우에는 고용노동부 고시(제2015-31호)에서 정하는 차수별 최소적립비율을 적용하여야 할 것임. 가입자의 퇴직 등으로 DB형 퇴직연금제도 설정시점의 평균 과거근로기간이 변경되는 경우에도 근로자의 퇴직급여 수급권이 보호될 수 있도록 가장 최근의 데이터를 반영한 재정검증 당시 가입자명부를 기준으로 전체 최소적립비율을 산출하여야 할 것임(고용노동부 2016.4.7., 퇴직연금복지과-1328).

3) 재정검증

「근로자 퇴직급여 보장법」(약칭: 퇴직급여법)

제16조【급여 지급능력 확보 등】 ② 확정급여형퇴직연금제도의 운용관리업무를 수행하는 퇴직연금사업자는 매 사업연도 종료 후 6개월 이내에 고용노동부령으로 정하는 바에 따라 산정된 적립금이 최소적립금을 넘고 있는지 여부를 확인하여 그 결과를 대통령령으로 정하는 바에 따라 사용자에게 알려야 한다. 다만, 최소적립금보다 적은 경우에는 그 확인 결과를 근로자대표에게도 알려야 한다.
③ 사용자는 제2항에 따른 확인 결과 적립금이 대통령령으로 정하는 수준에 미치지 못하는 경우에는 대통령령으로 정하는 바에 따라 적립금 부족을 해소하여야 한다.

퇴직연금사업자는 매 사업연도 종료 후 6개월 이내에 재정검증(매 사업연도 종료 후 사용자의 적립금 규모가 최소적립금 수준을 상회하는지 여부)[20]을 실시하고 그 결과를 사용자에게 서면으로 통지하여야 한다. 다만, 사용자의 적립금 규모가 최소적립금보다 적은 경우에는 그 결과를 근로자대표 또는 전체 근로자에게 서면 또는 정보통신망에 의한 방법으로 알려야 한다(퇴직급여법 시행령 제6조). 사용자는 재점검증 결과 최소적립금의 100분의 95에 미치지 못하는 경우에는 적립금 부족을 해소하여야 한다(퇴직급여법 시행령 제7조).

재정검증은 퇴직부채 평가의 일관성, 업무부담 등을 고려하여 연 1회 실시하도록 정하고 있는 취지를 감안할 때, 해당 사업연도에 대한 재정검증의 결과는 다음 사업연도에 대한 재정검증의 결과 통보 시까지는 그 유효성을 인정하여야 할 것임. 다만, 직전연도 재정검증 결과 값이 시행령 제8조의 전액지급 예외 사유에 해당될 경우에는 단순히 재정검증 결과 값에 따라 지급하는 것이 아닌, 법 제

립금 비율은 2012년 60%부터 단계적으로 상향하여 2021년부터는 100%이다(퇴직급여법 시행령 제5조 제1항).

20) 재정검증은 근로자의 수급권 확보를 위한 중요한 수단이므로, 사용자는 부담금 산정 및 재정검증에 필요한 객관적 자료(단체협약, 취업규칙, 근로계약서, 급여명세서, 가입자명부 등)를 퇴직연금사업자에게 제출하여야 한다.

16조 제1항 제2호(비계속기준)에 따라 산정된 금액에 대한 적립금 비율로 퇴직급여를 지급하여야 할 것임(고용노동부 2015.5.22., 퇴직연금복지과-1594).

4. 퇴직급여의 지급

1) 급여 종류 및 수급요건

「근로자 퇴직급여 보장법」(약칭: 퇴직급여법)

제17조【급여 종류 및 수급요건 등】 ① 확정급여형퇴직연금제도의 급여 종류는 연금 또는 일시금으로 하되, 수급요건은 다음 각호와 같다.

1. 연금은 55세 이상으로서 가입기간이 10년 이상인 가입자에게 지급할 것. 이 경우 연금의 지급기간은 5년 이상이어야 한다.
2. 일시금은 연금수급 요건을 갖추지 못하거나 일시금 수급을 원하는 가입자에게 지급할 것

DB형 연금제도의 급여 종류는 연금과 일시금이 있고, 근로자는 두 가지 중에서 선택할 수 있다. 연금으로 수령하려면 DB형 연금제도의 가입기간이 10년 이상이고 근로자의 연령이 55세 이상이어야 한다(연금수령 기간은 5년 이상일 것).[21] 일시금은 근로자가 연금수급 요건을 갖추지 못하거나 일시금 수급을 원하는 경우에 지급한다.

2) 지급기한

「근로자 퇴직급여 보장법」(약칭: 퇴직급여법)

제17조【급여 종류 및 수급요건 등】 ② 사용자는 가입자의 퇴직 등 제1항에 따른 급여를 지급할 사유가 발생한 날부터 14일 이내에 퇴직연금사업자로 하여금 적립금의 범위에서 지급의무가 있는 급여 전액(사업의 도산 등 대통령령으로 정하는 경우에는 제16조 제1항 제2호에 따른 금액에 대한 적립금의 비율에 해당하는 금액)을 지급하도록 하여야 한다. 다만, 퇴직연금제도 적립금으로 투자된 운용자산 매각이 단기간에 이루어지지 아니하는 등 특별한 사정이 있는 경우에는 사용자, 가입자 및 퇴직연금사업자 간의 합의에 따라 지급기일을 연장할 수 있다.

③ 사용자는 제2항에 따라 퇴직연금사업자가 지급한 급여수준이 제15조에 따른 급여수준에 미치지 못할 때에는 급여를 지급할 사유가 발생한 날부터 14일 이내에 그 부족한 금액을 해당 근로자에게

21) 근로자가 퇴직 시 퇴직급여를 IRP제도의 계정으로 이전한 경우에는 DB형 연금제도 가입기간에 상관없이(10년 미만도 가능) 55세 이상이면 연금으로 수령 가능하다.

지급하여야 한다. 이 경우 특별한 사정이 있는 경우에는 당사자 간의 합의에 따라 지급기일을 연장할 수 있다.

사용자는 가입자의 퇴직 등 급여를 지급할 사유가 발생한 날부터 14일 이내에 퇴직연금사업자로 하여금 적립금의 범위 내에서 퇴직자에게 지급의무가 있는 급여 전액을 지급하도록 하여야 한다. 다만, DB형 연금제도 적립금으로 투자된 운용자산 매각이 단기간에 이루어지지 않는 등 특별한 사정이 있는 경우에는 사용자, 가입자 및 퇴직연금사업자 간의 합의에 따라 지급기일을 연장할 수 있다.

3) 지급범위

「근로자 퇴직급여 보장법」(약칭: 퇴직급여법)

제17조【급여 종류 및 수급요건 등】 ② 사용자는 가입자의 퇴직 등 제1항에 따른 급여를 지급할 사유가 발생한 날부터 14일 이내에 퇴직연금사업자로 하여금 적립금의 범위에서 지급의무가 있는 급여 전액(사업의 도산 등 대통령령으로 정하는 경우에는 제16조 제1항 제2호에 따른 금액에 대한 적립금의 비율에 해당하는 금액)을 지급하도록 하여야 한다.

사용자는 가입자의 퇴직 등 급여 지급사유가 발생하면 퇴직연금사업자로 하여금 적립금의 범위 내에서 지급의무가 있는 급여 전액을 지급하도록 하여야 한다.[22] 다만, 사업장 도산 등 일정한 사유(퇴직급여법 시행령 제8조)가 있으면 퇴직급여 지급에 있어 근로자 간 형평성이 훼손될 수 있으므로 전액지급의 예외로 적립비율에 해당하는 금액을 지급하여야 한다.

- *DB제도에 있어서 적립비율을 노사가 합의하여 퇴직연금규약에 고정적인 적립비율을 정할 경우 그 조항이 유효한지에 대하여 검토한 결과, 부담금이 납부되면 적립비율이 상승하여 근로자의 수급권이 보다 강화 됨에도 기존 적립비율대로 지급하는 것은 근로자 보호차원이나 사용자의 부담차원에서 부적절하며, 또한, 연초에 산출한 퇴직급여추계액은 연도중 가입자 추가 등으로 변동이 될 수 있는데 이를 반영하지 않고 기존에 평가된 적립비율을 그대로 사용할 경우 장래 퇴직하는 근로자의 수급권을 침해할 소지가 있어 적절하지 않을 것임(고용노동부 2006.9.8., 퇴직급여보장팀-3413).*

22) 퇴직연금사업자가 복수인 경우에는, 하나의 퇴직연금사업자에게 전액지급을 지시하거나 퇴직연금사업자별로 지급비율(금액)을 정하여 지급을 지시하는 것도 가능하다.

- 재정검증은 퇴직부채 평가의 일관성, 업무부담 등을 고려하여 연 1회 실시하도록 정하고 있는 취지를 감안할 때, 해당 사업연도에 대한 재정검증의 결과는 다음 사업연도에 대한 재정검증의 결과 통보 시까지는 그 유효성을 인정하여야 할 것임. 다만, 직전 연도 재정검증 결과 값이 시행령 제8조의 전액지급 예외 사유에 해당될 경우에는 단순히 재정검증 결과 값에 따라 지급하는 것이 아닌, 법 제16조 제1항 제2호(비계속기준)에 따라 산정된 금액에 대한 적립금 비율로 퇴직급여를 지급하여야 할 것임(고용노동부 2015.5.22., 퇴직연금복지과-1594).

〈DB형 급여의 전액지급 예외 사유〉

① 사업주가 「채무자 회생 및 파산에 관한 법률」에 따른 파산선고를 받은 경우
② 사업주가 「채무자 회생 및 파산에 관한 법률」에 따른 회생절차개시 결정을 받은 경우
③ 사업주가 「임금채권보장법 시행령」제5조 제1항 제2호 또는 제3호에 해당하는 경우
④ 법 제16조 제2항에 따른 확인결과 기준책임준비금 중 적립금의 비율이 제5조 제1항에 따른 비율보다 낮은 경우. 이 경우 퇴직연금제도의 설정 전에 해당 사업에서 제공한 근로기간을 가입기간에 포함시키는 경우에도 제5조 제1항에 따른 비율을 적용함.
⑤ 다음 값이 고용노동부장관이 정하여 고시한 비율[23] 이상인 경우 ⇒ 100분의 25

사업연도 개시일 이후 해당 사업의 가입자에게 지급한 퇴직급여의 누계액
사업연도 개시일의 적립금 + 사업연도 개시일 이후 납입된 부담금의 합계액

4) 지급방법

「근로자 퇴직급여 보장법」(약칭: 퇴직급여법)

제17조【급여 종류 및 수급요건 등】 ④ 제2항 및 제3항에 따른 급여의 지급은 가입자가 지정한 개인형퇴직연금제도의 계정으로 이전하는 방법으로 한다. 다만, 가입자가 55세 이후에 퇴직하여 급여를 받는 경우 등 대통령령으로 정하는 사유가 있는 경우에는 그러하지 아니하다.
⑤ 가입자가 제4항에 따라 개인형퇴직연금제도의 계정을 지정하지 아니하는 경우에는 해당 퇴직연금사업자가 운영하는 계정으로 이전한다. 이 경우 가입자가 해당 퇴직연금사업자에게 개인형퇴직연금제도를 설정한 것으로 본다.

퇴직급여가 연금수급 개시 연령(55세)까지 노후재원으로 보존될 수 있도록 퇴직급여는 근로자가 지정한 IRP제도의 계정으로 이전되어야 한다. 다만, 일정한 사유(퇴직급여법 시행령 제9조)에 해당하면 예외적으로 근로자에게 직접지급이 가능하다.

---

23) 고용노동부 고시, 제2015-33호, "급여 전액지급 예외사유가 되는 비율고시", 2015.7.6.

〈개인형퇴직연금제도로의 이전 예외 사유〉

① 가입자가 55세 이후에 퇴직하여 급여를 받는 경우. ② 가입자가 퇴직급여를 담보로 대출받은 금액 등을 상환하기 위한 경우(담보대출 채무상환 금액을 초과할 수 없음). ③ 퇴직급여액이 고용노동부장관이 고시[24]하는 금액 이하인 경우 ⇒ 300만원 이하

※ 계속근로기간이 1년 미만인 근로자에 대한 적립금은 사용자에게 귀속됨.

5) 미지급 시 제재

(1) 지연이자 부과

근기법 제37조에 따라 사용자는 근로자가 퇴직한 날부터 14일 이내에 퇴직급여액의 전부 또는 일부를 지급하지 아니한 경우 그 다음 날부터 지급하는 날까지의 지연 일수에 대하여 연 20%의 지연이자를 지급하여야 한다. 다만, 근기법 시행령 제18조(지연이자의 적용제외 사유)에 해당하는 경우에는 지연이자가 적용되지 않는다.

(2) 형사적 제재

사용자는 근로자가 퇴직한 날부터 14일 이내에 퇴직연금사업자로 하여금 급여 전액을 지급하도록 하지 않거나, 퇴직연금사업자가 지급한 급여수준이 근로자가 지급받아야 할 급여수준에 미치지 못한 경우에 그 부족한 금액을 퇴직한 날부터 14일 이내에 해당 근로자에게 지급하지 않은 경우 3년 이하의 징역 또는 3천만원 이하의 벌금에 처한다.[25] 다만, 반의사불벌죄가 적용되므로 근로자가 사용자의 형사처벌을 원하지 않을 경우에는 형사처벌을 면할 수 있다.

제5절 확정기여형 퇴직연금제도

24) 고용노동부 고시, 제2015-89호, "개인형퇴직연금제도로의 이전 예외사유 해당금액 고시", 2015.12.11.

25) 형사적 제재는 근로자가 퇴직한 이후에 퇴직급여를 지급하지 않는 경우 적용되는 것으로, 근로자가 재직 중에 부담금을 미납한 경우에는 형사적 제재는 적용되지 않는다.

1. 개념 및 설정

「근로자 퇴직급여 보장법」(약칭: 퇴직급여법)

제2조【정의】 이 법에서 사용하는 용어의 뜻은 다음과 같다.

9. "확정기여형퇴직연금제도"란 급여의 지급을 위하여 사용자가 부담하여야 할 부담금의 수준이 사전에 결정되어 있는 퇴직연금제도를 말한다.

제19조【확정기여형퇴직연금제도의 설정】 ① 확정기여형퇴직연금제도를 설정하려는 사용자는 제4조 제3항 또는 제5조에 따라 근로자대표의 동의를 얻거나 의견을 들어 다음 각호의 사항을 포함한 확정기여형퇴직연금규약을 작성하여 고용노동부장관에게 신고하여야 한다.

② 제1항에 따라 확정기여형퇴직연금제도를 설정하는 경우 가입기간에 관하여는 제14조를, 급여의 종류, 수급요건과 급여 지급의 절차·방법에 관하여는 제17조 제1항, 제4항 및 제5항을, 운용현황의 통지에 관하여는 제18조를 준용한다. 이 경우 제14조 제1항 중 "제13조 제3호"는 "제19조 제6호"로, 제17조 제1항 중 "확정급여형퇴직연금제도"는 "확정기여형퇴직연금제도"로 본다.

확정기여형 퇴직연금제도(DC, Defined Contribution)는 퇴직급여의 지급을 위하여 사용자가 매년 1회 이상 정기적으로 사전에 확정된 부담금을 근로자의 DC형 연금제도 계정에 납입하고 근로자는 자기 책임하에 적립금을 운용하는 제도이다.[26] DC형 연금제도를 설정하려는 사용자는 근로자대표의 동의를 얻거나 의견을 들어 퇴직연금규약을 작성하고 사업장 소재지를 관할하는 지방고용노동관서에 신고하여야 한다.

2. 가입기간 및 부담금 수준

1) 가입기간

DC형 연금제도의 가입기간은 제도 설정 이후 해당 사업에서 근로를 제공하는 기간으로 한다. 다만, DC형 연금제도 설정 이전에 해당 사업에서 근로를 제공한 과거 근로기간도 가입기간에 포함할 수 있으며(소급하기로 한 기간에 퇴직금을 중간정산한 기간이 있을 경우 해당 기간은 가입기간에서 제외함), 이 경우 근로자대표의 동의를 얻어 퇴직연금규약에 반드시 이를 명시하여야 한다.

26) DC형 연금제도 운용에 소요되는 운용관리 및 자산관리 수수료는 사용자가 부담한다. 다만, 근로자가 스스로 부담하는 추가 부담금에 대한 수수료는 근로자가 부담한다(노사합의로 퇴직연금규약에 수수료를 사용자가 부담하기로 결정하는 것도 가능함).

2) 부담금 수준

「근로자 퇴직급여 보장법」(약칭: 퇴직급여법)

제20조【부담금의 부담수준 및 납입 등】 ① 확정기여형퇴직연금제도를 설정한 사용자는 가입자의 연간 임금총액의 12분의 1 이상에 해당하는 부담금을 현금으로 가입자의 확정기여형 퇴직연금제도 계정에 납입하여야 한다.

② 가입자는 제1항에 따라 사용자가 부담하는 부담금 외에 스스로 부담하는 추가 부담금을 가입자의 확정기여형퇴직연금 계정에 납입할 수 있다.

(1) 제도 설정 이후 정기 부담금

사용자는 매년 1회 이상 정기적으로 연간 임금총액[27]의 12분의 1 이상에 해당하는 부담금을 가입자의 DC형 연금제도 계정에 납입하여야 한다.

- *DC형 연금제도의 부담금 수준은 '가입자의 연간 임금총액의 12분의 1 이상'이므로, 가입자가 과거 근로기간에 지급받았던 수당의 임금성이 소급하여 인정되는 경우, 소급되는 기간에 대해서는 DC형 연금제도 부담금도 추가적으로 발생됨(고용노동부 2018.11.30., 퇴직연금복지과-4785).*
- *퇴직급여는 퇴직으로 지급사유가 발생하므로 DC형 연금제도를 도입한 사업장에서 사용자가 부담금을 미납한 경우 미납 부담금에 대한 소멸시효는 퇴직일로부터 기산됨(고용노동부 2019.2.27., 퇴직연금복지과-967).*

(2) 과거 근로기간에 대한 부담금

DC형 연금제도의 가입기간에 과거 근로기간을 소급하는 경우, 과거 근로기간에 대한 부담금은 과거 근로기간을 가입기간에 포함시키기로 결정한 시점 이전 1년간의 임금총액을 기준으로 산정하되, 과거 근로기간 1년에 대하여 평균임금 30일분 이상이 되어야 한다.

〈과거 근로기간에 대한 DC제도 부담금 산정 예시〉

2026.1.1. DC형 연금제도 설정 시 2016.1.1.부터 가입기간을 소급할 경우, 아래 ㉮ 또는 ㉯ 중 큰 금액을 과거 근로기간에 대한 부담금으로 산정함.

27) '연간 임금총액'은 해당 사업연도 중에 근로자에게 지급된 임금의 총액을 의미하므로, 근로의 대가로서 지급되는 금품은 모두 임금총액에 포함된다. 따라서 재기기간 중 지급받는 연차유급휴가미사용수당, 근로자의 퇴직으로 인하여 비로소 지급사유가 발생한 연차유급휴가미사용수당도 임금에 해당하므로 부담금 산정시 임금총액에 포함하여야 한다(퇴직금, DB형제도의 평균임금 산정 시에는 포함되지 않음).

㉮ 2025년 임금총액의 1/12×10년(2016~2025년)
㉯ 2026.1.1. 이전 3개월간 평균임금×30일×10년간 총재직일수÷365일

※ DC형 연금제도 설정 이전의 퇴직급여제도가 퇴직금 · DB제도인 경우에 적용.

(3) 휴직기간 등에 대한 부담금

부담금 산정기간 중 육아휴직기간 등이 포함된 경우 통상의 생활임금을 반영할 수 있도록 해당 기간과 해당 기간 동안의 임금을 제외하여 부담금을 산정한다. 다만, 월 단위 임금이 아닌 성과급이나 휴가비 등 연 1회 지급되는 임금은 12분의 1로 부담금을 산정한다.

〈DC형 연금의 휴직기간 등에 대한 부담금 산정 방법〉

$$\frac{\text{휴업기간 중 지급된 임금을 제외한 해당 연도의 임금총액}}{\text{12월 − 사용자의 승인을 얻어 휴업한 기간('월'로 환산함)}}$$

〈부담금 산정 시 해당기간과 해당 기간 동안의 임금이 제외되는 경우〉[28)]

① 수습사용시간, ② 출산전 · 후휴가기간, ③ 육아휴직기간, ④ 노조전임기간, ⑤ 업무상 부상 또는 질병으로 요양을 위해 휴업한 기간, ⑥ 쟁의행위기간, ⑦ 부당해고 기간, ⑧ 사용자 귀책사유에 의한 휴업기간, ⑨ 업무 외 부상이나 질병, 그밖에 사유로 사용자의 승인을 얻어 휴업한 기간 등

※ 업무 외 상병 또는 학업, 기타 개인적 사정으로 인하여 사용자의 승인을 받아 휴업한 약정휴직기간과 해당 기간 중 발생한 임금을 부담금 산정기간 및 임금총액에 포함하는 것으로 퇴직연금규약 등에 정하였을 경우에는 그에 따라 부담금을 산정하여 납입하면 됨.

- *근로자가 업무 외 상병으로 인한 휴직, 개인적 사정으로 인한 휴직, 학업휴직 등 사용자의 승인을 얻어 휴업한 기간 중에는 휴업으로 인하여 연간 임금총액이 낮아지므로 원칙적으로는 해당 기간 중 임금을 제외한 연간 임금총액을 해당 기간을 제외한 기간으로 나눈 금액을 부담금으로 납부하여야 함. 그러나 무단결근 등 근로자 귀책사유로 인한 휴업인 경우, 유 · 무급을 불문하고 연간 지급된 임금총액의 12분의 1의 금액을 부담금으로 납부하면 될 것임. 다만, 사규에 근로자 귀책사유로 인한 휴업의 경우에도 근속기간에 포함하고 무급인 휴업기간에 대해서도 부담금 납입에 관한 규정이 있는 경우에는 사규에 따라 납입하면 될 것으로 사료됨(고용노동부 2017.8.25., 퇴직연금복지과-3557).*
- *부담금 산정기간 중 육아휴직으로 월 급여는 지급되지 않고 연차수당만 지급된 경우에는 월 급여*

28) 고용노동부, 『퇴직급여제도 업무매뉴얼』, 2022.8, 168쪽.

는 육아휴직기간과 해당 임금을 제외하여 계산하되, 부담금 산정기간 전체(1년)가 육아휴직기간이면 전년도 부담금으로 납입하고, 연 1회로 지급받은 급여(연차수당)는 휴직기간과 관계없이 12분의 1에 해당하는 금액을 부담금으로 산정하여 이를 합산한 금액을 납입하여야 할 것임(고용노동부 2013.8.28., 근로복지과-2951).

$$\frac{\text{휴직기간 중 지급된 임금을 제외한 연간 임금총액}}{\text{12월수로 환산한 휴직기간}} + \frac{\text{연 1회 지급된 급여}}{12}$$

3) 근로자 추가 부담금

「근로자 퇴직급여 보장법」(약칭: 퇴직급여법)

제20조【부담금의 부담수준 및 납입 등】 ② 가입자는 제1항에 따라 사용자가 부담하는 부담금 외에 스스로 부담하는 추가 부담금을 가입자의 확정기여형퇴직연금 계정에 납입할 수 있다.

근로자는 사용자가 부담하는 부담금 외에 스스로 부담하는 추가 부담금을 본인의 DC형 연금제도 계정에 납입할 수 있다. DC형 연금제도의 근로자는 연간 1,800만원 한도로 자기 부담금을 추가로 납입할 수 있으며(소득세법 시행령 제40조의2), 연간 700만원(50세 이상은 900만원)까지 세액공제를 받을 수 있다(소득세법 제59조의3).

3. 적립금의 운용

1) 운용주체

DC형 연금제도의 적립금 운용주체는 근로자이다. 즉 사용자가 근로자의 DC형 연금제도의 계정에 부담금을 정기적으로 납입하면, 근로자는 DC형 연금제도 계정의 적립금을 자기 책임하에 스스로 운용한다(근로자는 적립금의 운용방법을 스스로 선정할 수 있고, 반기마다 1회 이상 적립금의 운용방법을 변경할 수 있음).

※ 퇴직연금사업자는 반기마다 1회 이상 위험과 수익구조가 다른 3개 이상의 운용방법을 가입자에게 제시(원리금보장 운용방법을 하나 이상 포함하여야 함)하고, 운용방법별 이익 및 손실 가능성에 관한 정보 등 가입자가 적립금의 운용방법을 선정하는데 필요한 정보를 제공하여야 함.

2) 적립금의 중도인출

「근로자 퇴직급여 보장법」(약칭: 퇴직급여법)

제22조【적립금의 중도인출】 확정기여형퇴직연금제도에 가입한 근로자는 주택구입 등 대통령령으로 정하는 사유가 발생하면 적립금을 중도인출할 수 있다.

DC형 연금제도에 가입한 근로자는 주택구입 등 퇴직급여법 시행령 제14조에 해당하는 사유가 발생하면 적립금을 중도인출할 수 있다.

〈DC형 연금제도의 중도인출 사유〉

① 무주택자인 근로자가 본인 명의로 주택을 구입하는 경우
② 무주택자인 근로자가 주거를 목적으로 「민법」 제303조에 따른 전세금 또는 「주택임대차보호법」 제3조의2에 따른 보증금을 부담하는 경우(근로자가 하나의 사업에 근로하는 동안 1회로 한정)
③ 재난으로 피해를 입은 경우로서 고용노동부장관이 정하여 고시[29]하는 사유에 해당하는 경우
④ 근로자가 6개월 이상 요양을 필요로 하는 다음의 어느 하나에 해당하는 사람의 질병이나 부상에 대한 의료비를 해당 근로자가 본인 연간 임금총액의 1천분의 125를 초과하여 부담하는 경우
㉮ 근로자 본인
㉯ 근로자의 배우자
㉰ 근로자 또는 그 배우자의 부양가족
⑤ 중도인출을 신청하는 날부터 거꾸로 계산하여 5년 이내에 근로자가 「채무자 회생 및 파산에 관한 법률」에 따라 파산선고를 받은 경우
⑥ 중도인출을 신청하는 날부터 거꾸로 계산하여 5년 이내에 근로자가 「채무자 회생 및 파산에 관한 법률」에 따라 개인회생절차개시 결정을 받은 경우
⑦ 퇴직연금제도의 급여를 받을 권리를 담보로 제공하고 대출을 받은 가입자가 그 대출 원리금을 상환하기 위한 경우

※ ①~⑥에 해당하는 사유는 퇴직금 중간정산 사유와 동일함.

4. 퇴직급여의 지급

1) 급여 종류 및 수급요건

DC형 연금제도의 급여 종류는 연금과 일시금이 있으며, 근로자는 두 가지 중에서 하나를

29) 고용노동부고시 제2020-139호, "퇴직연금제도 수급권의 담보제공 및 퇴직금 중간정산의 사유와 요건, 담보 한도 등에 관한 고시", 2020.12.21

선택할 수 있다. 연금으로 수령하려면 DC형 연금제도의 가입기간이 10년 이상이고 근로자의 연령이 55세 이상이어야 하고(연금수령 기간은 5년 이상),[30] 일시금은 근로자가 연금 수급요건을 충족하지 못하였거나 일시금 수급을 원하는 경우에 지급한다.

2) 지급기한

사용자는 근로자의 퇴직 등 지급사유가 발생한 날부터 14일 이내에 부담금과 지연이자를 가입자의 DC형 연금제도 계정에 납입하여야 한다. 다만, 특별한 사정이 있는 경우에는 당사자 간의 합의로 납입기일을 연장할 수 있다.

3) 지급방법

근로자가 퇴직할 때에 받을 급여를 갈음하여 그 운용중인 자산을 현금화 과정 없이 그대로 근로자가 설정한 IRP제도의 계정으로 이전하여 줄 것을 요청할 경우 퇴직연금사업자는 이에 따라야 한다. 다만, 일정한 사유(DB형 연금제도와 동일)가 있으면 예외적으로 근로자에게 직접지급이 가능하다.

4) 미지급 시 제재

(1) 지연이자 부과

「근로자 퇴직급여 보장법」(약칭: 퇴직급여법)

제20조【부담금의 부담수준 및 납입 등】 ③ 사용자는 매년 1회 이상 정기적으로 제1항에 따른 부담금을 가입자의 확정기여형퇴직연금제도 계정에 납입하여야 한다. 이 경우 사용자가 정하여진 기일(확정기여형퇴직연금규약에서 납입 기일을 연장할 수 있도록 한 경우에는 그 연장된 기일)까지 부담금을 납입하지 아니한 경우 그 다음 날부터 부담금을 납입한 날까지 지연 일수에 대하여 연 100분의 40 이내의 범위에서 「은행법」에 따른 은행이 적용하는 연체금리, 경제적 여건 등을 고려하여 대통령령으로 정하는 이율에 따른 지연이자를 납입하여야 한다.

「근로자 퇴직급여 보장법 시행령」

제11조【미납 부담금에 대한 지연이자 이율】 법 제20조 제3항 후단에서 "대통령령으로 정하는 이

30) 근로자가 퇴직 시 퇴직급여를 IRP제도의 계정으로 이전한 경우에는, DC형 연금제도의 가입기간(10년 미만도 가능)에 상관없이 55세 이상이면 연금으로 수령 가능하다.

율"이란 다음 각호의 구분에 따른 이율을 말한다.
1. 부담금을 납입하기로 정해진 날짜의 다음 날을 기산일로 하여 가입자의 퇴직 등 급여를 지급할 사유가 발생한 날부터 14일(당사자 간의 합의에 따라 납입 날짜를 연장한 경우 그 연장된 날짜)까지의 기간: 연 100분의 10
2. 제1호에 따른 기간의 다음 날부터 부담금을 납입하는 날까지의 기간: 연 100분의 20

사용자가 부담금을 미납할 경우에 퇴직연금규약에서 정한 납입 예정일(퇴직연금규약에서 납입기일을 연장할 수 있도록 한 경우에는 그 연장된 기일)의 다음 날부터 퇴직일 이후 14일(당사자 간 합의로 날짜를 연장한 경우 그 연장된 날짜)까지는 연 10%의 지연이자가 발생하고, 퇴직 후 14일(당사자 간 합의로 날짜를 연장한 경우 그 연장된 날짜)이 지난 다음 날부터 부담금을 납입하는 날까지는 연 20%의 지연이자가 발생한다.

※ 사용자가 천재지변 등 근기법 시행령 제18조(지연이자의 적용제외 사유)에 해당하면 그 사유가 존속하는 기간에 대하여는 지연이자가 적용되지 않음.

〈근기법과 퇴직급여법상 지연이자 비교〉[31)]

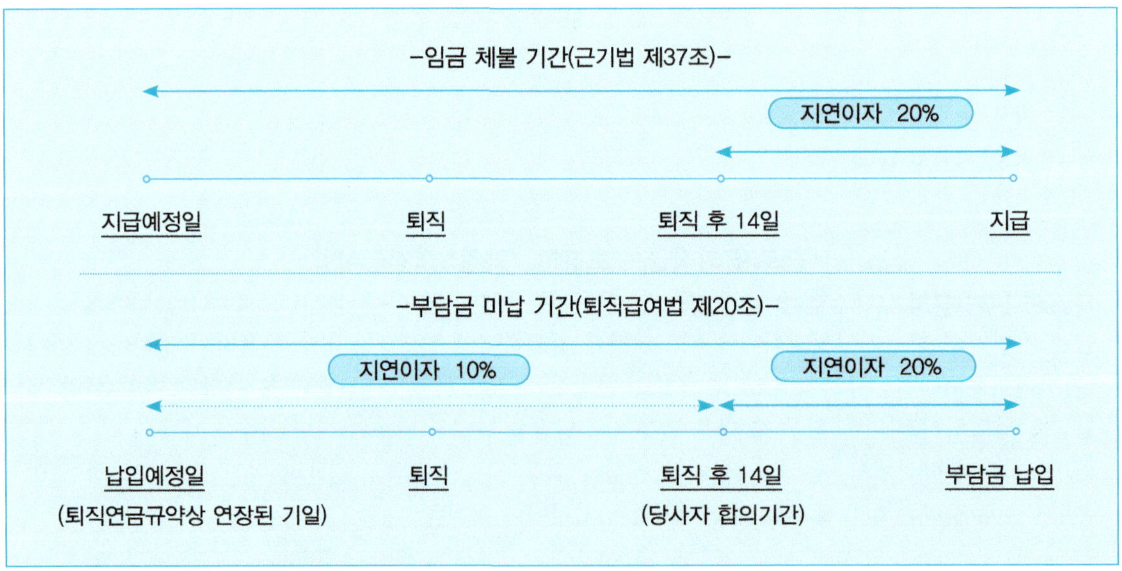

31) 고용노동부, 『퇴직급여제도 업무매뉴얼』, 2022.8, 173쪽.

(2) 형사적 제재

가입자가 퇴직한 날부터 14일 이내에 사용자가 미납 부담금 또는 지연이자를 납입하지 않는 경우 3년 이하의 징역 또는 3천만원 이하의 벌금에 처한다.[32] 다만, 반의사불벌죄가 적용되므로 근로자가 사용자의 형사처벌을 원하지 않을 경우에는 형사처벌을 면할 수 있다(퇴직급여법 제44조 제2호).

제6절 중소기업 퇴직연금 기금제도

1. 제도의 설정

「근로자 퇴직급여 보장법」(약칭: 퇴직급여법)

제2조【정의】 이 법에서 사용하는 용어의 뜻은 다음과 같다.

14. "중소기업퇴직연금기금제도"란 중소기업(상시 30명 이하의 근로자를 사용하는 사업에 한정한다. 이하 같다) 근로자의 안정적인 노후생활 보장을 지원하기 위하여 둘 이상의 중소기업 사용자 및 근로자가 납입한 부담금 등으로 공동의 기금을 조성 · 운영하여 근로자에게 급여를 지급하는 제도를 말한다.

제23조의6【중소기업퇴직연금기금제도의 설정】 ① 중소기업의 사용자는 제23조의5에 따른 중소기업퇴직연금기금표준계약서에서 정하고 있는 사항에 관하여 제4조 제3항 또는 제5조에 따라 근로자대표의 동의를 얻거나 의견을 들어 공단과 계약을 체결함으로써 중소기업퇴직연금기금제도를 설정할 수 있다.

중소기업 퇴직연금 기금제도(이하 '기금제도'라 함)는 근로복지공단, 노 · 사 · 정 · 전문가로 이루어진 기금제도 운영위원회의 의사결정을 통해 근로복지공단이 직접 기금을 운용하는 공적 퇴직급여제도로, 상시 30명 이하의 근로자를 사용하는 사용자는 근로자대표의 동의를 얻어 기금제도를 설정할 수 있다.[33]

32) 형사적 제재는 근로자가 퇴직한 이후에 퇴직급여를 지급하지 않는 경우 적용되는 것으로, 근로자가 재직 중에 부담금을 미납한 경우에는 형사적 제재는 적용되지 않는다.

33) 계속근로기간이 1년 미만인 근로자도 사용자의 승인을 받아 가입하는 경우 적립이 가능하며, 근로자가 아닌 법인의 임원인 경우 근로자 1인 이상 가입을 전제로 가입이 가능하다.

2. 가입기간 및 부담금 수준

1) 가입기간

「근로자 퇴직급여 보장법」(약칭: 퇴직급여법)

제23조의9【가입기간】 중소기업퇴직연금기금제도를 설정하는 경우 가입기간에 관하여는 제14조를 준용한다. 다만, 기금제도가입자부담금계정은 해당 계정이 설정된 날부터 급여가 전액 지급된 날까지로 한다.

기금제도의 가입기간은 DB형 연금제도의 가입기간을 따른다. 즉 기금제도 설정 이후 해당 사업에서 근로를 제공하는 기간으로 한다. 다만, 기금제도 설정 이전에 해당 사업에서 근로를 제공한 과거근로기간도 가입기간에 포함할 수 있다(퇴직금 중간정산한 기간은 제외).

2) 부담금 수준

「근로자 퇴직급여 보장법」(약칭: 퇴직급여법)

제23조의7【부담금의 부담수준 및 납입 등】 ① 중소기업퇴직연금기금제도를 설정한 사용자는 매년 1회 이상 정기적으로 가입자의 연간 임금총액의 12분의 1 이상에 해당하는 부담금(이하 "사용자부담금"이라 한다)을 현금으로 가입자의 중소기업퇴직연금기금제도 계정(이하 "기금제도사용자부담금계정"이라 한다)에 납입하여야 한다.

사용자는 매년 1회 이상 정기적으로 근로자의 연간 임금총액의 12분의 1에 해당하는 부담금을 사용자부담금계정에 납입하여야 한다. 사용자부담금계정의 수수료는 사용자가 부담하고, 가입자부담금계정의 수수료는 근로자가 부담한다.

3) 근로자 추가 부담금

「근로자 퇴직급여 보장법」(약칭: 퇴직급여법)

제23조의8【중소기업퇴직연금기금제도 가입자부담금 계정의 설정 등】 중소기업퇴직연금기금제도의 가입자 중 다음 각 호의 어느 하나에 해당하는 사람은 가입자 명의의 부담금 계정(이하 "기금제도가입자부담금계정"이라 한다)을 설정할 수 있다. 이 경우 공단은 가입자의 기금제도사용자부담금계정과 구분하여 관리하여야 한다.

1. 중소기업퇴직연금기금제도의 급여를 일시금으로 수령하려는 사람

2. 사용자부담금 외에 자기의 부담으로 추가 부담금(이하 "가입자부담금"이라 한다)을 납입하려는 사람

근로자는 사용자가 부담하는 부담금 외에 스스로 부담하는 추가 부담금을 본인의 가입자부담금계정에 납입할 수 있다. 근로자는 연간 1,800만원 한도로 자기 부담금을 추가로 납입할 수 있으며(소득세법 시행령 제40조의2), 연간 700만원(50세 이상은 900만원)까지 세액공제를 받을 수 있다(소득세법 제59조의3).

3. 기금제도의 운용

1) 운용주체

「근로자 퇴직급여 보장법」(약칭: 퇴직급여법)

제23조의2【중소기업퇴직연금기금제도의 운영】 ① 중소기업퇴직연금기금제도는 공단에서 운영한다.
② 중소기업퇴직연금기금제도 운영과 관련한 주요 사항을 심의 · 의결하기 위하여 공단에 중소기업퇴직연금기금제도운영위원회(이하 "운영위원회"라 한다)를 둔다.
제23조의3【중소기업퇴직연금기금의 관리 및 운용】 ① 공단은 중소기업퇴직연금기금의 안정적 운용 및 수익성 증대를 위하여 대통령령으로 정하는 방법에 따라 중소기업퇴직연금기금을 관리 · 운용하여야 한다.
② 공단은 중소기업퇴직연금기금을 공단의 다른 회계와 구분하여야 한다.

기금제도의 적립금 운용주체는 근로복지공단이고, 근로복지공단은 기금제도 운영과 관련한 주요 사항을 심의 · 의결하기 위한 중소기업퇴직연금기금제도운영위원회를 둔다.

2) 적립금의 중도인출

「근로자 퇴직급여 보장법」(약칭: 퇴직급여법)

제23조의13【적립금의 중도인출】 중소기업퇴직연금기금제도의 적립금 중도인출에 관한 사항은 다음 각 호에 따른다.
1. 기금제도사용자부담금계정에 관하여는 제22조를 준용한다. 이 경우 "확정기여형퇴직연금제도"는 "중소기업퇴직연금기금제도"로 본다.
2. 기금제도가입자부담금계정에 관하여는 제24조제5항을 준용한다. 이 경우 "개인형퇴직연금제도"는 "중소기업퇴직연금기금제도"로 본다.

근로자는 주택구입 등 일정한 사유가 발생하면 적립금을 중도에 인출할 수 있고, 중도인출 사유 및 증빙서류는 DC형 제도와 동일하다.

3) 재정지원

「근로자 퇴직급여 보장법」(약칭: 퇴직급여법)

제23조의14【국가의 지원】 ① 국가는 중소기업퇴직연금기금제도에 가입하는 사업의 재정적 부담을 경감하고, 근로자의 중소기업퇴직연금 가입을 촉진하기 위하여 고용노동부장관이 정하는 요건에 해당하는 경우 사용자부담금, 가입자부담금 또는 중소기업퇴직연금기금제도 운영에 따른 비용의 일부 등을 예산의 범위에서 지원할 수 있다.
② 제1항에 따른 지원대상, 지원수준 및 절차 등에 필요한 사항은 대통령령으로 정한다.

「근로자 퇴직급여 보장법 시행령」

제16조의15【지원금의 지원대상 등】 ① 법 제23조의14 제1항에 따른 지원대상은 사용자부담금, 가입자부담금 및 중소기업퇴직연금기금제도 운영에 따른 비용으로 한다.
② 법 제23조의14 제1항에 따른 지원수준은 사용자부담금, 가입자부담금 및 중소기업퇴직연금기금제도 운영에 따른 비용의 범위에서 고용노동부장관이 정하여 고시한다.

저소득 근로자를 고용한 사용자는 사용자부담금의 10%를 기금제도 시행일로부터 3년간 지원받을 수 있다. 지원대상인 근로자는 월평균 보수가 268만원 미만인 근로자이고, 과거 근로기간에 대한 부담금은 납부하였더라도 지원대상에서 제외된다.[34)]

4. 기금제도의 수급

「근로자 퇴직급여 보장법」(약칭: 퇴직급여법)

제23조의7【부담금의 부담수준 및 납입 등】 ② 사용자는 중소기업퇴직연금기금제도 가입자의 퇴직 등 대통령령으로 정하는 사유가 발생한 때에 그 가입자에 대한 부담금을 미납한 경우에는 그 사유가 발생한 날부터 14일 이내에 제1항에 따른 부담금과 지연이자를 해당 가입자의 기금제도사용자부담금계정에 납입하여야 한다. 다만, 특별한 사정이 있는 경우에는 당사자 간의 합의에 따라 납입 기일을 연장할 수 있다.
③ 제1항 및 제2항의 지연이자에 대한 적용제외 사유는 제20조제4항을 준용한다.

23조의12【급여의 종류 및 수급요건 등】 ① 중소기업퇴직연금기금제도의 급여 종류 및 수급요건은

34) 고용노동부 고시 제2024-36호, "중소기업퇴직연금기금제도 지원 등에 관한 고시", 2024.1.1.

다음 각호에 따른다.
1. 기금제도사용자부담금계정에 관하여는 제17조제1항을 준용한다. 이 경우 "확정급여형퇴직연금제도"는 "중소기업퇴직연금기금제도"로 본다.
2. 기금제도가입자부담금계정에 관하여는 대통령령으로 정한다.
② 기금제도사용자부담금계정에서 가입자에 대한 급여의 지급은 가입자가 지정한 개인형퇴직연금제도의 계정등으로 이전하는 방법으로 한다. 다만, 가입자가 개인형퇴직연금제도의 계정등을 지정하지 아니하는 경우에는 가입자 명의의 개인형퇴직연금제도의 계정으로 이전한다.
③ 그 밖에 급여의 지급 등에 필요한 사항은 대통령령으로 정한다.

1) 급여 종류 및 수급요건

기금제도의 급여는 연금과 일시금이 있으며, 근로자는 두 가지 중에서 하나를 선택할 수 있다. 연금으로 수령하려면 DC형 연금제도의 가입기간이 10년 이상이고 근로자의 연령이 55세 이상이어야 한다(연금수령 기간은 5년 이상). 기금제도 사용자부담금계정에서 근로자에 대한 급여의 지급은 근로자가 지정한 IRP제도의 계정 등으로 이전하는 방법으로 한다.

2) 지급기한

사용자는 지급사유가 발생한 날부터 14일 이내에 부담금과 지연이자를 근로자의 기금제도사용자부담금계정에 납입하여야 한다. 다만, 특별한 사정이 있는 경우에는 당사자 간의 합의로 납입기일을 연장할 수 있다.

제7절 개인형 퇴직연금제도

1. 개 요

1) 개 념

「근로자 퇴직급여 보장법」(약칭: 퇴직급여법)

제2조【정의】 이 법에서 사용하는 용어의 뜻은 다음과 같다.

10. "개인형퇴직연금제도"란 가입자의 선택에 따라 가입자가 납입한 일시금이나 사용자 또는 가입자가 납입한 부담금을 적립·운용하기 위하여 설정한 퇴직연금제도로서 급여의 수준이나 부담금의 수준이 확정되지 아니한 퇴직연금제도를 말한다.

제24조【개인형퇴직연금제도의 설정 및 운영 등】 ④ 개인형퇴직연금제도 적립금의 운용방법 및 운용에 관한 정보제공에 관하여는 제21조를 준용한다. 이 경우 "확정기여형퇴직연금제도"는 "개인형퇴직연금제도"로 본다.

⑤ 개인형퇴직연금제도의 급여의 종류별 수급요건 및 중도인출에 관하여는 대통령령으로 정한다.

개인형 퇴직연금제도(IRP, Individual Retirement Pension)는 가입자의 선택에 따라 가입자가 납입한 일시금이나 사용자 또는 가입자가 납입한 부담금을 적립·운용하기 위하여 설정하고 급여 또는 부담금의 수준이 확정되지 아니한 퇴직연금제도로, 이직 시 수령한 퇴직급여를 적립·축적하여 노후소득 재원으로 활용할 수 있도록 한 합산장치이다.

〈IRP 연금제도의 흐름〉[35)]

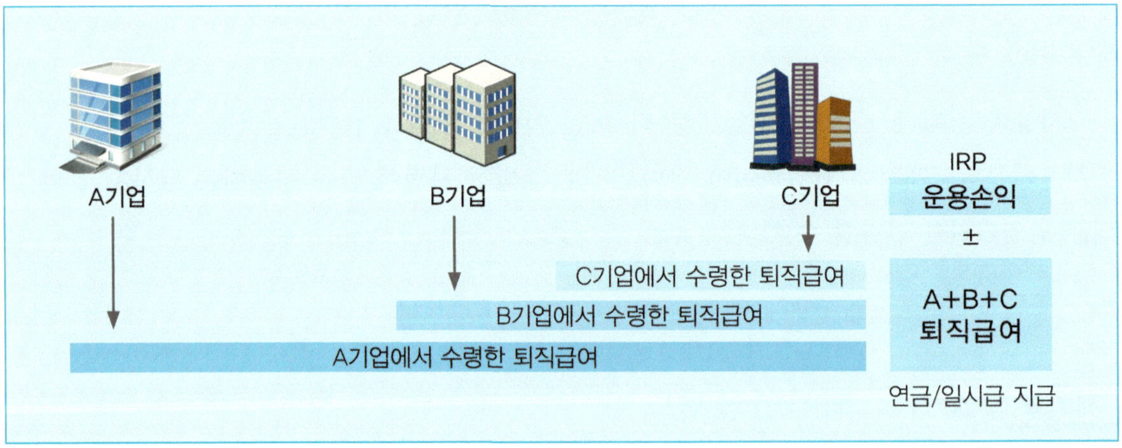

2) 설 정

IRP 연금제도의 가입자격이 있는 사람은 퇴직연금사업자와 운용관리·자산관리업무 계약을 체결함으로써 IRP 연금제도를 설정할 수 있다. IRP 연금제도 가입자가 운용관리 및 자산관

35) 고용노동부, 『퇴직급여제도 업무매뉴얼』, 2022.8, 203쪽.

리 수수료를 부담한다.

※ IRP 연금제도 운용체계: 가입자와 퇴직연금사업자가 운용관리 및 자산관리업무 계약체결 ⇒ 퇴직급여의 이전 또는 자기 부담금 납입 ⇒ 적립금 운용(가입자) ⇒ 연금 또는 일시금으로 수령.

> *개인형퇴직연금제도(IRP)는 이직 시 수령한 퇴직급여를 적립 · 축적하여 노후소득 재원으로 활용할 수 있도록 한 통산장치로서, 이직시 퇴직급여를 가입자의 IRP제도의 계정으로 이전하고, 연금수령 시점까지 적립된 퇴직급여를 과세이연 혜택을 받으며 운영하다 일시금 또는 연금으로 수령하는 장치임. 따라서 관리의 효율성을 고려하고 노후소득 보장 장치로서의 기능에 충실하기 위하여 가입자별 하나의 퇴직연금사업자에 하나의 IRP제도 계정 개설을 원칙으로 하고 있음. 다만, 퇴직연금사업자 간 금융상품 및 계좌 이동이 어려운 경우 등 예외적으로 다른 퇴직연금사업자에게 IRP 계정을 개설하여 복수의 IRP 계정을 설정 · 운영하는 것은 허용함(고용노동부 2017.10.24., 퇴직연금복지과-4322).*

2. 가입대상

퇴직급여 일시금 수령자, DB 및 DC 퇴직연금제도 가입자, 직역연금 가입자(공무원 등) 및 자영업자 등 소득이 있는 경우에 IRP 연금제도에 가입할 수 있다(퇴직급여법 제24조 제2항 및 동법 시행령 제16조의2).

〈IRP 연금제도 가입대상〉

① 퇴직급여제도의 일시금을 수령한 사람
② DB 또는 DC 연금제도의 가입자로서 자기 부담으로 IRP연금제도를 추가로 설정하는 사람
③ 자영업자
④ 퇴직급여제도 설정되어 있지 아니한 다음의 근로자
- 계속근로기간이 1년 미만인 근로자
- 4주간을 평균하여 1주 소정근로시간 15시간 미만인 근로자
⑤ 퇴직연금제도를 적용받고 있는 근로자
⑥ 「공무원연금법」을 적용받는 공무원
⑦ 「군인연금법」을 적용받는 군인
⑧ 「사립학교교직원연금법」을 적용받는 교직원
⑨ 「별정우체국법」을 적용받는 별정우체국 직원

3. 부담금 납입 및 적립금 운용

1) 부담금 납입

「근로자 퇴직급여 보장법」(약칭: 퇴직급여법)

제24조【개인형퇴직연금제도의 설정 및 운영 등】 ③ 제2항에 따라 개인형퇴직연금제도를 설정한 사람은 자기의 부담으로 개인형퇴직연금제도의 부담금을 납입한다. 다만, 대통령령으로 정하는 한도를 초과하여 부담금을 납입할 수 없다.

「근로자 퇴직급여 보장법 시행령」

제17조【개인형퇴직연금제도의 부담금 납입한도】 법 제24조 제3항 단서에서 "대통령령으로 정하는 한도"란 이전 사업에서 받은 퇴직급여제도의 일시금 등을 제외한 금액으로 연간 1천 800만원(개인형퇴직연금제도의 계정이 여러 개인 경우에는 부담금의 합계액)을 말한다.

IRP 연금제도를 설정한 근로자는 연간 1,800만원 한도에서 자기부담으로 부담금을 납입할 수 있고(소득세법 시행령 제40조의2), 연간 700만원(50세 이상은 900만원)까지 세액공제를 받을 수 있다(소득세법 제59조의3). 퇴직연금제도 가입 근로자는 퇴직 시 퇴직급여를 IRP제도의 계정으로 이전받고, 퇴직금제도 적용 근로자는 퇴직금을 지급받은 날부터 60일 이내에 퇴직금의 전부 또는 일부를 IRP제도의 계정으로 이전할 수 있다.[36)]

「근로자퇴직급여 보장법」 제17조 제4항 및 제19조 제2항에 따라 가입자의 퇴직 시 퇴직연금제도의 급여는 개인형퇴직연금제도(IRP)로 이전하는 방식으로 지급하여야 하는 것이 원칙임. 다만, 같은 법 시행령 제9조에 따라 가입자가 55세 이후에 퇴직하여 급여를 받는 경우, 담보 대출받은 금액을 상환하는 경우, 퇴직급여액이 고용노동부장관이 정하는 금액 이하인 경우 등에 해당하는 때에는 예외적으로 IRP로 이전하지 않을 수 있음(고용노동부 2015.8.11., 퇴직연금복지과-884).

2) 적립금 운용

적립금 운용주체는 가입자인 근로자 본인이며, 가입자는 스스로 운용방법을 선정하고, 반기마다 1회 이상 적립금 운용방법을 변경할 수 있다. 퇴직연금사업자는 반기마다 1회 이상 위험과 수익구조가 다른 세가지 이상의 적립금 운용방법을 제시하되, 원리금보장 운용방법을 하나 이상 포함하여야 한다.

---

36) 퇴직금을 지급받은 근로자가 수령일부터 60일 이내에 IRP제도의 계정 등 연금계좌로 퇴직금을 이전하는 경우 퇴직소득세가 이연된다(소득세법 제146조).

3) 적립금의 중도인출

IRP 연금제도 가입자는 무주택자의 주택구입 등 일정한 사유가 있는 경우 적립금을 중도인출 할 수 있다(중도인출 사유 및 증빙서류는 DC형 연금제도와 동일함). 다만, 퇴직급여법에서 정한 사유로만 중도인출을 허용하고 있어, IRP 연금제도의 일부해지는 불가하다.

※ IRP제도 설정자는 자신의 의사표시에 의하여 IRP제도를 전액 해지할 수 있으며, 이 경우 IRP제도 설정 시 부여받은 세액공제 등 세제혜택은 취소됨.

DC제도에서 중도인출한 일시금은 퇴직급여에 해당하며, 퇴직연금제도의 가입자이자 퇴직급여 일시금을 수령한 자가 IRP를 설정하여 중도인출한 일시금을 납입할 수 있을 것임(고용노동부 2015.8.11., 퇴직연금복지과-2692).

〈퇴직급여의 중간정산, 중도인출, 담보대출 비교〉

구분	중간정산	중도인출	담보대출
적용	퇴직금	DC, IRP	DB, DC, IRP
한도	없음	없음	적립금의 최대 50%
사유	① 무주택자인 근로자가 본인 명의로 주택을 구입하는 경우 ② 무주택자인 근로자가 주거를 목적으로 전세금 또는 임차보증금을 부담하는 경우(하나의 사업장에 근로하는 동안 1회로 한정). ③ 근로자 본인, 근로자의 배우자, 근로자 또는 그 배우자의 부양가족이 6개월 이상 요양을 필요로 하는 질병이나 부상에 대한 의료비 부담(연간 임금총액의 1천분의 125를 초과하여 부담하는 경우에 한함) ④ 중간정산을 신청하는 날부터 거구로 계산하여 5년 이내에 근로자가 파산선고 또는 개인회생절차개시 결정을 받은 경우. ⑤ 재난으로 피해를 입은 경우 ⑥ 임금피크제를 시행하는 경우 ⑦ 소정근로시간을 1일 1시간 또는 1주 5시간 이상 변경하여 3개월 이상 계속 근로하기로 한 경우 ⑧ 근로시간 단축(1주 52시간) 입법 시행으로 퇴직금이 감소되는 경우	퇴직금 중간정산 사유 중 ①~⑤에 해당하는 사유 + 퇴직연금제도의 급여를 받을 권리를 담보로 제공하고 대출을 받은 가입자가 그 대출 원리금을 상환하기 위한 경우	①무주택자인 근로자가 본인 명의로 주택을 구입하는 경우 ② 무주택자인 가입자가 주거를 목적으로 전세금 또는 보증금을 부담하는 경우(하나의 사업장에 근로하는 동안 1회로 한정) ③ 근로자 본인, 근로자의 배우자, 근로자 또는 그 배우자의 부양가족이 6개월 이상 요양을 필요로 질병이나 부상에 대한 의료비를 부담하는 경우 ④ 담보를 제공하는 날부터 거꾸로 계산하여 5년 이내에 근로자가가 파산선고 또는 개인회생절차개시 결정을 받은 경우 ⑤ 근로자 본인, 근로자의 배우자, 근로자 또는 그 배우자의 부양가족에 대한 대학 등록금, 혼례비 또는 장례비를 근로자가 부담하는 경우 ⑥ 사업주의 휴업실시로 근로자의 임금이 감소하거나 재난으로 피해를 입은 경우

4. 수급요건

「근로자 퇴직급여 보장법」(약칭: 퇴직급여법)

제24조【개인형퇴직연금제도의 설정 및 운영 등】 ⑤ 개인형퇴직연금제도의 급여의 종류별 수급요건 및 중도인출에 관하여는 대통령령으로 정한다.

「근로자 퇴직급여 보장법 시행령」

제18조【개인형퇴직연금제도의 급여 종류별 수급요건 및 중도인출】 ① 법 제24조제5항에 따른 개인형퇴직연금제도의 급여 종류별 수급요건은 다음 각호의 구분과 같다.

1. 연금: 55세 이상인 가입자에게 지급. 이 경우 연금 지급기간은 5년 이상이어야 한다.
2. 일시금: 55세 이상으로서 일시금 수급을 원하는 가입자에게 지급

IRP 연금제도의 적립금은 55세 이후에 '연금' 또는 '일시금'으로 지급받을 수 있도록 하여 근로자의 노후소득으로 활용되도록 한다. 연금은 가입기간과 무관하게 55세 이상인 가입자에게 지급(연금 지급기간은 5년 이상이어야 함)하고, 일시금은 55세 이상인 가입자가 일시금 수급을 원하면 지급한다.

55세 이후에 퇴직하여 급여를 받는 경우, 담보 대출받은 금액을 상환하는 경우, 퇴직급여액이 고용노동부장관이 정하는 금액 이하인 경우 등 퇴직급여를 IRP로 이전하지 아니하는 경우에는 개인(예금)계좌 등으로 지급받을 수 있으며, 이때 가입자는 IRP를 개설하여 「소득세법」에 따라 퇴직급여 지급일부터 60일 이내에 계좌로 급여의 전부 또는 일부를 납입할 수 있을 것으로 사료됨(고용노동부 2015.3.30., 퇴직연금복지과-884).

5. 10인 미만을 사용하는 사업의 IRP 연금제도

1) 개 념

「근로자 퇴직급여 보장법」(약칭: 퇴직급여법)

제25조(10명 미만을 사용하는 사업에 대한 특례) ① 상시 10명 미만의 근로자를 사용하는 사업의 경우 제4조제1항 및 제5조에도 불구하고 사용자가 개별 근로자의 동의를 받거나 근로자의 요구에 따라 개인형퇴직연금제도를 설정하는 경우에는 해당 근로자에 대하여 퇴직급여제도를 설정한 것으로 본다.

② 제1항에 따라 개인형퇴직연금제도를 설정하는 경우에는 다음 각호의 사항은 준수되어야 한다.

1. 사용자가 퇴직연금사업자를 선정하는 경우에 개별 근로자의 동의를 받을 것. 다만, 근로자가 요구하는 경우에는 스스로 퇴직연금사업자를 선정할 수 있다.
2. 사용자는 가입자별로 연간 임금총액의 12분의 1 이상에 해당하는 부담금을 현금으로 가입자의 개인형퇴직연금제도 계정에 납입할 것
3. 사용자가 부담하는 부담금 외에 가입자의 부담으로 추가 부담금을 납입할 수 있을 것
4. 사용자는 매년 1회 이상 정기적으로 제2호에 따른 부담금을 가입자의 개인형퇴직연금제도 계정에 납입할 것. 이 경우 납입이 지연된 부담금에 대한 지연이자의 납입에 관하여는 제20조 제3항 후단 및 제4항을 준용한다.
5. 그 밖에 근로자의 급여 수급권의 안정적인 보호를 위하여 대통령령으로 정하는 사항

③ 사용자는 개인형퇴직연금제도 가입자의 퇴직 등 대통령령으로 정하는 사유가 발생한 때에 해당 가입자에 대한 제2항 제2호에 따른 부담금을 납입하지 아니한 경우에는 그 사유가 발생한 날부터 14일 이내에 그 부담금과 같은 항 제4호 후단에 따른 지연이자를 해당 가입자의 개인형퇴직연금제도의 계정에 납입하여야 한다. 다만, 특별한 사정이 있는 경우에는 당사자 간의 합의에 따라 납입 기일을 연장할 수 있다.

상시근로자 10명 미만을 사용하는 사업의 경우, 사용자가 개별 근로자의 동의를 받거나 근로자의 요구에 따라 해당 근로자에 대하여 IRP 연금제도를 설정한 경우에는 해당 근로자에 대하여 퇴직급여제도를 설정한 것으로 보는 특례제도이다(IRP 연금제도를 설정하지 않은 나머지 근로자는 퇴직금제도 적용).

※ 특례 IRP 연금제도를 설정한 사용자는 퇴직연금규약 작성 및 신고의무, 가입자 교육의무가 면제됨.

근로자퇴직급여보장법 제26조의 규정에 의한 개인퇴직계좌는 상시근로자수 10인 미만 사업장에서만 설정할 수 있으므로, <u>상시근로자수가 10인 이상으로 증가할 경우에는 확정급여형퇴직연금 또는 확정기여형퇴직연금으로 전환하여야 할 것</u>임(고용노동부 2006.6.26., 퇴직급여보장팀-2173).

〈특례 IRP 연금제도 설정 시 사용자 준수사항〉[37]

① 사용자가 퇴직연금사업자를 선정하는 경우에 개별 근로자의 동의를 받을 것. 다만, 근로자가 요구하는 경우에는 스스로 퇴직연금사업자를 선정할 수 있음.
② 사용자는 가입자별로 연간 임금총액의 12분의 1 이상에 해당하는 부담금을 현금으로 가입자의 개인형퇴직연금제도 계정에 납입할 것
③ 사용자가 부담하는 부담금 외에 가입자의 부담으로 추가 부담금을 납입할 수 있을 것

37) 퇴직급여법 제25조 제2항 및 퇴직급여법 시행령 제16조의 2.

④ 사용자는 매년 1회 이상 정기적으로 제2호에 따른 부담금을 가입자의 개인형퇴직연금제도 계정에 납입할 것. 이 경우 납입이 지연된 부담금에 대한 지연이자의 납입에 관하여는 제20조 제3항 후단 및 제4항을 준용함.
⑤ 개인형퇴직연금제도의 급여 종류별 수급요건은 법 제17조 제1항 각호와 같을 것.
⑥ 사용자가 납입하는 부담금에 대한 수수료는 사용자가 부담하고, 같은 항 제3호에 따라 가입자가 추가로 납입하는 추가 부담금에 대한 수수료는 가입자가 부담할 것.

2) 부담금의 납입

사용자는 근로자별로 연간 임금총액의 12분의 1 이상에 해당하는 금액을 매년 1회 이상(월, 분기, 반기 등 가능) 정기적으로 현금으로 납입해야 한다. 근로자는 사용자가 부담하는 부담금 외에 자기부담으로 연간 1,800만원 한도로 납입할 수 있고, 연간 700만원(50세 이상은 500만원)까지 세액공제를 받을 수 있다. 만약 사용자가 부담금 납입일에 부담금을 납입하지 않는 경우에는 그 다음 날부터 부담금을 납입하는 날까지 지연일수에 대한 지연이자가 발생한다.

※ 연간 임금총액의 12분의 1 이상 및 지연이자 납입은 DC 연금제도와 동일함.

3) 적립금의 중도인출

가입자는 주택구입 등 일정한 사유가 있는 경우에는 적립금을 중도인출 할 수 있다. 중도인출 사유 및 증빙서류는 DC형 연금제도와 동일하다.

4) 퇴직급여의 지급

급여의 종류는 '연금'과 '일시금'이 있고, 가입자는 두 가지 중에서 하나를 선택할 수 있다. 가입자의 연령이 55세 이상이고, 연금 지급기간을 5년 이상으로 하는 경우에는 연금으로 받을 수 있다.

김 태 철

matiz1949@hanmail.net

2004년 제13회 공인노무사 자격시험에 합격한 후 2009년부터 노무법인 송민 안산지점의 대표 공인노무사로 재직하면서 인사 · 노무 자문, 상담, 강의, 노동사건, 컨설팅 등 다양한 분야에서 활동하고 있다.

〈저 서〉

실무에 바로 적용하는 인사노무관리, 창민사, 2025. 2.

〈이 력〉

단국대학교 행정법무대학원 졸업(법학 석사/노동법 전공)

(현)안산대학교 회계세무학과 겸임교수

(현)한국고용노동교육원 직장 내 괴롭힘 예방교육 전문강사

(현)경기도 마을노무사

(현)수원지방법원 안산지원 민사조정위원

(현)경기도 공익활동 지원센터 자문위원

(현)경기도 공동주택 관리지원 자문단 자문위원

(현)경기지방노동위원회 국선노무사

(현)산업인력공단 일 · 학습병행 전문 노무사

(현)고용노동부 안산지청 청문주재관

(현)경기도교육청 직업계고 현장실습 지원단

(현)대한간호협회 노동법률 상담위원

(현)시흥산업진흥원 소공인 컨설턴트

경기도청 무료법률상담실 노동법 상담위원

수원지방검찰청 안산지청 형사조정위원

(사)한국장애인고용안정협회 노동상담센터 상담위원

시흥시 외국인 복지센터 노동상담 위원

여성가족부 워킹맘워킹대디 고충상담위원

근로복지공단 선진기업복지 컨설턴트

경기중소기업 종합지원센터 현장애로 컨설턴트

(사)한국청년회의소 법률상담 전문위원

노사발전재단 고용차별 예방교육 전문강사

넥서스 법학원 노동법 전임강사

(재)열린직업전문학교 인사노무 전임강사

한 권으로 끝내는 **인사급여실무**

2025년 8월 20일 초판 인쇄
2025년 8월 25일 초판 발행

저 자 김 태 철
발행인 윤 동 구
발행처 **창 민 사**
주 소 서울시 마포구 창전로 46 4층 401호
등 록 1999. 10. 28/제10-1846호
전 화 3272-1243~4
팩 스 3272-1245
e-mail cmbooks@hanmail.net

정가 27,000원

ISBN 979-11-92272-36-8 93360